憲法学の倫理的転回

三宅雄彦

憲法学の倫理的転回

学術選書
49
憲　法

信山社

目　次

憲法学の倫理的転回

Das Beste an den Wissenschaften ist
ihr philosophisches Ingrediens –
wie das Leben am organischen Körper.
Man dephilosophiere die Wissenschaften –
was bleibt übrig – Erde, Luft und Wasser.

Novalis

緒　論

1　倫理的転回のねらい

この書物では、憲法学の倫理的転回について検討してみようと思う。即ち、憲法学がこれまでの何かから倫理学へと転回することである。尤も、憲法学が倫理学になると聞けば、個人に無理難題を強制した国家主義の学問から、個人を万物の起点に据える個人尊重の学問に転回したばかりなのに、人間に人生の何か道徳を叩き込む学問へと成り下がれと今更に憲法学に命ずるのかと、考える人もあるだろう。その人間尊重主義が数々の人間軽視の悲劇を生んだ歴史は敢えて問うまいが、私も、現代を生きる我々に特定の道徳を押付けられても、それが必ずや成功裏に終わると夢想する方にこそ問題があると思う。寧ろ反対に、我々各人が掛け替えのない唯一無比の存在であるとの人格主義や個人主義の見解でさえも、ひょっとすると我々が立派な人生を、他人の道具では決してない人生を送ることを強いていると、国家主義どころか、これさえも断固拒否するべきだとの、正反対の脱倫理的転回の方こそ、本当は憲法学に要求されるのかもしれない。そうだとすれば、憲法学に倫理的転回を提案する本書の考え方とは、時宜を弁えないアナクロニズム以外の何ものでもないことになろう。

けれども、そもそも憲法自身が、人間が特定の生き方を送ることを前提に、徹頭徹尾組立てられているとしたら、一体どうであろうか。例えば法律なるものが、それが告知されることにより初めて人々の潜在的な承認が得られ、これによって漸く客観的な存在が得られる、それとも、議会の意思といえども、その告知される人々にその存在を肯定する気がなければ法律としては最初から存在しないとしたら。或いは、個人の尊重を前提にして厳格な人権保障システムを構築し、その厳格さを規制目的と規制手段の観点で確保するというのだが、結局その審査は、目的と手段の関連が社会科学的法則性で吟味される。であればそこでの個人は、因果法則に徹底的に縛り付けられている。しかし本当の憲法学の個人が、正に人間尊厳の保持者の名に値する、この立法事実における社会科学的法則性の束縛から自由に決断する、正にカントの言う因果アンチノミーを克服する個人であるとしたら。もしそうだとしたら、個人の倫理性を踏まえた上もう一度憲法学を編制し直すのか、それとも憲法の基礎なのかも知れぬ個人の倫理が犠牲になるのを承知で、非倫理的な憲法学を引き続き展開するのか。

或いは、本書の提案を目にする人々はこうも推測するかもしれない。「倫理的転回」と言えば、恐らくはローティの言語論的転回《リングィスティックターン》の顰《ひそみ》に倣ったもので、何か目新しい学問又は何か意外性のある学問の名を転回の前につけ、当該学問分野のパラダイム転換を企てている、と。即ち、そのような野心的な学問上の態度を憲法学に当て嵌めたのだ。だが、そうしたフレームの書換えは歴史学的にしか確認できないし、敢えてそれを目指すのなら一門を率いる政治家がやればよいと思う。けれども、既存の範型が余りに硬直し狭隘なものであるとしたら、その範疇を超え出た発想は、全て悉く意味不明として埋もれてしまう。例えばこうである。宗教哲学の博士にして牧師である父を持つ者も、法実証主義か自然法論かの図式では、本人がそれを否定してもなお、宗教の非合理性を無視して、法実証主義のレッテルが貼付けられる。或いはこうである。教会の幹部にして国家教会法の権威である者も、個人主義か国家主義かの図式では、理論でなく唯その機能の面から、非力な個人を横暴な国家へと取込む国家主義者として、罵倒される。それ以上に、批判さえされず埋もれたままの見解もあるかも知れぬ。

けれども不幸なのは、ラベリングされ又は無視される学説ではなく、融通の効かない範型で目隠しされ続けている、我々自身なのである。ところで、私の知る限り、憲法学とは、力なきもの、か弱きものへ目配りをし、それらを窮状から救い出そうとする学問であった筈だ。ところが、不可解なもの、不気味なもの、近寄り難いもの、本当は力なきもの、か弱きものであるこれらを我々は取り除き、これらを手近な言葉で扱い易いものとして決め付け飼い馴らそうとしている。しかし、この種の合理化は、憲法学が正義に反するとして徹底的に根絶しようとしてきた、冒涜であり愚弄であり陵虐なのではないか。嘗てヘーゲルを意味不明の言語の羅列だと論理実証主義が難じたが、現在でも、読み易いもの、解り易いものが単にそれだけで賞賛され、読み難いもの、解り難いものがそれだけに拒絶されているのである。本書が扱う、スメントやフォルストホフ、クリュガーやケットゲン、彼らはいずれも、既存シェーマに押込められて歪めて理解されるか、或いは、通説的図式で照射されず暗闇に放置され続けてきた人々だ。憲法学は、立憲主義の実現を、まず足元から行わなくてはならない。

　とはいえひょっとすると、何より本書が強調しようとしているのは、倫理学へと展開される憲法学の元の姿を否定することかもしれない。それはつまり、特定の目的に仕える憲法であり、人間のことである。即ち、何か目的を目指す憲法はそれを合理的に実現せんとする筈で、その為に、人間のこの合理性に見合う機械的な行動に期待する筈だ。それがたとい崇高なる尊厳性から出発するとしても、この尊厳が己の効率的な保護を要求し、やはり因果法則の網に捕捉されてしまう。まるで道具のような憲法に住まうのは、道具のような人間しかいない。では、この道具的憲法観を拒否した後は、一体どこに行き着くのか、まるで詰問調に、身構え、痺《しび》れを切らして、問うてくる人もいよう。それどころか、ではお前の体系は、お前の神は一体どこにあるのか、こう問い、その仮想の神を捕縛し、断罪しようと息巻く人もいよう。だがしかし、残念ながら未熟な私には本書の試みはまだ途上にある。己の確固とした学説――そんなものは大家に聞けばよいではないか。まだ若い私には、数多くのまだ見ぬ、或いは、今まで埋もれたままの思索から学び、これから己の見解を彫琢し展開していく権利がある。

2　憲法保障拡充の陥穽

　ところで、わが日本国憲法は、基本的人権を「侵すことのできない永久の権利として」（憲法一一条）、しかも「人類の多年にわたる自由獲得の努力の成果」として（九七条）、国民に保障するものであり、それ故、法律など国務に関する全ての行為の効力を左右する、「国の最高法規」としての性格を保持するものでもある（九八条）。加えてこの憲法の基本的人権は、国民が「個人として尊重される」ことを元に、「国政上最大に尊重される」ことを要求し（一三条）、しかも、いわゆる幸福追求権を始め各種の人権として登場している。そしてこれら基本的人権を含む憲法は、国の最高法規であるが故に、自身に違反する、国務に反する各種の行為を排除しなければならず、従って、これら各種の国家行為を排除すべきかどうか、最終的には最高裁判所が判定する為の（八一条）、尺度として現れるのである。もしそうであれば、憲法学の任務は次のようなものになるであろう。即ち、国家行為の違憲性を判定する為の客観的な判断基準を用意し、この判断基準に違反する国家行為を確実に除去する為のシステムを、とりわけ、実効的な裁判上の救済制度を整備すること、これである。

そして、この任務はヨリ具体的には次のようなものになるであろう。第一には、違憲審査の為の客観的な判断基準を用意するといっても、元来抽象的な憲法規範から審査基準を導出するのは困難であるから、憲法から基準を客観的に読み取る為の信頼に足る方法が必要である。戦後直後の解釈方法論争で、法解釈に客観性はないとの事実が「発見」されて以来、堅固な解釈方法を求める期待は破れてしまったが、アメリカ由来の原意主義論争やドイツ由来の解釈学論議は、たとい僅かであれ、その確実性の夢を追い求める涙ぐましい努力ではある。しかも第二には、仮にこの客観的方法が開発されたとして、これで読み取られる筈の、客観的な基準の体系を構築しなければならない。国家行為の厳格な拘束に直結するこの問題は、憲法学の主戦場だが、嘗ての憲法訴訟の隆盛は法科大学院での教育方法を通じ再現される。価値秩序の論を持出す者が最早稀有だとしても、個人尊重を核とし、それとの近接性から審査基準の体系を構築する傾向に、変化はない。流行の比例原則も概観不能の議論の蓄積を単純にするから、理解の容易化が審査の厳格化を齎すと思えば、通説に異質なものではない。

けれども、この確実な解釈方法と厳格な審査基準が得られたとして、その結果、憲法規定に反する国家行為を予定通り排除できたとして、それが却って、個人尊重を堅固にするかに見えて、実は個人尊重を目減りさせるアポリアを生み出すことも、よく知られたことである。第一に、人権保障の確実化はその更なる確実化を要求する、例えば、人権名宛人の範囲を拡張し、国家に人権救済者の役割も要求するが、闘う民主制や保護義務論への根強い疑念にここで触れるまでもなく、それは、人権保障を名目とした国民各人の諸自由の制約を意味する。審査基準に具現された価値体系が、国家権力であれ一般市民であれ、その玉座に異議を唱える者どもを蹴散らし、跪かせるとするならば、これにただ反感を覚えるに過ぎぬ者たちも追放してしまうであろう。嘗て南北対立の中でアジア的人権保障の弁明が提示されたけれども、欧州統合の如く、基本権保障の価値は、一方でこれに同意する者を結束させるが、他方でこれに違和感を持つ者を遠ざけてしまうのだ。だが、人権価値に屈服させられる人々、憲法価値で退場させられる人々を生み出す個人の尊重なるものを、承認してよいものだろうか。

第二に、人権保障を厳格に実施せよという要求は、やがてあらゆる仕組みを、人権保障という大義に奉仕する装置へと作り変えていく。尤も、これは当然のことで、憲法が自分以外の他者を征服せずして、事実を従える規範としての役割を、憲法が演じたことにはならない。だがしかし、存在と当為の峻別がM・ヴェーバー以来の社会科学の基本中の基本だとしても、事実に耳を貸さないままこれを支配するだけの規範に、「良い統治」を執り行う資格が一体あるのだろうか。更には、憲法規定や人権規定が、右のような君主であるとしたとき、立法や行政に許されるのは、ただ憲法を執行することに限られるが、それはつまり、国会も内閣も憲法価値の奉仕者だということになる。勿論、立法には憲法規定を実施する判断余地＝裁量が許容されるが、行政にその現実化された憲法の実施を拒否することは承認されない。けれども、全ての人に人間らしい生活を保障するはずの憲法規定が、規範という君主として事実という臣下へと絶対的に君臨し、或いは、最高法規という主人として国家機関という従者に絶対的に命令する、この様に恰も非人間的に振舞うことを、受入れてよいものだろうか。

だがしかし、己自身に反対する者を寛容にも受け容れる人権価値が、又は現状や人間に親しく耳を傾ける憲法価値が、存在しないものか。つまり一つには、特定の理念内容をアプリオリに措定するのでなく、寧ろ、その内容充填をあらゆる人々にオープンにして、それでいてその理念を中心として渦巻く諸見解の潮流を、単なる傍観ではなく、一定の方向へと嚮導する、そのような憲法価値が存在しないものか。もう一つには、既存の規範内容を既に確定済みの正しいものとして、憲法が規律する事実や人間の現状を見てからこれを修正することは、規律する側の規律される側への不当な妥協だ、と批判するのでなく、寧ろ、憲法が至高とする個人尊重からすれば、その人間が織り成す現実世界を基盤に据えるのが大事と考え、規範と事実、憲法と国家機構とを同時に検討する、そのような憲法価値が存立しないものか。けれども、一つは、国家生活のあらゆる領域にて、あらゆる人々が公共性に参加することが要請され、もう一つには、公法学の各種の領域にて、政治学、中でも行政学と協力することが要求されている。これは、右のソフトな憲法価値が待望される証左ではないだろうか。

3　本書の構成について

ところが、違憲性を測定する尺度そのものが確実ではないとしたら、そして、確固たる尺度を獲得する手段がないとしたら、どうだろう。人は、条文として書かれた法的尺度が確実なものと決めて掛かるが、その肝腎の規範が確実なものであるとどのように測定するのだろう。例えば、目の前のデスクがどっしりと据え置かれていることにつき、或いは、目の前のタオルがふんわりと仕上られていることについて、そのどっしりなりふんわりなりは、自分の手を添えて見れば分かる。けれども、憲法なり法律なり、或る規範がどっしりとした厳格さやふんわりとした柔軟さを持つと、物体と同じ仕方では判定できない。規範とは、たとい活字や音声という実在的媒体に依存するとしても、我々がその規範を定立し解釈し執行し、且つそれを気の遠くなる程反復して初めて我々の目の前に現出する、不安定な存在なのである。本書はこれを、精神的現実或いは歴史的現実と呼ぶつもりなのだが、国家であれ憲法であれ法律であれ、法学、又は社会科学そのものが取扱う諸々の対象が、この精神的現実であることを忘却するならば、国家や憲法や法律の本質の、その一端さえも捉えたことにならない。

つまり、国家なり憲法なり、憲法理論がその俎上に上げるものとは、我々の視覚なり触覚なりが捕捉する物理的な存在者では決してなく、或いは、我々が感官を超えて直観する理念的なものでも断じてない。否、正確には、精神的現実とは物理的でしかも理念的なものである。確かに、国家なり憲法なりは、我々の経験を超えて永遠に妥当する論理的概念でなく、我々が実在的世界で物理的に多様に振舞う中でその不断に継続する中でぼんやりと浮かび上がってくる存在である。そうであれば、物的客体としてその安定が確保されない以上、この歴史的現実は、この我々自身の行為の反復をいつも必要としている。人間の永遠の行為がなければ、国家も憲法も雲散霧消するのである。だがこの点では、国家や憲法を検討する者は、その検討するものが存立することにも、つまり、精神的現実と言う国家や憲法を個人が継続的に支えていることにも、十分に配慮しなければならない訳だ。だが、その国家や憲法の消失を阻止する為には何をするべきなのか。人々の継続的な行為を制裁で強制するのなら、問題は逆戻りである。歴史的現実の維持は、ただ倫理的に嚮導することでのみ可能となる。

結局のところ、憲法学は、倫理学へと転回しなければならないのだ。ドイツ国法学を援用しつつこれを論証するのが、本書の課題である。第一篇では、神学又は哲学と公法学の関係という、いわば外面から、憲法学が倫理学的役割を担う学問領域であることを検討してみよう。一つは、スメントという法学者を巡る、神学と公法学の関係である。神学と公法学とは、神又は国家を中心に据え、信者又は国民をその中心へと強引に拘束した、忌まわしい過去を持つとされるが、実は共に人を公共性へと誘う倫理学であった、と予告しよう（第一章）。つまり、憲法規範の拘束を遍く人々に及ぼす為の前提条件としての、同質性を、スメントは捏造したとの誤解をまずは解かねばならない。一つは、ガダマー哲学を契機とする、解釈学と公法学の関係である。憲法学は彼の哲学的解釈学に、規範を前了解から解釈するべきとの方法論の獲得を期待するが、本当は寧ろ、法の適用に関わる人々の対話の倫理を教えるのが解釈学の主旨ではないかと思う（第二章）。即ち、歴史的現実の立場からすれば、確実な判断基準の導出でなく、公共世界の為のコミュニケーションの樹立が、解釈学の本務である。

第二篇では、憲法上の審査基準を体系化し、又は効力を拡張させるいわゆる価値秩序の意味を、同じく精神的現実の見地から検討する。これからすれば、人権規定を価値体系と見る思考でも、私人間効力の如く人権を全法秩序に拡げるのでなく、この価値を契機に全ての人々が法の現実化に参加することを求めるのではないか（第三章）。国際機構の推進に価値体系の共有を求める思考でも、そこに人々の価値同質性の確立を要求するのでなく、実は矢張り国際社会の中の福祉実現に全国家を誘導することを求めるのではないか（第四章）。次に、公法学がただ規律すべき他者と扱ってきた事実世界の意味を、同じ客観的精神の観点から検討してみるのが、第三篇の課題である。公法学は行政学の援助を借りて行政現実の把握を目指すが、法律も事実も規範そのものや実在そのものとして存立しえぬ以上、憲法や行政法が政治学や行政学を援用するのは必然ではないか（第五章）。公務員養成にも公法学に加え行政学の知見が要求されるが、それは、公法学と行政学の融合を導出する事情、更には公益という理念実現を求める官僚の地位からすれば、当然のことではないか（第六章）。

本書では、これらの課題から右で触れた憲法学の倫理的転回を問う。その際手がかりの一つとするのは、ドイツ国法学、特にワイマール時代の国法学、中でもルドルフ・スメントなる人物の憲法学である。このスメントは、一九世紀末に生を受け二〇世紀に活躍した人だが、第二帝政時代、ワイマール時代、ナチス時代、そして西ドイツ時代、この長きに渡り、ドイツ学界で指導的地位を占めてきた学者である。同じ時代を生抜き、好敵手とされる人物に、カール・シュミットとハンス・ケルゼンがいるが、彼らへの評価が非常に高いのと異なり、難解な概念と混乱した論理で評判が頗る悪いのが、スメントである。だが、その悪名高いスメントこそがドイツ公法学界の主流を形成し、ドイツ憲法実務の基礎を築いたとされるのは、一体どういうことか。それは、スメントの思考が実は彼独自のものであるのみか、当時の、そして現在のドイツ法学が前提する思考であるからだと推定しよう。従ってその見解は、彼の弟子クリュガーと彼の後任ケットゲンとに継承され、更には、彼の論敵フォルストホフにさえ共有されていく。故に本書は、スメントが唱えた精神科学的方法を軸に展開していく。

第一篇

公法学と倫理学の間

第一章　憲法倫理学の可能性

一　序言

本章は、憲法学が今までそうであった何ものでありうるかを、問う。つまりそれは、教養学であると同時に倫理学である、ということだ。予め何か対象が用意されその上に理論が被せられ、研究が生まれる。つまり、現象であれ人物であれ憲法学が語ったことのない事象でも、これに「憲法学的研究」を結びつければ、立派な業績が出来上がる。或いはこうかもしれない。或る分野の学者たちが論ずる対象を別の分野の学者たちも論じるようになり、いわゆる学際研究が生まれる。つまり、物体であれ事件であれ憲法学が論じたことのない事象でも、「憲法学の立場から」語る人がいれば、学問の共同作業が誕生する。けれども、このときの「憲法学」とは一体何を指し示すものなのか。もしこの学問が議論の余地ない確定済みの学問であるなら、これは未だ「憲法学的研究」のない領域を先占することを競い合うだろう。又は、隣接科学の土俵で「憲法学の立場から」語れる人がいるのは、その人を代表者に送り出せる程にこの学問が画一的だからであろう。これは、憲法学が合理化し尽されて、何にでも装着可能なアタッチメント、学界全体で分業ができる諸ユニットの総体だからであろう。

そうではあるまい。何事かの「憲法学的研究」がいかなる意味での「憲法学的研究」であるのか、「憲法学の立場」を語る者がいかなる意味での「憲法学の立場」に与するのか、これを問うべきなのだ。全体主義の悲劇を執拗に告発する憲法学が、均制化された研究しか承認しないというのであれば、それは漫画以外の何物でもなかろう。多元主義の意義を力説する憲法学が、生温いギルドの威厳を笠に、まさか既成のオペレーション・システムを押し売ったりはするまい。憲法学の民主政が確立して初めて、民主政の憲法学が確立するのだ。もちろん、憲法学が採り得る全ての姿を記述し尽すことなどできぬ。そこで、この章の試みは、二〇世紀ドイツの最高の公法学者の一人、ルドルフ・スメントの見解を検討しつつ、(1)この学問が持つ可能性の一つを、つまり、憲法倫理学としての可能性を吟味するものである。第一に、スメントの同時代の福音主義神学と重ね合わせつつ、彼の憲法学の核心が、個人の国家への束縛にはなかったことを呈示する。第二に、この憲法学の真意は、市民を国家へただ自発的に振向ける倫理学にあったことを、職務や制度などの概念を媒介に、確認する。(2)

(1)　スメントに関する文献については、些か古いが以下を参照されたい。拙稿「政治的体験の概念と精神科学的方法（一）」早稲田法学七四巻二号（一九九九年）二八一～二八六頁。

(2)　本章は、逐一論及しないが、以下の先行業績を大いに参照している。和田昌衛『ドイツ福音主義教会法研究』（和田昌衛教授遺稿集刊行会、一九七七年）、清水望『国家と宗教――ドイツ国家教会法の再構成とその展開』（早稲田大学出版部、一九九一年）。

二　ヒルシュとスメント

1　神学と国法学の連関

スメントという人物は、旧約聖書学者である同じ名の父と子を持ち、(3)更には彼自身が福音主義教会の重要人物であり、(4)しかも教会法学の業績を多く持つことで知られる。(5)だがそうだとすれば、彼の国家学と神学との関係が従来殆ど議論されていないのは、不可思議である。そこでコリオートは、スメントとエマヌエル・ヒルシュを比較する。(6)そのヒルシュは、一八八八年生まれ、ベルリンで神学を学んだ後に、一九二一年からゲッティンゲン大学での教会史担当の正教授となり、三六年から組織神学の正教授に異動し、一九四五年に退官した後もゲッティンゲンにとどまり、七二年にその生涯を閉じた人物である。(7)方やスメントは、一八八二年生まれ、ゲッティンゲン大学等で学び、テュービンゲン大学、ボン大学、ベルリン大学で正教授を務めた後、一九三六年よりゲッティンゲン大学正教授となり、五一年退官して七五年に九三歳で亡くなるまで、彼もこの大学町を住処としていた(8)。つまり、神学部と法学部とで所属は異なるとはいえ、大学の中では一九三六年から四五年まで、大学外でもヒルシュが亡くなる七二年まで、ヒルシュとスメントは相互に接点を持ったかもしれないのだ(9)。

もっとも、その二人の交流は、飽くまで可能性のレベルにとどまる。しかし、コリオートは両者の連関を些か強引なロジックで論証する。第一に、ヒルシュが或る書物の前書きで記すスメントへの謝辞から、ヒルシュ神学へのスメント統合説の影響を、コリオートは推定する(10)。つまり、ヒルシュ説では、国家とは、現在の市民の主権的意思から不断に新しく形成されるものだが、しかしこの国家生成の理解では国家と個人は徹底的に解放され、対抗関係へと引き裂かれてしまう。何ものにも拘束されない、個人の自由と国家の自由が生まれるのだ(11)。しかし、個人と国家を内実的に拘束するものが何もなくてよいのか。これにより、経済の力と大衆の力が解き放たれ、人倫的で宗教的なものも破壊されて、やがては我々の文化の存続自体が危うくなろう。この危機にキリスト教を超実定的原理として意識せよ、と言うのだ。例えば、精神的内実を、即ちドイツ精神が創る生の秩序を、法的に定式化したものを基本権として把握するべきだと、ヒルシュは語る。国家を個人の製作物と見る思考を拒否すること、実定憲法を文化的歴史的に留保すること、これが二人の共通点であると言うのである(12)。

第二に、今度は具体的な典拠を欠くが、スメントの方が、ヒルシュ及び福音主義神学にインスパイアされた面もあるとコリオートは言う。既にここで、ヒルシュの影響は希釈されるものの、コリオート曰く、国家肯定の態度と市民の義務づけを、スメントは神学から継受した(13)。ここでコリオートは、スメントの論文二つを検討する。まず、一九三二年の「プロテスタンティズムと民主主義」論文では(14)、国家と教会が一体の君主教会監督制の下で国家観を形成した福音主義からすれば、国家は一九世紀までの君主制国家のことだが、革命により民主主義が実現すると共に、国家が宗教敵対的に変化した、と言う。だがこれでは民主制国家の基礎がない。そこで精神的同一性という基礎を福音主義で回復しようとスメントが述べている、というのだ。次に、一九三三年「ドイツ国法の中の市民とブルジョワ」論文だが[15]、ここでの基本権は、ブルジョワや集団の利益を確保するものでなく、共同体に奉仕するように市民を人倫的に拘束するものと把握される。その意味で、神への奉仕と国家への奉仕を重ねて見る福音主義的な職業《ベルーフ》の思考が、基本権＝人格的職業権《ペルゼーンリッヒェスベルーフスレヒト》の思考となった、というのだ[16]。

成る程、当時は「国家学の危機《クリージス デア シュターツレーレ》」と「危機の神学《テオロギー デア クリージス》」の時代ではあった。即ち、まずは国家を問うのが国家学である筈なのに、その国家学は国家の問いを忘却してしまった。それ故に、国家概念放棄の原因を作った実証主義の克服が必要だ[17]。他方で、神自体を問うのが本来の神学である筈なのに、この神学も神の問いを失念してしまっている。だからこそ、自由主義神学による神の忘却から覚醒するべきである[18]。だがこの危機意識は、合理主義批判という点で、この頃の国法学や神学でも広く共有されたもので、先の二人を接合するに十分でない。そこで、スメントとヒルシュとの接合にコリオートが持ち出すのが、第一に、一九二九年にヒルシュがスメントを好意的に援用したこと、第二に、二人が共に基本権を職業と捉える職業思考を採用したこと、第三に、二人が共に個人主義的な国家の構成を拒否したことである。提案者本人が認める様に、第三の点は、この構成がヘーゲル以来の伝統だとすれば[19]、両者を結び付けるには余りに大雑把な論拠である。神学と国家学の連関を問うのは一つの卓見なのだが[20]、けれども元々ヒルシュとスメントの繋がりは強くない。第一、第二の点も見よう。

2　ナチズムのヒルシュ

(a)　一つめ。スメントとヒルシュは、その政治的立場が違いすぎるのである。実はエマヌエル・ヒルシュは、ナチスを信奉する神学者なのだった。元々保守政党たるドイツ人民党の支持者であった彼は、ヒトラーにドイツ再生の希望を見出し、やがて一九三七年にナチス党員となる。ヒルシュのヒトラーは天から舞い降りたキリスト教の指導者である[21]。しかも、ナチス肝煎りのドイツ的キリスト者《ドイチェクリステン》運動にも積極的に関わり、ライヒ教会初代監督ルドヴィヒ・ミュラーの、助言者の役割も担う。他方ゲッティンゲン大学神学部では、大学の指導者《フューラー》、学部長として三三年から四五年まで君臨し、敵対する告白教会の運動を抑圧する。その論客のバルトやニーメラーは、この民族的神学者の論敵である。[22]キルケゴールに心酔し、[23]現在もその独訳が権威を持つヒルシュとて、このナチス神学者が第三帝国崩壊後にも活躍する場所はないのだが、ゲッティンゲン戦後初代学長の計らいで、三一年以降ほぼ失明状態だったことが四五年に持ち出され、追放でなく退官という処遇を得る。ただ、これでヒルシュの恩給受給資格が剥奪されなかったとしても、やはりこれはナチス故の追放である。ヒルシュはナチスなのである。[24]

そのヒルシュ全盛の時に、スメントがゲッティンゲンにやってきた。しかもこの三六年の転任は、前任地ベルリンでナチスの大学介入に公然と抵抗した廉での、本人の意思に反する懲罰人事なのであった。[25]その上、当時三五年のゲッティンゲン法学部では、ライプホルツがユダヤ系ゆえに追放、師匠のP・シェーンもナチス新退職法《エントプフリヒトゥンクスゲゼッツ》により半ば強制的に退職させられていた。その後任になれということだ。[26]四三年ライプツィヒ大への招聘を妨害され、四五年秘密警察《ゲシュタポ》に抵抗運動への関与を追及された人物が、ナチスの支持者だとは言えまい。[27]それどころか、ナチスを支持して戦後に退場したヒルシュと異なり、スメントは、戦後ドイツの再建を任された重要人物だったのである。即ち、戦後初のゲッティンゲン大学学長――慈悲深い――に選ばれ、新生のドイツ福音主義教会《エヴァンゲリシェ キルヒェ イン ドイチュラント》の幹部に選ばれたのが、スメントである。ドイツ福音主義の懺悔を語る、かの贖罪宣言にも彼は参加している。[28]尤も、そうであるなら、戦前に教会闘争でナチスと闘うべきだった、のかもしれぬが、非神学者として無用な遠慮があったとしておこう。[29]ともかく、ドイツ的キリスト者と告白教会《ベケンネンデ キルヒェ》を同一視するべきでない。[30]

(b)　その上、ヒルシュの説は、スメントが支持したとされる民主主義に、一貫して反対したのである。彼への謝辞を見たヒルシュの書からは、元々ナチスだった訳ではないが、生粋の保守主義者であると分かる。ゲッティンゲンがヒルシュを招聘したのも、それに期待したからだ。[31]とはいえ、ヒルシュとスメントを繋ぐ先の『一九世紀と二〇世紀の国家と教会』は、職業思考への信仰告白という単純な内容ではない。元々この書自体は、国家と教会の関係に生じた変化を、我々に働く歴史の諸力から解釈し、踏み出すべき道を探ろうというものである。[32] まず最初にヒルシュは、基準点を一七八九年と一九一四年に設定し、両時点での国家と教会の関係を比較して、その変遷を検討している。まず第一に、一七八九年に存在するのはキリスト的国家のみである。即ち、福音主義では、教会に国家に対し独自の生を持つ余地はない。教会事項は原則として国家が、その全権で規律し管理するのである。[33] だが第二に、一九一四年の国家は教会から分離し、同時に結合する。即ち、権力や財産の分化により、教会は国家から独自の生を獲得し、それでいて、教会事案の促進や保護など、国家との結合も維持する。[34]

　国家と教会のこの変化は、ヒルシュの診断では、新しい《デア ノイエ》国家概念《シュターツベグリフ》を通じ、教会の自律要求を強化する駆動力が教会に働いたからである。つまり、一つには、教会が世俗国家の如く近代憲法の思想を要求し、もう一つには、様々な教会運動が党派化《パルタイウンク》の思想を引入れたのである。[35] ヒルシュは言う、新しい国家概念とは、フランス革命に根源を持つ。これは、主権的な全体意思を主権的な個別意思で構成しようとする。一方で全体意思が、服従すべき事項を討議《ディスクシオン》と投票《アップシュティムング》で権威的に決定し、他方で個別意思は、それと同時に自分自身と国家を自由に規定する。[36] この緊張関係を包含した精神と意思の生きた統一こそ国家なのだが、ここでは、全体も個別も完全な決定の自由を得ることが肝要である。つまり、国家の側では慣習や中間権力を排除してその権力を強化し、個人の側では不平等の根源たる全拘束を廃棄して自由感情《フライハイツゲフュール》を勝取る。[37] 国家も個人も、歴史から切断され拘束から解放されることになるが、しかし、国家の側は、個人を縛る新しい拘束を多数派意思で創出し、個人の側は、その補償として、その自由感情から国家をヨリ強化し、結社＝政党を通じ、国家を道具として己の目標を実現しようとする。[38]

　尤も、この新しい国家概念には、危機が、又は終焉が訪れつつある。第一に、この国家を支える二つの力、党派と討議が今や機能しない。即ち、党派《パルタイ》は、他所から我々を圧迫し、我々の自由を締付けてくる。この党派による全体意思は、我々の個別意思から成る意思ではない。それに討議《ディスクシオン》も、個人の意見とは無関係の場所で無関係の権力が行う。討議の中でこそ真理が権力となる、そういってももう誰も信じない。[39] 新しい国家概念を攻撃するもう一つの理由がある。

経済的《ヴィルトシャフトリッヒェ》必然性《ノートヴェンディヒカイテン》だ。これは、旧い拘束が全て廃棄された後も人間を拘束し続けるだろう。歴史の全束縛から逃れた国家も個人も自由に決定する様に見えて、個人は直接に、国家は個人を通じ間接に、経済法則に捕捉されている。[40] ヒルシュは言う。だからこそ国家と教会を結び付けなくてはならぬ。成る程、宗教がこの経済法則の如く国家の形成を規定したからこそ、革命後一旦は理性信仰に満足した国家が再度教会を求めたりはした。[41] だが、教会が国家と個人を拘束する歴史的権力を見なされたが故に、自己決定する自由な国家と他者を束縛する教会とが切断されたのだ。[42] 今でも、教会やキリスト教を否定する動きが根絶された訳でもない。[43]

(c) ではこの新しい思考の下、国家とキリスト教の関係は、如何に展開すべきか。ヒルシュは二つの道を挙げ、だが共に悲観的に判定する。一つが、国家中心の近代思考にキリスト教の自己主張を見出す道、もう一つが、国家が自己限定し良心と精神の場を確保する道である。まず前者は、宗教精神が自由思考の中に初めから内在する、と語る。成る程人間の解放は、人倫や宗教の崩壊、経済と大衆の支配、更に文化自体の危機を齎したが、[44] しかし自由自体を放棄するべきでない。自由思考を採るのかどうか、「あれかこれか」の思考は適切でない。[45] そうでなく、この自由思考を深化させ、この深化に根ざして国家と国家教会関係を了解しなければならない、とヒルシュは論ずるのだ。曰く、神は個々の良心《ゲヴィッセン》に、その認識と行為で無限の可能性に賭けよ、と呼びかける。新しい自由の思考といえどもそこに真理が宿る、と。だが、良心に共同体への道が内在しているという、自由と国家とをいわば折衷的に安易に接合する道は、ヒルシュが採るものではない。具体的な人倫的宗教的内実さえあれば精神的紐帯が可能となるとは、経済的論理が精神を破壊してしまった現在、笑止千万の主張である。[46]

そこでヒルシュが持出すのが、国家の自己限定又は自己抑制により、良心と精神と言う、キリスト教が脈打つ領域を確保する道程である。この国家の自己限定が国家権力の制約を意味するのならば、それは、法目的、福祉目的、権力目的など国家任務の設定で成されるだろう。[47] だが、その意思が個人から組まれる民主国家の下では、国家任務の遂行では、経済に囚われた大衆意思の支配を容認することになろう。[48] また、国家とは自然法により拘束される筈だとの反論もありうるが、この自然法《ナトゥアレヒト》とは、或る時代の或る文化の人間にのみ拘束力があると感じられるだけの、歴史的人倫的な取り決めの総体であるに過ぎぬ[49]。そこで、国家が自己制限《ゼルプストベグレンツング》や自己抑制《ゼルプストベシャイドゥング》を行い、その間隙の中で人間に、多数者でなく少数者として、良心《ゲヴィッセン》に基づく決断をさせよう、と言う。内面上単独者として、神にのみ拘束されて、権力と大衆から自由に決断できる者のみが、自由思考と国家思考を破壊することができる。良心による決断のみが、やがては政治を道徳的なものに変えるのだ[50]。即ち、良心の国＝神の国と大衆の国＝地の国の二王国論から出発し、ヨリ高次な決断に賭ける決断主義倫理学が、ヒルシュの結論である[51]。

では、我々が注目するヒルシュとスメントの連関がどうかといえば、実はここで、両者が無関係であることを既に確認してしまっている。ヒルシュ曰く、当時最新の国法学は、憲法上の権利を、国家を拘束する特定の精神内実と把握する、と。ここでスメントが引用される。けれども、このヒルシュの引用は結果的にネガティブなものである。元々は、統合理論が、国家が個人から編制されるとの見解であれば、この国家理解自体が、新しい国家概念として否定された筈であろう。だが、ヒルシュにとってのスメントとは、国家構成の論理ではなく、ドイツ固有の精神的内実で国家の判断余地を限定してしまえという、国家拘束の論理なのである[52]。故にヒルシュの理解は一般的ではない。結局彼はこの誤ったスメント理解を元に、精神内実を国家拘束へと直結させる論理、二王国の区別を縮小する論理を非難するのである[53]。即ち、我々にとってのヒルシュは、次のようにまとめられるだろう。一つには、大衆と経済による国家簒奪を恐れて民主的国家に反対し、一つには、国家と精神の直結により精神と良心に基づく決断が阻害されることを恐れて、国家拘束を求めるスメント説に反対した、と[54]。

3　職業概念と国家理論

(a)　さて、ヒルシュとスメントの関係につき、両者の現実政治への態度、とりわけナチスへの態度を根拠に傍証的に否定的な診断を下したが、両者の繋がりは神学的にも遠い。当時の神学状況から推測してみる。ワイマール前まで福音主義神学の主流は、教義や信仰の伝統からの独立を目指す、啓蒙思想に立脚した自由主義神学にある。その中心ハルナックやトレルチュらは宗教内容や教会組織の世俗化を厭わぬ。だからこそ、既述の通り、神に向合う危機神学が登場した訳である。バルトと並ぶ代表人物ゴーガルテンは言う。方やイエスやゲーテを引き、方や欧州大戦を受入れた人文主義の神学をなぜ信頼できよう。欧州文化を心配する者らが神の言葉の忘却を糾弾する神学を生出す(55)。けれども、自由主義神学を非難したのはゴーガルテン達だけでない。自由神学の牙城＝ベルリン大の神学者ホルは、ドイツ国民の危機の観点からトレルチュらを難ずる。そこで彼が持出すのが、宗教上の巨人で且つドイツ的人間であるルターである（ルタールネサンス）(56)。実は、先に危機神学の文脈でヒルシュを紹介したのは正確ではない。ヒルシュは、青年ルターから国家問題を論じるホル門下なのである(57)。

実は、この神学の学説状況と国法学のそれとが対応すると思われる。例えば、国法学の革新の為、盟友スメントと共に精神科学的方法を提唱したホルシュタインは、彼がベルリンで学んだ自由神学の権威、ハルナック、ゼーベルク、トレルチュの教理史や文化史の諸業績を実定法学の定礎の為の認識源として利用してみようと主張している(58)。他方、ヒルシュが人脈を持つ者としては、同じ献辞の対象としても、スメントより、ヒルシュが論文を献呈したビンダーを挙げるべきだ(59)。加えて、彼に論稿を献じたH・ゲルバーもそこで、ヒルシュ、アルトハウス、ブルンシュテートらホル門下の保守ルター派を紹介する(60)。これは表面的論拠に過ぎぬが、ここに、自由神学とホルシュタイン、ルター派とビンダー＝ゲルバー、の対応関係を推定してもよかろう。その他、バルトなど弁証法神学と国法学理論の関係も重要なのだが(61)、福音主義を一括する視座が粗雑であることの確認で満足して、更に、政治や方法を前提とすればスメントはホルシュタインに近い人だが(62)、そこで、職業概念が神学から法学にどう展開したかを確認する為に、ルター国家論を論ずるホルシュタインとビンダーを比較してみよう(63)。

(b)　まずは、そのヒルシュに近いビンダーによるルター解釈を見てみる。ビンダー曰く、国家理論なるものはボダンの時代から開始されたが、それは、腐敗したカトリック教会の桎梏から個人を解き放ち、更に教会からの自由と独立を国家にも分け与えた、ルターのお陰である。(64) 彼は、アウグスティヌスの両国論、即ち、神の国と地の国を区別し、前者＝教会が後者＝国家を支配するとの説を発展的に継承した、と。つまり、信仰の領域を守る為に国家の否定を導いた、のではなくて、信仰の領域を守る為に国家の解放を認めた、とビンダーは力説する。(65) 福音主義が望む宗教精神を回復するには、霊的生活を国家支配から解放するべきである。だがこの世俗官憲なければ世に悪事が蔓延し愛の国が頽廃するだろう。平和秩序と国家あってこその信仰なのだ。故にキリスト者は全て、国家を肯定し支持し服従しなくてはならぬ。だからこそ、教会反逆の君主を討伐せよと預言するカトリックと違い、暴君であれ悪政であれ、あらゆる蜂起と革命をルターは退けるのだ。(66) 尤も、宗教生活の解放から国家への無条件服従義務を導くこの説は、アウグスティヌスの反転に見えて、実はその峻別の徹底である、と。(67)

だが、国家への絶対服従に、ドイツ農民戦争を指弾したルター像を重ね合わせ、彼が国家そのものを肯定したと断定してはならないし、当時の君主、その行状と不正義を厳しく批判したとの伝承を持出して、彼がこの強者の単なる野蛮権力を否定したと即断してもいけない。(68) そもそも、ルター国家論を吟味するといっても、当時ドイツ語には該当する語はなく、ルター自身「官憲＝お上《オブリヒカイト》」の語を使用している。それが官憲国家《オブリヒカイツシュタート》を指すのならば、彼の国家は権力国家を意味しよう。しかし、ルターの官憲とは市民の共同体《ゲマインシャフト デア ビュルガー》、或いは夫と妻、親と子の紐帯たる家族と類比される共同体、そのような意味での国家なのだ。(69) その上更にルターは、権力の為の権力、単なる権力を拒否している。ルターは、どこにもないユートピア的国家理念を捏造したのでなく、悪しき国家を見落とさず、国家をありのまま見るリアリストなのだ。理性なき権力は、臣下の憎しみを生み、決して永続することはない。存立し発効する全権力は、神の命により存立し神により効力を得る。つまり、ルターの国家には、政治的意義と宗教的意義の一致があり、人倫的な任務と必然＝理性と権力の一致がある、とビンダーは言う。(70)

さて、我々の職業思考は、ルターでは神の国と地の国の峻別論から帰結すると、ビンダーは考えている。つまり、神の国では神の前であらゆる人々が平等だが、地の国では人々の間に身分の違いがある。信仰を守る為に権力が必要と述べたが、統治されるなら暴君は多数より一人の方が良い。だが、平等ではこの暴君の数を限定できない。人々に身分の違いがあればこそ統治の秩序が成り立つと、彼は言う。つまりこうだ。まず神聖ローマ皇帝がいる、彼は帝国内で諸領主を従え、これで彼の統治を率いる。段階づけられた権力の体系《ジュステーム デア アブゲシュトゥフター ゲヴァルテン》である。(71) この仕組みでは異なる身分の構成員が相互に刺激し合い補強し合い、この諸身分の異なる任務が相互に充足されて国家＝全体が出現する。この為に政治的義務が神の職業義務《ベルーフスプフリヒト》として人々に課されるのである。勿論、神の国にいるキリスト者は、国家それ自体を必要とはしない。人は全てがキリスト者ではなく、その限りで世俗権力が行使される。ビンダーは、この職業的編成を持つ国家を有機的国家と名づけるが、神が人間に課す職業義務により、だがキリスト者としてでなくその構成員として国家に服従せよと、この職業思考は主張しているのだ。(72)

(c)　ところが、ホルシュタインは、これとは全く別のルター解釈を導く。曰く、ルターに有機的国家志向を発見するのがビンダーの結論だが、これは、ルターの時代状況を無視するもので、「全く正しくない」。この理解は、ルターを余りに近代的な思考枠組に近づけ過ぎている。(73) そうではなく、宗教的良心で国家の原理的正当化を実行することが、ルターの根幹にあるのだ。ホルシュタインは語る。神は国家の背後に立たれ、この国家を自然的生の人倫的秩序として創り給うた、と。(74) だが、彼の言う職業とは、権力を組成するビンダーの職業ではない。即ち、教会は国家に、外的規範《オイセレ ノルメン》でなく内的心情《インネレ ゲズィヌンク》を付与するのである。治者は、キリスト的良心に根ざす責任意識で職務を遂行するべきで、臣下も、官憲への外的服従《オイセラー ゲホルザーム》のみならず内的敬意《インネレ エアエアビートゥンク》までも義務づけられ、その為に、治者は臣下に、外的保護に加え人倫的扶助もなすべきだ。故に、悪しき権力にさえ革命的抵抗権は矢張り拒否されたままだが、良心の為の消極的な抵抗である限り例外が許されると、理解される。要するに、福音主義的な職業人倫《エヴァンゲリシェ ベルーフスジットリヒカイト》を完全に受入れたことがルターの国家観を決定的に刻印づけた、こうホルシュタインは語るのである。(75)

ならば、この宗教的国家観は実は世俗的国家観と無縁とならないか。ホルシュタインは更に、こうしたルター国家思考の基本モチーフを、①自然秩序を神の秩序と見て、②この秩序へ人倫的参加を個人に命じ、③社会関係をキリスト精神で満たし自然秩序をヨリ高次の人倫とせよ、三つに分説するが、臣下と官憲との間に人倫的結合を要求するこのルター説が、脈々と引継がれるドイツの伝統なのだと指摘する[76]。一七、一八世紀、英仏では国家主権と個人主義が敵対関係を成すが、ドイツでは官憲《ジットリッヒェ》の人倫性《オブリヒカイト》が啓蒙主義も絶対主義も穏健なものにする[77]。ドイツ観念論の時代には、君主と臣下を純人格関係の総体を超えた人倫的な客観的共同体と見る、反機械的な有機体の思考が登場する。元々、官憲を父権の拡張と考える家父長制を、ルターは支持したが、ルター的伝統が温存されたまま、家父長制が有機体《オルガニスムス》に転換したのだ[78]。実は、ホルシュタインの支持はこの観念論的有機体論にあるのだが、そこで彼が言う、生きた《レベンディガー》行い《タート》を国家の中でなせとの個人への国家の呼びかけ《ルーフェン》は、ルターそれ自体でなく、ルターと観念論の結合による。様々な社会形態に埋もれた人倫形式こそ、ルターの遺産なのである[79]。

結局、ルター派を引くビンダーと自由神学の流れのホルシュタイン、共にルターの職業概念を援用しつつ、別々のルターを導出している[80]。前者は、民主制や共和制と相容れない国家への絶対服従を引出すが、後者が職業に見るのは、官憲と臣下の内面的な心情倫理でしかない。つまり、一方では職業概念がワイマール体制を否定する要因となり、他方では同じ職業がワイマール体制に中立的な態度をとるのである。尤も、ビンダーとヒルシュが密に接続しうることは既に論及したが、ホルシュタインとスメントとが同じ論理を展開するとは断定できぬ[81]。スメント自身の職業思考を検討することが、我々の次の課題である。まず、既に論及した「プロテスタンティズムと民主主義」の中から、職業思考と民主主義とが牽連性を持つかを、吟味してみよう（1）。次に、では職業概念をスメントがどう意味づけるかを問うべきだが、実はスメントは、この職業概念を基本権と国家とに振り当てている。「職業としての基本権」と「職業としての国家」。この吟味の為に、論文二つ、同じく「ドイツ国法の中の市民とブルジョワ」（2）と、一九五六年の「諸制度の問題と国家」（3）とを、検討してみよう。

（3）ここで扱うスメント——カール・フリードリヒ・ルドルフ・スメント——、彼の父、ルドルフ・スメントは、一八五一年生まれ、まずはゲッティンゲンで神学などを学んだ後に、ハレで学位と教授資格を得て、一八八〇年からバーゼルの、八九年からはゲッティンゲンの旧約聖書学の正教授となる。停年前の一九一三年に死去（六二歳）。一八九七～九八年にはゲッティンゲン大学学長も務めた人物である。スメントの子もルドルフといい、一九三二年にベルリンで生まれる。ゲッティンゲンなどで神学を学び、六三年からベルリン教会大学の、六五年からミュンスター大学の、七一年からゲッティンゲン大学の旧約聖書学の正教授。後にはゲッティンゲン学士院長も務めている。その他も、叔父には神学者ユリウス（一八五七年～一九三〇年）が、従弟にはバッハ研究でも著名の神学者フリードリヒ（一八九八年～一九八〇年）がいる。このようにスメント一族は神学との縁が深い。

（4）Konrad Hesse, In memoriam Rudolf Smend (1975), in: ders., Ausgewählte Schriften, 1984, S. 573-582, 574-576; Axel Freiherr von Campenhausen, Rudolf Smend (1882-1975) Integration in zerrissener Zeit (1987), in: ders., Gesammelte Schriften, S. 480-495, 492.

（5）Hesse, a.a.O. (Anm. 4), S. 578; Freiherr von Campenhausen, a.a.O. (Anm. 4), S. 493f.

（6）Stephan Korioth, Integration und staatsbürgerlicher Beruf, in: R. Lhotta (Hrsg.), Die Integration des modernen Staates, 2005, S. 113-132.

（7）Hans Joachim Birkner, Hirsch, Emanuel (1888-1972), in: G. Krause/G. Müller (Hrsg.), Theologische Realenzyklopädie, Bd. 15 (1986), S. 390-394; Wolfgang Trillhaas, Emanuel Hirsch in Göttingen, in: H. M. Müller (Hrsg.), Christliche Wahrheit und neuzeitliches Denken. Zu Emanuel Hirschs Leben und Werk, 1984, S. 37-59; Hans Martin Müller, Hirsch, Emanuel, in: W. Killy (Hrsg.), Literaturlexikon, 1990, S. 247.

（8）Konrad Hesse, Rudolf Smend zum 80. Geburtstag, in: AöR, Bd. 87 (1962), S. 110-113; ders., a.a.O. (Anm. 4), S. 576-578.

（9）ゲッティンゲン大学神学部／法学部の当時の状況につき以下を見よ。Hans Joachim Dahms, Die Universität Göttingen 1918 bis 1989, in: D. Debecke, u.a. (Hrsg.), Göttingen: Geschichte einer Universitätsstadt, Bd. 3, 1999, S. 395-456.

（10）Korioth, a.a.O. (Anm. 6), S. 121; ders., Evangelisch-theologische Staatsethik und juristische Staatslehre in der Weimarer Republik und der frühen Bundesrepublik, in: P. Cancik/Th. Henne/Th. Simon/S. Ruppert/M. Vec (Hrsg.), Konfession im Recht, 2009, S. 121-145, 129; Emanuel Hirsch, Staat und Kirche im 19. und 20. Jahrhundert, 1929, Vorrede. 尤も、この作品はスメントがゲッティンゲンに移籍する前の書物で、献辞を述べた三名のうちエドゥアー・ガイスマー及びビンダーには、「本書の問いを個人的に、時にはヨリ広いサークルでじっくり議論した」と語るが、スメントには「彼の書物が自分自身の考えを明晰にするのに役立った」と語るだけで、個人的な交流は想定されない。Vgl. Klaus Tanner, Die fromme Verstaatlichung des Gewissens, 1989, S. 192. 因みに、ヒルシュより一八歳年長

のビンダー（一八七〇年生）は、一九一九年よりゲッティンゲン大学法学部の法哲学等担当の正教授。ガイスマルはコペンハーゲン大学教授のキルケゴール研究者で、ヒルシュがドイツ的キリスト者に参加する迄、彼と協力関係を維持した。Henning Schröer, Kirkegaard, Soren Aabye（1813-1855）, in: Theologische Realenzyklopädie, Bd.18, 1989, S.138-156, 150f.; Birkner, a.a.O.（Anm.7）, S.391; Jens Holger Schjørring, Theologische Gewissensethik und politische Wirklichkeit. Das Beispiel Eduard Geismars und Emanuel Hirschs, 1979; Matthias Wikle, Die Kierkegaard-Rezeption Emanuel Hirschs, 2005, S.518-527.

　ヒルシュに触れはしないが、キルケゴールの、特に第二帝政時代の政治的な意義に検討を加える、以下の興味深い文献も参照されたい。深井智朗『十九世紀のドイツ・プロテスタンティズム』（教文館、二〇〇九年）三〇一～三三九頁。

（11）Korioth, a.a.O.（Anm.6）, S.121f.

（12）Korioth, a.a.O.（Anm.6）, S.122f. 更に彼は、両者の共通部分に反自由主義と反民主主義も挙げている。Korioth, a.a.O.（Anm.10）, S.131f. 尤も、反自由主義者且つ反民主主義者のスメントというイメージは、ゾントハイマーの書物以来の通説なのだが、異論も勿論少なくない。Kurt Sontheimer, Antidemokratisches Denken in der Weimarer Republik, 4. Aufl., 1994, S.82-85; Theodor Ossadnik, Die Liberalismusfremdheit in der Staatstheorie Rudolf Smends, 1977, S.134-148. コリオートのスメント理解は、その浩瀚なスメント研究に基づくが、少なくとも、本文で再現した部分につき、一般的な理解と相違ない。Korioth, Integration und Bundesstaat. Ein Beitrag zur Staats- und Verfassungslehre Rudolf Smends, 1990, S.111-136. 一般的なスメント理解については、最近の以下の書物が参考になる。Petra Otto, Die Entwicklung der Verfassungslehre in der Weimarer Republik, 2002, S.63-78; Peter Unruh, Weimarer Staatsrechtslehre und Grundgesetz. Ein verfassungstheoretischer Vergleich, 2004, S.132-156. その他、拙稿「統合理論の現在」（埼玉大）社会科学論集一一九号（二〇〇六年）七九～八〇頁。

（13）Korioth, a.a.O.（Anm.6）, S.123. 尤も、ヒルシュとスメントの牽連がここで論証されるべきなのだが、いつのまにかヒルシュの他にアルトハウス国家論が検討されており、更には、ルター解釈で彼らと対立した筈のトレルチュも動員されて、統合説と福音主義国家論は何となく同じ、という結論となっている。Korioth, a.a.O.（Anm.10）, S.133f. なお、ヒルシュとトレルチュを並べて論ずることの問題は後述する。

（14）Rudolf Smend, Protestantismus und Demokratie（1932）, in: ders., Staatsrechtliche Abhandlungen und andere Aufsätze, 3. Aufl., 1994, S.297-308.（手塚和男・初宿正典訳「プロテスタンティズムと民主主義」『ワイマール民主主義の崩壊』（木鐸社、一九八〇年）九一～一一三頁）

(15) Rudolf Smend, Brüger und Bourgeois im deutschen Staatsrecht (1933), in: ders., Staatsrechtliche Abhandlungen und andere Aufsätze, 3. Aufl., 1994, S. 309–325.

(16) Korioth, a.a.O.（Anm. 6）, S. 123–126; ders., a.a.O.（Anm. 10）, S. 130–134. だが、これらにはスメントによるヒルシュの引用を全く欠いている。

(17) Tanner, a.a.O.（Anm. 10）, S. 38–43; Hermann Heller, Die Krisis der Staatslehre（1926）, in: ders., Gesammelte Schriften, Bd. 2, 2. Aufl., 1990, S. 3–30. 拙稿「ドイツにおける憲法理論の概念」早稲田法学会誌四七巻（一九九七年）二八七～二八九頁注10。勿論、スメント本人が「国家学の危機」のテーゼを打出すのである。即ち彼曰く、この国家の問いの喪失は、一方では戦争や革命により、他方では新カント主義という学問史上の帰結により、生じたものだ。更に、国家を経営と見るヴェーバーらの国家思考もこれに作用して、国家を疎遠に感ずる、政治倫理上の実践的態度が生まれてくる、と。Rudolf Smend, Verfassung und Verfassungsrecht（1928）, in: ders., Staatsrechtliche Abhandlungen und andere Aufsätze, 3. Aufl., 1994, S. 119–276, 121–123.

(18) Tanner, a.a.O.（Anm. 10）, S. 60–68; Kurt Nowak Protestantische Universitätstheologie und „nationale Revolution", in: L. Siegele-Wenschkewitz/C. Nicolaisen（Hrsg.）, Theologische Fakultäten im Nationalsozialismus, 1997, S. 89–112.

(19) Korioth, a.a.O.（Anm. 6）, S. 113.

(20) 但し、ケルゼンらの言う、国家学と神学の関係では断じてありえぬ。Vgl., Smend, a.a.O.（Anm. 17）, S. 164, Fn. 15; Hans Kelsen, Allgemeine Staatslehre, 1925, S. 76–80.

(21) エリクセン『第三帝国と宗教』（古賀・木部・久保田訳）（風行社、二〇〇〇年）二五三～二七四頁、宮田光雄『十字架とハーケンクロイツ』（新教出版社、二〇〇〇年）八七～九一頁。

(22) エリクセン（前掲注(21)）二二一～二三四頁；Trillhaas, a.a.O.（Anm. 7）, S. 40–47. 因みに、均制化やアーリア条項を推進するこのドイツライヒ教会がラントを無視しライヒ独断で創立されたことについて、スメントは、憲法上のライヒとラントの管轄権の観点から、これを否定している。Rudolf Smend, Noch einmal das Problem der „Reichskirche", in: AöR, N.F, Bd. 24（1934）, S. 487–494.

(23) Vgl., Trillhaas, a.a.O.（Anm. 7）, S. 46; Matthias Wilke, Die Kierkegaard-Rezeption Emanuel Hirschs, 2005.

(24) エリクセン（前掲注(21)）二九六～三〇四頁、宮田（前掲注(21)）九五～九六頁；Trillhaas, a.a.O.（Anm. 7）, S. 54f. 但し、これは、ヒルシュ神学の学問的価値がないことを意味しない。一九九八年より、ハンス・M・ミュラーらにより、遺稿や講義録も収録するヒルシュ選集が、全四八巻を予定して刊行されつつあるが、そのミュラーによると、史的イエスは学問や信仰に値しないという当時（又は現在）の見解を疑問視し、歴史批判の全手段を投入して現れる新約聖書から尚もイエスの言葉と歴史に統一を見て、律法と歴史の拘束の下においても、我々はイエスと出会い、イエスと共に神の子として生と死を生き抜く、こう語る人こそヒルシュなのだと。Hans Martin Müller, Emanuel Hirsch, in: K. Rommel (Hrsg.), Das Wort lasst stehen!: 2000 Jahre Bibelauslegung, Bd. 2, 1990, S. 224–229; ders., Emanuel Hirsch und die Umformungskrise des neuzeitlichen Denkens, in: ders., Christliche Wahrheit und neuzeitliches Denkens, 1984, S. 7–14; Gunda Schneider-Flume, Die politische Theologie Emanuel Hirschs 1918–1933 (Diss. Tübingen, 1969), 1971.

（25） Rudolf Smend, Zur Geschichte der Berliner Juristenfakultät im 20. Jahrhundert (1960), in: ders., Staatsrechtliche Abhandlungen und andere Aufsätze, 3. Aufl., 1994, S. 527–546, 543. Vgl. Anna-Maria Gräfin von Lösch, Der nackte Geist, 1999, S. 147f., 394–403; Michael Stolleis, Geschichte des öffentlichen Rechts, Bd. 3, 1999, S. 257. 招聘したゲッティンゲン大学の側の決定は形式的に自由ではあるが、実際は、プロイセン文部省大学課長エックハルトが、ナチス待望の青年ラインハルト・ヘーンを首都ベルリン大の教授に擁立するべく、そのポストをスメントに譲らせる為に決めた、政治的人事であった。Gräfin von Lösch, a.a.O., S. 396f.

（26） Frank Halfmann, Eine »Pflanzstätte bester nationalsozialistischer Rechtsgelehrter«, in: H. Becker/H.-J. Dahms/C. Wegler (Hrsg.), Die Universität Göttingen unter dem Nationalsozialismus, 2. Aufl., 1998, S. 102–155, 113f., 121; Axel Freiherr von Campenhausen, a.a.O. (Anm. 4), S. 513; Gräfin von Lösch, a.a.O. (Anm. 25), S. 397f.; Stolleis, a.a.O. (Anm. 25), S. 257.

なお、シェーンは、ゲッティンゲン大学賞受賞論文の指導教員だが、但し、シェーン学説自体には、教会本質の検討をしない実証主義の教会法学として、スメントはこれに批判的な言辞を繰り返し向ける。Smend, Wissenschafts- und Gestaltprobleme im evangelischen Kirchenrecht, in: ZevKR, Bd. 6 (1957/58), S. 225–240, 229f., 236f.; ders., Zum Problem des kirchlichen Mitgliedschaftsrechts, in: ZevKR, Bd. 6 (1957/58), S. 113–127, 119f.; ders., Zweihundert Jahre Göttinger Kirchenrechtswissenschaft, in: Brunotte-Festschrift. Evangelisch-Lutherische Kirchenzeitung, Bd. 10 (1956), S. 236f.; Volkmar Götz, Verwaltungsrechtswissenschaft in Göttingen, in: F. Loos (Hrsg.), Rechtswissenschaft in Göttingen, 1987, S. 336–364, 343.

（27） Gräfin von Lösch, a.a.O. (Anm. 25), S. 395; Christian Woldhoff, Kirchenrecht an der Rechts- und Staatswissenschaftlichen Fakultät der Universität Bonn, in: ZevKR, Bd. 51 (2006), S. 70–95, 85. フォン＝レーシュによると、当時のイギリス公文書の中で、反ナチ運動の協力者としてスメントの名があったことが、その原因らしい。Gräfin von Lösch, a.a.O. (Anm. 25), S. 395. 他に一九三三年、学会誌・公法論叢の編者をスメントは辞職したが、これは、共編者ケルロイターが同誌を学界政治、中でもシュミットへの対抗に利用することに反対して共編者を辞職した（実質的には追放）トリーペルに同調してのことだったと、ベッカーは報告する。Lothar Becker, »Schritte auf einer abschüssigen Bahn«, 1999, S.119f. Vgl. Ulrich M. Gassner, Heinrich Triepel, 1999, S.165–167. なお、後掲注(105)も参照。

(28)　Gerhard Leibholz, Rudolf Smend, in: In memoriam Rudolf Smend, 1976, S.15–43, 19f., 21f.; Hesse, a.a.O. (Anm.4), S.341. 即ち、一九四五年から四八年にかけ、ドイツ福音主義教会の憲法がその理事会により制定されたが、スメントはそれに積極的に関わる。まず、四五年八月二七〜三一日の第一回教会会議（於トライザ）で一二名から構成される教会理事会が組織され、その一人に選出され、同時に暫定規則の起草委員会も招集されて、その五名の一人となる。その後、四七年六月五〜六日の第二回教会会議（於トライザ）では、委員三名から成る憲法委員会が組織され、それによる草案に基づき四八年七月九〜一三日の第三回教会会議（於アイゼナハ）によって憲法制定教会会議が招集、ここに、ドイツ福音主義教会基本規則が全会一致で議決され、その後、同年一二月三日に発効したのである。Erik Wolf, Ordnung der Kirche, 1961, S.448–454; ders., Zur Entstehung der Grundordnung der Evangelischen Kirche in Deutschland (1955), in: ders., Rechtstheologische Studien, 1972, S.47–75. スメントは憲法委員会と憲法制定教会会議の構成員ではなかったが、例えば、この基本規則五条はスメントの発案であると言われている。「個別教会同士の関係、個別教会とドイツ福音主義教会との関係の秩序は、兄弟の秩序である。その相互間の交渉、論争、権利義務の主張はこの精神によりなされる」（個別教会はラント教会を指す）。Heinz Brunotte, Die Grundordnung der Evangelischen Kirche in Deutschland, 1954, S.6ff., 17ff. なお、前述の教会理事会が四五年一〇月一七日、第一回会議開催に先立ち、同地を訪問した世界教会協議会代表団に、ドイツと世界の信頼回復の為に発せられたのがシュトゥットガルト贖罪宣言である。そこに名前のある理事会構成員一一名の一人こそ、スメントである。Hesse, a.a.O. (Anm.4), S.576f.; 河島幸夫『ナチスと教会』（創文社、二〇〇六年）一六九〜二〇五頁、宮田（前掲注(21)）三九三〜四六〇頁。Vgl. Smend, Brüdergemeine und Landeskirche, in: Festschrift für Erich Ruppel zum 65. Geburtstag, 1968, S.226–236. 更に、ドイツ福音主義教会・教会法研究所の創設、福音主義教会法雑誌の創刊など、戦後の教会法学の発展にスメントは寄与している。Hesse, a.a.O. (Anm.4), S.577; Freiherr von Campenhausen, a.a.O. (Anm.4), S.492f.; Michael Stolleis, Fünzig Bände „Zeitschrift für evangelisches Kirchenrecht", in: ZevKR, Bd.50 (2005), S.165–183, 167–169.

(29)　Leibholz, a.a.O. (Anm.28), S.20f. ライプホルツ曰く、第一、スメント所属のハノーファー改革教会が、他の地ほどナチス政権と厳しく対峙する状況になかったということ（同教会はドイツキリスト者の簒奪が失敗して「無傷」であった）、第二、非神学者として自制から明確な態度決定を控えたということ、第三、困難な状況も何とか乗り切れる限りで、既存秩序への反対を良しとせず、教会の仕組みを受け入れる保守的思考があったことに、スメント自らが教会闘争に積極参加しなかった原因である、とする。尤も、ナチス殉教者ボンヘッファーを義弟に持つ者には許されない。想像を絶する不法に教会が声を上げないとき、迫害され虐待される者を前に神の命に耳を傾けないとき、そのとき教会は教会ではない。スメントの言うこの「保守的＝制度的思考」は次善の策でしかない。Vgl. Korioth, a.a.O. (Anm. 10), S. 134-138. 河島幸夫『戦争・ナチズム・教会』（新教出版社、一九九三年）一二〇頁、山崎和明『D・ボンヘッファーの政治思想』（新教出版社、二〇〇三年）、S・ライプホルツ＝ボンヘッファー／G・ライプホルツ『ボンヘッファー家の運命』（初宿正典訳）（新教出版社、一九八五年）。

なお、後述の様に、スメントは戦後、実証主義教会法学への批判をヨリ強め、教会本質と教会法学の直接接合を求めるバルメン宣言を己の理論的基礎に据えるが、これは当時恐らく距離を置いただろう急進派「ダーレム主義者」が発案、起草したものであるといわれている。当時の教会闘争につき、河島（前掲注(28)）三〜四一頁。

(30)　ナチス抵抗運動への関与はともかくとして、スメントが告白教会の側にいたことは明らかである。バルトやニーメラーらとの関係は不明であるが、告白教会の神学者、オットー・ディベリウスとの交流は、彼への献呈論集へスメントが参加したことなどから、明白である。Vgl. Smend, Deutsches evangelisches Kirchenrecht und Ökumene, in: R. Stupperich (Hrsg.), Verantwortung und Zuversicht. Eine Festgabe für Bischof Dr. Dr. Otto Dibelius zum 70. Geburtstag am 15. 5. 1950, 1950, S. 179-187. 因みにディベリウスは、反ユダヤ主義の側面も持つが、スメントと共に、戦後ドイツ福音主義教会の創立に関与している（前掲注(28)）。

(31)　正確には、元々ヒルシュ招聘はゲッティンゲンが望んだものでない。N・ボンヴェチュの後任として同神学部が提出した人事リストでは、第一位がグスタフ・アンリヒ、第二位がハンス・フォン＝ゾデンで、ヒルシュは第三順位、これからすれば到底招聘は期待できなかった。だが、啓蒙主義を批判する保守主義の書『ドイツの運命』で著名となったヒルシュを、神学部の七名中二名が少数意見で第一位に押し、更に同書に感銘を受けたシュタムラーが、プロイセン州政府文部省事務次官ベッカーと、哲学部＝神学部担当人事課長W・リヒターに圧力をかけ、その結果文部省が第三順位ヒルシュを採用したという。Trillhaas, a.a.O. (Anm. 7), S. 39f. Vgl. Emanuel Hirsch, Deutshlands Schicksal. Staat, Volk und Menschheit im Lichte einer ethischen Geschichtsansicht, 1919. 関連して、当時のプロイセン政府文部省の大学政策に簡単に触れる、拙稿「行政法学・学際研究・大学政策」岩見ほか『社会環境設計論への招待』（八千代出版、二〇〇五年）一一五〜一一七頁。

(32)　Hirsch, a.a.O. (Anm. 10), S. 7. 以下でヒルシュの見解を執拗に追うのは、その論理を知る為である。同じ概念の使用を発見して同じ理論と断定するのは、莫迦げている。職業思考と統合理論の本質はその論理にあり標語にあるのではない。けれども、理論を唯のスローガンとして見る人々が何と多いことか。

(33)　Hirsch, a.a.O. (Anm. 10), S. 10f.

(34) Hirsch, a.a.O.（Anm. 10）, S. 15–17.

(35) Hirsch, a.a.O.（Anm. 10）, S. 19. これを詳述すると、第一が、一九世紀の長老会議体制の成功である。これで、共同体は個人意志で下から構築されるとの思考が普及して、教会憲法を政治憲法と、長老会議《ジュノーデン》を教会議会《キルヒェンパラメンテ》と見なす傾向が強まる。Hirsch, a.a.O.（Anm.10）, S. 19f. 第二が、あらゆる教会運動が特定集団により主張されたことである。即ち時代精神に従う方向もあれば、抗する方向もあるという、党派分化で共同生活を分裂させる、一九世紀的運命が教会にも到来する。ヒルシュは言う。その根源に新しい国家概念があるという訳である。Hirsch, a.a.O.（Anm. 10）, S. 20.

(36) Hirsch, a.a.O.（Anm. 10）, S. 21f.

(37) Hirsch, a.a.O.（Anm. 10）, S. 22f.

(38) Hirsch, a.a.O.（Anm. 10）, S. 23f.

(39) Hirsch, a.a.O.（Anm. 10）, S. 25f.

(40) Hirsch, a.a.O.（Anm. 10）, S. 26f. 更には、個人が大衆となり、人権で保障された自由を経済に向けて行使して国家を動員する、即ち経済を国家で押さえ込もうとすると、経済の方が、国家に依存すると同時に、逆にその国家規律を通じて個人に向けた強制権限を獲得し、個人の自由が空洞化して、加えて、個人による国家意思の形成も空洞化してしまう、とヒルシュは言う。Hirsch, a.a.O.（Anm. 10）, S. 27, ders., Deutschlands Schicksal. Staat, Volk und Menschheit im Lichte einer ethischen Geschitsansicht, 2. Aufl., 1922, S. 64–79.

(41) つまりこういうことである。フランス革命で生まれた新しい国家は、自由・博愛・平等をその政治原理でなくて、その宗教信仰に据えた。神ではなく人間の理性を祭壇に仰いで、新しい国家の新しい自由に矛盾するもの＝教会の存在を認めぬ、ルソーのいう市民宗教である。けれども、この宗教による革命の創造は儚い夢に終わった、という。教会の権力は余りに強く、新しい宗教は余りに弱い。それを受けて新しい国家は、市民宗教の中で国家の魂を得たり、宗教を選び宗教から離れる自由を新しい自由と見たりすることを、諦めたのだった。だからこそ、国家は教会を退けて、同時にこれを求めたという訳だ。Hirsch, a.a.O.（Anm. 10）, S. 28f.

(42) Hirsch, a.a.O.（Anm. 10）, S. 27f.

(43) Hirsch, a.a.O.（Anm. 10）, S. 29f.

(44) Hirsch, a.a.O.（Anm. 10）, S. 31f.

(45) Hirsch, a.a.O.（Anm.10）, S. 33f.

(46) つまり、自由思考の深化の試みを、結局ヒルシュは退けるのである。候補として、ドイツ観念論のやり方と北アメリカ的なやり方がある。第一のドイツ観念論における自由とは、真と善の洞察と同義であり、これは、真と善が人間の生きた自由を内容とすることと、人間とは真と善の中にある限りでのみ自由であることとの、二つを意味する。その意味で、神から分離された自由は自由ではなく、恣意に過ぎぬ。更に、真と善を地上で実現したものこそが国家であり、この国家は個人の意思からでなく、真と善の生である精神の深みから創られる。それに応じて、個人の自由も、国家の意思を規定することにでなく、国家の中で己を再認識し、普遍的なるものを受け止めることにある。Hirsch, a.a.O.（Anm.10）, S.34f. 尤も、一口に観念論といっても、フィヒテとヘーゲルとでは異なる。①まず前者では、国家は既存のものがそれに組み込まれて変成され、この変成は、真理を既に観照した者の理性的洞察で実行される、と。だがこの真理の洞察、そしてそれによる自由の意識は、全体意思と個別意思を媒介する教《クンスト》育《デア》の術《エアツィーフンク》により喚起されると、フィヒテは言う。②だがヘーゲルでは、この教育がなくても、諸制限を受ける国家も元々現実的なのである。全体意思と個別意識の媒介は、仮に自由が誤って行使されたとしても、精神の秘密の自己制御がこれを果たす。精神としての人間が国家の中でのみ充足される、とヘーゲルは言う。つまり、フィヒテとヘーゲルの違いは、前者は教育の理念を指摘し、後者は現実に適合して生成する形象化の力を信頼することに、ある。Hirsch, a.a.O.（Anm.10）, S.34-36. 尤も、国家とキリスト教との関係の理解の点では、二人は接近する。即ち、精神的生活はその深層からキリスト的啓示に条件づけられて、その結果、自由と精神と（恐らく、人間の自由とキリスト教と）が一致すると言う。ここでは、精神と真理は国家の中に現出するのだ。とりわけヘーゲルでは、国家と結合し国家に服従する宗教共同体に帰属することは市民の義務とされる。観念論的国家学の誕生である。Hirsch, a.a.O.（Anm.10）, S.36-38.

　だが、このドイツ観念論の思考は、ヒルシュにより断念されている。第一に、先に言及した経済の威力がここでもやはり精神に作用する。本当は、経済は精神の行いであり、精神形成の前提である筈なのに、この国家が経済法則に絡め取られ、精神の死刑執行人に成り下がる。第二に、観念論の努力空しく、やはり自由と真理は分裂したままだ。キリスト的人間性は分裂している。真や善や神へと「是《ヤー》」と述べたところで、精神的紐帯としての国家共同体が復元される訳ではない。自由と真理の統一が、我々の術で何とかなるとは嘲笑されるだけだ。Hirsch, a.a.O.（Anm.10）, S.38-41. なお、ヒルシュにはフィヒテなどのドイツ観念論の研究が多くある。『フィヒテ哲学全体の発展の枠内のフィヒテ宗教哲学』（一九一四年、学位論文）、『フィヒテ哲学の中のキリスト教と歴史』（一九二〇年）、『フィヒテ・シュライエルマッハー・ヘーゲルの宗教改革への関係』（一九三〇年）。Emanuel Hirsch, Fichtes Religionsphilosophie im Rahmen der philosophischen Gesamtentwicklung Fichtes 1914; ders., Christentum und Geschichte in Fichtes Philosophie, 1920; ders., Fichtes, Schleiermachers und Hegels Verhältnis zur Reformation, 1930; ders., Gesammelte Werke, Bd.24: Fichte-Studien 1918-1927, 2008. Vgl., Trillhaas, a.a.O.（Anm.7）, S.46.

次に、第二の、ヒルシュの言う北アメリカ的思考についてはどうか。まず彼は、一九世紀初頭のこの地における教会の地位に着目するが、その後その独自の力が、戦争の惨禍、移民の流入などの体験を経て、遂には、国民の中でヨリ高次の生の場所として確固たる立場を得る。人間の共同体、これとキリスト教との関係については、この当時にこの地の基本的な思考が確立したという。これによると、個々人の自由な自己決定で社会が成立ち、これがやがて国家や人類へと至る。これら共同体が人倫的で宗教的な精神的駆動力の主体であるならば、観念論が語る如く、自由が真理を創造し実現すると言うべきである。Hirsch, a.a.O.（Anm.10）, S.41f. だが、観念論と類似するだけに観念論への批判がここでも妥当する。即ち、経済の圧力はここでも猛威を揮い、教会の活動力は徹底的な合理性で規律され、神の啓示も人間の思考及び意志から判断される。これでは、教会に作用する精神が過てる自由の犠牲となってしまう。Hirsch, a.a.O.（Anm.10）, S.42f. 更に、恐らく第一次大戦の戦後処理を念頭に、ヒルシュはこう語る。北アメリカ人が世界良心《ヴェルトゲヴィッセン》なる語を持ち出す様になったのも、彼らが従来のキリスト教を捨てた帰結だろう。彼らは世界良心を神の声を語るが、世界良心とは虚偽であり、今日の強者に買収されたものだ。Hirsch, a.a.O.（Anm.10）, S.44.

（47）Hirsch, a.a.O.（Anm.10）, S.45-48. タンナーは、結局ヒルシュ説の核心を、国家の民主化が進行すれば資本主義の支配が強化されるだけだ、という主張にあると見ている。Klaus Tanner, Protestantische Demokratiekritik in der Weimarer Republik, in: R. Ziegert (Hrsg.), Die Kirchen und die Weimarer Republik, 1994, S.23-36, 29f.

（48）Hirsch, a.a.O.（Anm.10）, S.48f.

（49）Hirsch, a.a.O.（Anm.10）, S.49-58.

（50）Hirsch, a.a.O.（Anm.10）, S.61-71.

（51）Schneider-Flume, a.a.O.（Anm.24）, S.119f., 122-125. また、宮田（前掲注（21））九一～九四頁。

（52）Hirsch, a.a.O.（Anm.10）, S.45.

（53）Hirsch, a.a.O.（Anm.10）, S.44f. スメントらの国法学は、その精神で教育された人間が、国家活動を規定する立場につくべしという観念論の思考を引き継ぐと彼は言う。再度確認すれば、この観念論の思考をヒルシュは既に否定している。前掲注（46）参照。なお、ヒルシュでは、スメントとカウフマンとが、同一の国法学説として扱われていることにも注意。尤も当事者たちの意識は異なる。拙稿「政治的体験の概念と精神科学的方法（二）」早稲田法学七四巻四号（一九九九年）六九七～六九九頁。

（54）ヒルシュの先の決断主義志向からすれば、それはスメントより寧ろシュミットやハイデガーに近いと、シュナイダー＝フルーメは言う。Schneider-Flume, a.a.O.（Anm.24）, S.11, 24, 44f., 102, 126. 但し、スメントとヒルシュの関係を完全に切断することは控えよう。

何故なら、スメント彼自らが、統合における国家への拘束と宗教における神への拘束が類似して、この点を指摘する論者に、ジンメル、ソレル（及びファシスト）、そしてヒルシュを列挙するからである。Smend, a.a.O.（Anm. 17）, S. 164, Fn. 15. だがそれは、勿論『一九世紀と二〇世紀における国家と教会』でなく、ヒルシュが就職前の『最近の欧州の思想の神の国概念』である。Vgl. Emanuel Hirsch, Die Reich-Gottes-Begriffe des neueren europäischen Denkens, 1921.

（55）Friedrich Gogarten, Zwischen den Zeiten, in: Die Christische Welt, Bd. 34（1920）, Sp. 374-378; ders., Historismus, in: Zwischen den Zeiten, Bd. 2（1924）, S. 7-25; Kurt Nowak, Geschichte des Christentums in Deutschland, 1995, S. 212-214. トレルチュなど、第一次大戦時における戦争協力について次を見よ。河島（前掲注（29））五～九頁。自由主義神学が、イエスの福音を教会の歴史性から切断することで、この福音をドイツ的精神と接合し、自ら政治化したと論及するのは、深井（前掲注（10））一七六～二二九頁、二三〇～二七二頁。

（56）Nowak, a.a.O.（Anm. 55）, S. 215; ders., Evangelische Kirche und Weimarer Republik, 1981, S. 228f. 例えば、トレルチュとホルは、ルター解釈を巡って論争を展開する。つまりトレルチュ曰く、ルターは結局のところ中世的人物に過ぎず、この旧プロテスタントではなく、世俗生活の完全な解放に立脚する、啓蒙主義的な新プロテスタントとその国家論が肝要なのだ、と言う。ホルはこれに反駁し、ルターはやはり中世思考を克服したのであり、例えば「キリストの体」は、霊的／世俗的社会の統一体ではなくて、この社会二つを切断した上での純精神的な不可視の真の教会である、こう述べている。啓蒙主義と民族主義の対立がここでも現れている。Tanner, a.a.O.（Anm. 10）, S. 157-161; Vgl., Walther Schönfeld, Von der Rechtserkenntnis, 1931, S. 56.

（57）なお、共に一九二三年にゲッティンゲン大学神学部教授に着任した、バルトとヒルシュの関係について論ずる、バルト弟子の論稿も見よ。Wolfgang Trillhaas, Der Einbruch der Dialektischen Theologie in Göttingen und Emanuel Hirsch, in: B. Moeller（Hrsg.）, Theologie in Göttigen, 1987, S. 362-380.

（58）Günther Holstein, Von Aufgaben und Zielen heutiger Staatsrechtswissenschaft, in: AöR, N.F., Bd. 11（1926）, S. 1-40, 31; ders., Aussprache, in: VVDStRL, H. 3（1927）, S. 55f.; ders., Elternrecht, Reichsverfassung und Schulverwaltungssystem, in: AöR, N.F., Bd. 12（1927）, S. 187-254, 188f., 200, Fn. 28; ders., Grundlagen des evangelischen Kirchenrecht, 1928, S. v. Vgl., Klaus Rennert, Die „geisteswissenschaftliche Richtung" in der Staatsrechtslehre der Weimarer Republik, 1987, S. 122, 130-133; 拙稿（前掲注（53））六九一～六九三頁。尤も、ホルシュタイン本人は明示的に献辞は語らないのではあるが、ハルナックらと並び、ホルの影響ありと判断する見解も少なくない。Otto von Campenhausen, Günther Holstein, 1997, S. 6.

なお、ホルシュタインはそのルター国家論を、グライフスヴァルト時代の同僚、ゲルハルト・キッテルに献呈している。この神学者は、ベルリンではなく、ライプツィヒで自分の父から聖書学を学んだが、後にナチスの反ユダヤ政策に密接に関与した悪名高い人物ではある。エリクセン（前掲注(21)）四三〜一一五頁。

(59)　Vgl., Emanuel Hirsch, Rousseaus Geschichtsphilosophie, in: Rechtsidee und Staatsgedanke. Festschrift für Julius Binder, 1930, S. 223-242; Tanner, a.a.O.（Anm. 10), S. 194f.

(60)　Hans Gerber, Die Idee des Staates in der neueren evangelisch-theologischen Ethik, 1930. 共にルター復興を担った神学者であるが、パウル・アルトハウスはエアランゲン大学教授で、戦前戦後とルター協会会長を務めた人物。フリードリヒ・ブルンシュテートも、ロシュトック大学教授、特に同大学長でもあったが、連合国の爆撃後、終戦直前に死亡している。特にブルンシュテートについては、ゲルバーはその教授資格論文で、自らの研究の認識論的基礎を与えてくれた人と、謝辞を述べている。Hans Gerber, Geld und Staat, 1926, S. vi, 158, Anm. 19.

(61)　当時の神学と法学の関係については差し当たり次を参照せよ。Vgl., Herbert Wehrhahn, Der Stand des Methodenproblems in der evangelischen Kirchenrechtslehre, in: ZevKR, Bd. 1（1951), S. 55-80; Wilhelm Maurer, Theologie und Jurisprudenz（1964), in: ders., Die Kirche und ihr Recht, 1976, S. 22-43.

(62)　スメントもホルシュタインも、共に精神科学的方法の立場であるが、ワイマール時代に、右派政党であった国家人民党を支持し、その後、一九三〇年にそれが分裂してできた保守人民党に共に参加しており（トリーペルも）、政治的にも同じ傾向を持っていたことが分かる。von Campenhausen, a.a.O.（Anm. 58), S. 14-17; Leibholz, a.a.O.（Anm. 28), S. 18; Gassner, a.a.O.（Anm. 27), S. 179-186; Stefan Korioth, Normativität mit Vorbehalt, in: AöR, Bd. 123（1998), S. 606-622.

(63)　以下は、飽くまで神学と法学の連関を知る素材としての議論であり、ルター国家論それ自体、その妥当な解釈の検討を目的としていない。Vgl., Manfred Jacobs, Einleitung, in: ders.（Hrsg.), Die evangelische Staatslehre, 1971, S. 7-49, 31-37; Joachim Track, Luthertum, in: Evangelisches Staatslexikon, 2007, Sp. 1468-1474.

(64)　Julius Binder, Luthers Staatsauffassung, 1924, S. 4.

(65)　Binder, a.a.O.（Anm. 64), S. 12f.

(66)　Binder, a.a.O.（Anm. 64), S. 13f.

(67)　Binder, a.a.O.（Anm. 64), S. 14.

(68)　Binder, a.a.O.（Anm. 64), S. 13.

（69）Binder, a.a.O.（Anm.64）, S.15. 勿論、ビンダーの、この官憲国家の否定は、別文脈でも存在するが、それは、これと、この反対概念たる国民国家の拒否として登場する。彼曰く、国家の本質を特徴づける概念として、官憲国家と国民国家（更に階級国家も。ここでは措く）があるが、両者を使用すべきと。即ち一方は国家をお上とし、他方は国家を国民とする思考であるが、結局いずれも個人主義に立脚するものであり、国家の本質を生きた国民共同体と了解する国家の理念を無視していると、批判している。Binder, Philosophie des Rechts, 1925, S.529f.

（70）Binder, a.a.O.（Anm.64）, S.16, 13.

（71）Binder, a.a.O.（Anm.64）, S.18f.

（72）Binder, a.a.O.（Anm.64）, S.19f.

（73）Günther Holstein, Luther und die deutsche Staatsidee, 1926, S.26f. Anm.7.

（74）Holstein, a.a.O.（Anm.73）, S.9f. Vgl. Holstein, a.a.O.（Anm.58）（„Grundlagen"）, S.88ff.

（75）Holstein, a.a.O.（Anm.73）, S.10f. 既に青年ホルシュタインは、ルター国家論の概略を以下の如く語る。即ち、ルター神学において、宗教とは完全に内面的なものであるが、反面、人間の経験的本性は原罪により徹底して堕落したものである。そこで神は、人間を世俗的官憲の強制力の下に置いて導こうとする。ここに精神の国と世俗の国の二つの統治が登場するのだが、しかしこの国家は、神が創造しはするものの、教会の影響からは自立する。その結果、国家が神の法に由来することから、国家生活への参与が人倫的義務と捉えられ、職務の執行はキリスト精神の下に置かれる。Holstein, Luther und der deutsche Staat, in: Bayreuther Blätter, 40.Jg.（1917）, S.252–259, 255–259. Vgl. Holstein, Die Staatsphilosophie Schleiermachers, 1923, S.10f.

（76）Holstein, a.a.O.（Anm.73）, S.19, 13, 23.

（77）Holstein, a.a.O.（Anm.73）, S.13–17.

（78）Holstein, a.a.O.（Anm.73）, S.18f.

（79）Holstein, a.a.O.（Anm.73）, S.19–22. つまり、ルターの人倫的命令思考がドイツ思想史を脈々と受継がれ、これに人間の共同体生活が様々な形式を歴史的に与えてきたのだが、この関係にその学問の尊厳と高貴を見出す法律家こそが、ルターと観念論の姉妹関係を感じとれる、とシュライエルマッハーは言う。実証主義がこの核心を見誤ったのはドイツ精神史の悲劇である、と。Holstein, a.a.O.（Anm.73）, S.23f.

（80）Vgl. Adolf von Harnack, Lehrbuch der Dogmengeschichte, Bd.3, 4.Aufl., 1930（Nachdruck, 1964）, S.808–902; Karl Holl, Gesammelte Schriften, Bd. 3: Luther, 6. Aufl., 1930.

(81)　スメントと自由主義神学との関係は不明だが、彼が学生の時代から、その父が当時ゲッティンゲン大学で同僚であった旧約聖書学の大家ヴェルハウゼンらに親しく教えを受けていた事実からすれば、ハルナックやトレルチュら自由主義神学との関連を見てもよかろう。Leibholz, a.a.O. (Anm. 28), S. 15f.; Rudolf Smend (jun), Julius Wellhausen (1844-1918), in: M. Greschat (Hrsg.), Theologen des Protestantismus im 19. und 20. Jahrhundert, Bd. 1 (1978), S. 166-180; ders., Wellhausen in Göttingen, in: B. Moeller (Hrsg.), Theologie in Göttingen, 1987, S. 306-324; ders., Julius Wellhausen, in: ders., Deutsche Alttestamentler in drei Jahrhunderten, 1989, S. 99-113.

三　職業と制度の憲法学

1　スメントと民主主義

(a)　さて、ヒルシュとスメントを接続する論理が、まずは、ヒルシュの民主主義批判で破綻することを我々は既に見たが、他方この論理は、スメントが民主主義を定礎したとの、もう一つの前提を持っている。では、この片肺飛行は二人の見解を接合する理解にどう作用するか(82)。スメントの「プロテスタンティズムと民主主義」で確認してみよう。実はこの論稿は、ライヒ宰相を支持する書物『危機《クリージス》』に収録された。議会政破綻の時代に全体主義から民主制を守るべく、緊急令により民主制を掘崩した大統領内閣の宰相、ブリューニングとの繋がりは(83)、この論文のテーマ、福音主義と民主主義の連関の複雑さを暗示する。即ちこれは、前者で後者を直接に肯定するとの単純な内容ではなく、カトリックに対する福音主義の道徳的優位を論じる中で、該連関を少々迂回的に解明しようという、短いながら手の込んだ論文である。つまり、第一に、一九一八年以降の福音主義と国家の関係を検討し、第二に、福音主義が民主主義と対峙する際の方法の可能性を吟味し、第三に、自然法の扱いでカトリックと福音主義とを比較するものだ。ここに民主主義の福音主義的基礎づけを見るのは、実は乱暴である。

(b)　まずスメントが議論するのは、福音主義と国家理念との関係である。まず、福音主義教会は元々、国家枠内の君主の支配するラント教会として発足し、一八年の革命でこの君主教会監督制《ズメピスコパート》が崩壊していく。例えば、プロイセン国家ではその廉潔な職業官僚制の成功の背後に、福音主義がその職業思考《ベルーフスゲダンケ》で国家創造的に作用した事実があるという。ここに、政治《ポリティッシェ》に距離《フレムトハイト》を置くカトリックの伝統と顕著な差異があるが、宗教思考で国家思考を決する福音主義の傾向は革命後も変わらない。ただそこでは、国家を教会利益で見る教会政策的観点を取られない(84)。革命に対する福音主義の態度は、実は多種多様でありうるのである。即ち、新体制の信奉者は国家と法律に内面と良心から賛同を示すが、大多数の者は、従来の君主的キリスト的国家に内面的忠誠を示して、大変革の成果に、内面的な無視又は拒否の姿勢を採るかもしれない(85)。もしここに、プロテスタンティズムと民主主義の問題があるならば、それは、福音主義はドイツ国家を支える歴史的役割を放棄したのか、福音主義は政治的に分裂状態、又は打開困難な対立状態にあるのか、福音主義教会は最早唯の宗教団体でしかないのか、こう換言できる(86)。

ここで、福音主義と民主主義に関する右の問題群は否定されるのだ。曰く、福音主義教会は単なる宗教団体ではないし、福音主義はまだ統一性を失っていないし、国家を担う任務も失っていないのである。第一に、ワイマール憲法一三七条二項の宗教団体の自由の保障とは、少数派たるカトリックの保護の為で、プロテスタントの為ではない(87)。第二に、カトリックの如く完結した組織も政治的な代表も持たぬが、全ドイツのプロテスタンティズムは、精神的統一体を維持している。戦争／革命後の新秩序への対応につき、終局的な一致は未だないが、それに向けて福音主義は格闘の真っ只中にあると、スメントは言う(88)。第三に、革命に際し方や教会の態度を告発し、方や国家に内面的・外面的に抵抗する、世俗国家と福音教会との間の緊張と誤解の時代は過ぎて、今や両者の安定的で友好的な関係の時代が始まっている(89)。即ち、福音教会は憲法上の唯の宗教団体でなく、福音主義も精神的《ガイスティゲ》統一性《アインハイト》を所持するままで、国家との関係を喪失していないとすれば、プロテスタンティズムと民主主義という問いについて、これが解決困難である事情も変化しないのである。ではこれをどう解消するか(90)。

まずスメントは三つの解決策を紹介する。一つめは、プロテスタンティズムと民主主義を一致させること、二つめは、民主主義国家と福音主義教会に同一構造を見ること、三つめは、福音主義政党を結成し民主主義過程に組み込むこと。

だが以上の回答は妥当ではない。第一の民主主義を宗教的要請と見る理解は、アングロサクソン流で、革命で国家に宗教的中立性を課したドイツには馴染まない説である。(91) 第二の理解も、カトリックなら兎も角、万人司祭主義の教会につき民主主義国家との類似性を論ずる点で、福音主義の本質に抵触する。(92) また政党形成には比較的小規模の集団内部の同質性や、政治的連帯に馴染む程の少数者性が必要だが、ドイツ福音主義にはそれがない。(93) 第一と第三の論点から、スメントが、民主主義の福音主義的定礎に反対し、同質性形成を福音主義に期待しないことが判明するのだが、つまり、コリオート指摘のスメントの特徴は実は存在しないのだが、それはさておき、結局スメントはここで別の解決策を探すのである。その解決策とはつまり、キリスト的良心に基づき真摯に要求を掲げ、そして、教会と信者の権利の為にただ単純に闘うこと、これである。(94)

スメントが語る「別の解決策」とはつまり以下のようなことである。第一に、福音主義教会が、戦後新秩序に対してその立場を明確化し、それを通じて教会自らを構成化するようになる、ということである。ただこれは、教会礼拝日での大集会の開催、末端レベルでの公的な福祉援助の実施など、非常に広範囲な多種多様な諸手法でなされる。これにより、神学上の論争や成果がドイツ国民の前に明らかとなる。(95) 第二に、こうした要求が福音主義教会の内部で、宗教以外の政治的、社会的、文化的色彩から純化されて意思される、ということである。即ち、教会の自己主張はただキリスト教的であるべきで、君主制や市民性でこれを変造してはならぬ。宗教的拘束から生活を解放する世俗主義、教会に政治的ラベルを貼付ける傾向と対決すべきである。(96) 確かに、民主制もその価値と尊厳を信じて初めて成立つものだから、それ故に、宗教や教会の一種の代替物となる傾向を持つと言えよう。現在の民主主義は、教会がただ宗教に方向づけられること、特定の国家形態をプロテスタントが支持しないことを、見誤っているのだ。宗教中立国家への対峙は従来の君主国家とは別様でなくてはならぬ。(97)

だがこれでは、福音主義が民主主義に対峙する中身は明らかでない。ここでスメントが持出すのが、福音主義とカトリックの、とりわけ自然法の取扱いに関する比較である。まず、カトリックにつき曰く、ここでは、自然法は洞見できる、神の法は啓示されるとの思考から、この自然法も神の法も、法と教義の最上級審級、つまり教皇により一元的に解釈され実施されるのである。ここに集権的な構造がある。[98] 他方、あらゆる者が神の声を聴く、徹底的に分権的な福音主義では、自然法に基づく規範又は原理を独占的に解釈する組織が存在しない。即ち自然法の解釈は、教会の不変の図式や態度からでなく、具体的状況を巡る具体的決断として、敬虔と良心からなされるべきである。[99] そこで、国家と文化の危機につき、その究極の深遠にプロテスタンティズムが対峙するならば、危機克服に直接的に貢献するであろう。確かに福音主義は、異質な見解の存在に無頓着な散乱したものだが、具体的な創造性と精神的な作用力を持つ点、道徳的なものでもある。勿論、民主主義も、この常に前進し深化する精神運動の対象となり、その意味で福音主義から活性化されることを、スメントは示唆する。[100]

(c)　以上の少々入組んだ立論から推測できるのは、福音主義への期待は民主主義の基礎たる精神的同質性の回復にない、ということである。成る程、この精神的同質性の確保にカトリックは失敗した、むしろそれには危機の精神的・人倫的克服が必要で、福音主義こそがこの克服を実現する、とスメントは述べはする。[101] だがしかし、そもそも中立国家のドイツで民主制と福音主義は重ならぬこと、福音主義が君主制とも民主制とも結合せぬこと、民主主義を宗教の代替と見る思考は拒むべきこと、[102] こう語るスメントはヒルシュと結びつかない。寧ろスメントの核は、プロテスタンティズムが民主主義なる危機に、具体的で真摯な宗教的態度で真摯に対峙すること、ここにあるのだ。ただ、この福音主義から、明快で一義的回答が得られるかは疑問で、完結的で安定的な答えを要求する人々には、何とも頼りないものだ。[103] 実在的なカトリックに反対し、事実及び理念の弁証法的な連関から了解する福音主義を支持するという、精神科学の理解も背後にある。[104] それは創造的なチャンスであると言われても、不安は解消されない。ではスメントはこの疑問にどう応えるのか。我々の次の課題である。

結局、福音主義と民主主義の結びつきを直接的に見ないという点で、先のホルシュタインと同じ結論がスメントに検出可能かもしれない。元々、スメントが精神科学的方法を採ることは良く知られているが、この方法態度の採用につき、彼はホルシュタインを同志と見ていた[105]。曰く、ホルシュタインの精神科学的方法でも、国家と法の把握には、人間的文化の全体性を統一的に認識せねばならない、とされている。故に、法を命題に還元する実証主義、形式論理で操作する形式主義、法を唯の目的達成手段に貶める技術主義は克服しなければならない[106]。とはいえ、これまでの議論は、神学と法学の境界を画定するのみで、そもそも、国法理論本来の領域に未だ到達していないかもしれない。傍証を挙げる。同じくホルシュタインの説を評してスメントは言う。成る程ホルシュタインは、神学や神学者を正面から取上げはするが、彼の理論は徹頭徹尾「法学《レヒツヴィッセンシャフト》」なのである。教会法の神学的な定礎をここに発見しても、それは「ただ外見的に」そうであるだけである[107]。では、神学との境界を得た上でスメント国法学はどう展開するのか。そこで、先に予告した国法学上の彼の論文二篇を検討するとしよう。

2　職業としての基本権

(a)　一つめの「市民とブルジョワ」論文は、周知のとおり、ブルジョワ概念の退場と市民又はシトワイアン概念の復権を目指す論稿である。つまりスメント曰く、市民概念の価値は今や暴落してしまっている。元々「完全で本来の人間」のみを市民と呼称した筈なのに、市民と言えば今では、誇り高きシトワイアンでなく、資本主義時代の計算高いエゴイスト、ブルジョワだ。愛情もなく冒険もせず、美や生への情熱もない彼らに、生き生きとした新世界が創造できる訳がない[108]。市民をこのように見窄らしく堕落させたのが、我々の国法学なのだ。驚いたことに、基本権は三月革命前から既に、ブルジョワのものだ。ドイツがフランス大革命から継いだのは、理性信仰のパトスでなく、個人主義且つ形式主義の国法学なのである。その基本権理論では、個人自由への封建主義や絶対主義の拘束を廃棄すること、せいぜい法律根拠のない侵害を禁止すること（法律留保）位しか要求されない[109]。著名なC・シュミット『憲法学』の総括は、その当然の帰結である。非政治的な市民的個人主義のマグナカルタ、市民的、ブルジョワ的法治国家――これらの形容句は、基本権への侮蔑的言辞なのである[110]。

そもそも、内面が既に非政治的な市民を国家から政治的に引き離す、そのような体系の市民的法治国家概念は、歴史的現実に合致しない。既存秩序との訣別でなくその温存と修正こそドイツ基本権の伝統だ。それはプロイセン一般ラント法然《しか》り、立憲君主主義憲法然《しか》りである。前者では、旧来の三身分編成（貴族・僧侶・平民）が国家における理性的分業という職業諸義務の体系《ジュステーム デア ベルーフスプフリヒテン》へと合理化されただけであるし、後者でも、同じ三身分の旧キリスト的教説が維持され、政治参加を許された臣下が既存の社会倫理体系へ新たに編入されただけである。(111)或る身分に属する者に特定の義務を与える――この思考が残るのだ。唯一《アイン アインツィガー》の身分《シュタント》＝市民に属する者に特定の権利と義務と名誉を与えよう。この法的地位に形象を付与する《アウスゲシュタルテン》と現れるものが、基本権なのである。(112)ワイマール憲法第二部「ドイツ人の基本権と基本義務」でも同様だ。即ち、様々な国民集団が市民的自由を現実的に行使する前提となる、そのような諸々の自由と安全を、基本権は確保するというのである。つまり、基本権とはドイツ国民の人格的《ペルゼンリッヒェス》職業権《ベルーフスレヒト》であり、このことは百年前も今現在も変わりがない、スメントはこう力説するのである。(113)

だが、人倫的職業があるから公権的地位があるというこの思考には、それは経験的な根拠のない空虚なイデオロギーだとの批判があろう。けれども、市民は、国家から距離を取り防禦するのでなく、国家に人倫上義務づけられるという思想こそが、国家生活を決定している。(114)一つ、時代の法／人倫感情を代表する人物の伝記からそれが分かる。政治的な任務を担った人々からすれば、その公的立場は共通善への市民の奉仕を表現したものでしかなく、その基本権も彼らが公的な名誉地位と義務地位を誇らしく負うことを明示したものでしかない。(115)もう一つ、ドイツの実定的国法からも職務権思想の正しさが分かる。もし憲法史が権力や主権を巡る市民と君主の戦いの歴史だとすれば、憲法とは、誰が勝者かを決定しない単なる妥協ということになろう。だがそうした利益対立の調整を法典化しても、それは憲法ではない。国民が統一体として行動し歴史的任務を遂行するには、この国民にかたち《フォルム》がなくてはならないが、そのかたちを与えるのが憲法である。そして、官僚や兵士が憲法忠誠を宣誓する様に、全体の中の職業／身分権が存立して初めて、右のような国家憲法が成立するのである。(116)

(b)　この職業的人格権の説を、コリオートはヒルシュと重ねてみていた。スメントは言う、今日の国家は職業思考なしでは了解できない、と。[117] いわば、任務として課された弁証法の中で国家は登場するのであり、つまり、人間が国家に生命を付与して初めて、国家が現実的となり、国家に個人が参加して初めて、個人は全き《フォレス》生《レーベン》を送るというのである。但し、この政治上の職業は日常生活上の職業とは違い、職業選択を我々は決断せずに、むしろこの職業秩序へと予め編み込まれている。彼は、この国家への取組みを義務づけるのが政治教育だと、述べる。[118] さて、この職業思考の国家志向が福音主義によるかを、スメントは留保はするが、[119] この倫理は正しく福音主義《エヴァンゲリッシェ》倫理学《エティク》だ、と明言する。即ちこの倫理に拠れば、個人は、大衆の中のアトムとして生理学的機械的なプロセスの中へ受動的に引入れられる、というのではない。寧ろ、神の意志による職業を充足し、自ら意識的に組入れられつつその政治共同体を神の意志による共同体へと変えなければならない。[120] 統合の過程をアリアリと思い浮かべることで、キリスト者としての己の職業を人は直観し、実行するだろう。憲法倫理学《フェアファッスングスエティク》の宣言である。[121]

ところで、スメントが福音主義で民主主義を正当化したとの仮説に問題があることは詳述したが、だがそれは民主主義の否定ではない。ここで民主制は、君主制と議会制と並ぶ国家形態の一つと見なされ、だが、多数決原理の如くその単なる形式性故に重視されるのでなく、実質的内容としての同質性を前提とするものとして把握されている。[122] これに、基本権をドイツ固有の文化/価値体系と了解する考え方と、[123] 基本権を国家全体の中の地位＝職業と了解する考え方が合流すれば、基本権の価値と文化を通じ同質性が無理やり確保されることとなろう。加えて、個別の国家活動により精神的全体連関が確証されるという、この継続的な過程＝統合過程を国家と同定する統合理論を重ねれば、[124] 遂には、基本権で共通文化を公定し、基本権で個人を義務づけて、民主制の同質性を確保する様で、実は個人を国家に併合するという、全体主義的な国家観の誤った印象が、スメントはナチだと罵倒したケルゼンの誤った批判に裏書されて、[125] 不当にも出来してくるのである。[126] これでは、既に言及したルタールネサンスによる職業が再浮上して、結局、既に拒否したヒルシュの結論と同様のことになりはしないか。

(c)　尤も、この民主制と職業権の関係は、国家へ個人を組込むのでなく、個人の自由を保障する為のものとして、位置づけ可能かもしれない(127)。先の職業権思考は、実は人権保障と統治機構との分断を相対化させ(128)、しかも官僚や兵士の憲法忠誠の意義を前提とするものなのであった(129)。スメントが職業とほぼ互換的に使用する「職務《アムト》」の概念を使用して(130)、民主主義と職務の関係を検討するその弟子ショイナーを吟味しよう。まず彼は、民主制の概念から直接民主制の意味を排除しようとする。即ち直接民主制とは、政治《ポィティッシェス》共同態《ゲマインヴェーゼン》の媒介《フェアミッテルング》抜き《オーネ》での実存を要求するが、だが、大小問わず全ての共同態には、全体の意思を形成し執行する確固たる形式と手続が必要であり、近代国家のような巨大な共同態には、全体を代弁する代理人《フェアトレーター》、過程を安定させる制度《インスティトゥティオーネン》が必要である(131)。近代国家の通常形態は代表民主制であり、職務の意味はここにある。制度とは、人間を全体の為に行動可能にし、政治生活のプロセスを進行させるべく考案された、個人を超える組織上の単位なのであり、職務とは、国家の最高目標の確定の為の(政治)、更に確定済みの目標の実現の為の(行政)、限定された管轄《ツシュテンディヒカイト》であり委託《アウフトラーク》なのである(132)。

結局彼は、職務概念を三つのメルクマールで特徴づけるが、それは、一つめ、職務が個人を超越《イーバーペルゾナーレ》した継続性と安定性を持つこと、二つめ、職務が個別を超えた全体の公共善《ゲマインヴォール》を志向すること、三つめ、職務が権利や義務、責任や統制で形象化されていること、これらから成る(133)。人は一度職務を保持すれば、自分や上司の個性＝人格に影響されず、しかし第三者の責任追及に曝されつつ、公共善を実現するのである。そして、公共善を狙うこの職務あればこそ人格の無秩序が遮断され、国民の政治意思を形成するプロセスから恣意が排除されていくのだ(134)。尤も、共同体を現実化するこの職務＝制度の仕組は衰退の中にある。ショイナーは言う。産業社会が近代国家を変質させてしまった、と。今や、国家作用は公的任務を果たす技術機能に過ぎず、国家組織も共通事項に配慮する仕組に過ぎない。国家は決定せずただ機能する。この下での公的職務は、最早全体的な共通善を実現しようとはせず、措定された目的を効率的に実行しようとするだろう。即ち、職務は解体し唯の機能《フンクチオーン》になる(135)。この帰結は近代憲法を浸食するかも知れぬ。だがショイナーのこの職務が、国家を全体主義から救出するだろう。

つまりこうである。職務＝職業の概念とは、人をそこへと据え置き、共同体共通の価値に縛りつけ、無理やり同質性を押付けるのでなく、人をそこへと据え置きはするが、その人本来の人格と一応無関係に、全体の共通善へ倫理的に義務づけ、以て国家を編制するものである。この職務の思考は、スメントの指導を受けたショイナーのみならず、同門のクリュガーやヘンニスも、ゲッティンゲンのスメント後任のケットゲンも、スメントに縁のある人物の多くが唱えている見解で[136]、更に、やがてはドイツ版共和主義の思考を決定づける見解でもある[137]。成る程、これは職務体系の構築を通じて統治機構全体を編成するが、だが、かと言って各人の奔放な意思で国家が振り回されるのでなく、特定の地位に公共善への拘束を課して国家のフォルムを整えていく。その点、この共和制の先駆はビンダーでもホルシュタインでもない。国家構造を宗教で確定するのでも逆に宗教から切断するのでもなく、ただ職務所掌者を公共善へと倫理的に向ける発想を援用するだけだ。だがしかし、職務思考を主張したのがスメント関係者ではあっても、彼本人ではない。本当にこれがスメントの見解と言えるのだろうか。

3　諸制度の問題と国家

(1)　国家と婚姻の平行性

ところで、先に論及したスメント「諸制度の問題と国家」論文だが、実は奇妙なことに、そのタイトルはその内容を反映したものでない。つまり彼は、国家問題が如何なる意味を持つか問おうとまず述べて、この国家を婚姻と比べた上で、国家は制度であると論じるのである。だがこのとき、そもそもこの制度が一体何かにつき全く切り込まず、国家と婚姻を比べる視座を打ち出すドムボワを援用するのみである。スメント自身がその制度概念を不明のまま国家を論じるのであれば、制度につき彼の理解とドムボワの理解が同じだと仮定するほかない[138]。では、このスメント門下の神学者が制度をどう把握するかと言うと、曰く、元々制度、即ちインスティトゥティオンの語は、ラテン語の動詞インスティトゥティオーに由来する。この語は元来が多義的で、①既存の法的な仕組み、②権利を付与すること、法の領域以外でも、③教説《レーレ》（カルヴァン『キリスト教綱要《インスティトゥティオー》』など）、という意味を持つ。即ち、教授すること、又は教師が生徒を正しい場所に連れて行き、世界の全体連関の中で自分を正しく了解できるようにすることである。まずは、人間を或《イン》る地位《アイネン シュタトゥス》へと据え置く《フェアゼッツェン》ことこそが、制度なのである。(139)

制度理解について、ドムボワにスメントが全面的に依拠することは、両者の論文名「諸制度の問題と婚姻」と「諸制度の問題と国家」の恐らく意図的な一致も、これを表現しているのだろうが、ところで、ドムボワ曰く、この制度には、行為《アクト》と存在《ザイン》の二要素が結合している。まず第一に、人は制度の中に入るとき、自ら自由に決定を行うのだ。制度のうちどれに入るか、制度をどう具体化《コンクレチオン》するか、自己決定する。しかし、そのとき制度の法効果を法律行為で確定している訳でなく、或いは、特定の法効果を留保して法制度の中へ参入する訳でもない。制度の類型性《テュピツィテート》とは、制度は法律行為では操作できぬこと《ウンフェアフュークリヒカイト》を意味する。(140) このことは同時に、制度の内容が定義できぬことも意味する。即ち、或る制度からどんな法的作用が帰結するか、網羅的に列挙できない。制度の定義を完成させようとしても、それは元々制度とは相容れぬ合理主義思考や目的論的思考であり、見え易い特徴や目的に視野が限定され、定義では十分認識できないモメントが排除されてしまう。ドムボワの言う制度の存在《ザイン》とは、制度に定義不能の非合理な本質が、即ち、自由な決定を受付けない核心が前以てあること《フォアゲゲーベンハイト》を示すのだ。(141)

つまり、行為《アクト》と地位《シュタトゥス》の要素の結合に制度の本質がある、というのだ。一方で、参加すること自体と限定つきの形象化という、二重《ドッペルテ》の自由《フライハイト》と、他方で、関係図式それ自体が前以てあるという、決定《デタミナチオン》との本来的接合。だからこそ、或る家屋に移り住むと決めれば近所付き合いや税金や居住に伴う負担を必ず背負う様に、或る制度に参加すると決めればそのパートナーの為に行動する責任を必ず背負わなければならない。ドムボワによると、その意味で国家や婚姻《エーエ》や所有《アイゲントゥーム》は制度に違いない。隠遁し禁欲し無産でいる覚悟の者のみが、この義務から逃れられる。(142) 従って、この行為と地位の結合を分解すれば、制度は解消してしまう。制度を、形而上学的理念や因果主義的実在へと単純化してはならない。第一に、地位を自由に還元する思考がある。自由が行使されたが故に制度があるのであり、制度は前所与的でも操作不能でもないのだ、と。第二に、自由を地位に還元する思考がある。制度を法学的自動機械と形而上学的に捉え、自由な行為はその単なる起動装置《アンラーサー》に過ぎない、と。(143) しかし、婚姻にこの還元を施せば、男女の特性や愛《レメディウス》の手段《リビディニス》が見失われ、それは合理的目的達成の場所、計画経済的義務の場所に堕してしまう。(144)

以上のドムボワの説を纏めればそれは、制度とは神が人間をそこへ置いた場所であり、故にそれは自由と地位の結合であることである。ここに因果（実在）と理念の交錯という師の視座も発見できようが、(145) ここでは、この理解がスメント説の前提となると確認できれば良い。そこでスメントは言う。次の点で国家は婚姻と同じ特徴と持つ、と。つまり、国家とは、一方で、人間の全生活を包括する存在的なもの、他方で、国家への編入を不断に自己更新させる行為的なものである。婚姻と国家の「決定的な比較モメントは次のことにあると思われる。つまり、前以てある操作不能な職業《ベルーフェ》が両者で問われていることだ」(146)。それでは、婚姻締結の様に国家への参入行為に対応するものは何か。出生による受動的な国籍取得や属人的権力領域の確定などではない。国家が人間へと呼びかけ《ルーフェン》、人間がこれに応答する《アントヴォルテン》ことが大事である。ここでは、技術秩序の中で行政処分に機械的に服従する人間でない、人倫的に決断を下す自由な人格への、真《エヒター》の呼びかけ《ルーフ》が問われている。この語りかけられる《アンゲシュプロッヒェンヴェルデン》ことと語りかけに応えること、深遠の職業へと召命される《ベルーフェンヴェルデン》ことこそれに捉えられること、ここに国家の本質がある。(147)

(2)　職務倫理と心情倫理

けれども、スメントはヒルシュではない、というこれまでの議論は、職業思考は職務思考であるとの前提で辛うじて成立つのではないか。であれば、スメントがナチズムを批判しようとも、(148) その職業如何で国民を悉く国家に取込む全体主義へと彼の理論は転化しはしないか。だが、矢張り彼の職業概念は職務概念に連続すると断言するべきだ。第一に、統治機構の実証主義的理解を、スメントは職務で批判する。形式主義憲法学は、量的に測定される権限《コンペテンツェン》で国家組織を思考するが、ローマ法やカノン法の職務学《エムターレーレ》は、質的に確定される任務《アウフガーベン》で思考する。この職務法《エムターレヒト》抜きで、命令者の責任と服従者の尊厳を明確にできない。(149) 第二に、議会が持つ国民代表の地位を、スメントは職務で了解する。議会には無限定の自由があると言うとき、形式主義憲法学はこれを代表機関はそれが意思すること全てを成しうるとの無思慮を導くが、本当はそうではなく、代表機関は職務所掌者《アムツトレーガー》と理解するべきなのだ(150)。この理解は、官僚を、行政の中の合理的技術的機械でなく、精神的全体を志向する代表制と見る説も許すが(151)、スメントの「統合へ召命された者」が公共善の実現者を意味することの証左が、ここにある(152)。

けれども、たとい国民が国家へ職務を媒介として結び付くとしても、その精神的全体の中身が穏健であることが前提とされてはいないか。ならば、それが恣意的となるなら懸念の如く全体主義とならないか。だが、矢張りスメントの全体とはナチズムと無縁と判断するべきだ。曰く、国家社会主義がワイマール憲法を破壊したことは、政治的な信仰集団の中、最強の正統教会が異端教会を討伐しただけに過ぎぬ。即ち、当時の政党が、ドイツの全体意識に十分配慮しなかった点に問題がある。本当の憲法は全人を内面から拘束する秩序であるのに、これを余りに西洋かぶれ《ヴェストレーリッシュ》だと批判したからこそ、第三帝国が現れた(153)。そうではなく、具体的状況を直視し民主的責任を背負うべきなのだ。政治的真理が個々人に直接語りかけ、具体的行動をせよと働きかけ、そこで我々個々人が、その状況下で自分の正しい行為に責任を持ち、国民や共同体の全体、更には神に対し責任を持たなくてはならない(154)。しかし我々は、公論も形成できずに刺激に反射するだけの、大衆に落魄《おちぶ》れてしまった。この病理状態を治癒する為にこそ、職業身分《ベルーフスシュタント》を積極的に形象化する「公的職務の思考《ゲダンケ デス エッフェントリッヒェン アムツ》」が重要となる、と言う訳だ(155)。

スメントは、憲法学が政治倫理学《ポリティッシェ エティク》、憲法倫理学《フェアファッスングスエティク》であると強調したが、人間が、具体的状況を直視し全体へと責任を負うこと、換言すれば、国家に語りかけられそれに応え返すべきこと――人間に課せられた職業又は職務を巡る倫理学に、憲法学の可能性を彼は見出している。両大戦を体験した彼には、この倫理学こそがドイツ復興の鍵である。窮乏《ノート》が我々を繋ぐのでなく、窮乏の中で互いに助け合う義務《プフリヒト》が繋ぐ。「各人《おのおの》その受けし賜物《たまもの》をもて互《たがひ》に事《つか》へよ」（Ｉペトロ四章一〇節(156)）。倫理学としての憲法学が、あらゆる人をこの賜物《ガーベ》で結びつけるのだ。尤も、この憲法倫理学は特別の選ばれた者のみを想定するのでない。確かに、スメントがこの賜物を付託したのは現代のプレスではある。人倫の政治的思想世界という健全な空気を行き渡らせねばならない。しかし、このプレスの任務は公的職業の一類型に過ぎないのである(157)。その上確かに、政治や職業を巡る倫理と言えば、万人の倫理でなく、M・ヴェーバーの言う政治家の責任倫理《フェアントヴォルトゥングスエティク》が連想されるかもしれない。即ち、政治闘争を職業とする者は何より成果を達成するべきであり、その為なら権力や暴力、悪魔の威力さえも投入するべきである、と(158)。

けれども、やはり職業倫理とは、万人に負荷される倫理なのである。つまり、責任倫理でなく心情倫理《ゲズィヌングスエティク》の側にスメントは与するのである。ヴェーバー曰く、魂の安寧を求める者は政治に近づいてはならない。しかし、国家とは物理的暴力により正統に支配する悪《アイン》魔《デモニッシェス》の国《ライヒ》である——これこそ、スメントが生涯反対した旧式の国家理解なのである(159)。この背後に誤った存在論主義、因果思考、目的思考が潜むからこそ、正しい目的の為に利用される悪魔の道具の様に、国家は現れるのだ。だがそうではないのだ。即ち、国家とは、その意義の現実化である。国家とは、国家それ自身と国家帰属者全ての形象化と実在化である。国家とは、その中で全ての個別の目標設定と目的遂行が弁証法的に結び付いて秩序を成す所の生の全体性《レーベンストータリテート》であり、職《アイン》業《ベルーフ》である、と言う(160)。従って、各人は国家という生のプロセスに参加しなければならない。その為にこそ、政治的生への国民の健全な意志を要求するのである。政治への人倫的懐疑を拭い、正義と必要に適う行為を取り戻すのだ。詰まるところスメントの核は次にある。政治的生を発動させるべく、憲法倫理学は、民主制を支える基本態度を涵養しなければならない(161)。

(3)　教会法学の構造転換

だがしかし、その中身が心情倫理とはいえ、職業としての基本権が職務の体系としてやがては国家なる制度を構成するというのならば、結局、全体主義さえ肯定する、既に眺めたビンダー流の国家理論に、スメントの福音主義も帰結しはしないのか、との疑問が頭を擡げる。さて、彼の祖国復興への期待は、プレスのみならず教会にも向かう。ところが、一九四九年五月二三日のドイツ基本法はその一四〇条で、「一九一九年八月一一日ドイツ憲法の一三六条、一三七条、一三八条、一三九条、一四一条の諸規定はこの基本法の構成部分である」と規定し、その失敗に拘らずワイマール憲法の教会関連の諸規定を、丸ごと継承する。この前提の下で教会はその期待に応えられるのか。けれども、スメント曰く、同じことを述べる憲法二つの当該規定は、実は違うものである[162]。だが、同じものが違うものだ、とは一体何か。彼によると、ドイツ国家教会法には、大略三つの段階があるのだ、と。即ち、これは国家と教会の関係を巡る問題で、特権を持ち合う両者が隣接する第一段階、教会が国家から自由を要求する第二段階、教会がその究極本質に目覚める第三段階。どの段階かで同じ規定の意味が違う[163]。

詳述しよう。第一段階では、国家と教会が財産や財政の問題を巡り、恰も所有権者の相隣関係の様に、相互に特権を取引する関係である。例えば、教会の側が司教職の就任への国家的関与を認める見返りに、国家の側が司教区の新設への教会の関与を認める、との関係がある[164]。だが、一九世紀末の文化闘争を経て教会法は第二段階へと移行する。まずは、国家教会監督制を持たないカトリックが先行するが、即ち、この教会は、従来の特権でなく精神／政治運動の新しい自由を求め、憲法上の自由権と平等権を包括的に構築することを目指す。革命後これに福音主義教会が合流し、自由主義的な国家教会法が生まれる[165]。しかし、ナチ教会政策に抗する一九三四年バルメン宣言で、事態は一変する。「教会では信仰からの外的秩序の分離は不可能である」。教会の究極本質のこの省察と信仰を促したのは、教会闘争であるが、この本質思考が、新たに国家から距離を取れ、と教会に命ずるのだ。これは、一方で全キリスト教を包括するエキュメニズムへの参加を、他方で国家への内面的独立及び積極的協力を、同時に要求している[166]。教会法のこの第三段階の要求に、教会は応えなければならないのだ[167]。

とりわけ、内面的独立と積極的協力とは、下記のような事態を指す。第一に、信仰の本質に遡行することはまず、教会が国家から完全に内面上独立しなければならず、第二に、それでいて世俗と国家へとヨリ完全に向き合わねばならない、こうスメントは述べるのである[168]。全体主義の悪魔を克服する為、人々が困窮していれば包括的な救済事業を、国家が破綻していれば援助や警告や介入を、教会が試みる。国家と教会が、共通の公共任務を負い積極的共同作業を行うという、教会の公共性委託《エッフェントリッヒカイツアウフトラーク》や公共性要求《エッフェントリッヒカイツアンシュプルッフ》なる全く新しい構想が、必要なのだ[169]。その意味で、現基本法に編入されたワイマール憲法一三七条三項の「あらゆる宗教団体はその事項を、自律して万人に妥当する法律の制約内で規定し管理する」（一文）は、全く新しい解釈を獲得する。特に「自律して」とは、教会を国家の影響から守る、というよりも、積極的職業思考を教会に承認したものと、今や解釈するべきなのだ。つまり、消極的自由概念から積極的自由概念へ、という図式の如く、「自律して」も、職業への解放、公共善の実現と捉え直されるのだ。[170]公共善の為の職業の思考は、何も国家編制に限られた議論ではない。

だが、スメントからすれば、この基本法一四〇条を巡る意味変遷は、ドイツ国家意識が著しく脆弱であった時代の、正に痕跡なのである。[171]国家が破綻していたことは、主権と公法の基本概念を見れば明白で、即ち、主権と言えば、これを形式的全権と見る行過ぎた形式主義か、その行過ぎを嫌う主権概念それ自体の放棄か、そのどちらかである。人々がドイツ国家それ自体に当惑し、決断できないままでいるのだ。[172]また、公《エッフェントリッヒェス》法《レヒト》や公共《エッフェントリッヒカイト》も、形式主義と実証主義の法学思考に浸潤されて、一方で、教会の公共性要求が単なる意見表明の自由と解釈されたり、他方で、教会の公的《エッフェントリッヒェ》団体《コーポラチオン》の性質も非私法主体性と理解されたりする。[173]今や、国家を高権国家と、教会権利を特権と見る一面的態度を捨て、基本法一四〇条の正しい理解の下、国家と教会の関係全てを論ずる基礎を再び獲得する道が開かれたと、スメントは強調するのである。[174]けれども、スメント独自の統合理論や教会理論を論証する為でなく、単に既存の実証主義国家観を批判する為だけに、嘗て栄光の時代に自分が絶賛し謝辞さえ述べた自著が、その絶賛し謝辞を述べた人に援用されるとは。[175]盲目の人ヒルシュは、これをどう思っただろうか。

(82) Korioth, a.a.O. (Anm.6), S.121. しかし、全く同じであるといっているわけではない。曖昧である。

(83) Korioth, a.a.O. (Anm.10), S.132. Vgl. O.Müller (Hrsg.), Krisis. Ein politisches Manifest, 1932. 本書には、ライヒ宰相H・ブリューニング自らが論稿を寄せている。

(84) Smend, a.a.O. (Anm.14), S.298f. 即ち、一つには、教会の利益を如何に確保するかとの教会政策上の問いと見ることも可能かも知れぬが、しかし、教会が国家の構成に如何に貢献するかとの、国家政策の問いと捉えるべきだというのだ。Vgl. Smend, Rechtliche

Bedeutung und Rechtsprobleme heutiger landeskirchlicher Einheit, in: ZevKR, Bd.7 (1959/60), S. 280-283. 国家教会監督制については、拙稿（前掲注(1)）二三〇～二三四頁。

(85) Smend, a.a.O. (Anm.14), S. 299.

(86) Smend, a.a.O. (Anm.14), S. 299.

(87) Smend, a.a.O. (Anm.14), S. 299f.

(88) Smend, a.a.O. (Anm.14), S. 300.

(89) Smend, a.a.O. (Anm.14), S. 300f. 国家と教会の緊張と誤解の時代に終焉が訪れ、両者の安定と友好の時代を迎えることの象徴が、一九三一年のプロイセン教会条約内の「政治条項」だと、スメントは言う。これは、ラント教会指導層の人事をラント政府の異議の不存在に係らしめるもので、これにより一つには国家への教会の忠誠宣言で、もう一つには国家への教会の（国家は党派的理由から権限を行使しないという）信頼告知である。これがプロイセン政府とプロイセン教会の関係を安定化させるのだ。Smend, a.a.O. (Anm.14), S.301. なお、この教会条約七条にはとりわけスメントの影響があるという。Hesse, a.a.O. (Anm.8), S. 576. Vgl., Werner Weber, Die politische Klausel in den Konkordaten, 1939.

(90) Smend, a.a.O. (Anm.14), S.301. Vgl., Smend, Reichskonkordat und Schulgesetzgebung (1956), in: ders., Staatsrechtliche Abhandlungen und andere Aufsätze, 3. Aufl., 1994, S. 487-494.

(91) Smend, a.a.O. (Anm.14), S. 301f.

(92) Smend, a.a.O. (Anm.14), S. 302. 即ち、全ての者が神の声を聴く福音主義では、集権的な権力構造は想定されず、それ故国家権力に対応する実力は存在しないのである。

(93) Smend, a.a.O. (Anm.14), S. 302.

(94) Smend, a.a.O. (Anm.14), S. 303f. その点で、この、同質性と福音主義を接合しない考え方は、宗教や世界観との国家の同一化を禁ずる、クリューガーの思考と連続しよう。Herbert Krüger, Allgemeine Staatslehre, 1964, S. 178-185. 本書第四章注(105)も参照せよ。

(95) Smend, a.a.O. (Anm.14), S. 302-304.

(96) Smend, a.a.O. (Anm.14), S. 304. 例えば、教会が教会であることそれ自体から、国際主義、平和主義、社会主義、人文主義を教会は支持する筈だと、教会やプロテスタンティズムに倫理的なレッテル貼りがなされることを、指摘している。

(97) Smend, a.a.O. (Anm.14), S. 304f. つまり、福音主義には、宗教的根拠を持つ政治システムは存在せず、教会及びキリスト教には、政治的プログラムは成立しないのである。

(98) Smend, a.a.O. (Anm.14), S.306. 勿論、カトリックそれ自体が強権的であると断ずるのは誤っている。正義や価値そのものが直観可能か、との認識論、或いは、原罪後も人間本性は倫理的価値の基盤としての資格を持つか、との人間観が、カトリックとプロテスタンティズムとの間で問われているのである。三島淑臣『法思想史［新版］』（青林書院、一九九一年）一四六頁注2、二〇四～二〇七頁、水波朗『自然法と洞見知』（創文社、二〇〇五年）二三五～二九五頁、岩下壮一『カトリックの信仰』（一九四九年）（講談社学術文庫、一九九四年）二四一～二八六頁。

(99) Smend, a.a.O. (Anm.14), S.306f. 完結的な価値体系が疑念なく措定され、それが直接に社会秩序へと再現されるとするカトリック教会法と、神の御言葉と法的教会とに矛盾を見て、教会憲法の中に本質的役割と技術的役割の配分問題を見る福音主義教会法と、この両者の対比は戦前からの課題であった。Smend, a.a.O. (Anm.17), S.274f. 法を巡るカトリックと福音主義の対立につき以下の文献も参照せよ。Vgl. Herbert Krüger, Verfassungsrecht und Verfassungswirklichkeit (1943), in: ders., Staat — Wirtschaft — Völkergemeinschaft, 1970, S.23-43, 26; Holstein, a.a.O. (Anm.58) („Elternrecht"), S.199-206; ders., a.a.O. (Anm.58) („Grundlagen"), S.219-221.

　なお、近年私人間効力を巡り自然法論が論じられるが、残念ながら自然法が実定法としてしか存在しえぬとの逆説が、忘却されている。高橋和之「『憲法上の人権』の効力は私人間に及ばない」ジュリスト一二四五号（二〇〇三年）一三七～一四六頁、同「私人間効力論再訪」ジュリスト一三七二号（二〇〇九年）一四八～一六一頁。

(100) Smend, a.a.O. (Anm.14), S.307f.

(101) Smend, a.a.O. (Anm.14), S.308. タンナーはここから、スメントが民主主義に必要な同質性と究極の正統性の確保を福音主義から期待していたのだ、と結論づけている。Tanner, a.a.O. (Anm.10), S.178. しかし、本文でも述べたように、彼の表現はそうダイレクトでなく、同質性と正統性をカトリックは確保できなかった、しかし、それが予見不能な出来事や危機の精神的人倫的・克服で実現されることが、「考えられる」し「ヨリ蓋然的で且つ期待できる」と述べるだけで、福音主義に期待するのは、この危機克服への貢献に限定されている。その意味で、当時ヒルシュらが批判した民主主義の支持については、その真意は兎も角として、かなり煙幕を張っているように思われる。ついでに言えば、タンナーでは、スメントの言う危機が個人主義の害悪と同視され、同じくスメントが語るプロイセン官僚制の成功がルター的な国家奉仕の義務と同定され、プロテスタンティズム論文の意図が、福音主義による個人主義の克服にあると断定されている。Tanner, a.a.O. (Anm.10), S.177. けれども、本論文では、国家と文化の危機の内容には何も言及なく、国民の倫理的義務についても何も論及がない。その点で無理がある。

(102) Smend, a.a.O. (Anm. 14), S. 300, 304, 307.

(103) Smend, a.a.O. (Anm. 14), S. 307.

(104) この精神科学的方法の詳細につき第三章の参照を乞うが、正に実在と理念の弁証法的連関を実在に還元する国家学、特にシュミットの憲法学の中に、カトリックの本質をスメントは見出したようである。Smend, a.a.O. (Anm. 17), S. 174f, 180f.; ders., a.a.O. (Anm. 122), S. 88f., Fn. 67. Vgl., Hans Gerber, Genossenschaftliche Verwaltung im nationalsozialistischen Staate, in: AöR, N. F., Bd. 25 (1934), S. 82-91, 85f. 関連して、和仁陽『教会・公法学・国家』（東京大学出版会、一九九〇年）三三三〜三四六頁。

(105) ホルシュタインは一八九二年生まれ、スメントより一回り年少だが、スメント自身がホルシュタインを高く評価していたのは明白である。彼は第一次大戦から帰還後、エーリヒ・カウフマンの指導を受けて、博士学位と教授資格を取得する。前者は二〇年にベルリン大学にて、後者は二二年にボン大学にて、なのだが、これは師匠カウフマンが、一九一七年からベルリン大学教授、だが二一年に外務省顧問としてハーグ等に近いボンに移籍したからだ（二七年にベルリンに復帰）。方やスメントは、一九一五年の着任からベルリン大に移籍する二二年（二一年に一度招聘を拒否）までの間、ボン大学の正教授だった。その二年の間にスメントとホルシュタインに密な交流があった筈だ。Vgl., von Campenhausen, a.a.O. (Anm. 62), S. 7; Frank Degenhardt, Zwischen Machtsstaat und Völkerbund. Erich Kaufmann (1880-1972), 2007, S. 109-118; Korioth, a.a.O. (Anm. 62), S. 608; ders., "Geisteswissenschaftliche Methode" und Rückwendung zum Rechtsidealismus: Günther Holstein (1892-1931), in: J. Lege (Hrsg.), Greifswald-Spiegel der deutschen Rechtswissenschaft 1815 bis 1945, 2009, S. 285-302, 286f., 290-300. 同じ二二年にホルシュタインはグライフスヴァルト大に就職するが、一九二五年、その彼をスメントが国法学界の中心に呼び寄せている。現在は勿論、伝統ある学界の権威的専門誌、公法論叢《アルヒーフ デス エッフェントリッヒェン レヒツ》がその舞台だ。当時、法学研究者の出版形態が雑誌論文から注釈書へと移る状況の中で、当初はオーストリア向け雑誌の公法雑誌《ツァイトシュリフト フュア エッフェントリッヒェス レヒト》が、ケルゼンにより、彼の『一般国家学』の出版（一九二五年）と同時に、アンシュッツ、ローテンビュヒャー、トーマを編集陣に受入れ、従来から一転して、ドイツ語圏全体の、実証主義的綱領雑誌の性格を帯びるようになる。公法論叢の編集代表トリーペルは危機感を持ち、病気がちなピロティ、元々公法学者でないバルトルディに代え、編者の一新を計画する。トリーペルに相談されスメントが推薦したのが、ホルシュタインだ。折りしも二五年は、国法学者大会でカウフマンが自然法思考再興を主張した年で、翌年の公法論叢最新号、その巻頭に飾った論稿こそ、その新傾向を紹介する、新編者・ホルシュタインの報告論文なのだ。Becker, a.a.O. (Anm. 27), S. 49-52, Fn. 31 u. 35.; R. Mehring (Hrsg.), „Auf der gefahrenvollen Straße des öffentlichen Rechts", Briefwechsel Carl Schmitt-Rudolf Smend 1921-1961, 2010, S. 53. その後、グライフスヴァルトからキールに移籍した直後一九三一年、ホルシュタインは急逝、彼への追悼文でスメントは以下の如く言う。つまり、公法論叢こそが、精神科学的方法の主張者達が発言できた場所であり、その象徴こそが、編者ホルシュタインだったのである。Rudolf Smend, Günther Holstein 22.5.1892-11.1.1931, in: AöR, N.F., Bd.20（1931）, S.1-6, 5f. こうした事情から見るなら、トリーペルの綱領論文『国法と政治』（一九二七年）、僅か数週間で執筆され急遽出版されたスメントの主著『憲法と憲法法』（一九二八年）も、方法をめぐる政治の中にある。Vgl. Heinrich Triepel, Staatsrecht und Politik, 1927; Mehring, a.a.O., S.65-74.

（106）Rudolf Smend, Günther Holstein 22.5.1892-11.1.1931, in: Preußische Kirchenzeitung, Jg.27（1931）, Sp.33-38, 36, 34. 但し、ホルシュタインの側ではその公式発言上、スメントに方法論的真剣さを見ていない。Holstein, Besprechung von Rudolf Smend, Verfassung und Verfassungsrecht, 1928, in: Deutsche Literaturzeitung, 49.Jg.（1928）, Sp.1367-1376. 前者の方法については、次も参照されたい。Vgl. Korioth, a.a.O.（Anm.62）S.611-616; ders., a.a.O.（Anm.105）S.290-295; Campenhausen, a.a.O.（Anm.58）, S.42-58; 拙稿（前掲注（53））六九一～六九三頁。

（107）Smend, a.a.O.（Anm.106）, Sp.35f.

（108）Smend, a.a.O.（Anm.15）, S.311f.; ders., Das Problem der Institutionen und der Staat（1956）, in: ders., Staatsrechtliche Abhandlungen und andere Aufsätze, 3.Aufl., 1994, S.500-516, 510. 歴史的にも本来の全き人間とは市民のことのみを意味したのであり、ギリシャ時代では人間自体ではなく市民の倫理が、ヘレニズム時代でもキリスト教徒のポリテュウマ＝市民性が、議論されたのである。「されど我らの国籍《ポリテュウマ》は天に在り、我らは主イエス・キリストの救主として其の処より来りたまふを待つ」（フィリピ書三章二〇節）。とは言え、今では市民性と言えば、これら生きた生活現実ではなく、憎むべき、人倫を持たぬ硬直性のことだと考えられているのである。Smend, a.a.O.（Anm.15）, S.312.

（109）Smend, a.a.O.（Anm.15）, S.312-314.

（110）Smend, a.a.O.（Anm.15）, S.314. Vgl. Carl Schmitt, Verfassungslehre, 1928, S.125f., 158f.

（111）Smend, a.a.O.（Anm.15）, S.314-316. それ故、市民身分の持つ権利は、市民に留保された私的領域でなく、国家の中の、基本権による地位に他ならない、とスメントは述べる。となると、我々の知る土地所有権や表現の自由は全く違う像を持つ。つまり、前者は、国家市民に真正の政治的自由の礎を保障する為に、社会的経済的人格的領域を確保する、政治的解放の一部分であるし、後者も、意見提出の自由により諸意見が競争し直に均衡する、との私的自由ではなく、国家を定礎する為の公的生活の徳なのだという。Smend, a.a.O.（Anm.15）, S.316-318.

(112) Smend, a.a.O.（Anm. 15）, S. 316. 即ち、特別の身分義務と身分名誉により個人は特別の身分に帰属し、それにより社会に編入されるのだが、今やこの特別身分は消滅して、残るのは唯一の身分としての市民のみである。この市民たる身分に形象を与えるのが、権利であり義務であり名誉である、という訳だ。身分は、後から基本権により具象化されるものでなく、諸基本権の唯の総体に過ぎないと通説の枠を余りに超えるが故に、誤解される。石川健治「承認と自己拘束」岩波講座『現代の法1』（一九九七年）四〇～四八頁、同「国籍法違憲大法廷判決をめぐって（一）」法学教室三四三号（二〇〇九年）三六～三九頁。なお、身分を一元化したイエリネクに反対するケットゲンについて、拙稿「職業官僚制における制度と身分」（新潟大）法政理論三九巻四号（二〇〇七年）三三七～三四五頁。

なお、この権利や義務や名誉が、市民の政治教育の役割を果たすが、基本権が重要となる前に、一九世紀後半では、防衛義務、就学義務、納税義務、地方自治での自活義務など、公的義務がその主役だった。Smend, a.a.O.（Anm. 15）, S. 317f., Fn. 13.

(113) Smend, a.a.O.（Anm. 15）, S. 318f. この観点から、憲法上の様々な諸権利が読み替えられることになる。例えば、労働者の権利は、彼らを民主制国家の中で、自由な能動的市民へと支援する、社会政策でなく憲法政策による権利なのであり、また財産権保障も、民法典の或る制度を憲法に唯固定したのでなく、市民たる国民の地位に安定的な社会的基盤を与える仕組なのであり、更に官吏の権利も、自由主義の為でなく、民主化により政治化へと服従せざるを得ない官吏に自由を確保する為の前提条件なのである。Smend, a.a.O.（Anm. 15）, S. 319.

(114) Smend, a.a.O.（Anm. 15）, S. 320f.

(115) Smend, a.a.O.（Anm. 15）, S. 321f. スメントの言う時代感情の代表者とは、ヴェーバーが唯の名望家だとして過小評価した類型、古典的な政党の指導者たちのことである。曰く、彼らは、平等や自由への権利を、それが公的な名誉や義務に依拠するとして、数々の事例において守り抜いた人たちなのである。共通善への貢献こそ彼らの公的な立場を表現している、と彼は言う。因みに、スメントはここで、ボン時代の友人クルティウスの論考を、これら公的生活におけるドイツ偉人像を引証する為に援用している。Ernst Robert Curtius, Deutscher Geist in Gefahr, 1932, S. 79ff., bes. 94f.（クルツィウス『危機に立つドイツ精神』（南大路振一訳）（みすず書房、一九八七年）八五頁以下）; Smend, a.a.O.（Anm. 15）, S. 321, Fn. 19. Vgl., ders., a.a.O.（Anm. 108）, S. 512, Fn. 30. Vgl. Thomas Notthoff, Der Staat als „geistige Wirkichkeit", 2008, S. 141f.

(116) Smend, a.a.O.（Anm. 15）, S. 322-324. 関連して、西原博史「統合と自由」早稲田社会科学研究四七号（一九九三年）一～三四頁、同『自由と保護』（成文堂、二〇〇九年）一三五～一四四頁、林知更「政治過程の統合と自由（四）」国家学会雑誌一一六巻一一・一二号（二〇〇三年）一一～一五頁。

(117) Rudolf Smend, Politisches Erlebnis und Staatsdenken, in: Gesellschaft — Staat — Erziehung, Bd. 2 (1957), S. 316-319, 318.

(118) Smend, a.a.O. (Anm. 117), S. 319.

(119) Smend, a.a.O. (Anm.15), S. 317, Fn. 13.

(120) Rudolf Smend, Integration (1966), in: ders., Staatsrechtliche Abhandlungen und andere Aufsätze, 3. Aufl., 1994, S. 482-486, 486.

(121) Rudolf Smend, Integrationslehre (1956), in: ders., Staatsrechtliche Abhandlungen und andere Aufsätze, 3. Aufl., 1994, S. 475-481, 480; ders., a.a.O. (Anm.17), S. 123, 131. 因みに、スメントは、ボン大学時代の一九二二／二三年冬学期では「倫理と政治」を、ベルリン大学時代の一九二一年から二六年まで毎夏学期に「政治倫理学の基本諸問題」を、それぞれ講義している。Vgl. Nachlass Rudolf Smend, 15. 01. 1882-05. 07. 1975, Göttingen Uni, 2009, S. 310-323. 栗城壽夫「ドイツの大学における法律学科目の講義の歴史（三・完）」（大阪市大）法学雑誌二二巻一号（一九七五年）四五頁も参照。

さて、この人格的職業権の思考をスメント本人が己の特徴と見たが、とりわけ、この見解は、基本権を静態的な体系として理解する説や、シュミットの人格的《ペルゼンリッヒ》でなく物象的《ザッハリッヒ》な制度的保障説に優位するとした。スメントが後者を物象的と把握した理由は必ずしも明確ではないが、それは、「決断なき憲法」という観点から国家装置や社会秩序へと合法性の外観を提供するこの解釈が、生きた人間を一つの政治的共同体へと結集させるというスメントの憲法観に矛盾するからだろう。Smend, a.a.O. (Anm. 15), S. 319f., Fn. 15; Carl Schmitt, Grundrechte und Grundpflichten (1932), in: ders., Verfassungsrechtliche Aufsätze aus den Jahren 1924-1954, 3. Aufl., 1985, S. 181-231, 198, Fn. 43.

因みに、シュミット説が、本来歴史的に基礎付けられるべき関係を無視していると、スメントは難ずるが、このときこの歴史的関係を「原則的に完全に明らかに」した例として、ヒルシュを挙げている。この歴史的関係とは、スメントの言う人格的職業権を支える個人と国家のあり方を指すのだろうが、尤も、これをヒルシュが否定的に捉えたことは既述の通りで、とすればスメントの援用は皮肉だろう。スメントが論及するヒルシュの指摘自体も、スメント国家目的論に関連はしているが、やはり本質的ではない国家の自己制限論である。Smend, a.a.O. (Anm. 15), S. 319f., Fn. 15; Hirsch, a.a.O. (Anm. 10), S. 47f.

(122) Smend, a.a.O. (Anm. 17), S. 221; ders., Die politische Gewalt im Verfassungsstaat (1923), in: ders., Staatsrechtliche Abhandlungen und andere Aufsätze, 3. Aufl., 1994, S. 68-88, 87.

(123) Smend, a.a.O. (Anm. 17), S. 264; ders., Das Recht der freien Meinungsäußerung (1928), in: ders., Staatsrechtliche Abhandlungen und andere Aufsätze, 3. Aufl., 1994, S. 89-118, 92f.

（124）Smend, a.a.O.（Anm. 17）, S. 132. 本書第三章も見よ。

（125）Hans Kelsen, Der Staat als Integration, 1930, S. 47-59. これにつき、拙稿（前掲注（1））二六三～二六六頁。

（126）Wolfram Bauer, Wertrelativismus und Wertbestimmtheit im Kampf um die Weimarer Demokratie, 1968, S. 329-338.

（127）Vgl. Rolf Gröschner, Republik, in: Evangelisches Staatslexikon, 2006, Sp. 2041-2045, 2041.

（128）Smend, a.a.O.（Anm. 15）, S. 318.

（129）Smend, a.a.O.（Anm. 15）, S. 323. 即ち、職業権がただ基本権の問いだとすれば、基本権を論じ得ない官僚や兵士は職業権とは無縁の筈であるが、その憲法忠誠の宣誓をスメントは職業権の文脈で語るのだから、官僚と兵士にも職業権を語ることが可能となり、人権と統治の区分も相対化することになる。

（130）Smend, a.a.O.（Anm. 15）, S. 323; ders., Das Problem der Presse in der heutigen geistigen Lage（1955）, in: ders., Staatsrechtliche Abhandlungen und andere Aufsätze, 3. Aufl., 1994, S. 380-390, 389f.

（131）Ulrich Scheuner, Amt und Demokratie, in: G. Lanzenstiel（Hrsg.）, Amt und Demokratie, 1971, S. 7-42, 23-26. Vgl., Ernst Forsthoff, Die Verträge zwischen Staat und evangelischen Kirche., in: DRW, Bd. 4（1939）, S. 141-155, 145f.; Johannes Heckel, Cura religionis, Jus in Sacra, Jus cira Sacra, in: Festgabe für Ulrich Stutz, 1938, S. 224-298.

（132）Scheuner, a.a.O.（Anm. 131）, S. 29f., 22.

（133）Scheuner, a.a.O.（Anm. 131）, S. 20f.

（134）Scheuner, a.a.O.（Anm. 131）, S. 22. Vgl., ders., Das Amt des Bundespräsidenten als Aufgabe verfassungsrechtlichen Gestaltung, 1966, S. 30-46. 職務や制度を介在させない、人格と国家の直結を排除する訳である。Vgl., Herbert Krüger, Allgemeine Staatslehre, 1964, S. 168f. 第五章も参照のこと。

（135）Scheuner, a.a.O.（Anm. 131）, S. 22. 産業社会による職務の解体についてはケットゲンの議論も参照せよ。Arnold Köttgen, das anvertraute öffentliche Amt, in: K. Hesse/S. Reicke/U. Scheuner（Hrsg.）, Staatsverfassung und Kirchenordnung. Festschrift für Rudolf Smend zum 80. Geburtag am 15. Januar 1962, 1962, S. 119-149, 129-132; 拙稿（前掲注（112））三五一～三五五頁。

（136）同門ヘンニスも、職務と民主主義という同様の論点を提出している。Wilhelm Hennis, Amtsgedanke und Demokratiebegriff（1962）, in: ders., Politikwissenschaft und politisches Denken, 2000, S. 127-147. また、日比野勤「憲法における正当性とコンセンサス」国家学会雑誌一〇五巻一一・一二号（一九九二年）一～六三、四八～五三頁、同「『市民』と『公論』」芦部信喜古稀記念『憲法訴訟と人権の理論』（有斐閣、一九八四年）二五一～二八〇、二七三頁、栗城壽夫「最近のドイツにおける『民主政』のとらえ方について」（大阪市大）法学雑誌一一巻三・四号（一九六五年）一～三四頁。

(137) 例えば、スメントの最盛期の弟子H・クリュガーの職務思考を見よ。Krüger, a.a.O.（Anm.134）, S.256. このクリュガー理論は、人格の不安定さが国家機構に波及せぬ様に、そして国家が全体主義の餌食にならぬ様に、職務の概念を援用する。本書第五章も参照されたい。Vgl. Wilhelm Henke, Die Republik, in: J.Isensee/P.Kirchhof（Hrsg.）, Handbuch des Staatsrechts, Bd.1, 1.Aufl. 1998, S.863-886; Rolf Gröschner, Die Republik, in: J.Isensee/P.Kirchhof（Hrsg.）, Handbuch des Staatsrechts, Bd.2, 3.Aufl. 2004, S.369-428, 400-406.

(138) ドムボワは、戦後のドイツ福音主義教会の、評議会などに諮問する福音主義研究教会研究所で、国家学や教会法を研究した人であるが、検事職や軍務を経て、一九五〇年にゲッティンゲンのスメントの下、「形式的又は絶対的国家学」で博士号を取得している（当時四二歳。後に『構造的国家学』のタイトルで一九五二年に出版されている）。Vgl. Severin J Lederhilger, Das „Jus Divinum“ bei Hans Dombois 1994; Reinhold Sebott, Gnadenreht. Ein Beitrag von Hans Adolf Dombois zur Fundamentalkanonistik 2009; Ralf Dreier, Hans Dombois †, in: NJW, 1997, S.3361f.

(139) Hans Dombois, Das Problem der Institutionen und die Ehe（1956）, in: ders., Kirche und Eherecht, 1974, S.96-108, 97.

(140) Dombois, a.a.O.（Anm.139）, S.98f.; ders., Das Recht der Gnade, Bd.1, 1961, S.904-906.

(141) Dombois, a.a.O.（Anm.139）, S.99f.; Die Ehe — Instutition oder personale Gemeinschaft?（1969）, in: ders., Kirche und Eherecht, 1974, S.221-240, 224. ドムボワは言う。婚姻の合理主義的定義であれば（プロイセン一般ラント法がそう）、通常の婚姻の他に、ただ相互扶助の為の婚姻も認めているが、けれども、そうでなければ、法律が許容する以外は、契約により自由に婚姻を具体化することは許されないことになろう。もしそうでなければ、内縁など、類型的には別の法形式が登場する。Dombois, a.a.O.（Anm.139）, S.99; ders., a.a.O.（„Ehe“）, S.134. 因みにこの論理からすると、婚姻の所与性からして、所謂同性婚は排除されるだろうが、現在の実務はドムボワの警告と別次元にある。ドイツ憲法裁は、「同性婚」としての生活パートナーシップにつき、二〇〇二年決定では、基本法六条一項が定める婚姻の特別の保護は同性カップルの生活共同体の成立を排除していないとして、これを合憲と判断し、更に二〇一〇年決定では、僅かに残存する、婚姻とパートナーシップとの違い、即ち前者と比べた後者の劣位取扱いを、基本法三条一項を厳格に適用した上で、これを違憲と判断している。つまり、前者では、生活パートナーシップの憲法的正当性を承認し、後者では、これと婚姻の同権化を推進するプロセスを開始している。Vgl. BVerfGE, 105, 313; 124, 199. CDU/CSU = SPD の大連立以前の状況を前提にしたものだが、拙稿「生活パートナーシップ法の合憲性」栗城・戸波・嶋崎編『ドイツの憲法判例Ⅲ』（信山社、二〇〇八年）一八九～一九四頁。

(142) Dombois, a.a.O.（Anm.139）, S.97f., 102; ders., a.a.O.（Anm.141）, S.225, 229. スメントの制度概念がドムボワのそれを前提とすると仮定するなら、前者の基本権の制度的把握も、この延長線上で把握するべきである。つまり、意見表明の自由は、政治的共同態の最重要の条件と形式の一つであり、その意味で公的な仕組として統握されると彼は言うが、この制度も、自由と決定とが結合したもの、即ち、意見を表明する自由と同時に、共同態への責務を負担するという地位を意味しよう。Smend, a.a.O.（Anm.123）, S.95. 例えば、既に論及した所有権理解も、同じ意味で制度となるだろう。拙稿「企業倫理の憲法的基礎」戸波江二編『企業の憲法的基礎』（日本評論社、二〇一〇年）三九～五七頁。

(143) Dombois, a.a.O.（Anm.139）, S.100f.

(144) Dombois, a.a.O.（Anm.139）, S.102f. ドムボワが今の日本憲法学を観察したなら、この還元を見るだろう。しかもそれは、制度を行為の因果的帰結と見る、第二の還元である。第一に、制度を、憲法又は法律レベルの規範複合体により何が保障されるのか全く説明しないから、そもそも制度概念固有の問題には何も言及していないのだが、実はこの「制度」の保障の中に、人間が自由に決定したものが滑り込む。第二に、制度を、公法上の団体や私法上の仕組みと捉える説がある。この説は、制度そのものが何かを正面から検討しようとするのだが、団体が個人の自由意思で結成されるもの、私法上の仕組みが個人の自由意思＝契約で構成されるものと措定された途端、やはり制度の操作不能性や前所与性を理性的自由行使へと解消する可能性を持つ。参照、拙稿「人権と制度」小山・新井・山本編『憲法のレシピ』（尚学社、二〇〇七年）二三〇～二三七頁。

(145) この論点こそが、いわゆる精神科学的方法の核心を成す問題である。これにつき、第二章、第五章を参照。精神科学的方法ではない「精神科学的方法」については以下も参照せよ。拙稿（前掲注(53)）六九九～七〇一頁。

(146) Smend, a.a.O.（Anm.108）, S.508.

(147) Smend, a.a.O.（Anm.108）, S.509f. 不断に自己更新する意図的な《インテンチオネーレ》統合行為《インテグラチオンスアクテ》こそ国家を存立せしめるのだ。Dombois, a.a.O.（Anm.139）, S.97.

(148) Smend, a.a.O.（Anm.108）, S.509.

(149) Smend, a.a.O.（Anm.108）, S.507f. ここに形式主義の機関／作用法《オルガン―ウントフンクチオンスレヒト》と実質主義の職務法の図式が成立つ。スメントは、ここにカノン法やローマ法との関連を発見するのだが、これが一挙にカトリックの肯定へと結びつかないことは既述の通り。Smend, a.a.O.（Anm.108）, S.507; 前掲注(104)参照。Vgl. Notthoff, a.a.O.（Anm.115）, S.29-31, 188-229.

(150) Smend, a.a.O.（Anm.17）, S.146f., 203-205.

(151) Smend, a.a.O. (Anm. 108), S. 514f. 官僚を代表と見るこの見解は、更にはケットゲンに継承されていく。本書第六章、拙稿（前掲注(112)）三四七～三四九頁。

(152) 職業又は職務を通じて公共善に貢献するという、彼のこの考え方は、第二次大戦後のスメント教会法学の中でも明示的に展開されている。これにつき、次節「教会法学の構造転換」も参照せよ。

(153) Rudolf Smend, Das Problem der Presse in der heutigen geistigen Lage (1946), in: ders., Staatsrechtliche Abhandlungen und andere Aufsätze, 3. Aufl., 1994, S. 380-390, 385f.

(154) Smend, a.a.O. (Anm. 153), S. 386f.

(155) Smend, a.a.O. (Anm. 153), S. 388f.

(156) Smend. a.a.O. (Anm. 153), S. 390; Dombois, Institution und Norm, in: ders. (Hrsg.), Recht und Institutionen, 1969, S. 96-108, 101f.

(157) Smend, a.a.O. (Anm. 153), S. 388-390.

(158) Rudolf Smend, Staat und Politik (1945), in: ders., Staatsrechtliche Abhandlungen und andere Aufsätze, 3. Aufl., 1994, S. 363-379, 370-374.

(159) Smend, a.a.O. (Anm. 158), S. 374f.

(160) Smend, a.a.O. (Anm. 108), S. 504f.; ders., a.a.O. (Anm. 17), S. 122; ders., Besprechung von Max Weber, Parlament und Regierung im neugeordneten Deutschland, 1918, in: Schmollers Jahrbuch für Gesetzgebung, Verwaltung und Volkswirtschaft im Deutschen Reiche, Bd. 42 (1918), S. 369-373. スメント理論によるM・ヴェーバー批判については、次も参照せよ。拙稿（前掲注(53)）七四一～七四三頁注87。関連して、道具的憲法観の問題の一旦に触れるのみだが、次も参照。拙稿「国家目的としての安全」法学教室三二九号（二〇〇八年）一八～二二頁。

(161) Smend, a.a.O. (Anm. 158), S. 378f. ここでもまた、ドイツ復興の鍵は民主政復興にあり、と彼は言う。つまり、正しい民主主義憲法を構築する術が大事なのではなくて、この憲法を下支える国民の健全な政治的生意志が大事なのである。この生意志が欠けたが故にワイマール共和国は失敗したのであり、今や新しい政治的基本態度を確固たるものにするべきなのである。Smend, a.a.O. (Anm. 158), S. 378f. Vgl., Smend, Die preussische Verfassungsurkunde im Vergleich mit der Belgischen, 1904, S. 52-56.

(162) Rudolf Smend, Staat und Kirche nach dem Bonner Grundgesetz (1951), in: ders., Staatrechtliche Abhandlungen und andere Aufsätze, 3. Aufl., 1994, S. 411-422, 411, 418f.

(163)　Smend, a.a.O.（Anm.162）, S.411; ders., Der Niedersächsische Kirchenvertrag und das heutige deutsche Staatskirchenrecht, in: JZ, 1958, S.50-53, 50; ders. u.a., Kirchenrechtliche Gutachten in den Jahren 1946-1969, 1972, S.258-260; 黒川伸一「ドイツの憲法における宗教団体の地位」中大大学院研究年報二三号（一九九四年）二九～四〇頁。

(164)　Smend, a.a.O.（Anm.162）, S.411-413.

(165)　Smend, a.a.O.（Anm.162）, S.413f.; ders., a.a.O.（Anm.84）, S.283-286; ders., Wissenschafts- und Gestaltprobleme im evangelischen Kirchenrecht, in: ZevKR, Bd.6（1957/58）, S.225-240, 225f., 231; 拙稿（前掲注（1））三三二～三三四頁。

(166)　Smend, a.a.O.（Anm.162）, S.414-416. Vgl. Smend, Deutsches evangelisches Kirchenrecht und Ökumene, in: R.Stupperich（Hrsg.）, Verantwortung und Zuversicht. Eine Festgabe für Bischof Dr. Dr. Otto Dibelius zum 70.Geburtstag am 15.5.1950, 1950, S.179-187; ders., Unsere Einordnung in die Ökumene, in: Göttinger Universitäts-Zeitung, 2.Jg.（1946/47）, Nr.7, S.2-4; ders., Amsterdam und die Versammlung des Ökumenischen Rates der Kirchen, in: Göttinger Universität-Zeitung, 3.Jg.（1948）, Nr.21, S.4f.

(167)　スメント曰く、この構造転換は基本法の諸規定に登場していないが、例えば、旧プロイセンの三一年教会条約と（注89参照）と比較した、現ニーダーザクセン州政府と同ラント教会がロックムにて締結した五五年教会条約では、第三段階のドイツ国家教会法が登場している。四五年以降既に変遷した国家教会関係が、本条約で顕在化したのだ。Smend, a.a.O.（Anm.163）, S.50-52, 1.Sp.

(168)　Smend, a.a.O.（Anm.162）, S.415f.

(169)　Smend, a.a.O.（Anm.163）, S.50-52, 1.Sp.; ders., Rechtliche Bedeutung und Rechtsprobleme heutiger landeskirchlichen Einheit, in: ZevKR, Bd.7（1959/60）, S.279-288, 285f. 故に、スメント公共性概念はこの教会法の文脈で吟味すべきなのだ。Rudolf Smend, Zum Problem des Öffentlichen und der Öffentlichkeit（1955）, in: ders., Staatsrechtliche Abhandlungen und andere Aufsätze, 3.Aufl., 1994, S.462-474. Vgl., Klaus Schlaich, Der Öffentlichkeitsauftrag der Kirchen, in: Handbuch des Staatskirchenrechts, Bd.2, 2.Aufl., 1995, S.131-180; Götz Klostermann, Der Öffentlichkeitsauftrag der Kirchen, 2000; ders., Öffentlichkeitsauftrag der Kirche, in: Evangelische Staatslexikon, 2006, Sp.1661-1663.

(170)　Smend, a.a.O.（Anm.163）, S.52, 1.Sp.-53; ders., a.a.O.（Anm.162）, S.416f. 因みに、右の如くスメントがワイマール憲法一三七条の解釈変遷をロックム条約に発見したことは、同条約が戦後の教会条約の先駆となり、教会の公共性要求は「ロックム定式」とも呼称されるに至る。Axel Freiherr von Campenhausen, Staatskirchenrecht, 3.Aufl., 1996, S.55f., 99f.; Bernd Jeand'heur/Stefan Korioth, Grundzüge des Staatskirchenrechts, 2000, S.48-56. Vgl., Ulrich Scheuner, Die staatskirchenrechtliche Tragweite des niedersächsischen Kirchenvertrags von Kloster Loccum (1957/58), in: ders., Schriften zum Staatskirchenrecht, 1973, S. 301-336; Konrad Hesse, Die Entwicklung des Staatskirchenrechts seit 1945 (1962), in: ders., Ausgewählte Schriften, 1984, S. 355-455, 386-390.

(171) Smend, a.a.O. (Anm. 162), S. 418.

(172) Smend, a.a.O. (Anm. 162), S. 419f.

(173) Smend, a.a.O. (Anm. 162), S. 420f. Vgl. von Campenhausen, a.a.O. (Anm. 170), S. 96f., 139-152.

(174) Smend, a.a.O. (Anm. 162), S. 421f. ここでスメントが論及する「公的団体」とは、基本法に編入されたワイマール憲法一三七条五項に言う「公法団体」を指すのであるが、「宗教社団は、従来もそうであった限りで、公法団体《ケルペルシャフテン デス エッフェントリッヒェン レヒテス》であり続ける。その他の宗教社団は、その根本規則と構成員数から判断して引続き存立するときは、その申請に基づき同一の権利がこれに与えられる。複数のこの種の公法上の宗教社団が一つの団体《フェアバント》へと結合するときは、この団体も一つの公法団体である」のうち、二文が特に問題となる。Rudolf Smend, Zur Gewährung der Rechte einer Körperschaft des öffentlichen Rechts an Religionsgesellschaften gemäß Art. 137 WRV, in: ZevKR, Bd. 2 (1952/53), S. 374-381; ders., Grundsätzliche Bemerkungen zum Korporationsstatus der Kirchen, in: ZevKR, Bd. 16 (1971), S. 241-248.

(175) Smend, a.a.O. (Anm. 162), S. 414, Fn. 3; S. 419, Fn. 12; S. 420, Fn. 20.

四 結語

スメントとヒルシュの関係から議論を始めた本章の結論を纏めよう。両者が、個人を国家へと内面的に拘束する福音主義的な職業思考を、相互の交流の中から獲得したとの、学説史解釈が展開されているが、一方で民主制を否定し後にナチスとなる神学者ヒルシュと、他方で、民主制に中立で反ナチの法学者スメントとでは、見解が異質に過ぎ、両者の盟友、ビンダーとホルシュタインの見解も引き合いに出せば、ヒルシュに近い前者は、職業から世俗的な権力体系を直接に引出し、スメントに近い後者は、内面的な心情の世界に職業を封印しており、ここでも、民主制や共和制に対する態度の違いが傍証されうること。そして、では、スメント憲法理論の独自性が奈辺にあるかと言えば、それは、職業＝人権を、一方で、人々を公共善へと人倫的に駆立て、他方で、かといってそれが雁字搦めの統治体系に直結する訳でなく、国家を職務体系（ショイナー）や制度（ドムボワ）と把握し、この国家を心情倫理として裏から支えるもの、こう捉える点にあること。端的に言えば、近代国家それ自体を敵視するヒルシュと別の意味で、スメント憲法学は福音主義的な憲法倫理学、政治倫理学なのである(176)。

だが、この結論を見て、統合理論とは個人の国家組込みの説であり、まさに憲法倫理学はこの組込みを行うのだ、と言う人もいるだろう。しかし、その人は、現前の景色の上下左右を強いられて獲得した人、自分が操る母国語を人から強制されて修得した人であるに違いない。元々、理念や価値の下で無限の多様性を持ち展開される人間の行動こそ、即ち精神的現実や歴史的現実、端的には現実そのものこそが、精神科学が問うてきたもの、問わなければならないものなのである。理念や行為が交錯して存在するから精神的現実が存在するのであり、価値や行動が消失するならば歴史的現実など崩壊してしまうだろう。或いはこうである。価値に導かれる人間の行いなくして現実はない。この理念に方向付けられた行為こそ、人間の倫理的行為なのである。憲法と国家は、世界を呑み尽くす倫理の海に浮かぶ島と言うべきだ。故に法学は、法解釈方法論であれ法曹養成論議であれ学際研究構想であれ、法や憲法を支える人々の倫理に必ず留意しなければならず、従って、全ての問題をこの倫理の中で吟味しなければならないのだ。倫理学としての憲法学の夢は、見尽くされぬまま見捨てられている。

(176) この点むしろスメントと比較するべきはゴーガルテンかもしれない。Smend, a.a.O.（Anm. 108）, S. 512; ders., a.a.O.（Anm. 162）, S. 420, Fn. 21; Friedrich Gogarten, Politische Ethik, 1932.

第二章 哲学的解釈学の意義

一 序 言

世界から切出した対象の探求が個別科学の任務ならば、切出される前の世界全体の探求こそ哲学の任務である。したがって、客体に厳密分析を加えるが故に近視眼的傾きを持つ科学には、この個別部分の背後全体を包括的に見渡す哲学的考察が要る。そして、全体を一挙に観る哲学は現実自体への実践には抽象的に過ぎ、この現実に直に接触する個別科学の媒介なくして無力である。我々の法学を法的現象のみを検討対象とする科学と呼ぶなら、この法学も哲学を頼み且つ助ける関係を持つのは必定である。しかし、法哲学が実定法の基礎学の役目を捨て社会哲学となった後は、この法学と哲学の幸せな連関は原則として最早存在しえない。実定法学者はその固有概念への哲学的考察に関心を持たず、法哲学者も法解釈を飛び越え法政策で一挙に社会変革を図る。もっとも、法学と哲学の関係を語る注目すべき例外もある。それは、哲学的解釈学を援用する公法学方法論である(1)。

この潮流の有力な論者によれば、シュライエルマッハー、ディルタイ、ガダマーらに象徴されるドイツ哲学的解釈学の伝統は、わが国公法学、とりわけ憲法学へと実定法教義学の方法として援用される。その多様な主張内容を単純化すれば、力点は前提了解および循環構造にある。ある時は、法解釈者は白紙状態から出発せず、予め既に法律への前提了解を持つ、即ち、解釈作業には法律解釈と前提了解の、部分と全体との循環構造が成立つ、と論じられ、ある時は、解釈作業はそれ自体では存立せず、事実認定と不断の往復運動を成し、即ち、規範内容と事実内容とが互いに、一方が他方の前提として関係する、と述べられる。公法学が解釈学を参考にする、とは、主体と客体、規範と事実、この両関係における、前提了解と循環構造に注意を与える、を意味する。(2) けれども、この見解には、以下の如き疑問符を付けなければならない。

つまり、第一に、全体と部分の循環関係から解釈せよと命ずるのが解釈学ならば、それは単なる思考技術に過ぎず全体を扱う哲学の名に値しない。テクスト解釈のテクニックを授けることが、果たして哲学的解釈学の本務なのだろうか。第二に、それぞれの名で学派が語られる、それ程の哲学者たちの解釈学を、そもそも均一的主張内容と十把一絡げに乱暴に扱ってはならない。哲学的解釈学の歴史を平板な展開と見ては、それを理想像に仰ぐことになるのだろうか。法学が哲学を模範とするならば、それをまさに哲学として扱い、しかも、尊敬を伴った遇し方を採るべきである。そこで、本章が立てる課題とは次の如くである。つまり、公法学における哲学的解釈学の援用が、当の哲学的解釈学の趣旨に合致したものかを問うこと（一）、そして、もし不合致があれば、解釈学の趣旨を公法学方法論は、如何にして汲上げるべきかを問うこと（二）、この二つである。

（1）　たとえば、藤井樹也『「権利」の発想転換』（成文堂、一九九八年）一一～六六頁、猪股弘貴『憲法学の再構成』（信山社、二〇〇〇年）九～三七頁、など。ただし、哲学的解釈学に対する法学の眼差しは様々でありうる。例えば、長谷川晃『解釈と法思考』（日本評論社、一九九六年）一二五～一七〇頁、同「解釈的法思考の基底」青井秀夫退官記念『ドイツ法理論との対話』（東北大学出版会、二〇〇八年）三〇三～三三一頁、塩野谷祐一『経済哲学原理――解釈学的接近』（東京大学出版会、二〇〇九年）三〇三～三三九頁。

なお、わが国公法学への哲学的解釈学の導入はR・ドゥオーキン『法の帝国』を経由するから、その主張内容とその輸入経路への詳細な検討も必要である。内田貴「探訪『法の帝国』再訪（一）（二・完）」法学協会雑誌一〇五巻三号（一九八八年）二一九～二五九頁、四号（同年）四〇八～四四五頁、中山龍一『二十世紀の法思想』（岩波書店、二〇〇〇年）七七～一〇一頁、巻美矢紀「憲法の動態と静態（一）」国家学会雑誌一一七巻一・二号（二〇〇四年）四六～七三頁、「（四）」同一一・一二号（同年）一二六～一三五頁。しかし、この問いについては、わが国公法学での哲学的解釈学の導入の成果自体と併せ、それへの吟味は他日に期したい。Vgl. Alexander Schmitt Glaeser, Vorverständnis als Methode, 2004. 解釈学の成果を援用するドイツ法学の状況については以下が詳しい。青井秀夫『法

理学概説』（有斐閣、二〇〇七年）四三一～四四七頁。
（2）たとえば、藤井（前掲注（1））三六～四〇、四七～六〇、六四、三五〇～三五二頁。また「前理解」概念に触れる、高橋和之『立憲主義と日本国憲法〔第二版〕』（有斐閣、二〇一〇年）三四七頁、同「立法・行政・司法の観念の再検討」（一九九八年）同『現代立憲主義の制度構想』（有斐閣、二〇〇六年）一三一頁。原意主義の理論的補強の役割を解釈学に負わせる少々異例の見解もある。猪股（前掲注（1））一六～一七頁、三一～三二頁。

二　解釈術としての効能

解釈学と公法学との結合では、ガダマーの「哲学的解釈学」がその象徴である。解釈学と公法学の関係を知る端緒を、まずは、ガダマーの主著『真理と方法』それ自体に求めるのが先決であろう。(3) ここでは、ガダマーにおける解釈学と公法学の関係につき、彼の哲学的解釈学構想がもつ目的（1）、ガダマーとハイデガーの関係（2）、ガダマーによる法学への評価（3）、この順序で分説することとしよう。

1　方法克服と真理擁護

ところで、そもそも『真理と方法』とは、何を議論し何を目的とする書物であるのか、そして、一体『真理と方法』とは何を表現し何を象徴する題名であるのか、これを問わなければならない。けれども、この調査は困難に見えて、実はその端緒はすぐそこにある。つまり、本書の目的と題名の趣旨につき、その冒頭の「序論」の中に、ガダマー本人の宣言が存在するからである。まず、この「序論」によると、方法を克服し真理を擁護すること、これこそ彼の目指す目標である。もちろん本書は、「解釈学的問題」、即ち、或るテクストを了解すること、そして、この了解を正しく解釈することと、これに取組むものだ。だが、この了解と解釈とは、正確で厳密なテクストの科学的認識のみならず、日常生活や職業遂行の中での真理の認識も指し示している。了解と解釈の中に出現する「人間の世界経験《ヴェルトエアファルンク》」または「人間の世界関連《ヴェルトベチュゲ》」こそが、解釈学本来の守備範囲なのである。テクストの了解のみならず、科学的方法の支配に馴染まない「真理の認識」を取扱おう、ガダマーはこういう訳だ。(4)

　したがって、この経験態様は様々に登場する。たとえば、プラトンやカントなど、大家の哲学思想を了解するとしよう。そのとき我々は、了解現象への没頭ただそれだけで、その作品が持つ「真理要求《ヴァールハイツアンシュプルッフ》」と出会うであろう。この出会いとは、科学が用いる研究と進歩の尺度では測れない、まさに「哲学する」という卓越した経験である。先人の優越的地位に反感を持つ己れの自尊心を押留め、哲学史は真正の哲学ではないとの誤った通念に抗って、ただ無心に大家の哲学体系への洞察を貫徹せねばならない。つまり、哲学史の中での哲学伝承への遭遇とは、その思想の真理要求の認識を意味する。(5)あるいは、造形芸術や文芸作品など、芸術作品を了解する場合はどうか。ここでも同じく、了解現象に沈潜する我々は、その作品が示す「真理要求」に出くわす筈である。その芸術家固有の感情的趣味を堪能し、彼の現実逃避の主観的信念を玩味することが、芸術作品の了解における体験なのではない。方法論的認識の領域に収納不能であり、単なる美学理論の抑圧に抵抗を示す、そのような芸術の真理、真理の経験こそが、ガダマーの狙うものである。つまり、人間的生の真理を呈示する「芸術《エアファルング》の《デア》経験《クンスト》」を守ることが、彼が求めるものである。(6)

　けれども、この真理経験は我々に隠蔽されている。通例、虚偽から厳格に境界づけられる科学的な真理を、我々は「真理」と呼ぶ。そして、この真理を見分けるべく対象に当て嵌められる科学的な方法を、我々は「方法」と呼ぶ。世界一般ではないテクストを実践態度でなく方法態度で扱えば、いわゆる「精神科学的方法」なるものが、成立するだろう。けれども、了解と解釈とは、「構造問題」であって「方法問題」ではない。了解現象は、科学的方法へと己れを無理に押し込める試みに断固抵抗し、方法原理を普遍要求に掲げる近代科学に異議申立する。真理経験とは、科学的方法態度が統制する領域を超え出て、科学の方法的手段が検証する領圏をはみ出すものなのだ。芸術的体験が、「いわゆる文芸科学《リテラトゥアヴィッセンシャフト》」の科学的探求により代替され、科学的真理概念を奉ずる美学理論の軍門に下る、このようなことがあろうか。真理の獲得のためには、その真理を不当に制限し不当に歪曲する科学的方法論を打開することが是非とも必要となる。[7] この「方法」の克服こそが、同時にガダマーが狙うものである。

結局は、『真理と方法』とは、「真理」の擁護と「方法」の忌避を意味する。けれども、この真理経験の正当化のみが、ガダマーの設定する課題なのではない。我々の解釈学的経験の全体を省察し、認識の概念と真理の概念とを展開すること、ここにこの哲学者の真意がある。つまり、哲学的解釈学とは、芸術の経験や歴史の経験から出発して、解釈学的現象それ自体すべてを可視的にするもの、この現象そのものの中に真理経験を承認せんとするもの、こう言わなくてはならない。これにより、科学的方法的な自己意識の束縛を打ち砕き、我々の世界経験全体の相貌を摑み出そうとする、この試みが展開される。[8] なれば、『真理と方法』という書物は、文献学解釈学や神学的解釈学の如く、テクストに関する確実な認識を獲得するための、「了解の技術学」を対象とするのではない。ガダマーの哲学的解釈学とは、「精神諸科学の方法的手続」を記述し指導するものでも、「精神科学的作業の理論基礎」を探求し獲得するものでもない。確かに、かつて了解の技術学を意味した解釈学の概念が、誤解を招きかねないにも拘わらず転用されてはいる。しかし、我々の意志や行いを超えて何が実効的に「生起」するのか、近代の歴史意識が我々の伝統を如何に無力化しているのかを示し、科学や実践に方針を立てるのではなしに、精神諸科学に関する誤った思考を正すこと、これこそが、ガダマーが目指すところである。要するに、『真理と方法』は、「精神諸科学の方法論」では断じてない。これは、精神的世界の真理の書物なのである。[9]

2　了解の解釈学的循環

そうなると、ガダマー哲学は、テクストの正しい了解と解釈を目論む、精神科学の、即ち、人文科学と社会科学の方法論では決してなく、哲学であれ芸術であれ精神科学であれ、日常世界で我々が遭遇する真理経験の記述学に他ならない、こう言わなくてはならない。つまり、『真理と方法』の趣旨からすれば、各種法文の正しい了解と解釈を目指す、法学の方法論など端《はな》から眼中になく、寧ろ、この個別科学の技術学の発想自体が、真理要求の立ち現れの邪魔であると、頭から拒否すべきものとなる。けれども、この帰結は、ガダマー哲学がハイデガー哲学を継承した事実からすれば、至極当然のことである。ハイデガー『存在と時間』は「存在の意味」を探求するものの、存在自体の問いは必然的に存在者の問いに回収されゆく故に、やむなく、存在了解の中にある人間、即ち現存在の分析を媒介に存在の問いに向かった――今更述べるまでもないこの思索に、解釈学――解釈学的現象学――が登場してくるのだ(10)。つまり、解釈学の任務とは、了解という存在の仕方を取る現存在を分析することにある。ここでもやはり、法学や神学や文献学や、個別科学の基礎据えなど、関心事とは決してならない(11)。

まずは、「了解の解釈学的《ヘルメノイティッシャー》循環《ツィルケル》」というガダマーの構想は、周知のとおり、ハイデガーに由来する。しかし、これは、「方法論的循環」でなく「存在論」的循環である。ハイデガー曰く、正しい解釈には、恣意的要素を排し事物へと眼を向けねばならず、それには、一回限りの決断の敢行でなく解釈への不断の揺さぶりが求められる。つまり、テクストの解釈者は、まずそこに現れる最初の意義をまず投掛けて、その後に現れる別個の意義でこれを修正し、そしてこのテクストの意義に関する草案を繰返し打出していく。いわば、当初の「前草案《フォアエントヴルフ》」により適切な草案で反復的に改訂を加え、あるいは事前の「前概念」をより適切な概念で変更を行い、これによりテクストの一義的な意義の確定に進んでいく。ここには、常に「新たに起草する《ノイ・エントヴェルフェン》」という、了解の不断の任務が登場してくる(12)。ここには、「了解の前構造《フォアストルクトゥア》」または「了解の循環構造《ツィルケルストルクトゥア》」が、発見されるであろう。つまり、テクストの了解は諸草案の不断の打出しであるのだから、その都度の了解の前には意義に関する前草案、即ち「前判断《フォアウアタイル》」が必ず存在しており、しかも、その都度の了解の形成が新たな草案の形成を促し、この新草案がさらに新たな了解の形成を促す。了解には必ず前判断が在るという意味で了解は前構造を持ち、了解は前判断に規定され同時に規定もするという意味で、了解は循環構造を持つのである。そして、この前構造と循環構造は、単にテクスト解釈に限定されない。物体把握であろうと人間理解であろうと、人間は他者に対して、「予持・予視・予握」という、存在のあり方を必ず取るのであり、その限りにおいて、了解の前構造と循環構造は普遍的なものである。つまり、解釈学的循環とは、「現存在の存在態様」、即ち、人間という存在者が持つ世界

に対するあり方、言わば、「了解の存在論的構造モメント」のことを指すのである。(13)

そして、この循環的思考を受け、ガダマー自身も独自の解釈学を構築したことは、良く知られた事実である。まずガダマーの力点は、先入見、即ち「前判断《フォアウアタイル》」の復権へと向かう。啓蒙思想と科学主義に毒された常識からすれば、前判断は克服され排除されるべきものである。つまり、理性の批判を拒絶する無根拠の「伝統」、理性的自由を抑圧する有害な「権威」、これが前判断の本質とされるのだ。しかし、この反前判断の態度自体が無根拠の前判断である。まず、権威は、誤謬の根源にもなれば真理の根源にもなる。これを十把一絡げに討ち果たすのが適切なのか。また、理性と権威とは、アプリオリな対抗関係にはない。権威への服従は盲目的なものでなく、理性的な承認に基づくし、人間理性自体が歴史的で実在的であって、伝統や権威から超越した存在ではない。(14) したがって、前判断こそ了解の前提である。続いて、「影響作用史《ヴィルクングスゲシヒテ》」や「地平の融合《ホリゾンテフェアシュメルツング》」など、ガダマー固有の術語も登場してくる。テクストの了解には必然的に前了解が随伴するのならば、歴史的思考は「歴史の現実」と「了解の現実」双方に配慮せねばならない。つまり、歴史現象を探求の対象としてではなく、了解作用を含む「現実《ヴィルクリヒカイト》」全体と同時に思考すること、テクストの了解に直接に向かう問いと、歴史の中でのその「作用《ヴィルケン》」にも向かう問いも同時に提起することが、あるいは、「現実」と「作用」としての歴史、即ち「作用の歴史《ヴィルクングスゲシヒテ》」の要請が、歴史学本来の課題となる。(15) また、或る地点から見えるすべてを包括する視界を「地平」と呼ぶならば、了解とは現在の地平と過去の地平との「融合の過程」として把握せねばならない。歴史学的地平を草案として投掛け、それを現在の地平へと取戻し、これを繰返すプロセス、これこそが了解の実行である。つまり、了解の実行の中では、歴史的意識のすべてを包み込む唯一つの地平が、テクストと現在との緊張関係の中で、常に変動を起こして形成されている。現在の了解者を取り囲む単一の地平が、前了解という反復的提示を打出しつつ同時にこれを止揚して、展開されている。(16)

しかし、ハイデガー以前にこの循環思考が皆無だった訳ではない。これには既に、ディルタイやシュライエルマッハーの解釈学で明確な論及があることは、勿論である。ただし、それは前判断と本了解の循環ではなく、単なる部分と全体の循環を意味するに過ぎない。ガダマーによると、シュライエルマッハーのいう循環とは、一方では、ある単語と命題全体との循環、個別命題と作品全体との循環、当該作品とジャンル全体との循環など、テクスト解釈の客観的な循環を指し、他方では、作者の創造活動の個別の瞬間的な発現とこれを包括する作者の精神生活の全体、または、意味全体の予見的先取りと事後的なその個別的説明という、解釈の主観的な循環を指し、ディルタイのいう循環とは、個別文書と歴史全体との循環を指す。(17) けれど、この伝統的循環理解は、ハイデガー＝ガダマーの新しい循環理解とは全く異質のものである。第一に、伝統的理解の視野にあるのは、古典修辞学や中世聖書学以来ある、普遍と個別の間の「形式的」循環である。了解者が不断に了解を繰出し、古い了解の新たな改鋳を繰り返すという、「内容的」視座はここにはない。第二に、この伝統的循環理解では、テクストの意義の一義的確定があれば、了解の循環運動は終了してしまう。これは、意義が了解されても新草案の打出しは終了しないという、解釈学的現象学の診立ては異なる。第三に、伝統的理解のいう循環とは、テクストの客観把握の準則獲得のための、「方法論的循環」のことである。了解を現存在の存在態様として記述する「存在論的」循環とは別次元に存在している。(18) ならば、「存在論的転回」で分断される解釈学史を無造作に扱ってはならない。

3　法学的解釈学の位置

つまり、法学が、全体と個別の循環に留意し、特定の解釈の導出を目指し、法解釈の方法に関心を持つならば、それと結合し得るのは伝統的な哲学的解釈学であって、わざわざガダマー流哲学的解釈学を引く必要はない。しかし、『真理と方法』には、解釈学に模範的な意味を持つ学問領域に、我々の法学の名が提示され明記されている。(19) ならば、ハイデガー哲学やガダマー哲学が、個別諸科学とは無縁であり、法学方法論の基礎でないとしても、ガダマー本人が特記する哲学的解釈学と法学の連関からすれば、彼の哲学上の主張の法学への応用は、結果的に排除できない、となりはしないか。実際に、この哲学にインスパイアされ新たな方法論の境地を開いた論者に、ハセマー、エッサー、ラレンツ、ルシュカなど錚々たる法学者の名が挙がり[20]、法学以外の個別科学でも、神学、文芸学、歴史学などで、パネンベルク、シュタイガー、コゼレックなど同じく各界を代表する論者が、ガダマーと共に共同研究を行う[21]。ならば、法学の方法論に哲学的解釈学を援用することは、哲学者自身の言明にも拘わらず、何ら躊躇する必要がない、となりはしないか。しかし、結論を急ぐ必要はない。我々はまず、ガダマーの主著に照らしてその真意を量ること、ここから始めればよいのだ。

ところで、ガダマーが想定する、法学上のまたは法律家の活動が何かといえば、それは、法律規定のテクスト解釈ではなく、その時々の法的問題解決に他ならない。つまり、法律文言の制定当初の始源的意味を探求し、あるいは、関連法規の適用時点での意味内容を確定することが大事なのではなく、目の前にある法的問題を各種法律の適用で解決すること、あるいは、法的欠缺や例外現象には創造的な法律補充をしてでもこれに対応すること、これこそが法律家の仕事なのである。繰り返して誤解を排除しよう。法律テクストそれ自体の解釈作業にガダマーの関心はない。彼の視線は法律解釈や法律補充を通じた問題解決に向かう。もう一つ反証を提示しよう。法テクストの意味認識と具体的法事例へのその適用とを、ガダマーは分離しない。彼の図式でも、法的解釈とは、この認識と適用との統一的な過程に他ならない[22]。そして、この法学上の活動は、「応用《アプリカチオン》」として特徴づけられる。つまりそれは、一般的なものを具体的なものへと適用することである。もっとも、それ自体で意味明確な一般規範を同じくそれ自体で確定可能の個別事実へと後から適用することでなく、了解し解釈すべきテクストを解釈者本人の現在状況へとその時適用すること、これが意味されるのだ。したがって、法律テクストはいつ見ても常に同じものでなく、解釈の際その都度別様に了解されることになる。いわば、一般的なものそれ自体が、我々にとってのテクストとなる[23]。否、ただテクストといっては不正確である。法的問題が出現し法的問題が解消してゆく――この世界経験全体こそ、法律家にとっての「テクスト」なのだ。この世界全体に法律家は対峙し、そこに登場する法的規定や法的紛争に出会い、法律解釈や法律適用や法律創造を駆使してゆく――この法的活動全体こそ、法律家が行う不断の了解提出なのだ[24]。誤解を恐れずいえば、ガダマーは、法律家に現存在分析を施し、そこに了解という存在態様を見ている。

したがって、過去の現在への応用という観点で、法学的解釈学――法教義学《レヒッドグマーティク》ではない！――は、全解釈学のモデルとなるのである。まず、「神学的《テオロギッシェ》解釈学《ヘルメノイティク》」が、法学と同様の模範的地位を持つ。なるほど、裁判官の権限にテクストの創造的補充があるとしても、聖書や福音に内容的追加を許す宗教的権威は預言者の告知にはない。しかし、文献了解の前提条件を、聖書解釈は回避できない。つまり、聖書内容への関係、神の啓示への要求、即ち「前了解《フォアフェアシュテントニス》」があればこそ、神学的解釈学がある。テクストの意義に拘束されつつも、固有の行為でこれを実現する必要がある。[25] 次に、「史学的《ヒストリッシェ》解釈学《ヘルメノイティク》」が、法学的解釈学に続くべきである。もちろん、法律の制定時の元々の意味を知りそれを現代に当嵌めるのが法律学で、事件への関連抜きだが過去事実の元々の意味を知るのが歴史学だからではない。寧ろ、法律家も歴史家も、目指す過去を認識するには現在までの歴史的変遷を押さえ、已れの直接的意義予期をもって目標の対象を読み解かねばならぬ。現在との連続の中に過去はある。歴史学的対象に直接アクセスできぬという、共通の「解釈学的状況」がここには在る。[26] また、「文献学的《フィロロギッシェ》解釈学《ヘルメノイティク》」も、法学的解釈学を仰がねばならぬ。特定の文芸作品を単なる歴史研究の一資料に位置づけ、それを言語史や文芸史の連関、さらに全歴史の連関へと組み込むのは、文献学本来の姿ではない。文献学は歴史学の補助学にあらず。古典作品の中に美と真理が語られる様を捕捉し、その作品の中に模範的な何かを獲得するという意味で、文献学解釈学とは、常に新たな形式で出会いを遂行するもの、やはり、文芸作品の現代世界への「応用」を敢行するものなのだ。[27]

だが元々、哲学的解釈学を利用したところで、それは法学的教義学に役に立たない。一つに、法学者が解釈学を転用するならば、了解と解釈を規定する前了解または前判断の統制が、その目標となるだろう。しかし、前判断自体が操作不能で認識不能である。つまり、了解を導く真の前了解と誤解に繋がる虚偽の前了解とは、一応区別できる、これはテクストの原著者と解釈者を隔てる「時間の距離《ツァイトアプシュタント》」で可能だというが、[28] この分別結果は個別的な了解過程次第であり、また、この了解自体が完結を知らぬ無限過程である。しかも、前判断の作動と認識とは、実は二律背反の関係にある。つまり、我々を支配する前判断を視野に入れれば、その瞬間から前判断のスイッチは切られる。前判断は、無意識の間に我々に作動し、意識する間には停止している。決して前判断は、認識の対象にはならない(29)。加えて、真理を隠蔽する方法への敵意が、先に指摘したとおり、ガダマー哲学の動機である。彼の伝統と権威の重視は、科学的方法を拒否するであろう。つまり、方法とは本来、理性の卓越性と万能性を信仰し、伝統と権威すべてをその支配の下に置く、啓蒙が生み出したものである。万物は理性の吟味を経てのみ根拠を持つ、だがその理性は正しく使用されねばならぬ、そこで理性の正しい使用を指導する方法が要る、という訳だ。けれども、ガダマー曰く、無根拠であれ権威は復権すべし、この権威こそが理性の前提である。ならば、法学の方法も、権威と伝統を抹殺し、理性の万能を認容する、諸悪の根源ではないのか(30)。結局のところ、哲学的解釈学の成果は、法学者が求める役割とは、無関係なのである(31)。

けれども、ガダマー流の解釈学を法学的教義学へ強引に持込めば、裁判所や法律家の全決定の裏書という不都合を甘受するか、法解釈統制機能を重視しその核心に重大な変更を加えるか、どちらかの選択を余儀なくされるであろう。エッサーの如く第一の道を選んだ場合、哲学的解釈学は方法も基準も用意しないから、これを法学の方法論に無理に利用すれば、それは判例実務の単なる追認にしかならない。諸科学と解釈学の乖離に敏感な論者が、イデオロギー批判機能や自由法学と利益法学の再現、これしか解釈学ブームに見ない所以である(32)。他方、ラーレンツの如く第二の道を採った場合、全有権解釈の承認を拒絶するべく、適用すべき規範に尺度的な役割を期待しても、それはガダマー説が想定する射程の外にある。哲学的解釈学を法学に導入すれば、前判断による法解釈の統制、諸準則による前判断の統制が主題となり、気がつくと当の解釈学自体は、その本質的な部分を喪失している(33)。だが寧ろ、哲学的解釈学か法解釈の準則か、このディレンマは解消するのではなく、初めから回避すべきであったのだ。つまり、ヴィアッカーの如く、存在論解釈学の導入に抗議して、伝統的解釈学の正統へ回帰する、第三の道を進めばよい(34)。

（3）　Hans-Georg Gadamer, Wahrheit und Methode. Grundzüge einer philosophischen Hermeneutik, 5. Aufl., 1986. 周知の通り本書の邦

訳は、長らく芸術の真理を論ずる第一部のみに限定されていたが、法学について語る第二部の翻訳が最近漸く登場した。ガダマー（轡田収・巻田悦郎訳）『方法と真理2』（法政大学出版局、二〇〇八年）。本書全体の構成を知るには、渡邊二郎『構造と解釈』（放送大学教育振興会、一九八八年）一八二〜二二〇頁が便利である。

（4）Gadamer, a.a.O.（Anm.3）, S.1f.

（5）Gadamer, a.a.O.（Anm.3）, S.2.

（6）Gadamer, a.a.O.（Anm.3）, S.2, 103-106; ders., Ästhetik und Hermeneutik, in: ders., Gesammelte Werke, Bd.8, 1993, S.1-8. Vgl., Jean Grondin, Einführung zur Gadamer, 2000, S.56-85.

（7）Gadamer, a.a.O.（Anm.3）, S.1-3. 科学的真理に与する主観主義美学と真理の経験を支持する存在論的美学との対比が、ここにはある。渡邊二郎『芸術の哲学』（放送大学教育振興会、一九九二年）一三七〜一四九頁参照。

（8）Gadamer, a.a.O.（Anm.3）, S.3

（9）Gadamer, a.a.O.（Anm.3）, S.3; ders., Vorwort zur 2. Auflage（1965）, in: ders., Gesammelte Werke, Bd.2, 2. Aufl., 1993, S.437-448, 438.

（10）渡邊（前掲注（3））一三九〜一五〇頁、同『ハイデッガーの「第二の主著」『哲学への寄与試論集』研究覚え書き』（理想社、二〇〇八年）、細川亮一『ハイデガー入門』（ちくま新書、二〇〇〇年）などを参照。

（11）ハイデガー哲学の援用につき、己れと他人とで評価の異なる、マイホーファーの例を想起せよ。Werner Maihofer, Sein und Recht, 1954; 南利明「『世界内―存在』の分析に定位した法存在論の構想」『現代の法思想』（有斐閣、一九八四年）一七六〜一九五頁、西野基継「法存在論序説（一）（二・完）」法学論叢一〇四巻三号（一九七八年）五八〜七二頁、一〇五巻四号（一九七九年）六八〜八三頁。

（12）Gadamer, a.a.O.（Anm.3）, S.258-269, 270-274, 298f.; ders., Vom Zirkel des Verstehens（1959）, in: ders., Gesammelte Werke, Bd.2, 2. Aufl., 1993, S.57-65; Martin Heidegger, Sein und Zeit, 1927（17. Aufl., 1993）, S.142-148.

（13）Gadamer, a.a.O.（Anm.3）, S.270, 274, 298f., 302; Heidegger, a.a.O.（Anm.12）, S.148-153.

（14）Gadamer, a.a.O.（Anm.3）, S.274-276, 276-281, 281-290; ders., a.a.O.（Anm.12）, S.57-59.

（15）Gadamer, a.a.O.（Anm.3）, S.305-307; ders., a.a.O.（Anm.12）, S.64f.

（16）Gadamer, a.a.O.（Anm.3）, S.307-312, 380, 401. ただし、地平の融合とは、了解者が過去の地平へと己れを置入れてこれを再構成することでも、現在の地平と過去の地平という独立の地平二つが融合することでも、どちらでもないと、ガダマー自身が注意を促す。過去の地平それ自体や、テクスト著者の地平を想定する思考は、啓蒙的歴史主義の残滓に他ならない。

(17) Gadamer, a.a.O. (Anm. 3), S. 296-298, 193f., 202, 227f. シュライエルマッハー以前における循環構造につき、Gadamer, a.a.O., S. 178f., 179-181, 193f.; ders., a.a.O. (Anm. 12), S. 57-59.

(18) Gadamer, a.a.O. (Anm. 3), S. 271, 298, 302, 314.

(19) Gadamer, a.a.O. (Anm. 3), S. 330.

(20) Vgl., Winfrid Hassemer, Tatbestand und Typus, 1968; Marin Kriele, Theorie der Rechtsgewinnung, 1976; Josef Esser, Vorverständnis und Methodenwahl in der Rechtsfindung, 1970 (2. Aufl., 1972); ders., Dogmatik zwischen Theorie und Praxis, in: ders., Wege der Rechtsgewinnung, 1990, S. 397-419; Joachim Hruschka, Rechtsanwendung als methodologisches Problem, ARSP, Bd. 50 (1964), S. 485-501; ders., Die Konstituion des Rechtsfalles, 1965; ders., Das Verstehen von Rechtstexten, 1972; Karl Larenz, Fall-Norm-Typus, in: Festschrift für Hermann und Marie Glockner, 1966, S. 149-164.

(21) Vgl., H.-G. Gadamer/G. Boehm (Hrsg.), Seminar: Die Hermeneutik und die Wissenschaften, 1978; M. Fuhrmann/H. R. Jauss/W. Pannenberg (Hrsg.), Text und Applikation. Theologie, Jurisprudenz und Literaturwissenschaft im hermeneutischen Gespräch, 1981.

(22) Gadamer, a.a.O. (Anm. 3), S. 335, 346, 315, 340.

(23) Gadamer, a.a.O. (Anm. 3), S. 312-316, 313f., 318, 320, 338, 346. 「適用《アンヴェンドゥング》」と「応用《アプリカチオン》」はまったく別個である。前者は機械的包摂とも接合しうるが、後者は創造的了解とのみ結合する。

(24) なお、法律家と一般人に分けて「法の経験」を分析するG・フッサールの議論を見よ。Gerhard Husserl, Erfahrung des Rechts, in: ders., Recht und Zeit, 1955, S. 67-86; ders., Recht und Welt (1929), in: Recht und Welt, 1964, S. 67-114.

(25) Gadamer, a.a.O. (Anm. 3), S. 335-338, 177-180; ders., Rhetorik und Hermeneutik, in: ders., Gesammelte Werke, Bd. 2, 2. Aufl., 1993, S. 276-291, 282-284, 284-287.

(26) Gadamer, a.a.O. (Anm. 3), S. 330-334, 334f.

(27) Gadamer, a.a.O. (Anm. 3), S. 342-344, 181f. 法律解釈を歴史認識、法律適用を実践作用と見れば、解釈作業で法教義学と法制史学は同一となり、さらには、法学的解釈学と文献学解釈学の関係は逆転するだろう。

(28) Gadamer, a.a.O. (Anm. 3), S. 300-304; ders., a.a.O. (Anm. 12), S. 63f.

（29）Gadamer, a.a.O.（Anm. 3）, S. 301-305; ders., a.a.O.（Anm. 12）, S. 63f.

（30）Gadamer, a.a.O.（Anm. 3）, S. 282-284, 274-276.

（31）Vgl., Hans Georg Hinderling, Rechtsnorm und Verstehen, 1971, S. 26-61; Monika Frommel, Die Rezeption der Hermeneutik bei Karl Larenz und Josef Esser, 1982, S. 44-51. 哲学的解釈学と法学的方法論の二律背反は、ガダマーに真摯に取組む者には必然であり、それ故この緊張解消に向けた試みが彼の国に必要であった。Ulrich Neumann, Zum Verhältnis von philosophischer und juristischer Hermeneutik, in: W. Hassemer（Hrsg.）, Dimensionen der Hermeneutik. Arthur Kaufmann zum 60. Geburtstag, 1983, S. 49-56, 49-53; Ulrich Schroth: Philosophische Hermeneutik und interpretationsmethodische Fragestellungen, in: Dimensionen der Hermeneutik, S. 77-89, 82-87.

（32）Vgl., Monika Frommel, Die Hermeneutik-Diskussion-überholt oder unbewältigt?, in: ARSP, Bd. 73（1987）, S. 519-525.

（33）Vgl., Karl Larenz, Die Bindung des Richters an das Gesetz als hermeneutische Problem, in: Festschrift für Ernst Rudolf Huber, 1973, S. 291-309; ders., Methodenlehre der Rechtswissenschaft, 6. Aufl., 1991, S. 206-214.

（34）Franz Wieacker, Notizen zur rechtshistorischen Hermeneutik（1963）, in: ders., Ausgewählte Schriften, Bd. 2, 1983, S. 84-102, 93-98, 99; Helmut Coing, Die juristischen Auslegungsmethoden und die Lehren der allgemeinen Hermeneutik（1959）, in: ders., Gesammelte Schriften, Bd. 1, 1982, S. 208-229.

三　倫理学としての本質

そこで、ガダマーの哲学的解釈学が公法学方法論に利用できぬなら、ハイデガー＝ガダマー以前の、ディルタイやシュライエルマッハーが、今度は登場するのかもしれない。引き続き、哲学的解釈学と公法学方法論の新たな可能性につき、ガダマーによる伝統的解釈学批判（1）、その批判に対する再批判の可能性（2）、基礎づけに代わる解釈学の別の任務（3）、この順序で検討することとしよう。

1　伝統的解釈学の批判

まずは、ガダマー哲学的解釈学が、我々が体験する真理を擁護し、真理を隠蔽する方法を打破する思索ならば、方法の誘惑に目が眩み、真理の妨害に手を貸す、そのような解釈学は断固拒否すべきものであろう。そのような解釈学こそ、ハイデガー登場以前の、シュライエルマッハー、ディルタイの「伝統的《トラディチオネレ》解釈学《ヘルメノイティク》」に他ならない。

第一に、『真理と方法』が批判の対象とするのは、シュライエルマッハーの解釈学である。ガダマー曰く、シュライエルマッハー哲学でのテクストとは、作者それ自身の個別性を文書へと外化し固定したものである。客観的な事物内容が語りやテクストになるのではない。自由な創造的思考、生きた芸術的活動が、技術的な諸法則や諸規則に従って、形象を得る。つまり、テクストとは、個別的なもの、創造的なもの、芸術的なもの、瞬間的なものなのである(35)。ならば、シュライエルマッハーの解釈も、この対象に適したものとなるべきだ。テクストの了解は、その執筆時の諸法則や諸規則に則って、機械的意識的に行い、だがそれでいて、その根源にある著者の個別性を、直接的に解読し、直観的に予言することである。中でも彼の力点は後者にあり、書き手の立場に己自身を置入れ、これを事後的に構成し直す、心理学的解釈が特に際立ち、中世解釈学からの伝統、全体と部分の解釈学的循環の意味も、作者の心的生の全体連関とモメントの循環へと、変質する。だが決定的なのは、この心理学的解釈が、有限的過程である点だ。つまり、作者の個別性は、探求不能の秘密であるように見えて、実は、感情移入という直接的了解によって、理性と概念把握に課せられた制約を飛び越えることが可能なのである。つまり、この心理学的了解により、著者の個別性は、確実に把握される、シュライエルマッハーはこう考える、という(36)。

続いて、ディルタイ哲学的解釈学にも、ガダマーによる攻撃が向けられる。彼の指摘によると、ディルタイの第一の関心は、精神諸科学の基礎据えにある。つまり、カント純粋理性批判が自然諸科学の認識理論を構築したように(37)、精神諸科学の認識理論を「歴史学的理性批判《クリティク デア ヒストリッシェン フェアヌンフト》」により完遂することが、彼の目標である。そこで、ディルタイが、歴史的世界の認識の究極前提に据えるのが、「体験《エアレプニス》」そのもの、「経験《エアファルング》」そのもの、「心的生」そのものである。この体験とは、最早これ以上分解のできない直接的な確実性を備えた、内面的な覚知であって、しかも、過去の想起と未来の予期とが一つの全体へと融合を起すが如き、生動的な過程でもある(38)。しかし、この確実な生体験から確実な世界の認識が、如何にして可能となるのか。ガダマーはこう言う。ディルタイは心的生自体と歴史的現実の垣根を排去し、両者を強引に接合した、と。歴史認識では、認識者も被認識者も「同種性《グライヒアルティヒカイト》」を持つ、即ち、ここには主体と客体の同一性がある。しかも、意識の志向性の着想から見るならば、体験には、他者性が既に「志向的」に含意される。言わば、生と知とは同一である、と(39)。そこで、体験から世界には、了解という跳躍が可能となる。生それ自体は客観態の中に生自体の表現を読取る。そして、了解の作用は方向すべてに限界なしに向かう。したがって、体験そのものの確実性を受けて、了解による認識も確実性を得る訳である(40)。

詰まるところ、ガダマーから見た伝統的解釈学は、著者の個性の確実な把握を目指し、客観的認識を体験自体から定礎する点で、二重の欠陥を持つことになる。感情移入の方法は心理学万能説の現れ、認識理論の志向は自然科学礼賛の現れである訳だ。つまり、認識理論と生の哲学の緊張関係を、前者へと解消する認識論的解釈学は、後者へと解消する存在論的解釈学へと転回しなくてはならない、と(41)。

2　ガダマー解釈学反駁

しかし、公法学方法論へのガダマー哲学の援用を拒否した我々は、伝統的解釈学へのガダマー自身の批判も拒否しなくてはならない。シュライエルマッハーとディルタイについては、講義ノートや遺稿の整理等を経た全集の刊行、この最新の文献学成果をふまえた研究の進展により、彼らに心理学主義と科学主義を読取るガダマーの解釈は、既に克服されているのである(42)。

第一に、伝統的解釈学は、精神的現実性を心理現象に還元する心理学主義などでは、断じてない。まずは、シュライエルマッハー理解につき、ショルツの見解を聞こう。彼によれば、ガダマーとは、全手続の単なる部分でしかない心理学的方法のみを強調し、感情移入論者シュライエルマッハーの誤った像を宣伝した、罪深い人である。しかし、心理学的方法とは文法学的方法と一体を成すのであり、両者の協力こそが語りやテクストの解釈を可能にする。いわば、解釈対象とは自由に運動する実体（個別行為）であり、同時に固定して存する体系（言語体系）である。発話者が思考を実化し、または、思考が著作者を通過して初めて、言語は現出する。(43) したがって、或る語りや文書を了解し解釈するには、これを編制する実在と理念の双方を、攻めなければならない。つまり一方で、思考や語りの仕方・構成・様式など個々の発話者の行いから出発し、同時に他方で、言語学や文芸学の知識を手に発話者の依拠する言語体系全体から離陸して、語りの了解に務める必要がある。テクストをその著者という実在から眺めて行う解釈が、「心理学的《プシュコロギッシェ》方法《メトーデ》」だとすれば、同じテクストを言語体系という理念から眺めて行う解釈が、「文法学的《グラマティッシェ》方法《メトーデ》」なのである。この方法二つが揃わねば解釈と言えぬ筈が、ガダマーはこれに十分留意しなかったのは前述の通り。(44)

しかも、ディルタイ理解につき、レッシングも同様の解釈を示す。彼にとって、ガダマーとは、「精神諸科学の基礎据え」というディルタイの真意を測り損ね、彼の解釈学に注目しながら実はその心理学しか検討しなかった、軽率な人である。しかし、彼が狙う基礎据えは心理学主義では絶対に切抜けられず、個人を超える「客観的精神」を見据えた解釈学独自の発想が必要である。つまり、精神諸科学の向かう場所は、発話者や著作者の心的連関や内的過程ではなく、精神を感覚世界に固定し外的知覚で把握可能としたもの、即ち「生の客観態《オブィエクティヴァチオン》」または「生の諸外化《オイセルンゲン》」なのである。(45) したがって、この「体験と表現と了解の連関」を我が物とするには、心理学的記述では不十分で、解釈学的了解が不可欠となる。つまり、精神的現実とは、各人の個別的内心に解消されず、人間間に存する共通性をも含有し、したがって、この客観態とは、個別性と普遍性の両側面を同時に検討して初めて、把握可能なものである。そこで、ディルタイの了解とは、感覚的に把握可能な外的記号と、それ自体で明証的である体験と、この双方を手掛かりに進行してゆく、即ち、文字や音声という感覚事実から著者の内面を推論し、加えて、著者自身と己れ自身の類似性の想定から著者自身の内的状況を類推して、精神的形成体の構造と法則の探求を行う、これこそが解釈学的な了解に他ならない。ガダマーの診断と異なり、解釈学は心理学に解消されない[46]。

第二に、伝統的解釈学は、自然科学の方法論を無批判に導入する科学主義などでは、決してない。一つに、シュライエルマッハー自身が、自然科学を精神科学の上に据える立場を拒否する。この詳細を知るには、単なる応用的個別科学に過ぎぬ解釈学では不十分で[47]、科学哲学たる「弁証学《ディアレクティク》」と「倫理学《エティク》」を吟味すべきである[48]。それによると、有限的存在すべては、理性と自然、思考と存在、理念と実在という究極の対抗関係で編制されている。この理性と自然は、相互に排他的関係でなく補充的関係に立ち、それ自体で存在せずに常に一方が他方を含む。したがって、精神科学と自然科学の間にも、対抗関係と補充関係が同時に出現する。精神哲学たる「倫理学」は自然への理性の行為を、自然哲学たる「物理学《ヒュズィク》」は理性への自然の行為を、それぞれ取扱う。自然科学中心主義のラベルは、この考え方に貼るのは誤りである[49]。しかも、心的生の確実性と認識の客観性への注意深い区別を、シュライエルマッハーは忘れない。なるほど、直接的な生の印象は絶対的妥当性を持っている。暑く感じること——感情に関する言明は絶対に確実である。なぜなら、自己意識は個人感情に直結し、意識要素と存在要素が合致するからだ。しかし、この「主観的真理」は、他者には検証不能故に普遍的妥当性を欠く。真理が「客観的真理」となるには、己れの経験を他者の経験で徹底吟味しなくてはならぬ。暑く感じたのは怒りのせいか温度のせいか——それは万人に等しく手に入る情報が教えてくれる。間主観的に統制可能な審査が、誤謬の可能性を除去し、間主観的真理へ誘導するだろう。自己意識と類的意識とがいわば調和する訳だ。ただし、この真理は完結したものではあり得ず、真理探究の無限のプロセスの下にある。要は、精密な科学的真理観でなく、近似値的で共同体的な真理観が、ここにある[50]。

加えて、ディルタイにおいても、精神科学を自然科学に回収する見解は拒否される。詳述までもなく、両学問分野を区分けする著名な「説明と了解」図式を、この「謎の老人」は提出した筈である。経験を観察と実験を通じ均等な諸部分へと分解し、この単位を数学論理から成る因果連関に組み込み、以って全自然の説明を目指すのが自然科学ならば、客観的精神を追了解作用を通じ心的生へと還元し、この要素を作用連関の分析および記述へと組み込み、以って全世界の了解を目指すのが精神科学である。方法または客体でなく世界に対する行態の相違が、精神科学を自然科学から解放する。[51] その上、心的生の確実性《ゲヴィスハイト》と認識の客観性《オブイェクティフィテート》を直結したという、ディルタイ批判も軽率な誤解にもとづく。もちろん、生の哲学の本質は、体験が与えるものの実在に疑念を向けない点にある。だが、表現了解を確実にしようとも、必ず限界があることは彼自身が認めている。だからこそ、確然な了解を求めるなら多大な修行と注意が必要で、さらに、了解の技術や了解の科学も発展してきたのだ。ディルタイ曰く、精神科学の客観性は、確実で主観的な体験と不確実だが間主観的な了解から生まれる。他者了解は自己体験として成立し、自己体験は他者了解で再現される。精神科学の内容上の確然性《ジッヒャーハイト》は、この体験と了解の間の運動から獲得される。ディルタイのいう客観性とはこの確然性であり、生の確実性ではない。[52]

要するに、哲学的解釈学は、ハイデガーを経て認識論から存在論へと一旦転回し、現在では存在論から認識論へともう一度転回しているのである。[53] シュライエルマッハー＝ディルタイ研究の現水準からすれば、解釈学の伝統を客観主義や科学主義と論難する、ガダマーの見解をそのまま受け取ることはできない。[54]

3　解釈学の倫理的転回

けれども、批判のためにガダマーが摘示した自然科学的な客観性が、存在論的転回前の伝統的解釈学固有の目標でさえないならば、解釈学には初めから存在意義が剝奪されるのか、というと、決してそうではない。シュライエルマッハー解釈学を基礎づける弁証学や倫理学、ディルタイ解釈学で基礎づけられる倫理学や教育学も同時に鳥瞰すれば、解釈学の伝統には、倫理学の内実が随伴することが、すぐに分かる。

一つめに、シュライエルマッハー哲学においては、解釈学と倫理学の間に相互作用の連関が、堅固に存立している。そもそも、この哲学者にとって倫理学とは、精神的現象を扱う個別諸科学を基礎づけるための、精神哲学であり文化哲学である。つまり、理念的存在者としての理性による実在的存在者としての自然に向けた実践的および認識的行為のプロセス、これを探求することが倫理学の課題と把握され、したがって、国家や経済や芸術や宗教など様々な精神領域を検討する個別科学が、この理性と自然の合一化過程を切取り記述する全倫理学の諸部門として同定される。了解の技術としての解釈学も、この基礎学としての倫理学の一部分を成すことになる(55)。実際に、彼の倫理学では、了解と解釈とが倫理学固有の問いとして取扱われる。つまり、シュライエルマッハーは、精密な了解と簡略な了解、学問的了解と日常的了解、語りの了解と文書の了解、これらの区別を括弧に入れて、了解の行為とは「語り《ウムケルング》の《アイネス》行為《アクテス》の逆転《レデンス》」であると指摘し、この発話者の語りと解釈者の了解との恒常的交換、即ち「対話《ゲシュプレッヒ》」の中に、話し的と聴き手、書き手と読み手の倫理的関係が成立つと判断する。発話者は解釈者に、自分への盲従者の役割を強要してはならず、解釈者は発話者を、無意味な雑音の発生源と決付けてはならない。この倫理的な発話の技術に論及するのが修辞学であれば、解釈学はこの倫理的な了解の技術を担当する。要するに解釈学は、相互尊重の倫理的過程を了解と解釈の側面から検討する、学問分野なのである(56)。

二つめに、解釈学と倫理学の堅固な結合関係を、ディルタイの精神科学哲学に見出すこと、これも実はさして困難な作業ではない。若き日の彼は、「シュライエルマッハーの倫理学原理」で学位を、「道徳的意識の分析の試み」で教授資格を取得し(57)、その唯一の「倫理学講義」も、未完の書『精神科学序説』全体系の「締め括り《アブシュルス》」を成すべく準備されたものだ(58)。つまり、実践哲学の確立こそ彼の哲学の核心である。それは、自然科学の覇権と伝統観念の崩壊による社会道徳の混乱、産業革命を契機とする社会主義的大衆運動の急激な勃興、この危機を打開するために、社会倫理学の科学的基礎づけを狙い、しかも、形而上学や経験主義や功利主義など既存の倫理学説を悉く拒絶し、理性と自然の不断の交錯から全科学の基礎づけを図るシュライエルマッハー倫理学を、その模範に据える点に顕現している(59)。実際にも、没後公刊された上記「講義」の中に、解釈学と倫理学の連関の一端を、見ることができる。そもそもディルタイ説では、倫理的諸規範は心的生の要素へと分解される。つまり、己自身の欲動や感情や意志が他者への好感や同情や尊重を生出し、今度はこの他者感情が諸々の拘束や義務を生出す、という訳である。しかし、この心的要素から他者感情へ、他者感情から倫理規範への変成において、解釈学が登場する。彼曰く、愛情や友情など他者感情の成立には、人間間の共通性や同一性の意識が必要で、その先には他者の内面過程の追形成や追了解が必要である。そして、義務や当為など倫理規範の確立にも、各人間の共通性や連帯性の意識が必須で、その為にも他人の内面過程の追形成や追了解が必要となる。つまり、内面は言葉や身振や行為に完全に外化され、対抗関係の中で受容され肯定されて初めて、倫理上の義務が成立するのである。[60]

反対に、倫理学と繋がるこの解釈学の伝統からは、[61]哲学的解釈学の欠陥が照射されてこよう。第一に、他者の意見の正確な把握に関心のない者に、文献学など他者了解のための手段は必要ない。他人を尊重すればこそ了解技術たる解釈学を求める。著者意図の探求を心理学主義または科学主義と論難する論理から、対話の倫理は生まれない。作者に解釈を施す者は彼を客体と扱う、ガダマーはこう批判したが、作者を物体と扱う者は彼の解釈を拒む、ディルタイらはこう反駁するだろう。第二に、他者の意見の方法的把握に理解がない者には、他文化尊重や多文化主義の発想はないだろう。解釈とは伝統に服従することだ、ガダマーはこう言う。ヨーロッパ人は古典古代を了解する、彼らはその前了解を既に持つからだ、と。しかし、この思考は文化間対話を不能とする。文化の多元性、歴史の差異性を重く見ればこそ、方法論解釈学の指針が要る。[62]もっとも、アンチ伝統的解釈学論者への反論は無駄である。日本人に西洋哲学が分かるものか、と言うかもしれぬ。けれど、対話の倫理学こそ解釈学の関心で在り続けてきた。たとえば、ベッティ曰く、解釈学説こそ、他者への寛容と忍耐の精神を青年に教え伝える。私利私欲を打払って偏見や弊習を克服せよ、広く深い観点で解釈客体に感情移入せよ、ならば、発見と了解に欠かせぬ立脚点が得られん。[63]「精神《ガイスティゲ》の解き放ち《アウフゲシュロッセンハイト》」を呼掛けるこの解釈学準則は、強制に馴染まない自発的で倫理的な態度を求める。あるいは、アーペルは言う、解釈学は、論証を狙う者に論理の使用を道徳的に義務づける、と。論争相手を無為に偽罔し、論拠の批判吟味を懈怠しては、論証者同士の対話はない。「規範的解釈学」[64]があればこそ、議論相手を同権人格と承認し合う超越論的「コミュニケーション共同体《コムニカチオンスゲマインシャフト》」の構築を語りうる。つまり、学問全般や論理全般は人間相互間の対話の反復により編制され、それ故に、体験・表現・了解の作用連関を扱う解釈学が全精神科学の基礎となりうる、けれども、この科学が扱う検討対象は作用連関の維持発展に条件づけられ、したがって、この作用連関へと人間すべてを繋ぎ止める道徳と倫理が必要となる、こういう訳である。

なれば、公法学方法論による哲学的解釈学への関心は、解釈準則の定立のみに限定すべきでなく(65)、倫理学的側面にまでも拡張せねばならない。つまり、ガダマーを排除しディルタイらに回帰した結末は、伝統的解釈学による解釈準則の採用よりも寧ろ、法解釈作業に絡み付く倫理性の自覚を要請すると、言うべきである(66)。試論的に言えば、これは以下のことを帰結する。第一に、法解釈においては、制定者の意思を汲み取るという倫理的態度が、要求される。了解者による発話者の無視が厳禁されるならば、同様に、解釈者による制定者の無視も許容されるはずがない。もちろん、立法者への全面的恭順など、対話する立法者自身が想定しない。己の意思が真摯に受容されるとの期待と予期を、解釈者がまさに真摯に受止めることが肝要である。何より大事なのは、法を解釈する者が法を制定した者と、人倫的な共同体をなす、ということなのだ。第二に、法解釈においては、名宛人の意思に心を配るという倫理的姿勢も、要請される。この語りと了解との対話は、法制定と法解釈で完了しない。法解釈と法遵守の間にも、法をめぐる語りと了解がある。そもそも法解釈とは法創造だった筈だ。絶対に履行不能な法内容を法規範に読込むことは、名宛人の立場を顧慮しない反倫理的行為になる。解釈者は、名宛人の自発的な法遵守、名宛人同士の倫理的関係に心を配らねばならない(67)。第三に、法解釈においては、法妥当の存続を守り続けるという倫理的構えも、要求される。元々、法が存在するのは、法制定と法解釈と法遵守、この複数の人間間の対話が、多元的に且つ限り無く連続するからだ。立法者の制定と公布、裁判官の言渡と宣告、名宛人の受容と遵守、要は、自発的な人間の行為がなければ法は存在しない。したがって、法解釈とは必ずや、所与の法規範の単なる精緻化でなく、理念的法規範の実在化を含む、法の現実化でなければならない(68)。

(35)　Gadamer, a.a.O.（Anm.3）, S.191–193.

(36)　Gadamer, a.a.O.（Anm.3）, S.182f., 188–190, 193f. さらにロマン主義、ランケ、ドロイゼンの解釈学への批判が続く。Gadamer, a.a.O., S. 201–207, 207–216, 216–222.

（37）Gadamer, a.a.O.（Anm. 3）, S. 202, 222–225.

（38）Gadamer, a.a.O.（Anm. 3）, S. 225–227.

（39）Gadamer, a.a.O.（Anm. 3）, S. 226, 229f., 236–238, 239, 240, 241.

（40）Gadamer, a.a.O.（Anm. 3）, S. 228–230, 236. Vgl., Georg Misch, Lebensphilosophie und Phänomenologie, 2. Aufl., 1931（3. Aufl., 1967）, S. 291–298; Otto Friedrich Bollnow, Zur Frage nach der Objektivität der Geisteswissenschaften, in: ders., Studien zur Hermeneutik, Bd. 1, 1982, S. 13–47, 19–21.

（41）心理主義は著者意図への過剰な尊重故《ゆえ》に相対主義へと傾き、科学主義は法則理念への過度の信頼故に絶対主義へと傾き、結果的に矛盾した内容の批判を同時に解釈学に向けることになる。相対主義者シュライエルマッハーの像への批判につき、Gunter Scholtz, Grundlegung der Geisteswissenschaften, in: ders., Ethik und Hermeneutik, 1995, S. 65–92, 79–85.

（42）周知の通り『真理と方法』出版以降、テクスト状況は劇的に変化した。一方で、シュライエルマッハー死去直後から刊行開始の彼の著作集は、完結まで三〇年も無方針無計画で過ぎた文献学上欠陥あるもので、この事態を改善する「批判全集版」が近年ようやく刊行を開始した。彼の思考を刻印する大学講義の全貌は未だ不明だが、弁証学と倫理学から成る哲学体系の研究進展とともに、解釈学者（および神学者）の側面への過度の強調は、是正されるであろう。Hans-Joachim Birkner, Die Kritische Schleiermacher-Ausgabe zusammen mit ihren Vorläufern vorgestellt, in: ders., Schleiermacher-Studien, 1996, S. 309–355; Gunther Scholtz, Die Philosophie Schleiermachers, 1984, S. 27–44; Hermann Fischer, Friedrich Schleiermacher, 2001, S. 136–141; Kurt Nowak, Schleiermacher, 2001, S. 457–467. 他方で、ディルタイの遺稿編集が子供や弟子の死去後解禁され、中期の心理学的な精神諸科学定礎への研究が進展して、一旦完結した彼の全集がこの最新の研究成果を反映して続々と刊行されつつある（二〇〇六年に全二六巻で一旦完結。今後は書簡など補巻の刊行を予定）。従来は「心理学から解釈学へ」との誤った図式の下、後期ディルタイの解釈学に片寄る歪んだ研究は、彼の歴史学的理性批判を複眼的に見る立場へ、矯正されるであろう。Otto Friedrich Bollnow, Wilhelm Diltheys Stellung in der deutschen Philosophie, in: ders., Studien zur Hermeneutik, Bd. 1, 1982, S. 178–203, 179–181; Hans-Ulrich Lessing, Die Idee einer Kritik der historischen Vernunft, 1984, S. 14–25; Frithjof Rodi/H.-U. Lessing, Einleitung in: dies.（Hrsg.）, Materialien zur Philosophie Wilhelm Diltheys, 1984, S. 7–41, 26–32; 拙稿「政治的体験の概念と精神科学的方法（三）」早稲田法学七五巻三号（二〇〇〇年）四八二頁注3。

（43）Scholtz, a.a.O.（Anm. 42）, S. 147; ders., Ethik und Hermeneutik, in: ders., Ethik und Hermeneutik, 1995, S. 126–146, 135–138; Friedrich D. E. Schleiermacher, Hermeneutik（Hrsg. von H. Kimmerle）, 2. Aufl., 1974, S. 76f.; ders., Hermeneutik und Kritik（Hrsg. von

M. Frank), 1977, S. 76–78. Vgl., Heinz Kimmerle, Einleitung, in: F. D. E. Schleiermacher, a.a.O. („Kimmerle“), S. 17f.; 本書第五章三1(1)(2)。

(44) Scholtz, a.a.O. (Anm. 42), S. 147–149, 151; Schleiermacher, a.a.O. (Anm. 43) („Kimmerle“), S. 77, 83f.; ders., a.a.O. (Anm. 43) („Frank“), S. 79. Vgl., Kimmerle, a.a.O. (Anm. 42), S. 14, 18f., 21f.

こうした事態が解釈学は主観主義だとの誤解を生む。長谷部恭男「法源・解釈・法命題」(二〇〇四年) 同『憲法の理性』(東大出版会、二〇〇六年) 二〇六～二一二頁。Vgl., Fischer, a.a.O. (Anm. 42), S. 125f.; Ton-Ku Kang, Die gramatische und die psychologische Interpretation in der Hermeneutik Schleiermachers, Diss. Tübingen, 1978, S. 43–45, 107, 163–181; ders., Schleiermachers Hermeneutik zum Verhältnis von grammatischer und psychologischer Interpretation, 2009. 心理学的方法の強調にはディルタイも荷担したとの風説もあるが、ディルタイ全集編者の公式見解はこれを否定する。Martin Redeker, Einleitung des Herausgeber, in: W. Dilthey, Das Leben Schleiermachers, S. xxv–lix, xlvi–xxv. Vgl., Coing, a.a.O. (Anm. 34), S. 217f.

(45) Hans-Ulrich Lessing, Einleitung, in: ders. (Hrsg.), Philosophische Hermeneutik, 1999, S. 9–31, 11–16; Wilhelm Dilthey, Gesammelte Schriften, Bd. VII 1926 (8. Aufl., 1992), S. 146–152, 205–207. Vgl., Frithjof Rodi, Die Verwurzelung der Geisteswissenschaften im Leben, in: G. Kühne-Bertram/H.-U. Lessing/V. Steenblock (Hrsg.), Kultur verstehen, 2002, S. 73–84, 74, 79f., 80–82.

(46) Lessing, a.a.O. (Anm. 45), S. 12f.; ders., Das Verstehen und seine Grenzen in Diltheys Philosophie der Geisteswissenschaften, in: G. Kühne-Bertram/G. Scholtz (Hrsg.), Grenzen des Verstehens, 2002, S. 49–67, 61–66; ders., Der Zusammenhang von Leben, Ausdruck und Verstehen, in: G. Kühne-Bertram/F. Rodi (Hrsg.), Dilthey und hermeneutische Wende in der Philosophie, 2008, S. 57–76, 69–74; Dilthey, a.a.O. (Anm. 45), S. 86–88, 138–145, 197–199. Vgl., Rodi, a.a.O. (Anm. 45), S. 74; Otto Friedrich Bollnow, Grenzen des Verstehens, in: ders., Studien zur Hermeneutik, Bd. 1 (1982), S. 103–113, 108f., 110–113; 拙稿「政治的体験の概念と精神科学的方法(五)」早稲田法学七六巻二号(二〇〇〇年)一一六～一一九頁。

(47) Scholtz, a.a.O. (Anm. 42), S. 111–113, 122–124, 150f.; ders., Was ist und seit wann gibt es »hermeneutische Philosophie«, in: Dilthey-Jahrbuch, Bd. 8 (1992/93), S. 75–92, 97f. Nowak, a.a.O. (Anm. 42), S. 492–494.

(48) Scholtz, a.a.O. (Anm. 42), S. 104–111; Fischer, a.a.O. (Anm. 42), S. 75–78; Nowak, a.a.O. (Anm. 42), S. 284–292.

(49) Friedrich D. E. Schleiermacher, Dialektik (1811) (Hrsg. von A. Arndt), 1986, S. 34f.; ders., Dialektik (Hrsg. von M. Frank), Bd. 2, 2001, S. 86–91, 138–154, 174–178; ders., Ethik (1812/13) (Hrsg. von H. J. Birkner), 2. Aufl., 1990, S. 8–11. Vgl., Hans-Joachim Birkner, Schleiermachers Christliche Sittenlenre, 1964, S. 33; Fischer, a.a.O. (Anm. 42), S. 78–83.

(50) Schleiermacher, a.a.O. (Anm. 49) („Arndt"), S. 21-28. Vgl., Wolfgang H. Plaeger, Die Philosophie Schleiermachers, 1988, S. 141-143; Birkner, a.a.O. (Anm. 49), S. 38; Nowak, a.a.O. (Anm. 42), S. 286, 290-293; Scholz, a.a.O. (Anm. 50), S. 42-44.

(51) Dilthey, a.a.O. (Anm. 45), S. 88-93, 97, 117-120, 136, 153, 159; ders., Gesammelte Schriften, Bd. V, 1923 (8. Aufl., 1990), S. 265f., 265-278. Vgl., Otto Friedrich Bollnow, Die Methode der Geisteswissenschaften (1950), in: ders., Studien zur Hermeneutik, Bd. 1, 1982, S. 114-138, 121-126; Karl-Otto Apel, Szientistik, Hermeneutik, Dialektik (1968), in: ders., Transformation der Philosophie, Bd. 2, 1976 (6. Aufl., 1999), S. 96-127, 105-120; ders., Das Verstehen, in: Archiv für Begriffsgeschichte, Bd. 1, 1955, S. 142-199, 173-175; 拙稿（前掲注(46)）一二一～一二三頁。

(52) Dilthey, a.a.O. (Anm. 45), S. 309f., 313-317. Vgl., Gunter Scholz, Historismus und Wahrheit in der Wissenschaftstheorie, in: ders., Zwischen Wissenschaftsanspruch und Orientierungsbedürfnis, 1992, S. 158-200, 159-166; Bollnow, a.a.O. (Anm. 40), S. 19-21; ders., a.a.O. (Anm. 51), S. 133; ders., Die Objektivität der Geisteswissenschaften und die Frage nach dem Wesen der Wahrheit, in: ZphF, Bd. 16 (1962), S. 3-25, 4-7; 拙稿（前掲注(46)）一二二～一二三頁。それ故、存在論解釈学の躓きは客観的精神論への無理解に在るともいえる。関連して、ガダマー理論に実践哲学復興の功績を承認するも、人間存在の構造への慎重な配慮の欠如に不満を漏らす、高橋広次「思慮――法実証主義と自然法論の間？」水波朗教授退官記念『法と国家の基礎に在るもの』（創文社、一九八九年）二二八～二三七頁、同「プラクシスへの問いの回復」法政研究五九巻三・四号（一九九三年）四五五～四六一頁。

(53) Vgl., Hans Ineichen, Von der ontologischen Diltheyinterpretation zur Wissenschaftstheorie in Praktischer Absicht, in: Philosophische Rundschau, Bd. 22 (1975), S. 208-221; Gunter Scholz, Geschichte und Grundprobleme der Hermeneutik in der Philosophie, in: M. Seun/B. Fritschi (Hrsg.), Rechtswissenschaft und Hermeneutik, 2009, S. 39-56, 41f.

(54) シュライエルマッハーに関しては、解釈学を新編集したキムマーレを門人に持つガダマーが、『真理と方法』公表時にそのテクスト最新動向に無知とは想像し難いが、反対にディルタイに関しては、ミッシュのディルタイ全集五巻前書、ボルノウの『ディルタイ』に依拠したガダマーが、ディルタイを「謎の老人」と呼ぶ混乱したディルタイ解釈を取ったとしても不思議はない。Vgl., Heinz Kimmerle, Nachbericht, in: Schleiermacher, a.a.O. (Anm. 43) („Kimmerle"), S. 179-184, 180f., 183; Gadamer, a.a.O. (Anm. 3), S. 222f.; ders., Nachwort zur 3. Auflage (1972), in: ders., Gesammelte Werke, Bd. 2, 2. Aufl., 1993, S. 449-478, 462f. しかし、最新の全集編集状況を知った後も、シュライエルマッハーの心理学主義的理解には一定の反省を示すがディルタイ理解には譲歩せず、ローディらボッフム大学中心の全集編纂チームに対して、己れの哲学にはディルタイでなくその友人ヨルク伯が肝要だったとか、ディルタイ娘婿のミッシュ自身がハイデガー的な反科学の地平に立ったとか、ミッシュ創設のディルタイ学派は「転回《ケーレ》」後の後期ハイデガーを配慮しないとか、自身の哲学史理解とは別次元での抵抗を示す。Hans-Georg Gadamer, Die Hermeneutik und die Diltheyschule, in: Philosophische Rundschau, 38. Jg.（1991）, S. 161–178; ders., Das Problem Diltheys. Zwischen Romantik und Positivismus, in: ders., Gesammelte Schriften, Bd. 4, 1987, S. 406–424; ders., a.a.O.（Nachwort zur 3. Aufl.）, S. 464f. Vgl., Frithjof Rodi, Zur Einführung, in: Dilthey-Jahrbuch, Bd. 8（1992/93）, S. 123–130.

（55）　Schleiermacher, a.a.O.（Anm. 49）（„Birkner"）, S. 80–131. Vgl., Scholtz, a.a.O.（Anm. 42）, S. 114f.; Fischer, a.a.O.（Anm. 42）, S. 78–80; Birkner, a.a.O.（Anm. 49）, S. 36–39; シュライエルマッハーの弁証学と倫理学につき、山脇直司「シュライエルマッハーの哲学思想と学問体系」廣松ほか編『講座ドイツ観念論４』（弘文堂、一九九〇年）二一七〜二五八頁。Birkner, a.a.O.（Anm. 49）, S. 39–50; Fischer, a.a.O.（Anm. 42）, S. 80–82; Scholtz, a.a.O.（Anm. 42）, S. 104–127; ders., a.a.O.（Anm. 41）, S. 86–92; ders., a.a.O.（Anm. 43）, S. 133–138, 138–146.

（56）　Schleiermacher, a.a.O.（Anm. 43）（„Kimmerle"）, S. 76, 82; ders., a.a.O.（Anm. 43）（„Frank"）, S. 76; ders., a.a.O.（Anm. 43）（„Birkner"）, S. 303ff., 316, 310ff.; ders., Brouillon zur Ethik（1805/06）（Hrsg. von H.-J. Birkner）, 1981, S. 35, 88. Vgl., Scholtz, a.a.O.（Anm. 43）, S. 133–135, 141–144; ders., Ethik und Dialog bei Schleiermacher, in: W. Stegmaier/G. Fürst（Hrsg.）, Der Rat als Quelle des Ethischen. Zur Praxis des Dialogs, 1993, S. 35–47, 37–39; Plaeger, a.a.O.（Anm. 50）, S. 172–186; Fischer, a.a.O.（Anm. 42）, S. 122; Friedrich Kaulbach, Schleiermachers Theorie des Gesprächs, in: Die Sammlung Bd. 14（1959）, S. 123–132; Dietrich Böhler, Das dialogische Prinzip als hermeneutische Maxime, in: Man und World, Bd. 11（1978）, S. 131–164; Nicole Ruchlak, Das Gespräch mit dem Anderen. Perspektiven einer ethischen Hermeneutik, 2004.

（57）　Wilhelm Dilthey, Kritik der ethischen Prinzipien Schleiermachers［De principiis ethices Schleiermacheri］（1863/64）, in: ders., Gesammelte Schriften, Bd. XIV, 1966（Nachdruck, 1985）, S. 339–357; ders., Versuch einer Analyse des moralischen Bewußtseins（1864）, in: ders., Gesammelte Schriften, Bd. VI, 1924（7. unveränderte Aufl., 1994）, S. 1–55.

（58）　Wilhelm Dilthey, System der Ethik（1890）, in: ders., Gesammelte Schriften, Bd. X, 1957（4. Aufl., 1980）. Vgl., Briefwechsel zwischen Wilhelm Dilthey und dem Grafen Paul Yorck von Wartenburg 1877–1897, 1923（Nachdruck 1995）, S. 90–92.『精神科学序説』の生成と編成につき、拙稿（前掲注（42））四五三〜四五五頁。

（59）　Dilthey, a.a.O.（Anm. 58）, S. 13–17. Vgl., Matthias Kroß, „Kritik der ethischen Vernunft", in: Dilthey-Jahrbuch, Bd. 9（1994/95）,

S. 235-269, 237-243, 249-255; ders., Ethik als Sozialphilosophie, in: J. Krakowski/G. Scholtz (Hrsg.), Dilthey und Yorck, 1996, S. 143-166, 147-151; Marie Nazaré de Camargo Pacheco Amaral, Sozialethik bei Dilthey und Schleiermacher, in: Dilthey-Jahrbuch, Bd. 10 (1996), S. 151-160.

(60) Dilthey, a.a.O. (Anm. 58), S. 67-69, 79-83, 87f. Vgl. Kroß, a.a.O. (Anm. 59) („Kritik"), S. 259f.; ders., a.a.O. (Anm. 59) („Ethik"), S. 151-161; Thomas Herfurth, Diltheys Schriften zur Ethik, 1992, S. 169; Toni Tholen, Erfahrung des Dialogs, in: D. Burdorf/R. Schmücker (Hrsg.), Dialogische Wissenschaft, 1998, S. 107-123. Vgl. Bollnow, a.a.O. (Anm. 52), S. 22-25.

(61) 倫理学から切断された解釈学はその重要性を失う、とも言い得る。シュライエルマッハーの解釈学は所詮は個別の技術学に過ぎず——それは哲学部でなく神学部で講義された——、ディルタイの解釈学も自身の書物や講義で展開されてはいない——彼は解釈学を論ずれど解釈学者でないと語られる——。Vgl. Fischer, a.a.O. (Anm. 42), S. 122; Scholz, a.a.O. (Anm. 42), S. 101f., Fn. 23 u. 28. なお、この二人の解釈学者では倫理学と教育学に共通の構造があるとされ、したがって、解釈学と倫理学の関連は、解釈学と教育学の関連としても登場してこよう。Scholtz, a.a.O. (Anm. 42), S. 157-162; Fischer, a.a.O. (Anm. 42), S. 89-92; Wolfdietrich Schmied-Kowarzik, Schleiermachers dialektische Grundlegung der Pädagogik als praktischer Wissenschaft, in: Internationaler Schleiermacher-Kongreß, 1985, S. 773-788; Ulrich Herrmann, Wilhelm Dilthey (1833-1911), in: H. Scheuerl (Hrsg.), Klassiker der Pädagogik, Bd. 2, 1979, S. 72-84; Ursula Frost, Erziehen braucht das Verstehen einer Aufgabe, in: D. Burdorf/R. Schmücker (Hrsg.), Dialogische Wissenschaft, 1998, S. 229-240.

(62) Gunter Scholtz, Zum Historismusstreit in der Hermeneutik, in: ders. (Hrsg.), Historismus am Ende des 20. Jahrhunderts, 1996, S. 210f., 213f.; ders., a.a.O. (Anm. 43), S. 138-146; Plaeger, a.a.O. (Anm. 50), S. 178f.

(63) Emilio Betti, Zur Grundlegung einer allgemeinen Auslegungslehre, 1988, S. 1, 37-43, 87-90; ders., Die Hermeneutik als allgemeine Methodik der Geisteswissenschaften, 1962, S. 53f.

(64) Karl-Otto Apel, Das Apriori der Kommunikationsgemeinschaft und die Grundlagen der Ethik, in: ders., Transformation der Philosophie, Bd. 2, 1976 (6. Aufl., 1999), S. 358-435, 384-386, 397-405, 415-423; ders., Das Kommunikationsapriori und Begründung der Geisteswissenschaften, in: R. Simon-Schaefer/W. Ch. Zimmerli (Hrsg.), Wissenschaftstheorie der Geisteswissenschaften, 1975, S. 23-55, 45-52. Vgl. Eberhard Baden, Gesetzgebung und Gesetzesanwendung im Kommunikationsprozeß, 1977.

(65) Vgl. Schleiermacher, a.a.O. (Anm. 43) („Kimmerle"), S. 156. なお、本書第五章三1。

（66） Vgl. Thomas Würtenberger, Auslegung von Verfassungsrecht-realistisch betrachtet, in: J.Bohnert/Ch.Gramm/U.Kindhäuser/J. Lege/A.Rinken/G.Robbers (Hrsg.), Verfassung-Philosophie-Kirche. Festschrift für Alexander Hollerbach zum 70. Geburtstag, 2001, S. 223-241, 235-241. なおこれは、各論者自身が構築した法学の姿では必ずしもない。ディルタイ法学とシュライエルマッハー国家学につき、拙稿（前掲注(42)）四七三～四七六頁、同「公布の本質」（埼玉大）社会科学論集一〇九号（二〇〇三年）九一～一〇四頁の続編の参照を乞う。

（67） もっとも、裁判官、学識者、一般市民、それぞれが行う法解釈は、まったく別物となる。公権的解釈がある場合、即ち、広範囲の名宛人、公布や言渡の形式を持つ場合ほど、他者に対する責任はより強いものとなろう。

（68） 法の現実化については、本書第三章を参照のこと。この結論は諸解釈準則の必要性を正当化し、方法論の排除というガダマーの主張を排斥する。この意味で、シュライエルマッハーの文法学的方法と心理学的方法の再吟味が必要である。Vgl. Ulrich Huber, Savignys Lehre von der Auslegung der Gesetze in heutiger Sicht, in: JZ, 58. Jg. (2003), S. 1-13, 3.

なお、この関連で言えば、南野森による「再演としての解釈」の発想が興味深い。南野森「憲法慣習論から」樋口陽一古稀記念『憲法論集』（創文社、二〇〇四年）六三三～六八六頁、同「憲法解釈の変更可能性について」法学教室三三〇号（二〇〇八年）二八～三六頁。なお、このとき演奏者は、作曲者に対する敬意とともに、聴衆に対する配慮を必要とするだろうし、他方で、聴衆の側も、演奏者に対する敬意を持たなくてはならないだろう。

四　結　語

本章は、公法学へのガダマー解釈学の導入を図る近時の動向に触発され、この潮流の企図が当のガダマーの真意に合致するものであるか、哲学的解釈学と公法学方法論とのあるべき接合は奈辺にあるか、この二つを問うべく出発した。我々の結論は次のとおりである。第一に、存在論的転回を経た解釈学本来の関心は了解の分析にあり、法学を含め科学の定礎は真理の隠蔽として忌むべきものだ、第二に、解釈学伝来の土俵は話し手と聞き手との倫理的態度にあり、法学へのいわば倫理学的転回の実現こそ待望されるものだ[69]、と。解釈学は認識論でなく、存在論である、ガダマーはこう述べた。我々はこう述べよう、解釈学は文献学でなく、倫理学である。法学が解釈学から得るのは、テクストの意義を厳格に探る精緻な技術でなければ、繰出す法的紛争を次々と捌《さば》く超人的態度でもない。解釈を巡り永遠に反復される人間の倫理なのである。

しかし、解釈学史を辿《たど》りこの月並な結論に到着した我々には、次の如き非難が待構える。或る人はこう言うだろう。原典に即した哲学的解釈学の吟味など不要であり、任意の解釈を容認するのが地平融合の意図である。別の人はこう言うだろう。倫理学契機を強調する解釈学理解の是非は兎も角、それは義務的側面を強調する合目的的でない帰結を導く。けれど、こうした乱暴な問いには乱暴に答えればよい。出鱈目にテクストを読むのならガダマーなどなぜ仰々しく持出すのか、一旦放逐した道徳を生命倫理や環境倫理として如何にして回収するのか[70]、と。先人の思索に心底から耳を傾けること、その態度を全方面へと差し向けること、これこそが哲学的解釈学が要請するものである。そして、この倫理的態度からは公法学者とて逃避することは許されない。結論をもう一度確認しよう。哲学的解釈学と公法学方法論の接合は、政治倫理学の再生や憲法倫理学の構築を、義務づける[71]。

(69) Vgl. Ernst Forsthoff, Recht und Sprache, 1940 (Nachdruck, 1969), S.2.

(70) Vgl. Gerhard Robbers, Rechtswissenschaft und Ethik, in: L.Siep (Hrsg.), Ethik als Anspruch an die Wissenschaft oder Ethik in Wissenschaft, 1988, S.34-53, 36f., 40f.; Günter Ellscheid, Rechtsethik, in: A.Pieper/U.Thurnherr (Hrsg.), Angewandte Ethik, 1998, S.134-155, 152-154.

(71) Vgl. Rudolf Smend, Verfassung und Verfassungsrecht (1928), in: ders., Staatsrechtliche Abhandlungen und andere Aufsätze, 3. Aufl., 1994, S.119-276, 123, 131; Wilhelm Hennis, Politikwissenschaft und Politisches Denken (1963), in: ders., Politikwissenschaft und politisches Denken, 2000, S.1-126.

第二篇

価値秩序と統合理論

第三章 公法理論と価値秩序

一 序言

わが国公法学は、大規模な変遷の途上にある。存在当為の厳格峻別を出発点として、人権尊重と国民主権の徹底貫徹を目指す、戦後直後の誓いは、現代的諸問題の必要を前に、法の柔軟解釈や政策提言を可能とする、全く別潮流に移行しつつある。まず一方で、行政法学がこの方向へとその舵を切る。二〇世紀的行政現実の挑戦を受けたこの学問領域の方針は、穏健なリアリズムである。社会政策や経済政策など国家任務の急変貌は、行政法学をして、行政活動の詳細分析と法規範の目的論的解釈を実施せしめる。個別形式でなく「行政過程」の記述と、法学的方法でなく「行政学と行政法の融合」が、ここでの合言葉となる[1]。もう一方では、憲法学が同じ道へと歩みを進めて行く。当初は憲法原理の啓蒙活動と憲法規範の厳格遵守に精力を注いだこの学問分野も、憲法訴訟理論の普及と国家構造改革の動向と共に、憲法現実の記述分析に真剣に取組み出す。立法事実の把握なくして憲法判断はできず、政治過程の習熟なくして憲法政策は出せぬ。行政法学ほど明確でないとしても、憲法学でも裁判過程や立法過程の分析と、法実証主義でなく行政学と憲法学の協力が、スローガンとなるだろう[2]。

しかし、行政学との融合又は協力の進展は、公法学の伝統の消滅又は縮小を随伴する。まず一つには、通説行政法学では価値理念への関心は絶滅の危機にある。行政法は「憲法の枠内で立法者によって選択された具体の法目的の実現の技術に関する法」と定義され、行政過程は、行政目的実現の為の行政手段の連鎖と把握される。だが、この目的とは憲法価値又は任意目的を意味する。行政法規の前提となる憲法価値の内実や立法機関が選択する法律目的の当否、この問いは行政法学から完全に放逐されている(3)。尤も、価値理念の検討は憲法学に委託されたのかもしれない。けれども、当の憲法学自体が価値理念に冷淡な態度を採る。人権カタログの体系化や憲法改正限界の設定に価値秩序を用いてきたとはいえ、肝心の価値秩序の認識根拠や内部構造につき本格検討は未だ嘗てなされたことはなく、しかも今や根拠薄弱の形而上学として、所謂問題思考やポストモダニズムに価値秩序の存在は抹殺されつつある(4)。行政法学での行政過程論の繁栄、憲法学での政治過程論の興隆、この現象と価値秩序論の衰退とは無関係ではない。

だがしかし、この事態は、実は公法理論の存立基盤を揺るがしはしないか。周知の如く、いわゆる行政過程論には「行政法学の行政学化」の疑念が古くからある。価値秩序なくとも規範的コントロールという行政法学独自の視座がその傾向に歯止めを掛けるとの反論も、政治学一般が実践科学となった現在――政治哲学の復権――批判者を説得するには十分でない。価値秩序と行政過程を目的と手段に分断したままでは、行政学への行政法学の関係は、融合や協力でなく併合と従属になる(5)。それに加えて、民主的政治過程論には憲法学の政治学化の虞れが残る。勿論、切り札の権利を志向したリベラル・デモクラシー論の有力な批判もあるが、これとて現状肯定に傾きがちな多元主義論の射程距離を削減するだけで、価値秩序への政治取引の浸食には根本的打開策とはならない(6)。価値世界と政治過程に暫定的国境が引かれただけでは、融合や協調を通り越した、政治学への憲法学の服従と隷属の現象は食止められない。しかし、実在過程記述の戦略と、価値秩序把握の伝統は、果たして矛盾するのだろうか。或いは、科学と大学がその普遍性を喪失しつつある今となっては、この問いの設定自体が無意味なのだろうか。

本章の目的は、ある著名な論争を素材に、価値秩序と実在過程の関係に若干の検討を加えることにある。最初に、戦後ドイツの代表的公法学者、ルドルフ・スメントとエルンスト・フォルストホフの、価値秩序をめぐる対立を概観し(二)、その次に、ドイツの実質的価値倫理学者、ニコライ・ハルトマンの哲学から、公法理論の前提たるべき法本質論を検討する(三)。一つめの作業からは、通説理解に見落とされてきたこの論争の核心問題への端緒が発見され、二つめの作業からは、公法理論に埋蔵された価値秩序と実在過程の弁証法的構造が発掘されるであろう。

（1）　塩野宏「行政作用法論」（一九七二年）同『公法と私法』（有斐閣、一九八九年）一九七～二三六頁、小早川光郎「行政の過程と仕組み」高柳信一古稀記念『現代行政の現状分析』（勁草書房、一九九一年）一五一～一六六頁、大橋洋一「新世紀の行政法理論」（二〇〇一年）『都市空間制御の法理論』（有斐閣、二〇〇八年）三二六～三四五頁。なお、本書第五章も参照されたい。

（2）　安西文雄「憲法訴訟における立法事実について（一）」自治研究六四巻一二号（一九八八年）一一二～一三〇頁、同「（二）」同六五巻二号（一九八九年）八九～九九頁、同「（三）」同六五巻三号（同）七八～八八頁、毛利透「人種分離撤廃の現実と法理論（一）」国家学会雑誌一〇六巻七・八号（一九九三年）一～七三頁、同「（二）」同一〇七巻七・八号（一九九四年）一～六七頁、松井茂記「国民主権原理と憲法学」岩波講座『社会科学の方法6』（一九九四年）一～四八頁。なお、拙稿「ドイツにおける憲法理論の概念」早稲田法学会誌四七巻（一九九七年）二五三～三〇七頁。

（3）　塩野宏「行政過程総説」（一九八四年）同『行政過程とその統制』（有斐閣、一九八九年）三～三四、二〇、三〇頁、同『行政法I［第五版］』（有斐閣、二〇〇九年）五八、六七、八八～八九頁、小高剛「現代行政の手法」公法研究四九号（一九八七年）一一九～一三九頁。なお、高橋滋「法と政策の枠組」岩波講座『現代の法4』（一九九八年）三～三二頁。

（4）　内野正幸「近代的価値と護憲論」憲法問題六号（一九九五年）五九～七五頁、棟居快行「ポストモダンの憲法学」（一九九七年）同『憲法学再論』（信山社、二〇〇一年）二～八頁。価値秩序論内部でも、政治過程論へのシフト、社会現実への価値還元などが見られる。芦部信喜『憲法学1』（有斐閣、一九九二年）一五、五九頁、戸松秀典『平等原則と司法審査』（有斐閣、一九九〇年）一九～二四、二二三、二六四～二六五頁。

（5）　兼子仁「日本行政法学における法論理」高柳信一古稀記念『行政法学の現状分析』（一九九一年）、藤田宙靖「現代の行政と行政法学」（一九八四年）同『行政法の基礎理論（上）』（有斐閣、二〇〇五年）四九～七九頁。

（6）　長谷部恭男『憲法学のフロンティア』（岩波書店、一九九九年）、同『比較不能な価値の迷路』（東大出版会、二〇〇〇年）、同『憲法とは何か』（岩波新書、二〇〇六年）。

二　価値秩序を巡る論争

この論争の一般的理解では、スメントは価値秩序の肯定者、フォルストホフはその否定者である。基本権を価値秩序と把握し、ここから「第三者効力」等を論証する見解をスメントが主張し、正反対に基本権を主観権利に限定し、古典的法治国家観から客観秩序を排斥する見解をフォルストホフが主張したという訳だ。しかしながら、事態はそう単純ではない。

まず本章では、二人の学説を次の順序で検討してゆこう。最初に、スメントが価値秩序をどう把握したかを示し（1）、次に、これをフォルストホフがどう批評したかを示し（2）、最後に、二人の主張はどのような関係に立つのかを示す（3）。

1　スメント価値秩序論

⑴　精神科学的方法とは

スメント憲法学説は「精神科学的《ガイステスヴィッセンシャフトリッヒエ》方法《メトーデ》」をその根本態度とする。従って、彼の価値秩序論も、この精神科学的方法の下で検討しなくてはならない(7)。

そもそも、「精神科学的方法」とは、「精神的《ガイスティゲ》現実《ヴィルクリッヒカイト》」を取り扱う精神科学固有の方法態度である。静態的又は固定的にでなく動態的且つ流動的に存立する「精神的現実」を考察するには、実在存在を帰納抽象しこれを因果関係に整序する自然科学の方法や、理念存在を本質直観しこれを厳密体系に整序する論理学の方法では、不十分である。単なる因果事実でも理念連関でもない、人間、集団、形象など、これら精神的現実の本質に到達するには、自然科学や論理科学ではなく、この精神的現実に適した方法が採用されなくてはならない(8)。そこで、スメントが模範としたのが、ディルタイとリットの精神科学哲学である。ディルタイ哲学は、事実と理念の弁証法関係で編制《アウフバウエン》される「歴史的世界」を、心理学と解釈学の二つの態度をもって、「体験・表現・了解の作用連関」として究明する。その成果は、詩作という精神的現実を、作者自身の諸体験を筋書きや人物等の表現で芸術作品に転換したもの、しかも、読者各人の鑑賞と了解を通じ其々の諸体験を無限の地平に拡張するもの、こう理解する彼の詩学に現出している[9]。また、リット哲学も、物事を主客二元図式で見る「客体化的考察態度」でなく、我と世界を一体として現象学的に見る「視座的考察態度」をもって、歴史的世界を閉鎖圏という実在要素と意義連関という理念要素から把握する。その構想は、単なる教育論理学として産業社会での人間の歯車化を追認する「ヘルバルト主義」や、単なる教育記述学として既存権威を徹底破壊し子ども放任を奨励する「青年運動」、これらを拒否して、歴史的現実を秩序化する「文化哲学」と、この哲学の上に国民陶冶に関与する「文化教育学」の構築、これを目指す彼の教育学に顕現している[10]。この考察態度、即ち「精神科学的方法」が、国法学者スメントの基本方針となる訳である。

従って、この「精神科学的方法」とは、精神的現実を、実在＝理念の弁証法的視角で見る考察態度といわなければならない。実在と理念の間に「思考の振動」が起こることで、「生秩序と意義秩序の二元性を持つ対象」が把握されてくるのだ。理念要素が実在要素に具体化され、或いは、時間的要因が無時間要因に方向づけられて、精神的現実が現出する。存在と当為の無関係の並存、経験と理念の孤立的な断絶ではなく、実在と理念の恒常的な錯綜、事実と価値の弁証法の運動、これこそが精神的現実の核心的存在態様である。従って、歴史的世界では、実在的な生の流れや理念的な意義連関が静態的固定的に存立するだけでなく、寧ろ、この静態的な実在要素と理念要素が動態的流動的に運動している。精神諸科学における精神的現実とは、「異質の世界に由来する二つの要素」の恒常的相互的な現実化であり、「機能的な顕在化と再生産の現実、ヨリ厳密には、継続的な精神的克服と拡張形成の現実」である[11]。そうなれば、この「精神科学的方法」とは、実在側面の考察と理念側面の考察を同時に進行させる方法態度となる。つまり、歴史的世界は、その実在要素の観察だけでもその理念要素の直観だけでも、我々の前に登場してはこない。その弁証法的構造は、事実と価値を超えた形而上学的考察を要求する。だが、この精神の現実は、実在要素の観察や理念要素の直観を無視した、ダイレクトなアクセスを容認しはしない。その弁証法的構造は、実在観察と価値考察を確実に踏まえた上での経験的な検討を要請する。しかも、この精神的現実は、事実要因と理念要因とを単に繋ぎ合わせるだけの――或いは、数学の理念的「積分《インテグラチオン》」や社会学の実在的「統合《インテグラチオン》」の意味での――個別から全体への結集では満足はしない。その恒常的運動の構造は、時間的実在と無時間的理念を相互往復的に錯綜させる、全く別の意味での「統合《インテグラチオン》」としてこれを見る弁証法的態度を要望する。(12) スメントのいう「精神科学的方法」が意味する核心は、ここにある。

(2)　スメント学説の概要

この精神哲学の視座からすれば、全憲法学説の対象も精神的現実と了解され、その方法は精神科学的方法に設定される。

まず一つめに、国家現実は、「国家生という、独立した精神領域と文化領域」であり、「精神的現実の一部分としての国家」である。つまり、特定目的に向けた実在諸人格の相互作用という、この社会的実在が国家なのではなく、或いは、法律・外交行為・判決・行政行為などの、諸法規範の総体が国家なのでもない。これら個別現象による精神的全体連関の確証の中に登場する「精神現実」、いわば、常に更新と拡張を要し常に問いに付される流動的「文化成果」、これこそが国家現実である。国家は「継続的な更新と継続的な新体験のプロセスの中で生き現存する」、或いは、国家は「日々繰り返される国民投票によって生きる」――この著名なスメントの命題は、国家現実が精神現実であることを明示するものに他ならない。(13) 従って、国家現実は、実在要素と理念要素から編制された弁証法的運動である。「諸々の統合ファクター全てが、精神の価値法則性に従って、常に新たに、自動的に、統一的な全体作用へと結集することで成立する、統一体作用」、端的には、統合ファクターと精神的価値法則の弁証法的統合、これこそが国家現実である。この意味で国家現実とは、実在の観点から見れば、価値法則に則った実在要素の結集であり、理念の観点から見れば、実在要素に因る精神の価値法則の現実化――意義現実化、価値現実化――である。「国家的生の現実」とは「統合体系の現実」である――この有名なスメントのテーゼも、国家が理念と実在の統合現実であることを提示したものに他ならない。(14)

そこで二つめには、国家理論は、精神現実としての国家現実を理念と実在の両面から考察する精神科学となる。この国家現実を単なる「現事実性《ファクティツィテート》」に還元する実在主義的国家理論、或いは、単なる「規範性《ノルマティフィテート》」に解消する規範主義的国家理論、これでは国家現実の把握は全く不可能である。これらは、合理性のみを認識可能とし非合理性を全面排除してしまう「合理主義的科学」であり、精神的生過程を因果法則と価値理念から導出するだけの「説明的科学」である[15]。そうではなく、理念と実在を超えた非合理性も含めて精神的現実を見る精神科学的国家理論、これのみが国家現実の検討を可能とする。「精神の価値法則性の現実化としての意義連関」、即ち「客観的精神的諸連関」から精神的生過程を吟味する、「了解的科学《フェアシュテーエンデ ヴィッセンシャフト》」こそが必要である[16]。従って、国家現実は、実在要素と理念要素の二方向から、それでいて両方向のシンクロの上に、検討されることになる。第一の作業は、国家現実の実在要因を提示する「経験的観察の仕事」、統合過程を「経験的な観察から記述的に展開する」仕事である。国家現実を「人格的統合」・「機能的統合」・「事物的統合」に分類するスメントの有名な類型論は、国家現実に実在の観点からアプローチした議論に他ならない[17]。第二の作業は、国家現実の理念要素を把握する現象学的直観の仕事、統合過程を「国家の法秩序」──「理念的意義統一体」──たる憲法の視角から分析する仕事である。「法価値」・「行政価値」・「統合価値」の三つの価値法則のうち、最後の「統合価値」から「国家諸機関」・「国家諸機能」・「統合的事物内容」を検討するスメントのこれまた有名な類型論は、国家現実へ理念の視座からアクセスした議論に他ならない[18]。この経験的に観察可能な人間活動と、実定憲法で獲得可能な価値理念、両者の弁証法的運動こそが、国家現実を獲得するための不可欠の根本となる。

(3)　価値体系の基本権論

以上の国家理論と憲法理論を受けて、スメント固有の基本権理論が登場する。ここでは、基本権は、事物内実としての価値秩序として把握されてくる[19]。

まず総じて、精神科学的国家観の前に登場するのは、この「国家全体の統合」を担うもの、即ち、精神現実たる国家実現を果たすものとしての、「国法《シュターツレヒト》」或いは「憲法法《フェアファッスングスレヒト》」である。つまり、憲法規範は、国家意思を具体的生関係に実現する「仕組と機能」を規律する法であり、国家現実を繰返し打出す「具体的生法則」を再現する法である。故に、国法又は憲法法には、「国家全体の統合」を第一任務とする意味での「統合法《インテグラチオンスレヒト》」と、「政治的なるものの概念」を随伴する点での「政治法《ポリティッシェス レヒト》」、この別称が付与されるだろう。国家現実の価値法則を再現すること、憲法条文の核心任務はここにある。[20]そして、こうした諸々の憲法規範の間には、価値序列又は価値体系の存在が確認される。各々の国法は、それが再現する「国家的統合連関の意義体系」への組込まれ方に応じて、異なった価値と位階が配分される。つまり、「諸人権、前文、国家領土、国家形式の原理、国旗」など、国家現実の原則部分を為す憲法条文が得るのは、第一且つ最上級の価値であるが、それ以外の憲法条文が持つのは、第二順位の価値でしかない。国家的精神法則の具体化への貢献の度合いによって、全ての憲法規範は価値により秩序づけられる。この意味で、国法秩序は価値体系の再現である。こう結論づけられる。[21]

中でも、諸基本権は、「統合を行う事物内実」、即ち、精神現実を現出せしめるべく実在要素を方向づける理念要素である。つまり、統合過程の展開や国家現実の成立の駆動因になると予期されて憲法に規律される理念的モメント、この統合を行う事物内実こそが、諸基本権である。この意味で諸基本権には、「前文、国家領土、国家形式の原理、国旗」と同様の役割が付与される。この事物内容は、その価値法則に嚮導された国民各自の政治体験の反復により、国家現実という精神現実が統合されることを期待する。統合を行う事物内実とは、精神現実のうちの理念要素に他ならない。[22]従って、諸基本権は、精神現実の理念要素、即ち、国家現実を登場せしめるべく事実要因を指導する「文化体系と価値体系」となる。つまり、幾らか完結的な保護領域の呈示とドイツ国民の享有主体への指定、これにより国民的結集の為の実質的地位が国民各自に付与される。この享有主体其々が事物的諸価値を目指すことで、或いは、国民夫々が反復的に基本権行使を展開することで、歴史的現実としての国家的現実の統合が期待されるだろう。[23]そして、全基本権の任務が精神的価値法則の歴史的精神への現実化にあるという意味で、或いは、個別存在の自由な展開で「制度」という全体存在が任務として担われるという意味で、基本権は、制度的に了解されることになる。[24]

要するに、スメントの憲法学説は、理念＝実在の弁証法としての歴史的世界の編制を探る精神科学的方法に依拠して、統合類型を実在的側面から経験的に検討する国家理論と、統合類型を理念的側面から規範的に検討する憲法理論と、国家を二方面から綜合的に検討しようとする。彼の基本権理論は、諸基本権が歴史的世界に帰属するという、精神科学哲学の視座からこれを考察する試みなのである。

2　フォルストホフ登場

けれども、この基本権理論は、フォルストホフによって、スメントの本来的問題視角とは全く別の次元へと引き込まれてしまう。つまり、基本権を歴史的世界に位置づける精神科学哲学特有の議論は、基本権を実定法規範として解釈する憲法教義学典型の議論へと読み替えられ、戦後西ドイツに設置された連邦憲法裁判所、この判例理論の源流へと据え替えられる。

(1)　戦後法革新と自然法

そもそも、第二次大戦直後のフォルストホフの関心は、ナチス惨禍を乗り越えてドイツ法を革新することにあった。彼本人の理解では、ドイツの悲劇をもたらした原因は法実証主義にある。「根本的法確信」の所持者である立法者が制定しさえすれば、あらゆる法律は常に正義に合致した解決策とみなされたが、当の立法者の地位に就いたのは、その地位に最も相応しくない者、ナチスであった。これにより、法の番人としての国家への信頼は、徹底的に瓦解してしまう。いまや「法実証主義の克服」こそが新生ドイツの課題となる(25)。しかしながら、法実証主義の克服イコール「自然法の復興」ではない。自然法学とは、神・人間・事象に向かう人間の諸特徴を所与の「本性《ナトウア》」と了解し、この絶対的本性から論理的統一性を持つ法体系を形成し、これを「自然法」とする考え方である。だが、この「本性」の中身には限定はない。典型的には、アリストテレス自然法、トマス自然法、啓蒙主義自然法の三種が想起されるが、自然法理論はこれだけではない。本性理解如何によってはアウシュヴィッツのガス室さえも正当化されるだろう。しかも、自然法は一種の

「信仰」で絶対化されている。自然法学を承認すれば、単に複数の自然法論を承認するに留まらず、これら自然法同士の政治的闘争の勃発まで覚悟する必要がある。兎も角、自然法学は法の病理を治癒するどころか、実定法秩序を破壊する危険を所持する。新生ドイツの法革新は、「自然法への回帰」ではなく「法形而上学」の復権でなくてはならない[26]。

(2)　連邦憲法裁判例理論

しかし、フォルストホフのこの期待は裏切られた。ドイツの裁判所が選択したのは「自然法への回帰」であった。基本権を体系且つ価値と理解する、連邦憲法裁判所の判例理論もその潮流の一つである[27]。つまり、この理論は一方で、「人格の自由な発展の権利」（基本法二条一項）を一般的自由権と把握し、その他の基本権それぞれを特殊的自由権と把握する。これと同時に、二条一項の三種の制約――憲法的秩序、他者の権利、人倫法則――は全基本権の制約原理とされ、また二条一項それ自体は全基本権を補充する「受け皿基本権」となる。しかも、これら基本権全体を、「共同体の中の人間」という特定の人間像が強力に支えている。いわば、人格の自由な発展の権利を中心に全基本権が一つの連関を、即ち、一つの体系を成すという訳だ[28]。また、他方で判例理論は、基本権を単に国家のみを名宛人とする権利でなく、場合によっては私人さえも拘束する権利であると主張する。基本法一条三項の明文からすれば、基本権は立法・執行権力・司法のみを義務づける筈だが、これでは企業や労働組合など巨大な権力をもつ社会組織の実態が看過されるだろう。社会権力が個人を抑圧するとの社会現実に配慮して、国家をして個人を保護せしめる必要がある。そこで、この「第三者効力論」を正当化する為に、基本権の価値理解が援用される[29]。要するに、体系と価値、この二重の意味において基本権は「価値体系」なのである[30]。

けれども、この判例理論には重大な問題がある。基本権が価値体系であれば、予め確定された既存の法秩序が破壊されてしまう[31]。第一に、基本権を体系と見ることは、個別の基本権規定を、法の外にある別の論理的連関に移し替えることに他ならないし、人格の自由を一般的自由に、他の基本権を特殊的自由に据える人間観は基本法が用意するものではない。平等原則・表現の自由・移動の自由・財産権など、これら個別的基本権を包括する連関につき、その合理性と明証性を論証できる者は誰もいない[32]。第二に、基本権を価値と見ることは、個別の基本権規定に、法の外にある規範的内容を付け加えることに他ならない。私人を義務づける規範も、或いは、名宛人を拡張する条件それ自体も、基本法に何ら記されていない。この第三者効力の正当化事由についてもその合理性と明証性を確証できる者は何処にもいない[33]。だが、こうした基本権の連関と射程は、裁判官により一方的に決定されてゆく。基本権全体が如何なる連関にあるか、基本権の名宛人が何処まで及ぶか、これを決定するのは憲法ではなく、ドイツ連邦憲法裁判所である。ドイツは、法律が支配する「法治国家」ではなく、裁判官が支配する「司法国家」に変貌してしまう[34]。

結局、基本権をめぐるこの判例理論の実態は、自ら闡明しないとしても、自然法学の帰結と等しいものである。連邦憲法裁判所が価値体系に期待した役割は、人間本性に依拠した自然法学の体系化機能と同じものであるし、連邦憲法裁判所が価値体系に付与した基盤も、あらゆる法秩序を正当化してきた自然法の如く恣意的に設定されたものである。法律と憲法律の合理性と明証性を剥奪するこの基本権実務は、自然法学と同様に、フォルストホフが考えた法革新の理想ではない[35]。

(3)　背後にあるスメント

実は、フォルストホフにおけるスメント理解は、この文脈で登場する。つまり、スメント価値秩序論は、連邦憲法裁判所判例理論の価値秩序論の源流に位置するものと把握される。まず、スメント理論にも、基本権を全体的連関の中で体系化する思考があるという。個々の基本権はすべて「国家的統合連関」の中に位置づけられ組み入れられるという訳だ。私法上の権利義務関係を債権法や物権法の体系と統握し、また、基本権規範の作用に一九世紀的市場経済の理念を見出す法学馴染みの思考を推し進めて、ここでは、個別の基本権規範を国家的統合連関、又は規範内在的連関へと組入れ解消する試みがなされる[36]。また、スメント理論には、基本権を価値へと読替える思考があるという。規範とは価値のことであり、規範内実の把握とは「価値分析と価値衡量による価値現実化のプロセス」のことを意味するとされる。従来、法律解釈とは、三段論法的推論による正しい包摂の調査であったのだが、今や、法律の文言を超えた規範内実を価値と呼んで正当化することが法律解釈とされるようになる。[37] 結局、スメント憲法理論は連邦憲法裁判所基本権理論の源流であると判断されてしまう。[38]

連邦憲法裁判所判例理論と同じ特徴をスメント基本権理論がもつのであれば、フォルストホフは同じ批判をスメントに投げつけるであろう。第一に、基本権を体系的に把握する思考は、既存の法秩序そのものを破壊する。体系的思考が捻り出す不定形で独自の位階段階づけにより、既存の確定的な「規範的法秩序の連関構造」が破壊されてしまう。[39] 第二に、基本権を価値的に解釈する思考は、伝統の法思考それ自体を分解する。三段論法なる確実手段で「法学的」解釈が展開されるべきが、価値の比較衡量という不安定手段を用いる「哲学的」又は恣意的解釈が跋扈することになるだろう。[40] 勿論、常識知識や既存原理が通用せぬ危機の時代には、既存理念を包括的観点から問い直す「精神科学的方法」は有用かもしれない。しかし、現在はワイマール時代ではない。全事態が相対的に安定する産業社会時代での「精神科学的方法」の採用は、アナクロニズムでしかない。[41] 結局、フォルストホフのスメント評価は、連邦憲法裁判所批判へのそれと全く同種のものとなる。

要するに、フォルストホフは、戦後ドイツの法革新を自然法学で解決する方向に警告を発し、更に、連邦憲法裁判所をはじめ判例理論の動向、中でも「価値体系」的基本権観に、既存の法秩序を本性的法体系に転換する自然法的思考を発見しこれを批判していた。そして、スメントの基本権理論を、この連邦憲法裁判所判例理論と重ね合わせ、同様の批判をこれに向けていたのである。

3　価値秩序論のカオス

(1)　価値秩序を巡る論争

けれども、冷静に見れば、スメントとフォルストホフの双方の見解は必ずしも噛み合わない。スメントの主張は、精神科学固有の視座から基本権を歴史的世界に据える、メタレベルに位置するのに対して、フォルストホフのそれは、法教義学の見地から基本権解釈の帰結を追う、ヨリ実践的な地平に所在する[42]。しかし、両者を取り囲むドイツ国法学界は、このペアを辻褄のあう論争に仕立て上げる。つまり、ここにあるのは、自然法＝法実証主義論争、価値絶対主義＝価値相対主義論争の国法学バージョン、これである。

一方のスメント理論は、自然法理論、価値絶対主義と同一視される。まず、フォルストホフの批判を信頼する者は、彼と同様にスメントを自然法論者と見るだろう。全基本権規範を価値体系と読み替え、その中に規範内在連関や規範外的内実を拾い出す有様は、全法規範の根幹に人間本性を据え置き、ここから実定法体系に代わる完結秩序を築き上げる自然法学のそれと全く同一に映る。フォルストホフ説の権威は、彼独自の説の信奉者を生み出さずに、寧ろスメント理論の誤解者を創り出す[43]。また、スメント理論自体を戦後ドイツの精神史から見る者には、彼は価値絶対主義者と映るだろう。折りしも、ナチスの遠因を法実証主義と価値相対主義に見る、かの自然法ルネサンスの時代であり、シェーラーとハルトマンの実質的価値倫理学に依拠した、コーイングやフープマンの時代であり、この時代背景がスメント理論を実質的倫理学に接近せしめる。自然法学と価値倫理学の連関が、スメント憲法理論にも推定される訳だ[44]。この憲法理論を空ろに見る者は、これを自然法理論や実質的価値倫理学とする見解に、何となく賛意を示すに違いない。

これに対応して、他方のフォルストホフ理論は、法実証主義、価値相対主義と同一視される。まず、彼の批判を信頼してスメントの理論を理解した者は、今度は、フォルストホフその人を法実証主義者と見誤るだろう。基本権規範の外に規範内在連関なるものを追加してはならぬ、基本権規範の他に不確実な規範内容を添付してはならぬ――この主張を額面通り受け取れば、彼の主張は、規範の文言に拘泥する厳格な法実証主義に映るだろう。フォルストホフ説の威力は、スメント理論の誤解に加えて、フォルストホフ理論自体の曲解さえ生み出してしまう[45]。そして、フォルストホフを常識的な理論史の文脈から見る者は、彼を価値相対主義者と考えるだろう。ケルゼンやラートブルフなど当時の代表的法実証主義者が新カント派相対主義の支持者であったという事実、加えて、フォルストホフ自身が新カント派社会学者マックス・ヴェーバーの説を以って法現象の展開を分析していたという事実[46]、ここからすれば、法実証主義と新カント派の結合は、フォルストホフ公法理論にも適応されてこよう。彼の理論を漫然と見るならば、これを法実証主義や新カント派相対主義とする理解は説得力あるものに見えるに違いない[47]。

要するに、スメントとフォルストホフの対立は、方や自然法学と法実証主義の対立に、方や実質的価値倫理学と新カント主義の対立に、重ね合わされる。これに「スメント学派」と「シュミット学派」の図式が安易に追加されれば、彼ら二人が二〇世紀法学の典型論争の代理戦争を闘ったとの理解は、もはや揺るぎ無いものとなる[48]。

(2)　自然法と法実証主義

しかし、スメントとフォルストホフの見解を典型的論争に押し込めるのには、相当の無理が要る。スメントの見解の中に、自然法論と実質的価値倫理学――但し、通念的理解の――を真正面から肯定する論拠を発見するのは困難であり、それに、フォルストホフの見解の中に、法実証主義と新カント主義を全面的に否定する主張を検知するのが容易であるからだ。論争当事者の主張を真剣に吟味すれば、ここに自然法＝法実証主義論争や価値絶対主義＝相対主義論争を見ることは絶対に不可能となる。

そもそも、スメントは自然法論者などでは断じてない。国家理論史研究で、伝統主義であれ啓蒙主義であれ権威的諸秩序を超越論的に定礎する「抽象的理性的思考」に否定的態度を採り、己の直接的体験そのものから社会的諸制度を吟味する「ロマン主義」的傾向に共感の姿勢を示す人物が[49]、基本権理論分野では自然法主義者、理性法主義者として振舞うことが果たしてあるだろうか。寧ろ、自然法学とスメントは排他的関係に立つ。成る程、ワイマール憲法につき、意見表明の自由、請願権、労働者団結権、公務員権利など、一連の基本権を国家現実の統合過程へと接合する論述が彼にはある[50]。しかし、そこで狙われているのは、特定基本権の制約事由を超越論的価値で普遍化することでもなければ、基本権名宛人の範囲を先験的自然法で一般化することでもない。寧ろ彼が念頭に置くのは、規範＝事実の結合を重視する精神科学の見地から基本権を考察する、「精神科学的方法」の確立、これである。同じく、フォルストホフも法実証主義者などでは決してない。彼本人が、戦前戦後を問わず「法実証主義の克服」をその目標に見定め、己の学説は「ネオ法実証主義」ではないと繰り返し念押しするにも拘わらず、なぜその理論を法実証主義と決付ける解釈が後を絶たないのか。彼の意図は、「法実証主義への帰還」ならぬ「法学的方法への帰還」にある。(51) 確かに、フォルストホフはスメント批判に当たり、法解釈には法律の文言と意味を援用すべしと明言してはいる。(52) けれども、ここでは、彼のいう法律が――後述の如く――単なる事実や規範でない、実在と理念の弁証法的統合であること、法律解釈が、単なる文言解釈でない、サヴィニー伝来の全四要素の総合的投入を要することが、括弧に括られたままである。寧ろ彼がスメント批判で力点を置くのは、法律解釈に当たり法律文言のみを重視せよという主張ではなく、むしろ、法律文言を含めた法現実全体を擁護せよという手法、これである。

(3)　価値絶対／相対主義

これだけではない。スメントとフォルストホフ、二人の対決を、価値絶対主義＝価値相対主義論争とする解釈も、根拠のない謬説である。

第一に、スメント理論は価値絶対主義では決してない。彼の「価値体系」は、基本権規範の解釈者を絶対的に拘束する規則でもなく、基本権の全名宛人を絶対的に支配する当為でもない。成る程スメントは、利己主義的な「自分が・いなくても・の態度《オーネ＝ミッヒ＝ハルトゥング》」を帰結する伝統的国法学を反省し、国民の積極的求心的な国家統合を志向する「政治《ポリティッシェ》倫理学《エティク》」や「憲法倫理学《フェアファッスングスエティク》」を構築せんとする。(53) しかし、ここで企てられるのは、やはり、基本法二条一項と一条三項に前提される普遍的価値で連邦憲法裁判所に一連の解釈上の帰結導出を義務づけることでもなければ、ワイマール憲法やボン基本法に化体される基本権価値でドイツ国民の一挙手一投足を尽く縛付けることでもない。寧ろ、スメントが強調するのは、連邦憲法裁判所制度――規範統制、連邦ラント間の争訟解決、憲法訴願――を通じて国民の政治体験が喚起され、国家現実と憲法現実が統合されること、連邦憲法裁判所の基本権適用を通じて政治的教育作用が発動され、国家現実又は憲法現実という理念＝事実の精神的現実が現出されること、ここにある。(54) しかも、フォルストホフ理論は価値相対主義では断じてない。彼が援用するヴェーバーは、近代の法合理化過程への単なる記述でもなく、近代の法形式化過程への手放しの礼賛でもない。確かに、法律の合理化過程への論及は、スメント攻撃に際しての法律の形式性強調の文脈で行われている。しかしここでは、彼がケーニヒスベルク大学《カントの大学》のカントアーベントで、法の形而上学と倫理学を破壊する新カント派を論難したことや、法の定礎にはシェーラーやハルトマンの実質的価値倫理学の重要性を強調したこと、この重大事実が見落とされたままであるし、[55] 更には、ヴェーバーを近代主義者や相対主義者と見る嘗ての像は今ではそのまま通用しないこと、[56] 近代社会の合理化に警鐘を打鳴らすフライアー技術哲学がフォルストホフの重要な基盤を成すこと、[57] これら周辺事情も無視されたままである。フォルストホフの念頭にあるのは、法律把握に当たり倫理実体を解体せよという主張ではなく、むしろ、法現実の形而上学的基礎づけを回復せよという主張、これである。

要するに、一般的理解によれば、スメントとフォルストホフの見解は、自然法学と法実証主義の対決、或いは、価値倫理学と価値相対主義の対決、こう登場するのであるが、しかしながら、二人とも自然法学か法実証主義かで図式化できない別種の見解を提出しており、加えて、両者とも価値倫理学＝価値相対主義と整合性を持たない独自の主張を開陳している。

結局のところ、スメントとフォルストホフの両説を巡る状況は大略以下の通りとなる。つまり、精神科学的方法に依拠するスメント理論と、法治国家原理の維持を目指すフォルストホフ理論は、自然法論と価値絶対主義の公法学版、法実証主義と価値相対主義のそれ、とそれぞれ理解されてきた。しかし、スメントの主張は基本権を歴史的世界の中の客観的精神と把握するメタ理論レベルで展開され、フォルストホフの主張は基本権を実定法規範の一つとして解釈する教義学レベルに定位されている。加えて、前者の主張には反自然法論と反価値絶対主義の態度が暗示され、後者の主張にも反実証主義と反相対主義の立場が明言されている。この価値秩序論争への通説的理解は適切なものとはいえない。

けれども、この誤った図式的理解が自壊するとしても、フォルストホフの二つの態度、即ち、スメント理論への否定的態度と、実質的価値倫理学への好意的態度、これだけは厳然として残存する。実は、このスメント批判と価値倫理学支持こそが、フォルストホフ独自の法理論の必然的帰結であり、フォルストホフとスメントが和解する為の論理的前提となる。そして、懸案の公法理論と価値秩序の関係を解明する鍵は、この一見矛盾したフォルストホフの態度の中に隠されている。

（7）Rudolf Smend, Verfassung und Verfassungsrecht（1928）, in: ders., Staatsrechtliche Abhandlungen und andere Aufsätze, 3. Aufl., 1994, S. 119-276. 厳密には、国法理論を国家理論と憲法理論が基礎づけ、国家理論と憲法理論を精神哲学が基礎づける。Smend, a.a.O., S. 119f., 127, 180; 拙稿「政治的体験の概念と精神科学的方法（二）」早稲田法学七四巻四号（一九九九年）六七九～六八三頁。

（8）Smend, a.a.O.（Anm. 7）, S. 126, 136, 138, 166f.; ders., Integration, in: ders., Staatsrechtliche Abhandlungen, 3. Aufl., 1994, S. 482-486, 483.

（9）Wilhelm Dilthey, Einleitung in die Geisteswissenschaften, in: ders., Gesammelte Schriften, Bd. I, 1921, 9. Aufl., 1990; ders., Der Aufbau der geschichtlichen Welt in den Geisteswissenschaften, in: ders., Gesammelte Schriften, Bd. VII, 1926, 8. Aufl., 1992, S. 77-188, 117-119, 141-145, 153-160; Hans-Ulrich Lessing, Wilhelm Diltheys „Einleitung in die Geisteswissenschaften", 2001; 拙稿「政治的体験の概念と精神科学的方法（五）」早稲田法学七六巻一号（二〇〇〇年）一一七～一三五頁。

（10）Theodor Litt, Eine Neugestaltung der Pädagogik（1918）, in: ders., Pädagogik und Kultur, 1965, S. 7-11; ders., Pädagogik, in: P. Hinneberg（Hrsg.）, Systematische Philosophie, 3. Aufl., 1921, S. 276-310, 282-289. リット『個人と共同体』は唯の「社会学文献」では断じてない。教育学大家による教育学定礎の為の「文化哲学の基礎据え」を行う書物、この了解の上にスメント憲法学説が成り立つ。Litt, Individuum und Gemeinschaft. Grundlegung einer Kulturphilosophie, 3. Aufl., 1926, S. 1-9.

（11）Smend, a.a.O.（Anm. 7）, S. 136, 138f., 167, 170, 188f.

（12）Smend, a.a.O.（Anm. 7）, S. 136f., Fn. 3; ders., a.a.O.（Anm. 8）, S. 482; ders., Integrationslehre（1956）, in: ders., Staatsrechtliche Abhandlungen, 3. Aufl., 1994, S. 475-482, 482. 故に、この統合概念は、観念論（理念科学）又は社会学（実在科学）に（Ernst Rudolf Huber, Die deutsche Staatswissenschaft, in: ZgStW, Bd. 95（1935）, S. 1-65, 31; Michael Stolleis, Im Bauch des Leviathan, in: ders., Recht im Umrecht, 1994, S. 126-146, 131）その根源をもつのでなく、また、個人を国家に吸収する全体主義国家理論を帰結するのでもない。だからこそ、スメント統合概念は、国家理論に限らぬ全精神科学——人間学や法学など——の基本概念となりうる。Smend, a.a.O.（Anm. 7）, S. 126, 156, 166f., 207; ders., a.a.O.（„Integrationslehre"）, S. 483; ders., Die politische Gewalt im Verfassungsstaat und das Problem der Staatsform (1923), in: ders., Staatsrechtliche Abhandlungen, S.68-88, 80f.

(13) Smend, a.a.O. (Anm.7), S.131, 134-136, 160.

(14) Smend, a.a.O. (Anm.7), S.141, 160, 171. Vgl., Theodor Litt, Idee und Wirklichkeit des Staates in der staatsbürgerlichen Erziehung, 1931 (Sonderdruck aus „Die Erziehung", 6. Jg.); ders., Staatsgewalt und Sittlichkeit, 1948, S.7-19, bes. 14-16.

(15) Smend, a.a.O. (Anm.7), S.138, 141, 188, 192; ders., a.a.O. (Anm.12) („Integrationslehre"), S.478f.; ders., Das Problem der Institutionen und der Staat als Beruf (1957), in: ders., Staatsrechtliche Abhandlungen, S.500-516, 506. 国家三要素説、ギールケ、ヴェーバー、シュミット、社会主義国家学、これらが実在主義国家学に括られ、他方、ケルゼンやラーバントは理念主義国家学に括られる。Vgl., Ulrich Scheuner, Dynamik und Statik in der Staatsrechtslehre. Eine Untersuchung zur Staats- und Rechtstheorie Léon Duguits und Hans Kelsens, in: Revué internationale de la théorie du droit, 3. Jg. (1928/29), S.220-246.

(16) Smend, a.a.O. (Anm.7), S.130, 141, 160, 169, 206, 224; ders., a.a.O. (Anm.12) („Integrationslehre"), 475f.

(17) Smend, a.a.O. (Anm.7), S.139, 142, 162; ders., a.a.O. (Anm.12), S.476.

(18) Smend, a.a.O. (Anm.7), S.188f., 193-195; ders., a.a.O. (Anm.15), S.507; ders., Das Recht der freien Meinungsäußerung (1928), in: ders., Staatsrechtliche Abhandlungen, 3. Aufl., 1994, S.89-118, 91. スメントに法学的国家概念と社会学的国家概念の並存を見る者は、立体を平面から判断している。Hans Kelsen, Der Staat als Integration, 1930, S.15f.; 宇都宮純一『憲法裁判権の理論』（信山社、一九九七年）一五八頁。

(19) なお、この基本権理論は、我々が通常想定する法教義学に直結した議論が展開されるのではない。国法理論では、他諸領域と「憲法内容の区画問題」――国法と行政法の区別、憲法の実質意味と形式意味の区別――と、「憲法の解釈の原則的問題」が、展開される。Smend, a.a.O. (Anm.7), S.235f.

(20) Smend, a.a.O. (Anm.7), S.236-239, 139; ders., a.a.O. (Anm.12) („politische Gewalt"), S.82f. ここでの「政治法」が、国家目的に関連するトリーペルの概念、友敵関係を志向するシュミットの説とは異なる点、スメント自らが注意を促す。Smend, a.a.O. (Anm.7), S.238, 219, Fn.11.

(21) Smend, a.a.O. (Anm.7), S.216f., 240f.

(22) Smend, a.a.O. (Anm.7), S.144f., 162f., 217.

(23) Smend, a.a.O. (Anm.18), S.92f., 94.

（24）Smend, a.a.O.（Anm.18）, S.95; ders., a.a.O.（Anm.15）, S.506. ここにいう制度としての基本権が持つ意味につき、本書第１章三３(1)を参照。

（25）Ernst Forsthoff, Zur Problematik der Rechtserneuerung（1947/48）, in: W. Maihofer（Hrsg.）, Naturrecht oder Rechtspositivismus?, 1962, S. 73-86, 73, 73-77.

（26）Forsthoff, a.a.O.（Anm.25）, S.77-80. 後掲注(43)参照。

（27）Ernst Forsthoff, Die Umbildung des Verfassungsgesetzes（1959）, in: ders., Rechtsstaat im Wandel, 2.Aufl., 1976, S.130-152, 131. Vgl., Wilhelm Weischedel, Recht und Ethik, 1956; Albrecht Langner, Der Gedanke des Naturrechts seit Weimar und in der Rechtsprechung der Bundesrepublik, 1959, S.91-214; Horst Harnischfeger, Die Rechtsprechung des Bundesverfassungsgerichts zu den Grundrechten, 1966, S.233f.

（28）Forsthoff, a.a.O.（Anm.27）, S.136f.; ders., Zur Problematik der Verfassungsauslegung（1962）, in: ders., Rechtsstaat im Wandel, 2.Aufl., 1976, S.153-174, 159f.

（29）Forsthoff, a.a.O.（Anm.27）, S.139-141; ders., Zur heutigen Situation einer Verfassungslehre（1968）, in: ders., Rechtsstaat im Wandel, 2.Aufl., 1976, S.202-226, 207f. Vgl., Hans Carl Nipperdey, Die Würde des Menschen, in: F.L.Neumann/H.C.Nipperdey/U.Scheuner（Hrsg.）, Die Grundrechte, Bd.2, 1968, S.1-50, 18-21, 35-46.

（30）周知の通り、連邦憲法裁判所の価値秩序は、「客観的秩序」、「客観的法内実」、「客観的価値決定」など別概念で生き残る。Hans D.Jarass, Grundrechte als Wertentscheidung bzw. objektivrechtliche Prinzipien in der Rechtsprechung des Bundesverfassungsgerichts, in: AöR, Bd.110（1983）, S.363-397, 367-369; Gerhard Sprenger, Legitimation des Grundgesetzes als Wertordnung, in: W.Brugger（Hrsg.）, Legitimation des Grundgesetzes aus Sicht von Rechtsphilosophie und Gesellschaftstheorie, 1995, S.219-247, 227-229; 武市周作「連邦憲法裁判所初期の判例における価値秩序論について」中央学院大学法学論叢二三巻一号（二〇〇九年）四三～七一頁。

（31）Forsthoff, a.a.O.（Anm.27）, S.147f.

（32）Forsthoff, a.a.O.（Anm.27）, S.135, 137f.

（33）Forsthoff, a.a.O.（Anm.27）, S.140, 144f., 149, 151; ders., Die Bindung an Gesetz und Recht（1959）, in: ders., Rechtsstaat im Wandel, 2.Aufl., 1976, S.125-128.

（34）Forsthoff, a.a.O.（Anm.27）, S.149-151; ders., Rechtsstaat oder Richterstaat?（1970）, in: ders., Rechtsstaat im Wandel, 2.Aufl.,

1976, S. 243–256.

（35）　Forsthoff, a.a.O.（Anm. 28）, S. 165. 以上のフォルストホフ理論は学界の統一承認を受けはしないが、彼の判例理論批判のみはその定番となる。まず、価値的解釈批判と司法国家批判は、憲法秩序破壊の観点からベッケンフェルデ少数意見を通じて憲法裁判所の判断の一部分にさえなる。Ernst-Wolfgang Böckenförde, Grundrechtstheorie und Grundrechtsinterpretation（1974）, in: ders., Staat, Verfassung, Demokratie, 1992, S. 115–145, 132f.; BVerfGE, 69, 1, 57ff., 62–66. Vgl., Helmut Goerlich, Wertordnung und Grundgesetz, 1973; Eduard Denninger, Freiheitsordnung-Wertordnung-Pflichtordnung, in: JZ, 1975, S. 545–550, 546, r. Sp. -547. 他方、体系的解釈批判は、トピクの系譜を引く問題思考の視座から一般的自由権への有力な批判点となる。Ulrich Scheuner, System und Auslegung der Grundrechte（1965）, in: ders., Staatstheorie und Staatsrecht, 1978, S. 709–735, 717–719.

（36）　Forsthoff, a.a.O.（Anm. 27）, S. 132–135.

（37）　Forsthoff, a.a.O.（Anm. 27）, S. 135f.

（38）　Vgl., Adolf Arndt, Schriftsatz an das BVerfG vom 4. Februar 1952, in: Th. Henne/A. Riedlinger（Hrsg.）, Das Lüth-Urteil aus（rechts-）historische Sicht, 2005, S. 493–512, 503–505; Ernst Friesenhahn, Der Wandel des Grundrechtsverständnisses, in: Verhandlung des 50. Deutschen Juristentages, 1974, S. G1–G37, G7; Klaus Kröger, Grundrechtstheorie als Verfassungsproblem, 1978, S. 17–19, 24–28; ders., Der Wandel des Grundrechtsverständnisses in der Weimarer Republik, in: G. Köbler/M. Heinze/J. Schapp（Hrsg.）, Geschichtliche Rechtswissenschaft. Freundesgabe für Alfred Söllner, 1990, S. 299–312, 310f.

（39）　Forsthoff, a.a.O.（Anm. 27）, S. 132–135.

（40）　Forsthoff, a.a.O.（Anm. 27）, S. 135f.

（41）　Forsthoff, a.a.O.（Anm. 27）, S. 135; ders., a.a.O.（Anm. 28）, S. 158f., Fn. 23, S. 166–169. この指摘は現象学的考察態度をもって一種の緊急事態下で平等条項解釈に臨んだライプホルツに適切かもしれぬ。Gerhard Leibholz, Die Gleichheit vor dem Gesetz, 2. Aufl., 1959. Vgl., Smend, Die Vereinigung der Deutschen Staatsrechtslehrer und der Richtungsstreit（1973）, in: ders., Staatsrechtliche Abhandlungen, 3. Aufl., 1994, S. 620–635, 629–631; ders., Gerhard Leibholz zum 70. Geburtsstag, in: AöR, Bd. 96（1971）, S. 568–572, 568.

（42）　尤も、この点、独自の法理論を必ずしも展開せず、これをシェーンフェルト代用で済ませたスメント自身にも責任の一端がある。Smend, a.a.O.（Anm. 7）, S. 207, Fn. 4; ders., Das Bundesverfassungsgericht（1962）, in: ders., Staatsrechtliche Abhandlungen, 3. Aufl.（1994）, S. 584–588, 593; Walther Schönfeld: Die Revolution als Rechtsproblem, in: AöR, N. F., Bd. 12（1927）, S. 161–186, 172–179. Vgl.,

Wilhelm Sauer, Die Wirklichkeit des Rechts, in: ARSP, Bd.22 (1928/29), S.1-43, 9, Fn.11, 16, S.14. また、前掲注(20)参照。

(43) Vgl., Kelsen, a.a.O. (Anm.18), S.49-55; Werner Kägi, Die Verfassung als rechtliche Grundordnung des Staates, 1945 (Neudruck, 1971), S.101, 142-146; 田上穰治「憲法解釈の自然法的色彩」(一九三四年) 同『自由権、自治権、及び自然法』(有斐閣、一九四七年)。

(44) Vgl., Kristian Kühl, Rückblick auf die Renaissance des Naturrechts nach dem 2. Weltkrieg, in: G.Köbler/M.Heinze/J.Schapp (Hrsg.), Geschichtliche Rechtswissenschaft, 1990, S.331-337, 341, 346-355; Arthur Kaufmann, Die Naturrechtsrenaissance der ersten Nachkriegsjahre- und was daraus geworden ist, in: Die Bedeutung der Wörter. Festschrift für Sten Gagnér, 1991, S.105-132; Ulfrid Neumann, Rechtsphilosophie in Deutschland seit 1945, in: D.Simon (Hrsg.), Rechtswissenschaft in der Bonner Republik, 1994, S.145-187, 145-160. 尤も、自然法復興や価値倫理学は、不法国家の責任者か戦後復興の立役者かという単純な二元図式を、本来は拒否する。例えば、ラートブルフの価値相対主義放棄の問題——ラートブルフ定式——や、自然法と価値倫理学のアプリオリ主義的な把握、これらは是正されつつある。Erik Wolf, Umbruch oder Entwicklung in Gustav Radbruchs Rechtsphilosophie? (1959), in: ders., Rechtsphilosophische Studien, 1972, S.284-308; Arthur Kaufmann, Gustav Radbruch, 1987, S.20-35; Dieter Simon, Die Rechtswissenschaft als Geisteswissenschaft, in: RJ, Bd.11 (1992), S.351-366; Gerhard Sprenger, Recht und Werte, in: Der Staat, Bd.39 (2000), S.1-22, 5-8, 19-22. 関連して、青井秀夫『法理学概説』(有斐閣、二〇〇七年)二八八～二九九頁、足立英彦「『ラートブルフ・テーゼ』について」青井秀夫退官記念『ドイツ法理論との対話』(東北大学出版会、二〇〇八年)二八九～三〇二頁。

(45) Themistokles Tsatsos, Zur Problematik des Rechtspositivismus, 1974, S.25-27; Gerd Roellecke, Verfassungsinterpretation, in: Ergänzbares Lexikon des Rechts, 5/780, 1984, S.1-6, 2. これに精神科学的な行政法解釈方法を追加して、フォルストホフに憲法と行政法の解釈方法二元論を見るのが通例の理解である。本書第五章三2(3)も参照せよ。

(46) Forsthoff, a.a.O. (Anm.27), S.145f.; ders., a.a.O. (Anm.33), 125-127.

(47) Alexander Hollerbach, Auflösung der rechtsstaatlichen Verfassung?, in: AöR, Bd.85 (1960), S.241-270, 268-270. スメント自身がこの理解を採る。曰く、フォルストホフの求める憲法解釈の形式要素重視の姿勢は、時代遅れの認識批判的懐疑主義に立脚し、実質正義推進と実証主義克服を求める時流に逆行する。Smend, a.a.O. (Anm: 42), S.591f.

(48) Vgl., Böckenförde, a.a.O. (Anm.35), S.119-124, 129-135; Ralf Dreier, Zur Problematik und Situation der Verfassungsinterpretation, in: ders./F. Schwegmann (Hrsg.), Probleme der Verfassungsinterpretation, 1976, S.13-47, 13-17.

(49) Rudolf Smend, Politisches Erlebnis und Staatsdenken seit dem 18. Jahrhundert (1943), in: ders., Staatsrechtliche Abhandlungen,

3. Aufl., 1994, S. 346-362, 347-354; 拙稿（前掲注（7））七〇二〜七〇七頁。この点は、スメントを心理学主義（z.B., Erich Kaufmann, Vorwort, in: ders., Gesammelte Schriften, Bd. 3, 1960, S. xxx-xxxv）や社会学主義（z.B., Ernst-Wolfgang Böckenförde, Die Methoden der Verfassungsinterpretation（1975）, in: ders., Staat, Verfassung, Demokratie, 1991, S. 53-89, 70-74.）と攻撃する者を勇気づけようが、既存権威に破壊的な「青年運動」や「生の哲学」に批判的眼差を向けているスメントに（Smend, a.a.O., S. 356-359.）彼らの批判は効き目はない。

（50） Smend, a.a.O.（Anm. 18）, S. 95f.; ders., Bürger und Bourgeois im deutschen Staatsrecht（1933）, in: ders., Staatsrechtliche Abhandlungen, 3. Aufl., 1994, S. 309-325, 317-319; ders., a.a.O.（Anm. 7）, S. 267, Fn. 17.

（51） Forsthoff, a.a.O.（Anm. 28）, S. 174, 170f.

（52） Forsthoff, a.a.O.（Anm. 29）, S. 135.

（53） Smend, a.a.O.（Anm. 7）, S. 123, 131; ders., a.a.O.（Anm. 12）, S. 480; ders., a.a.O.（Anm. 8）, S. 486; ders., Politisches Erlebnis und Staatsdenken, in: Gesellschaft-Staat-Erziehung, Bd. 2, S. 316-319, 319; Vgl., Konrad Hesse, Die normative Kraft der Verfassung（1959）, in: ders., Ausgewählte Schriften, 1984, S. 3-18; Peter Häberle, Erziehungsziele und Orientierungswerte im Verfassungsstaat, 1981.

（54） Smend, a.a.O.（Anm. 42）, S. 593. Vgl., Hans-Peter Schneider: Richter oder Schlichter? Das Bundeverfassungsgericht als Integrationsfaktor, in: W. Fürst/R. Herzog/D. C. Umbach（Hrsg.）, Festschrift für Wolfgang Zeidler, Bd. 1, 1987, S. 293-313, 299f., 294, Fn. 2; Stefan Ruppert, Geschlossene Wertordnung?, in: Th. Henne/A. Riedlinger（Hrsg.）, Das Lüth-Urteil aus（rechts-）historische Sicht, 2005, S. 326-348, 345-348. 憲法裁判の統合機能の論点には忘却はないが（Forsthoff, a.a.O.（Anm. 26）, S. 149. Vgl., Gerhard Leibholz, Einleitung, in: JöR, N.F., Bd. 6（1957）, S. 110-119, 111-113）、スメント彼独自の憲法教義学の展開は可能性に留まる。Vgl., Walter Hamel, Die Bedeutung der Grundrechte im sozialen Rechtsstaat, 1957; ders., Glaubens- und Gewissenfreiheit, in: K. A. Bettermann/H. C. Nipperdey/U. Scheuner（Hrsg.）, Die Grundrechte, Bd. IV/1（1960）, S. 37-110; Konrad Hesse, Der Gleichheitsgrundsatz im Staatsrecht（1951/52）, in: ders., Ausgewählte Schriften, 1984, S. 233-282; Horst Ehmke, Wirtschaft und Verfassung, 1961; Ekkehard Wienholz, Normative Verfassung und Gesetzgebung, 1969.

（55） Ernst Forsthoff, Grenzen des Rechts, 1941, S. 5-7, 23; ders., Von der Staatsrechtswissenschaft zur Rechtsstaatswissenschaft,（1968）, in: ders., Rechtsstaat im Wandel, 2. Aufl., 1976, S. 188-201, 195. フォルストホフに実質的価値倫理学との連続を見出す本稿の理解には、肝腎のフォルストホフ本文の誤読があるとの指摘もあるが（櫻井智章「法治国家の『形式性』の論理（二・完）」法学論叢一五

二巻四号（二〇〇三年）一四三頁注(8)）、厳密な概念の可能性を内在させた思考なくして実証主義の克服はなく、それはシェーラーとハルトマンではなされていない、四〇年前の精神科学的方法への転向でなされている——この言明でなぜ実質的価値倫理学に反対したことになるのか、と思う。

(56) なお、中野敏男他訳「理解社会学の綱領的な定礎として」マックス・ヴェーバー著『理解社会学のカテゴリー』（未來社、一九九〇年）一四七～一九三頁、海老原明夫「マックス・ヴェーバーのドイツ法学観」Historia Juris 九号（二〇〇一年）六〇～八五頁、同「マックス・ヴェーバーと普通法学の伝統」Historia Juris 一〇号（二〇〇二年）九～五〇頁。

(57) Ernst Forsthoff, Technischer Prozeß und politischen Ordnung, in: Studium Generale, 22. Jg. (1969), S. 849-856; ders., Von der sozialen zur technischen Realisation, in: Der Staat, Bd. 9 (1970), S. 145-160; ders., Der Staat der Industrie-Gesellschaft, 1971; 本書第五章二1(2)(3)及び第五章注(36)、拙稿「行政法学・学際研究・大学政策」『社会環境設計論への招待』（八千代出版、二〇〇五年）一〇七～一二三頁、同「職業官僚制における制度と身分」（新潟大）法政理論三九巻四号（二〇〇七年）三五五～三五九頁。ここで詳述の余裕はないが、両者の理解にはこの社会哲学の視点が決定的に重要なのであり、例えばスメントが社会国家に寛容な余り個人の国家への埋没を許したなどという古典的なスメント批判では、近代科学進展の危機に国家を救世主に召還したフォルストホフ説を古典的な法治主義理論として見誤り、ここに社会国家原理と法治国家原理が対立しているのだと、虚しくも幻影を求める可能性がある。関連して、三島淑臣「近代法思想への基礎視座」法の理論一号（一九八一年）五五～八五頁。

三　現実の中の価値秩序

そこで次に、このフォルストホフ理論を媒介に、公法理論における価値理論の意義を調査してゆこう。最初に、フォルストホフの法理論の中に価値秩序論が埋伏することを示し（1）、次に、この価値秩序論がハルトマン価値倫理学の構造と合致することを示し（2）、最後に、この合致の中にスメントとフォルストホフの和解案が存在すること示す（3）。

1　フォルストホフ理論

そもそも、フォルストホフにとって、法とは法「現実《ヴィルクリッヒカイト》」である。例えば、法律や判決は、議員や裁判官の頭に浮かんだ思考でもないし、また、音声となり活字となった言葉それ自体でもない。立法者が定立し「公布《フェアキュンドゥング》」して法律が生まれ、裁判官が「言渡《フェアキュンドゥング》」して判決が生まれる如く、人間が精神を「告知《フェアキュンドゥング》」して始めて法が生まれる。我々が法と呼ぶのは、抽象的観念そのものでも経験的事実それ自体でもない、精神たる理念と言語たる実在の結合によって成立する、「歴史的精神」又は「精神の現実」である。この意味で、法は法現実といわなければならない[58]。しかも、彼にとって、法とは法「実体《ズブスタンツ》」である。例えば、法律や判決は、単なる専門技術をもった法律家が即物的に組み立てた事象でも、彼らが機械的に執行した帰結でもない。普遍教養を持つ内閣官僚機構が起草するから法律は信頼され、法形成権限を持つ裁判官僚機構が言渡しをするから判決は妥当するのと同様、道徳的ドイツ法曹身分が公布し告知するからこそ法は法として拘束力を持つ。法曹身分が告知と定立をしてのみ、法は倫理的基礎と拘束力基盤を得る。この意味で、法は法実体といわなければならない。法を法現実と見る立場、法を法実体を見る立場、これこそがフォルストホフのいう「制度的法統握」に他ならない[59]。

従って、フォルストホフからすれば、法実証主義や目的論的方法は断固拒否される立場である。まず、法実証主義は、法現実という理念と事実の結合を破壊し、これを単なる規範へと解消する立場である。実証主義の国家理論と法理論がこの帰結だ。つまり、一方で、国家概念を国家権力の主体や国際関係の現実から切断して、事物内容と善悪友敵の決定能力を持たない抽象的国家像を考案する立場を登場させるかと思えば、他方で、法源問題を実定規範の範囲に押込んで、法学任務を実定規範の論理的概念操作のみに限定する立場も誕生させる[60]。また、目的論的方法も、法現実という価値と経験の結合を破壊し、これを単なる利益へと還元する立場である。イエーリング目的法学とヘック利益法学がその具体例だ。つまり、一方で、現実社会を市民的交換社会とし、法の本質を社会効用として、法学任務を単なる社会的利益の比較衡量に還元する立場が誕生するかと思えば、他方で、同じく現実社会を経済観点のみで観察し、法の本質を物的利益として、法学任務を適切で正しい利益衡量の中に認識する立場が出現する[61]。しかし、単なる規範の次元や単なる事実の次元のみを見る者は、法現実の半分さえも見てはいない。理念主義でもなく実在主義でもない、理念と事実を超えて現実を見る立場、これこそが法科学が必要とする方法態度に他ならない。

そうなれば、法解釈は、法現実又は法制度の解釈となる。つまり、単なる規範に還元された法や事実に解消された法を解釈するだけでは、無意味である。法思考という法の理念的側面を探求し、法告知という法の実在的側面を調査し、加えて法制度という法の現実的側面を統握して始めて、法解釈が行われたことになる。フォルストホフは法解釈を、「法命題を言葉から釈義し」、法命題を「法制度の内在的意義連関から了解し」、「法命題を法秩序全体の中の法制度の場所から了解する」ことだと明言したが、これらはそれぞれ、法の実在的探求、理念的探求、現実的探求の三元的了解を意味すると把握しなければならない[62]。そして、彼が援用するサヴィニーの古典的方法も、同じ意味で法現実又は法制度の解釈、即ち「制度的法解釈」となろう。つまり、(1)立法者の思考の媒介物たる「言葉」を探求する「文法的要素」、(2)法思考自体の論理的編成を探求する「論理的要素」、(3)当該法律の法規則で確定された状況を探求する「歴史学的要素」、(4)法体系全体での法制度と法規則の内的連関を吟味する「体系的要素」、これらは法現実又は法制度を理解するための必須の通路となる。文法的要素と歴史学的要素により、「文言」と「状況」という法現実の実在的側面が獲得され、論理的要素により、「意義連関」という法現実の理念的側面が獲得され、体系的要素により、全法制度の秩序なる法現実の現実それ自体が獲得される[63]。

そこで、留意を要するのが、サヴィニーの第二の要素、論理的要素である。この解釈要素は、理念と実在の弁証法的結合を為す法現実のうち、理念だけを抽出してこれを獲得するものだ。けれども、この論理的要素が獲得した理念的側面は自律した存在でなく、飽くまで法現実の一側面に過ぎない。この理念的側面は、法解釈の文法的要素と歴史学的要素が獲得した実在的側面と融合され、体系的要素が獲得した法現実全体へと接合されなければならない。法理念は単独の考察対象であっても、法実在と共に即座に法現実に吸収される[64]。実は、フォルストホフがこの理念側面と承認するのが、スメント批判で一旦拒否したかに見えたもの、「価値」である。例えば、法的「価値諸概念」の解釈は、(1)価値概念を表現する文言自体を検討し、(2)この概念が思考する抽象価値自体を把握し、(3)価値概念と関連する経験事実——正義的公平的思考者の共通意見と諸先例のカズィスティッシュな集積——を考究し、(4)当該価値と別種価値の衝突と位階を調査して初めて、完成する。つまり、「抽象価値」は、それ自体は論理的解釈による理念要素として、文法的・歴史的解釈による実在要素と結合し、体系的要素による「具体価値」へと現実化されてゆく。あらゆる法現実は、理念要素と実在要素の「弁証法的関係」であり、あらゆる法認識は「個別紛争の中での正義秩序の具体化」である(65)。

要するに、フォルストホフの現実的法統握と制度的法解釈は、価値理論を排除するどころか、己の中に確固たる地位を用意している。法が、告知による法理念の現実化であり、職務による御言葉の肉化であるからこそ、そして、法が、法現実又は法制度としてサヴィニーの四方法で解釈されるからこそ、法的な価値概念も、理念次元と実在次元と現実次元、この全角度から解釈されるのだ。フォルストホフによる実質的価値倫理学への賛同は、彼の現実的又は制度的法統握の中に価値理論が伏在していることに由来する、このように見るべきである。

けれども、この仮説は、自然法ルネサンスの退潮を知る公法学者により時代錯誤と退けられ、また、分析哲学のグローバル化の下にある法哲学者には意味不明と拒まれるに違いない。しかしながら、この判断は、シェーラーの名著『倫理学の中の形式主義と実質的価値倫理学』やハルトマンの大著『倫理学』、これらを通読した上でのものでは、断じてない(66)。実質的価値倫理学を拒否せんとする者は、まず、実質的価値倫理学に通じていなければならない。

2　ハルトマン精神哲学

(1)　価値専制と非合理性

実質的価値倫理学を批判する者に様々あるが、その論拠は、非合理主義批判と価値専制主義批判、この二つに要約可能である。しかし、その対象は、批判の為に捻り出した価値倫理学の虚像に過ぎない。理念又は実在しか認めぬ悟性的思考者のみが、このような空しい攻撃を繰り返す。

まず、法学者による最も典型的な批判が、価値倫理学を非合理主義とする批判である。これによると、価値は、人間なら誰もが定立可能な主観的なものであり、故に、市民同士の理性的合理的討議が不可能なものである。価値が単なる個別的世界観の表明に過ぎぬなら、人間の数だけ価値秩序を承認する価値相対主義が登場するだろう。価値が間主観的に討議不能な対象に過ぎぬなら、価値対立の調整を単に各人の力関係で決する価値虚無主義が到来するだろう。つまり、価値の客観的存立でなく価値の恣意的定立を承認する価値構成主義、そして、価値の客観的認識でなく価値の感情的把握を優先する価値決断主義、これこそが価値哲学の帰結という訳だ(67)。また、価値倫理学を価値専制主義とする批判もある。カール・シュミットによるこの著名な主張によると、価値は、現実全体を尽く征服支配する欲望をもち、反対価値や低次価値の抵抗運動を殲滅せんとする。ある価値を信奉する者は、この価値に適合する全ての手段を動員し、可能なら価値それ自体を直接に執行するだろう。彼に信奉される価値は、己れに敵対する反対価値を尽く粛清し、己に劣位する低次価値を漏らさず支配するだろう。つまり、価値実現の為なら核兵器の投入さえ厭わぬ「正義の狂信主義」、そして、価値が現実を、理念が実在を尽く運命決定する「価値の専制主義」、これこそが価値哲学の末路という訳だ(68)。

しかしながら、この二種の攻撃が正当と判断されるのは、実質的価値倫理学が、法現実を「実定性《ポジティヴィテート》」へと還元する「実証主義《ポジティフィスムス》」に依拠していれば、の話である。法現実の理念的実定性に拘泥する実証主義ならば、概念把握不能で概念推論不能な理念存在を強引に考察対象へと組入れるだろう。また、法現実の実定的理念性に執着する実証主義なら、価値秩序に現実世界の運命を決定する全権を付与するであろう。こうした実在主義と理念主義の倫理学がもしあるなら、その非合理性と価値専制性を堂々と攻撃すれば良い(69)。けれども、価値倫理学は、法現実を単なる事実にも単なる理念にも還元しはしない。むしろ、法を飽くまでも法現実として、即ち、理念と事実の弁証法的統合として把握する立場、これこそが実質的価値倫理学の立場である。しかも、この結論は、価値倫理学をその背後の全哲学と同時に検討すれば当然のことだ。ニコライ・ハルトマンを例にとろう。確かに、彼の実質的価値倫理学を知るには、理念世界、中でも価値世界を論じた彼の『倫理学』[70]を繙く必要があろう。けれども、彼の真意は、実在世界の認識理論を扱う『認識形而上学綱要』[71]、実在世界の階層構造を論ずる『実在的世界の編制』[72]、精神的世界――実在世界の最上層――を掬く『精神的存在の問題』[73]など、彼の全哲学体系を無視すれば見失われる。多くの者は、彼の『倫理学』を単なる価値の存在学と体系学と処理するが、真の理解者は、この書物を、理念的世界と実在的世界の二世界の市民の、即ち人間の、倫理的自由の書物と把握するだろう[74]。

つまり、実質的価値倫理学を非合理主義とし価値専制主義とする非難は早計に過ぎる。我々に必要なのは、ハルトマン倫理学を『倫理学』の全体像とハルトマンの全哲学の中に据え直して、法を理念と実在の弁証法的運動として了解する現実的法統握の中に据え直すこと、これである。

(2)　被客観化精神たる法

実は、実質的価値倫理学は独自の法理論を持っている。例えば、ハルトマン哲学には、法を理念と事実の弁証法的統合と見る立場がある。実定法を「被客観化精神」と特徴づける見解がそれである[75]。価値倫理学への適切な態度決定には、「被客観化精神」の了解が必須の前提条件となる。

(a)　そもそも、「被客観化精神《オブイェクティフィールターガイスト》」とは、精神が己を客観化したものである。個人や集団が己の思考内容を実在に託して固定して、或いは、「生きた精神」が「客観態」、別名「実在形成体」で己を客観化して初めて、「客観的財」、即ち、被客観化精神が登場する。例えば、芸術家は己の美的体験を文字や大理石を用いて表現しようとし、宗教家も己の啓示内容を文書や説教を通じて伝達しようとする。このとき登場するのが、「芸術作品」――詩作や彫刻――や「教義体系」――聖書や聖典――である。また、知識が書面で固定されれば「科学」が誕生し、思索が文書に化体されれば「哲学」が誕生する。これらは全て精神が己を客観化したもの、即ち、被客観化精神である[76]。しかし、「被客観化精神」であるには、重要内容を実在物体で確実に固定する必要はない。例えば、「プラトンの書簡」は、彼の哲学を書面で固定したという意味で、被客観化精神である。しかし、被客観化精神の生成は、その内容が重要でなくても、或いは、その固定が書面に因らなくてもよい。決して羊皮紙に記されはしないソクラテスの対話も、読後すぐ捨て去られる我々の日々の手紙も、そして、書面によらず重要でもない我々の日常の会話も、これらは全て「被客観化精神」である。精神内容の重要性如何に拘わらず、また、客観態素材の安定性如何に拘わらず、即ち「自立的」――文字、絵画、写真――であれ「非自立的」――肉声、表情、身振――であれ、生きた精神を実在形成体で固定したものであれば、それは尽く「被客観化精神」なのである。[77]

そして、この被客観的精神は、生きた精神を隔離化し継続化する機能を持つ。つまり、常に変動し続ける個人や集団の精神が、常に安定している実在的客観態に固定されることで、生きた精神から分化し、生きた精神と対抗する被客観的精神が出現してくる。例えば、芸術家の創作活動は、その躍動する美的体験を安定した実在素材へと凝固させ、哲学者の執筆活動も、その変化する根本思弁を固定した哲学体系へと凝結させる。これらの活動から生まれた芸術作品や哲学体系は、最早、生きた精神そのものではない。被客観化精神としてのこれらには、生きた精神への分離性と対向性が付与されるのである。[78] 精神は「客体＝に＝成る《ツム―オブィェクト―ヴェルデン》」。いわば、生身の人間が精神を表現するための媒体として、被客観化精神は役立つのである。しかも、この被客観化精神は、生きた精神を乗越え伝承してゆく作用を持つ。つまり、個人や集団の生きた精神が、被客観化精神の内容へと転化されることで、個人や集団の死を越えて、後世の来るべき世代へと生きた精神は伝達されてゆく。例えば、芸術作品は、その創作者の死去の後もその美的体験を伝え続け、哲学体系も、その思索者の死亡の後もその思弁内容を残し続けて行く。生きた精神にやがて死が訪れても、実在的客観態に付着した被客観化精神には死は遣ってこない。この不死の創造物は、歴史に委ねられ、来るべき精神に委ねられる。いわば、後世の人間が精神を了解するための媒体として、被客観化精神は作用するのである。[79]

従って、この被客観的精神は、実在要素の支持の上に立つ歴史的現実となる。つまり、まずその成立場面で、生きた精神による実在的客観態への固定化を、更に、その存続場面で、生きた精神による実在的諸作用を経た再認識を、被客観的精神は必要とする。例えば、偉大な芸術作品も、芸術家本人の創作と世間の人々の鑑賞があってこそ、芸術作品であり、偉大な哲学体系も、哲学者本人の執筆と後世哲学者の吟味があってこそ、哲学体系なのである。被客観的精神は、精神を客観態に刻印し、客観態から精神を了解する人間の反復的な実在的活動――繰り返される再認識――、これを前提条件とする(80)。従って、この被客観的精神は、生きた精神に対してのみ存立する。つまり、あらゆる他者から独立して存在する「自体存在者」ではなく、生きた精神が精神の表現と了解を反復する限りで成立する「対《フュア》=《ー》精神《ガイスト》=《ー》存在《ザイン》」、これこそが被客観的精神の存在態様である。芸術作品も哲学体系も、一見して永遠に存続する理念的存在の如く見えて、実在形成体の継続性と適合的な精神の存続に依存した、被時間拘束的な「歴史的存在」に他ならない。瓦礫に隠れた塑像は単なる大理石に過ぎず、図書館に埋もれた書物も単なる羊皮紙に過ぎない。被客観化精神は、精神の形成体への表現と形成体からの精神の了解、これから編制される歴史的世界に定位する(81)。

(b)　勿論、この被客観化精神が歴史的現実であることは、無秩序への全面承認を意味しない。つまり、被客観化精神は実在存在一般と同様に、理念存在を内在し、理念的本質関係に徹底形成され徹底支配されている。例えば、理念の一種、数学と論理は、物体の落下法則や彗星の軌道予測の如く、また、諸方程式の展開や論理推論の試行の如く、宇宙全体と心理過程を含め実在世界を支配している。勿論、理念法則が実在支配を完全に放棄する場合もあるし――虚数、非ユークリッド空間――、心理過程が理念法則を不完全にしか再現できぬ場合もあり――計算間違い、推論の誤り――、実在の理念への適合は近似値的なものでしかなく、数学には実在への無関心、或いは、実在には論理への偶然性があるといえる。しかし、理念が実在の基本構造を成し、実在世界が理念に内的に依拠することは、動かし難い事実である(82)。これと同様に、この被客観化精神は理念一般の中の価値の支配を免れることはできない。つまり、被客観化精神は、数学、論理、本質以外にも、価値という理念存在の支配を受けることになる。勿論、価値は、実現される場合もあれば、実現されぬ場合もあり、それ故、実在支配の度合は数学程には厳格なものとは言いがたい。価値は放置されうるものであり、規範は逸脱されうるものである。とはいえ、実現された価値に関する限り、価値は被客観化精神の基本構造を成し、被客観化精神も価値に内的に依拠している、こう言うことができるだろう(83)。

(c)　実は、実定法も、以上のような意味での被客観化精神に他ならない。立法者が討議決議の上定立した法律も、裁判官が適正過程の上言渡した判決も、法思考が文字と文書という実在態により客観化されたものである。しかも、判決では口頭言渡が要求され、契約締結でも諾成が原則であって、法思考の客観化には安定した客観態は絶対条件ではない。加えて、実定法はその定立者から分化して、法律は立法者を、判例は裁判官を、即ち、被客観化精神として生きた精神を拘束してゆく。けれども、実定法の存立は人間活動に依存し、法律は行政官と裁判官の遵守、判決は一般市民の遵守に、それぞれ妥当条件を持っている。(84)従って、被客観化精神たる実定法も、実在要素と理念要素の錯綜と見なくてはならない。つまり、一方で、実定法の存立は、生きた精神の実在作用に依拠している。法律は、実務での立法活動と運用活動があって初めて存立可能となり、判決も、裁判での判決言渡とその遵守があって初めて成立可能となる。他方で、実定法の内容は、自体存在者たる理念法則に決定されている。理念は現実による絶対服従を要求しないが、法律には正義価値が現実化され、判決には衡平価値が現実化されている筈だ。実定法が被客観化精神であるということは、実定法が実在と理念の弁証法的統合であることを意味する。(85)

つまるところ、次のように言わなくてはならない。つまり、被客観化精神とは、人間や集団の生きた精神を物質的な客観態で固定したものであり、そして、この被客観化精神は、己への人間の創造活動や、再認識活動において、即ち、表現と了解の反復活動があって初めて存立可能となる存在である。しかも、この被客観化精神は単なる実在に依存するだけでなく、同時に、理念的なもの――価値――にも依存していると考えなくてはならない。そして、まさに実定法もこの被客観化精神の一種と了解され、これにより、歴史的存在であると同時に、実在と理念の異なる要素から編制されるものと了解されなくてはならないのである。(86)

(3)　価値の人格的現実化

以上のとおり、実質的価値倫理学が、法を法現実、理念と事実の弁証法的統合として把握する立場を前提しているとすれば、この倫理学それ自体は、理念的存在であり「価値」が実在的存在である「精神」を媒介に現実化されてゆく過程、この過程の中に倫理問題を問う学問分野であることが判明するであろう。

(a)　まず最初に、倫理学は「実質的価値倫理学」でなければならない。つまり、倫理学は、実質倫理学であり、且つ同時に、価値倫理学である。第一に、倫理学が実質倫理学であるというのは、人間生活を倫理的ならしむ倫理学は、空虚な抽象的形式に定礎されずに、必ず豊かな具体的内実を要求することを指す。人々の同一状況という無理な想定の下に構築された形式倫理学は、克服されねばならない。形式倫理学でない実質倫理学のみが倫理学の名に値する(87)。第二に、倫理学が価値倫理学であるというのは、人間生活を良きものへ方向づける倫理学は、快不快の実在的感覚で満足せずに、日常生活を超えた理念的存在を必要とすることを指す。幸福主義、善を幸福と見る倫理学は、単に心的生を支配する自然法則を表現する実在主義倫理学に過ぎない。功利主義でない価値倫理学のみが倫理学の役目を果たす(88)。従って、この倫理学が基礎に据える「価値」とは理念的自体存在者となる。つまり、価値は、理念的存在であり、同時に、自体存在者である。一つに、価値が理念的存在であるとは、これが実在世界とは別個の理念世界に帰属することを意味する。歴史現実の中で価値実現があるかないかは、価値自体にとっては利害ないことだ。もう一つに、価値が自体存在者であるとは、これが人間活動を超越した外的世界を構成することを意味する。人間行為が倫理的か反倫理的かは、価値理念への適合により決定される(89)。

　そして、この理念価値には諸々の態様と内容の点で多種多様な価値がある。まず、価値には、財価値と人倫価値の区別がある。「財価値《ギューターヴェルテ》」とは物体と主体に関連した価値であり、「人倫価値《ジットリッヒェ ヴェルテ》」とは主体人格と客体人格に関連した価値である。つまり、実在的物体に関して特定の主体に対して現れるのが「財価値」——例えば、ある物体は特定の人々にとり財価値を持つことで「財産」となる——であり、客体的人格に関して主体的人格に対して現れるのが「人倫価値」——例えば、ある人々の行為は特定の人々にとり人倫価値を持つことで「倫理的行為」となる——である(90)。それに、価値それぞれには異なった内容が盛り込まれている。ハルトマンによると、人倫価値には、基本倫理価値（善、高貴、豊富、純潔）と特殊倫理価値の区別があり、更に特殊価値の中にも、古代的価値（正義、賢慮、勇敢、熟達）、中世的（キリスト的）価値（隣人愛、真理性、忠誠心、謙虚さ）、近代的価値（他者愛、献身徳、人格性、人格愛）の区別がある。また、財価値などその他の理念価値の中にも多種多様な価値が存立している(91)。更には、これら諸価値は特定秩序を所持し「価値秩序《ヴェルトオルトヌング》」を編制している。まず、「人倫価値」と「財価値」の間に定礎関係がある。「人倫価値」は「財価値」へと方向づけられることで登場する価値である。つまり、特定財価値を保護する行為には財価値への関連性故に肯定的な人倫価値が与えられ――例えば、他人を危機一髪救助した者は、財価値（生命）保護の点で人倫的評価を受ける――、侵害する行為には反対に財価値への関連性故に否定的な人倫価値が与えられる――例えば、他人の所有物を強奪した者は、財価値（財産）侵害の点で人倫的非難を受ける――。人倫価値は財価値という前提に定礎されるのだ(92)。それと、人倫価値内部にも、価値相互の間に一定の法則が存在している。諸価値の価値高低と価値強弱の法則がその一つである。つまり、価値が低次になれば価値は強力になり――例えば、生命は強力価値だが低次価値であり、名誉は高次価値だが弱力価値である――、価値高低は肯定的価値感情に、価値強弱は否定的価値感情にそれぞれ呈示される――例えば、殺人は強力価値の否定という点で名誉毀損という弱力価値の否定より深刻で、信頼確保という高次価値の肯定は生命尊重という低次価値の肯定より重要である――。価値世界は、高低と強弱で複雑秩序を内在させている(93)。

(b)　しかし、この価値秩序だけでは実在世界を含めた現実全体を征服できない。価値自体は、己自身を現実化できない。理念世界に属する価値は、実在世界に属する人間による媒介を必要とする。つまり、価値が理念世界の中でどんなに絶対存在であるとしても、当為存在がどんなに無条件の当為存在であるとしても、その支配は実在的世界又は現実的世界にまで決して及ぶことはない。価値が事実を普く規定し尽くす「価値の専制主義」は樹立されえない(94)。歴史的世界の玉座へと就く者は、理念世界と実在世界の「二つの世界の住民」、即ち、人間以外にはありえない(95)。しかも、この価値秩序を実在世界に現に実現する人間自体が、実在世界で成立する。実在世界が、物質・生命・心理・精神の四態様――階層理論――から構成されるとすれば(96)、人間自体も、これら四つのモメントから編成されることになる。人間は、物質の組成物（物質）でもあり、有機体の一種（生命）でもあり、意識の所持者（心理）でもあり、何よりも理性的思考者（精神）である。価値存在が理念世界から実在世界に移行するには、この実在人間により価値理念が把握され、実行されなくてはならない。つまり、価値の現実化には、生きた人間による「価値認識」と「価値決定」が絶対不可欠である。(97)

そこで、価値に対してまず人間が行うのは「価値認識」である。だが、この価値認識は、価値を言語化し概念化する「理論意識」の認識ではなく、価値を直観的に我が物にする「価値感情」の認識である。価値内容は推論したり教示されては獲得できず、アプリオリに直観的に獲得される。この価値感情、又は「良心」こそが、価値と我々と結合する「唯一の器官」である。(98)勿論、この価値獲得は実在経験に媒介される場合——例えば、教師に不当な扱いを受けた生徒が正義を実感するなど——もあるが、しかし、この実在事実は飽くまで価値洞察の一契機に過ぎない。理念の呈示により、我々が従来そうであったところのものから別のものになれ、我々にこう要求するのは、良心の現象であって、事実の観察ではない。人間による価値の認識というより、寧ろ価値による人間の把握といえるように、価値洞察の威力は強大なものである。(99)勿論、この価値認識は実在人間が行うが故に歴史的なものである。その結果、価値認識はアプリオリ的とはいえ、各自人間により道徳意識は千差万別となり、時代時代により道徳内容は多種多様となる。まず、道徳意識が共時的相対性を持つのは、価値内容の把握がその主体自身の認識能力に左右されるからだ。「価値能力」を持つ者は価値理念を獲得でき、「価値盲目」である者は価値内容を獲得できない。価値把握には「価値意識の広狭」による制約がある。しかし、この実在能力をもってアプリオリ性を否定してはならない。数学論理に通じるには訓練と習熟が必要なように、価値理念を知るにも精神の成熟——例えば、成熟した成人のみが利己主義を脱し隣人愛と信義誠実に目覚める——が必須である。価値能力の存否と価値把握の確実性とは矛盾しない。(100)また、道徳内容が通時的正当性を持つのも、価値理念の把握には歴史的継続的蓄積が困難であるからだ。ある時代はその時代固有の価値把握を行うが、別の時代は全く別の種類の価値把握を行う。価値獲得は歴史上の経過と共に変遷する。しかし、この道徳変遷をもって価値の絶対性を否定してはならない。実在的な価値獲得はたとえ相対的であっても、理念的な価値存在そのものは絶対的なままである。つまり、歴史的な道徳変遷は、実在価値把握による理念的価値領域の照射範囲、これが変化することで生じる現象である。価値認識は変化しても、価値内容は変化しない。価値把握の相対性は価値の相対主義を帰結しない[101]。要するに、価値の現実化の最初のステップである、この「価値認識」は、実在世界の住民、人間により行われる実在的諸活動として見なくてはならない。

(c)　続けて、価値実現の為に価値認識の次に必要なのは、「価値決定」である。だが、この価値決定は、価値に何から何まで拘束された単なる価値執行ではなく、価値から自由で倫理の存立基盤を築く自由な価値実現である。つまり、自然科学的な因果連関のみならず、理念存在である価値秩序からも、人間は自由である。一方で、実在世界の市民たる人間は、自然法則への隷属か自由意志の所持者かの「因果アンチノミー」（カント）を、因果連鎖は現象界の問い、定言命法は叡知界の問いとする二元的存在者で切り抜けるだろうが、他方で、理念世界の市民たる人間は、絶対価値への服従か人間尊厳の担い手かの「当為アンチノミー」（フィヒテ）を、価値に賛成か反対か態度選択できる人倫的存在者として乗り越えるだろう[102]。人倫法則から自由だからこそ人間は、自己決定の主体となり、道徳責任を引き受け、贖罪意識の担い手となる。自由を強制され自由を宿命づけられ、意志自由と価値決定を任務に課せられた人間のみが、悪を為す存在たりうるし倫理的な主体たりうる[103]。そして、この自由な価値決定を実行する為に人間には特別の地位がある。つまり、精神的存在としての人間は、四つの特別の能力を、即ち、過去と未来を把握する「与視」能力、目的に適合して行動する「与決」能力、因果連関や価値連関からの「自由」能力、価値秩序を洞察する「価値視」能力、以上四つを装備している。中でも、四番目の価値認識能力、三番目の価値決定能力が重要である。まず人間は、価値理念を価値感情で認識し、この価値指針から自己行動を方向づける。この方向づけこそが人間をして、責任を感じる主体、即ち、道徳的人倫的主体たらしめるであろう[104]。そして、価値決定の人間の行為こそが、被客観化精神を形成するのである。つまり、人間の行為とは、他者の幸福と苦悩を気遣いつつ、自然法則や行為状況から自由に、未知の未来への開かれた態度でなされる、倫理的行為である[105]。この人倫的行為によって、良心が捕捉した価値秩序が実在化され現実化されるのだ。被客観化秩序に価値秩序が内在するとすれば、それは人間による価値決定の行為によって実現される。生きた精神を実在的客観態に表現する行為、生きた精神を実在的諸作用で了解する行為、これらはどちらも、価値秩序を現実化する行為に他ならないのである(106)。

要するに、ハルトマンの倫理学は、彼自身の現実的法把握と現実的法生成を念頭に置いて初めて把握可能となる。精神科学哲学の伝統の系譜を引くこの哲学においては(107)、法とは、実在による理念の客観化であり、主観的精神による価値理念の現実化である。そして、ハルトマンに限らずシェーラーなど実質的価値倫理学一般に共通するこの思考の中には、価値哲学独自の法理論が、そして、憲法と行政法の両教義学への通路が、埋伏しているのだ(108)。

けれども、この哲学には、法現実の実在要素と理念要素が一体如何なるものであるのか、諸価値の人格的精神による実在化が一体如何なるものであるのか、これは全く潜在的なままである。しかし、この帰結は、コーイング『法哲学綱要』、スメント『憲法と憲法法』、フォルストホフ『行政法教科書』の中で既に明らかにされている(109)。実質的価値倫理学の知見は、これら法学名著の核心への接近を試みる者に、必ず援助物資を調達するであろう。

3　公法学と価値倫理学

(1)　価値現実としての法

ハルトマン哲学を明示的に引いた独自の法哲学の構築は、ヘルムート・コーイングの中にある。その法哲学は、熱狂的自然法論者という通例のイメージではなく、法を理念と実在の融合と見る精神科学的方法の体裁を採る。

まず、先に見たハルトマン法統握論が、コーイング法哲学に再現されている。これによると、実定法は、「精神的被造物」又は「被客観化精神」である。つまり、人間精神を実在物体で固定し、人間人格で反復連続に再生して現出する「被客観化的な、固定された精神的存在」こそが、法現実本来の姿である。いわば、法とは、芸術作品や建築作品の如く、現事実と理念の二つの要素の錯綜的結合体であり、歴史と本質の「二つの世界」に住む「人間作品」、このことである。法は、精神科学の考察態度のみを受理せぬ歴史的現実と把握しなくてはならない[110]。別言すれば、実定法は、自然法の具体化又は諸価値の実定化である。勿論、法現実の中心にあるのは、価値感情で獲得される正義原則、価値意識に受容される人倫価値、これである。この意味での「自然法」こそが法現実の核心である。しかし、自然法は人倫法に過ぎず強制力を持たぬ。立法者や裁判官の実務作業、その他市民各人の承認行動、これらの「諸経験」があって初めて、現行法が存在するのだ。いわば、法は、理念要素たる自然法と実在要素たる諸経験、両者の融合から誕生する精神的現実に他ならない。ここに採用されているのは、精神科学哲学の視座に他ならない[111]。

従って、ハルトマン法生成論も同様に、コーイング法哲学に継受されるだろう。ここでは、法精神の現実化は、実在による理念の具体化プロセスを意味する。つまり、正義原則又は人倫価値としての自然法が、立法者は裁判官の法律実務、更に、一般市民の承認活動で現実化してゆくプロセス、これこそが法実現本来の姿である[112]。例えば、立法活動とは、自然法指針を受け価値判断を行い、法律概念の境界確定や要件効果の結合連結の諸作業を行うことである。正義原則の倫理要請を排除して、各種政策を任意に選択する立法者像は、旧態依然の立法者万能説でしかない[113]。また、裁判官の裁判活動とは、自然法の人倫要求の指導下で、法律解釈、法律適用、欠缺補充の諸任務を果たすことである。意味論的な文言解釈に終始し、純論理的な包摂作業に専心する裁判官像は、とっくの昔に克服された自動判決機械説でしかない[114]。勿論、自然法は法秩序を汲尽くさず、立法者と裁判官には決定余地が残されている。しかし、自然法の命ずる正義原則と人倫価値を、価値判断を伴った意志決定を通じて制定法や判例法へと現実化してゆくこと、これこそが、法律家に託された法の現実化過程である。法の現実化とは、「諸経験」による「自然法」の具体化に他ならない[115]。

要するに、ハルトマン自身に法理論につき詳細な論述はないとしても、その哲学の影響は確実に法理論の中に浸透している。つまり、実定法を、理念たる抽象価値を事実たる法律実務を媒介に具体化したもの、こう把握するコーイングの見解こそ、実質的価値倫理学の正当な承継者とみなくてはならない[116]。

(2)　ハルトマンの可能性

他にも、ハルトマン価値倫理学の影響は、フォルストホフとスメントの公法理論に看取可能である。第一に、フォルストホフ法統握論はハルトマン哲学に定礎されうる。フォルストホフによれば、法が妥当性を持つには、立法者の定立と公布、裁判官の言渡と宣告が不可欠である。価値概念も、関連する経験事実の参照、具体的価値秩序への編入を待って初めて現行法となる。この事態をハルトマン価値哲学から見れば、ここでは、立法者と裁判官という生きた精神が、定立や告知という実在的行為、或いは書面や口頭による実在形成体、これにより法精神を客観化し固定化する。加えて、この被客観化精神は、立法者と裁判官自身による確認の作業——法律改正や判例形成——、実務家や名宛人による不断の実現——法の承認と法令遵守——を要請する。フォルストホフのいう法制度は、ハルトマンのいう被客観化精神の一変種に他ならない。第二に、スメントの法了解論もハルトマン理論に対応しうる。スメントの理解では、法とは、単なる精神や事実でなく、「立法と裁判所と生による、法の実定化と確保と適用」を経た「法の現実」である。[117]立法・司法の活動と法名宛人達の承認をくぐった「精神の価値法則性」が、法共同体の具体的現実、即ち、実定法である。だからこそ、ここでシェーンフェルト法学の援用が可能となる。[118]つまり、ここでも実定法は、理念要素と実在要素の弁証法、即ち「歴史的現実」又は「法理念の現実化と現実」である。方や、未だ現実的でなく未だ実定的でない、単に法的なもの、単に可能的なものとしての「法ロゴス又は法理性」、方や、法律・判決・強制執行の段階的進展を行い、歴史的法精神の自己運動たる無限の手続を行う「法共同体」、この両者が融合することで実定法が生じる。「歴史の中での、法理念の現実化、法理性の展開、法精神の運動」、これこそが法現実である。[119]結局のところ、スメント憲法倫理学とフォルストホフ価値倫理学の構想の背後には、実質的価値倫理学が控えているのである。

(3)　価値秩序論争の収斂

従って、ハルトマン価値倫理学の探求の帰結は、意外にも論争当事者の見解の収束という事態である。つまり、スメントとフォルストホフの立場は、ともに、実定法を実在＝理念の弁証法関係と見る精神科学的方法の態度である。価値法則を硬直的に固定し、実在世界を全面的に支配する自然法学や価値絶対主義はスメントとは無縁であり、法律形式に絶対確実性を承認し、この抽象形式で全法秩序を説明する法実証主義や価値相対主義はフォルストホフの採るところではない。前者のいう価値法則は、統合類型に記述される実在過程による不断の現実化があって初めて意義あるものであり、後者のいう法律形式も、立法機関や諸裁判官の意思の告知での現実化を受けて初めて、国家理論に意味あるものとなる。国家現実や法現実が、価値理念の直観把握と、事実過程の経験把握を経由して初めて、法理論に意味あることと、この点で二人の間に何ら相違点はない。そして、スメントへのフォルストホフの批判は、実は、我々に現出する学的態度からの必然的結果である。勿論、双方理論の背後に精神哲学があるならば、ここでは自然法学や価値絶対主義との対決は存立しえない筈だ。しかし、ここでは、国家現実の経験把握を遂行する有名な統合類型理論は捨象され、真正の精神科値理念の直観統握を企図する同じく著名な精神価値法則のみが俎上にのぼる。その結果、法律を精神の告知と見る現実志向の法統握論からは、スメント統合理論は、理念＝事実の弁証法運動を破壊する、経験事実無視で価値理念一辺倒の、単なる自然法学の再興でしかない。フォルストホフによるスメント批判は、本来精神科学的な立場の非精神科学的な把握、しかも、この非精神科学的な立場への精神科学的な対応、これに他ならない。結局のところ、スメントとフォルストホフの間に法実証主義と自然法論の典型論争を見た支配的解釈は、幻想である。

要するに、実質的価値倫理学とその背景の精神哲学からすれば、法は必然的に法現実として、或いは客観化精神として統握される。法は、正義原則を核心としながら、繰り返し人間の実在行為により具体化されることで存立する存在である。コーイングが価値倫理学から採り入れた復興自然法も、実は、硬直したアプリオリ主義ではなく、むしろ、精神科学哲学系統の現実的法統握をその基盤としている。フォルストホフ理論もスメント理論も、実はこの実質的価値倫理学をその基礎としており、これに順接した法統握理論を展開している。スメントとフォルストホフ、彼らは実は隣人なのである。

結局のところ、実質的価値倫理学と公法理論の間に予想される連関は大略以下の通りとなる。つまり、硬直した価値主義と見なされてきた実質的価値倫理学は、ハルトマン哲学を特に見ると、実は、実定法を被客観化精神、又は、価値の現実化と見る、精神科学哲学の潮流にあることが分かる。この価値倫理学に依拠するコーイングが法を同じく被客観化精神と見る立場を採るように、実は、スメントとフォルストホフの立場も、一種の精神科学的方法の立場である。特に、フォルストホフの現実的法統握、即ち、実定法を精神の言語化とする、或いは、神の御言葉とする理論は、彼自身の実質的価値倫理学への肯定的態度と一致した側面を見せている。

(58)　Ernst Forsthoff, Recht und Sprache, 1940 (Neudruck, 1964), S. 2-11, 17; ders., Die Verkündung und das Kirchenrecht, in: Archiv für evangelisches Kirchenrecht, Bd. 4 (1941), S. 18-30. 本書第五章三1(1)(2)。Vgl. Josef Isensee, Staat im Wort. Sprache als Element des Verfassungsstaates, in: J. Ibsen/H.-W. Rengeling/J. M. Mössner/A. Weber (Hrsg.), Verfassungsrecht im Wandel, 1995, S. 571-590, 577-585; Friedrich Müller, Warum Rechtslinguistik? Gemeinsame Probleme von Sprachwissenschaft und Rechtstheorie, in: W. Erbguth/F. Müller/V. Neumann (Hrsg.), Rechtstheorie und Rechtsdogmatik im Austausch, 1999, S. 29-42.

(59)　Forsthoff, a.a.O. (Anm. 27), S. 148f.; ders., Der moderne Staat und die Tugend (1950), in: ders., Rechtsstaat im Wandel, 1. Aufl., 1964, S. 15-19; ders., Das Bundesverfassungsgericht und das Berufsbeamtentum, in: DVBl, 1954, S. 69-72; ders., Verfassungsrechtliche Prolegomena zu Art. 33 Abs. 5 GG, in: DÖV, 1951, S. 460-462, 461; 第五章三1(2)。

従って、法は、神が授けた人間本性の論理的帰結でも、理性を備えた人間存在の操作対象でもない。法は原罪を負う人間の手には届かず、それでいて神の栄誉を実現する人間に不断に委託され、神が人間をそこへと「設置」した地位、即ち「制度」である。Ernst Forsthoff, Lehrbuch des Verwaltungsrechts, 10. Aufl., 1972, S. 165-167; ders., a.a.O. (Anm. 25), S. 80-83; 本書第一章三3(1)、第五章三1(2)。また、法は、何か問題解決の為に投入すべき技術手段でも、人間実存の為に利用すべき道具手段でもない。人間生存の所与性から政治制度を吟味し、人間学的基礎から憲法政策を呈示したモンテスキュー指摘の如く、「法律の精神」は、単なる個別制度の差異でなく、人間学的基本関係の差異を反映したもの、これである。Forsthoff, Montesquieus Esprit des Lois, in: Detusche Rechts-Zeitschrift, Bd. 3, (1948), S. 405-408; ders., Einführung, in: Montesquieu, Vom Geiste der Gesetze, Bd. 1, 1951, S. iii-lvi, xx-xxxiii; ders., Montesquieu, Charles de Secondat, Baron de la Bréde et de, in: Handbuch der Sozialwissenschaften, Bd. 7 (1961), S. 452-454. 『法律の精神』の訳者フォルストホフが認めるこの書物の功績は、自由保障手段としての権力分立確立でなく、人間存在の反映として憲法構造の解明――権力分立（第二部六章）はその一部分に過ぎない――にある。関連して、拙稿「法律・措置法律・ノモス」（埼玉大）社会科学論集一一六号（二〇〇五年）二八～二九頁。本書第五章注(44)も見よ。

(60) Ernst Forsthoff, Der Formalismus im öffentlichen Recht, in: DR, 4.Jg.（1934), S.347-349; 本書第五章三2(1)。

(61) Ernst Forsthoff, Zur Rechtsfindungslehre im 19. Jahrhunderts, in: ZgStW, Bd.96（1935/36), S.49-70; ders., Zweck im Recht, in: ZAkDR, 4.Jg.（1937), S.174-177; 本書第五章三2(2)。

(62) Forsthoff, a.a.O.（Anm.59）(„Lehrbuch"), S.165; 本書第五章三1(3)。

(63) Forsthoff, a.a.O.（Anm.58）(„Sprache"), S.21f.; ders., a.a.O.（Anm.28), S.173; 本書第五章三1(3)。なお、フォルストホフの法治国家原理と社会国家原理の有名な対立問題はここにある。あらゆる精神が言語を媒介として現実となるように、社会国家原理も法律で告知され行政行為や判決で告知されることが必要である。しかし、憲法の直接執行はこの精神の言語化をバイパスする。Forsthoff, Verfassungsprobleme des Sozialstaates, in: ders., Rechtsstaat im Wandel, 2.Aufl., 1976, S.50-64; ders., Begriff und Wesen des sozialen Rechtsstaates（1954), in: ders., Rechtsstaat im Wandel, 2.Aufl., S.65-88; ders., a.a.O.（Anm.28), S.204; ders., a.a.O.（Anm.55), S.196.

(64) Forsthoff, a.a.O.（Anm.59）(„Lehrbuch"), S.84, 86, 88, 92f.; 本書第五章三1(3)。

(65) Forsthoff, a.a.O.（Anm.59）(„Lehrbuch"), S.87, Fn.1, S.71f.; ders., Über Gerechtigkeit, in: Deutsches Volkstum, 1934, S.969-974, 972-974; 第五章注(60)。ここから、法解釈の「主観説」と「客観説」批判が登場し、「裁判官の独立」の独自の解釈が登場する。Forsthoff, a.a.O.（Anm.58）(„Sprache"), S.5-10; ders., a.a.O.（"Gerechtigkeit"), S.972.

(66) Max Scheler, Der Formalismus in der Ethik und die materiale Wertethik（1913/16), in: ders., Gesammelte Werke, Bd.2, 1954（6.Aufl., 1980); Nicolai Hartmann, Ethik, 1926（3.Aufl., 1963). この事情の詳細は以下のとおりである。まず第一に、この二つの作品は独自の構造を持つ。つまり、シェーラー『倫理学の中の形式主義と実質的価値倫理学』――体系的でなく一種の論文集と評される――は、価値倫理学の歴史を扱う第一篇「実質的価値倫理学と、財倫理学・目的倫理学」、価値秩序の構造と法則を扱う第二篇「形式主義とアプリオリ主義」、価値秩序の感情認識を扱う第三篇「実質的倫理学と結果倫理学」、更に、カント倫理学の批判を扱う第四篇「価値倫理学と命法倫理学」、価値相対主義の問題を扱う第五篇「実質的価値倫理学と幸福主義」、そして価値秩序の人格的現実化を扱う第六篇「形式主義と人格」、以上全六篇から編成される。また、ハルトマン『倫理学』――シェーラーと違い厳格な体系を目指す――は、価値の存在態様と認識方法を論ずる第一部「倫理的現象の構造」、個別諸価値と価値秩序の構造を論ずる第二部「倫理的諸価値の国」、価値の人格的具体化を扱う第三部「意思自由の問題」、この全3部から編成される。シェーラー書全体の三分の一という「形式主義と人格」の分量からしても、また、現象学・問題学・理論のハルトマン固有の弁証法的論証手続からしても、両作品の最重要箇所は、価値の人格的現実化又は具体化を扱う、其々の最後の部分——第六篇と第三部——である。しかし、価値構造と価値認識を扱う部分の検討をもって殆どの価値倫理学の考察は打ち切りとなっている。次に第二に、この二つの作品は全哲学の一端に過ぎぬ。まず、シェーラー哲学には、人間に関わる全科学の基礎づけを狙う哲学的人間学序説としての『宇宙の中の人間の地位』（一九二八年）、一種の精神哲学から社会関係に定礎された文化現象として知識を論ずる『知識諸形式と社会』（一九二六年）、社会哲学と歴史哲学の見地から社会と歴史を客観精神の一環として見る、死後刊行の諸講演と諸遺稿——特に著作集第九巻（一九七六年）と第一三巻（一九九〇年）——がある。また、ハルトマン哲学には、実在世界の存在論と範疇論全般を論ずる『実在的世界の編制』（一九三九年）、（物質・生命・心理・精神の四つの階層構造のうち）物質と生命の存在論と範疇を論ずる『自然の哲学』（一九五〇年）、精神の存在論と範疇論を論ずる『精神的存在の問題』（一九三三年）——心理についての書物はない——、また、理念世界の存在論と原理論を扱うものに、『認識形而上学綱要』（一九二一年）第五章、『存在論の基礎づけの為に』（一九三四年）第四章など様々な業績がある。中でも、価値の人格的現実化又は具体化の観点からすれば、精神哲学を扱う書物、中でも『知識諸形式と社会』と『精神的存在の問題』を無視しては、実質的価値倫理学の問題核心に触れたことにはならないはずである。しかし、批判者たちの検討対象は、やはり、価値構造と価値認識を扱う、実質的価値倫理学の一部分のみに集中している。Vgl. Martin Morgenstern, Nicolai Hartmann, 1992; ders., Nicolai Hartmann zur Einführung, 1997; Wolfhart Henckmann, Max Scheler, 1998; Angelika Sander, Max Scheler zur Einführung, 2001.

実際のところ、価値倫理学を検討する法学者の大部分は、全哲学体系との連関に無関心である。例えば、①ツィッペリウスは、法解釈に必要な価値づけ基準の候補として、ハルトマン哲学の価値理念と社会道徳——客観的精神、正確には被客観化精神——を吟味する。Reinhold Zippelius, Wertungsprobleme im System der Grundrechte, 1962. 彼は、価値理念の認識は具体価値経験を媒介とする点で主観的であり（S. 123-130）、社会道徳の存在も常に変動傾向を所持する点で不安定であるとして（S. 158-160）、双方を価値づけ基準には不適格と判断した。だが問題は、決定余地承認と合目的性考慮を探求成果とするその当否は別としても、ここでのハルトマンは価値哲学と精神哲学に分断の上利用される点にある。前者は価値理念の否定に向けた消極的な援用であり（S. 103-115）、後者は社会道徳の説明に向けた積極的な援用である（S. 143-146）。所詮、価値づけ問題を反証可能性基準で処理するポパー主義者には（Vgl. ders., Über die Wahrheit von Werturteilen (1973), in: ders., Recht und Gerechtigkeit in der offenen Gesellschaft, 2. Aufl., 1996, S. 118-128.）、ハルトマンの内在的把握は不可能である。Vgl. ders., Rechtsphilosophie, 3. Aufl., 1994, S. 137f., 26-28, 36f. また、②ザメリは、実定法に共に帰属しつつ相互矛盾する要素、即ち、自由と強制の一致可能性をハルトマン哲学で説明しようとする。Katharina Sameli, Freiheit und Sicherheit im Recht. Zum Problem der Wertantinomie im Recht auf der Grundlage der Wertlehre Nicolai Hartmanns, 1969. 彼女は、価値の理念性と位階性を確認し（S. 89-102）、自由を上位価値に強制を下位価値に設定した上で（S. 103-137）、自由と強制の総合可能性を吟味しようとする（S. 138-168）。だが、強制を理念世界へと位置づけるその当否は別としても、ここではハルトマン精神哲学の意図は無視される。即ち、実定法が、人間存在による価値理念の現実化であることが全く視野から消滅している。けれども、③法学者による価値倫理学研究に一律の否定的評価を被せるのは適切でない。シェーラーの現象学的人格理論に肉薄するデニンガーの作品があるからだ。Eduard Denninger, Rechtsperson und Solidarität. Ein Beitrag zur Phänomenologie des Rechtsstaates unter Berücksichtigung der Sozialtheorie Max Schelers, 1967. ここには、法現実の価値秩序と実在過程の弁証法的関係を探求する立場にとって、特筆すべき二つの点がある。一つめは、デニンガーの方法が、理念と実在の一種の弁証法的統合を目指す態度として、「現象学的方法」であるという点である。ここでは、人格や国家が自発的に思考し行動する人間が編制した意義現実として把握されるのであり（S. 18-30, bes., 20-24, 24-26, 28f.）、しかも、この客観精神的存在の把握には理念と実在、本質と経験の双方を見据えた多元的方法の援用が要請されるのである（S. 6-8, 12f., 13f., 47f., 48-50）。二つめは、彼のいう人格概念が、主体や自我でなく超越論的存在として、価値を現実化する存在であるという点である。ここでは、人格が価値経験や価値判断により価値の客観的秩序を現実化する存在として了解されるのであり（S. 78, 83-89）、加えて、この価値の現実化は理念的必然性に服従せずに自律的自由に指導下にあると捕捉されるのである（S. 71-74, 79, 92-94, 96, Fn. 1）。この探求態度と人格概念は、個別人格たる個人と全体人格たる国家を始源的な相補的存在と見る立場を経由して（S. 138-266）、やがては、基本権の防禦的了解でない、手続的了解と組織的了解を正当化する理論に到着するであろう（ders., Vor Art. 1, in: Kommentar zum Grundgesetz Bundesrepublik Deutschland, Bd. 1, 2. Aufl., 1989, S. 168-199, 183; ders., Staatliche Hilfe zur Grundrechtsausübung, in: J. Isensse/P. Kirchhof（Hrsg.）, Handbuch des Staatsrechts Bundesrepublik Deutschland, Bd., 5, 1992, S. 291-319, 307-309; ders., a.a.O.（Anm. 35）, S. 549f.）。けれども、残念なことに、彼のフォルストホフと連邦憲法裁理論への態度決定にこの哲学基礎は援用されず、その結果、両者は新手の法実証主義（ders., a.a.O.（„Rechtsperson“）, S. 10f., 33f.）と硬直した価値理論（ders., a.a.O.（Anm. 35）, S. 546, r. Sp. -547. Vgl., ders., a.a.O.（„Rechtsperson“）, S. 94; ders., a.a.O.（"Vor Art. 1"）, S. 189f.）として通例理解の如く対極的に評価されている。

　結局、元々が実質的価値倫理学への法学者の関心が希薄であるところに、こうした数少ない価値倫理学研究が断片的な一般理解を裏書するという不幸な事態が続いている、こう言わざるを得ない。Vgl., Ekkehard Stein, Juristische Auslegunglehren und wissenschaftliche Methodik, in: Recht im Dienst des Friedens. Festschrift für Eberhard Mentzel zum 65. Geburtstag am 21. Januar 1976, 1975, S. 3–17; Ernst-Wolfgang Böckenförde, Zur Kritik der Wertbegründung des Rechts（1987）, in: ders., Recht, Staat, Freiheit, 1991, S. 67–91; Adalbert Podlech, Grundrechte und Staat, in: Der Staat, Bd. 6（1967）, S. 341–354; ders., Wertungen und Werte im Recht, in: AöR, Bd. 95（1970）, S. 167–223, 201–208; Oliver Lepsius, Die gegensatzaufhebende Begriffsbildung, 1994, S. 219–253, 264–266.

（67）Böckenförde, a.a.O.（Anm. 66）, S. 84–89; ders., Die Begründung des Rechts an Werte oder das von Natur Rechte, in: R. Brinkmann（Hrsg.）, Natur in der Geisteswissenschaften, 1988, S. 181ff.; ders., Naturrecht auf dem Hintergrund des Heute, in: ARSP, Bd. 44（1958）, S. 95–102.

（68）Carl Schmitt, Die Tyrannei der Werte, in: Säkularisation und Utopie. Ebracher Studien. Ernst Forsthoff zum 65. Geburtstag, 1967, S. 37–62, 51–62. 価値ニヒリズム克服を目指した価値哲学は自ら価値ニヒリズムに陥るという、この価値専制主義批判は、憲法直接執行への批判、反無差別戦争観への抵抗の論拠にもなる。Schmitt, a.a.O., S. 61f.; ders., Rechtsstaatlicher Verfassungsvollzug（1952）, in: ders., Verfassungsrechtliche Aufsätze auf den Jahren 1924–1954, 1958, S. 452–488. Vgl., Herbert Schnädelbach, Phillosophie in Deutschland 1831–1933, 1983, S. 229–231, 328f., Fn. 716f.

（69）Ernst Forsthoff, Vom Zweck im Recht, in: ZAkDR, 4. Jg.（1937）, S. 174–177, 175, 1. Sp. また、人間外面に関与する法学にはその内面に定位する価値倫理は無縁との批判は（Böckenförde, a.a.O.（Anm. 66）, S. 81–83; Gerharad Luf, Zur Problematik des Wertbegriffs in der Rechtsphilosophie, in: H. Miehsler/E. Mock/B. Simma/I. Tammelo（Hrsg.）, Jus Humanitatis. Festschrift zum 90. Geburtstag von Alfred Verdross, 1980, S. 127–146, 141f.）、価値倫理学と無関係の法＝道徳二分論を前提とするし、更に、批判者達による実質的価値倫理学の認識それ自体が――例えば、主観主義、客観主義、生の哲学というベッケンフェルデの整理（Böckenförde, a.a.O., S. 71–81）――前世紀に全哲学を席巻した現象学の問題意識を看過している（Vgl., Theodor Litt, Der Einfluß der Philosophie auf den Pädagogische Theorien, 1928）。関連して、公法学の哲学史理解の重要性を正当にも説く、水波朗「日本国憲法解釈論と二十世紀の哲学」（一九九四年）同『自然法と洞見知』（創文社、二〇〇五年）六五一～八〇〇頁。

（70）Nicolai Hartmann, Ethik, 1926（4. Aufl., 1962）.

（71）Nicolai Hartmann, Grundzüge einer Metaphysik der Erkenntnis, 1921（5. Aufl., 1965）.

（72）Nicolai Hartmann, Der Aufbau der realen Welt. Grundriß der allgemeinen Kategorienlehre, 1940（3. Aufl., 1964）.

（73）Nicolai Hartmann, Das Problem des geistigen Seins. Untersuchung zur Grundlegung der Geschichtsphilosophie und der Geisteswissenschaften, 1933（3. Aufl. 1962).

（74）膨大なハルトマン研究のうち、特に以下のものを参考にした。Martin Morgenstern, Nicolai Hartmann, 1992; ders., Nicolai Hartmann zur Einführung, 1997; 熊谷正憲『N・ハルトマン自由論の研究』（溪水社、一九九一年）。なお当然の如く、実質的価値倫理学は、ハルトマンとシェーラーの独占物ではないが、だが、ヒルデブラント、エディト・シュタイン、プフェンダー、ハンス・ライナーら、その他主要な——且つ、法学に重要な——実質的価値倫理学者も扱う用意は、残念ながらここではない。Vgl. Kurt Wuchterl, Bausteine zu einer Geschichte der Philosophie des 20. Jahrhunderts, 1995, S. 350-356, 147-153, 346-350.

（75）Vgl. Hans Herz, Das Recht im Stufenbau der Seinsschichte. Bemerkungen über Verhältnis einer reinen Rechtslehre zu Nicolai Hartmanns Lehre von Schichtenbau der Welt, in: Revue internationale de la théorie du droit, Vol. 9 (1935), S. 283-294.

（76）Hartmann, a.a.O.（Anm. 73), S. 406f., 414f., 196f. なお、被客観化精神は、主観的精神と客観的精神と共に精神領域を構成するが、時間性と個別性に特徴付けられた意識、時間性と超個別性に特徴付けられる時代精神である両者とは異質な存在である。Vgl. Morgenstern, a.a.O.（Anm. 74）(1992), S. 164-177; ders., a.a.O.（Anm. 74）(1997), S. 107-116.

（77）Hartmann, a.a.O.（Anm. 73), S. 410-415, 421-425, 447-450.

（78）Hartmann, a.a.O.（Anm. 73), S. 407-410. ここには、体験が表現されるという「体験と表現」の問題がある。拙稿（前掲注（9））一一〇～一一二、一一八～一二八、一三〇～一三一頁。

（79）Hartmann, a.a.O.（Anm. 73), S. 407f., 416-420. この意味で被客観化精神には、精神内容と実在物体、或いは、前景と後景の「二重構造」がある。Hartmann, a.a.O., S. 425f., 448-450.

（80）Hartmann, a.a.O.（Anm. 73), S. 450-456. Vgl., S. 426-428, 477-479, 479-481. ここには、表現が了解されるという「表現と了解」の問題がある。拙稿（前掲注（9））一一二～一一四、一一九～一二〇、一三一～一三二頁。

（81）Hartmann, a.a.O.（Anm. 73), S. 426, 450-456, 467-470. ここには、体験が表現され表現が了解される「体験・表現・了解の作用連関」の問題がある。拙稿（前掲注（9））一二〇～一二七、一三〇、一三二頁。この精神哲学の成果が、芸術哲学（S. 428-440, 467-473, 473-477）や歴史哲学（S. 483-489）で展開され、ひいては精神科学哲学となる。以上、被客観化精神につき、Morgenstern, a.a.O.（Anm. 74）(1992), S. 177-184; ders., a.a.O.（Anm. 74）(1997), S. 116-122; Otto Friedrich Bollnow, Lebendige Vergangenheit. Zum Begriff des objektivierten Geistes bei Nicolai Hartmann, in: Gedankschrift 1982, S. 70-84.

（82）Nicolai Hartmann, Zur Grundlegung der Ontologie, 1934（4. Aufl. 1965), S. 255-260.

(83) Hartmann, a.a.O.（Anm.82）, S. 281f.

(84) Hartmann, a.a.O.（Anm.73）, S. 409, 451, 523; ders., a.a.O.（Anm.82）, S. 201.

(85) Herz, a.a.O.（Anm.75）, S. 286–293. Vgl. Hartmann, a.a.O.（Anm.73）, S. 274f., 278f., 313f.; ders., Systematische Selbstdarstellung, in: H. Schwarz（Hrsg.）, Deutsche systematische Philosophie nach ihren Gestaltern, 1933, S. 283–340.

(86) ハルトマン被客観化精神の論理は、法現実のみならず、国家現実も射程に収める。Vgl. Walter Taeuber, Verwaltungswissenschaft, Verwaltungsrecht, Heeresverwaltung, in: ZgStW, Bd. 102（1942）, S. 338–377, 365–368; Ulrich Scheuner, Der Bereich der Regierung（1952）, in: ders., Staatstheorie und Staatsrecht, 1978, S. 455–499, 471, Fn. 46. 以上につき、高橋広次「法の事実科学的理解と精神哲学的理解」書斎の窓五七三号（二〇〇八年）一六～二〇頁も見よ。

(87) Hartmann, a.a.O.（Anm.70）, S. 98–119, 118f., 62–70; ders., Einführung in die Philosophie, 1949（3. Aufl., 1954）, S. 161–164.

(88) Hartmann, a.a.O.（Anm.70）, S. 71–97; ders., a.a.O.（Anm.87）, S. 144f., 107.

(89) Hartmann, a.a.O.（Anm.70）, S. 137, 148–160, 152–156; ders., a.a.O.（Anm.87）, S. 154. ハルトマンの理念存在論と価値理念論につき、Mortenstern, a.a.O.（Anm.74）（1998）, S. 125–130; Jonas Cohn, Zu Nicolai Hartmanns Ethik. Versuch kritischer Mitarbeit, in: Logos, Bd. 16（1927）, S. 211–240; Otto Friedrich Bollnow, Konkrete Ethik, in: Zeitschrift für philosophische Forschung, Bd. 6（1952）, S. 321–339; ders., Die Behandlung der Tugenden bei Nicolai Hartmann, in: H. Heimsoeth/R. Heiß（Hrsg.）, Nicolai Hartmann. Der Denker und sein Werk, 1952, S. 83f.

(90) Hartmann, a.a.O.（Anm.70）, S. 250–256; ders., a.a.O.（Anm.87）, S. 154f.

(91) Hartmann, a.a.O.（Anm.70）, S. 294–335, 361–369, 416–448, 449–483, 484–544; ders., a.a.O.（Anm.87）, S. 146–152.

(92) Hartmann, a.a.O.（Anm.70）, S. 256–269; ders., a.a.O.（Anm.87）, S. 155–160. 尤も、行為が人倫価値を意図するかは、当該行為が人倫価値を獲得するかを決定しない。例えば、同じ人命救助でも、賞賛を狙った行為よりも無心の行為の方に、高い道徳的評価が集まる。人倫価値は「結果倫理」でなく「心情倫理」であり、「被意図価値」でなく「意図価値」である。

(93) Hartmann, a.a.O.（Anm.70）, S. 269–278, 544–550; ders., a.a.O.（Anm.87）, S. 167f., 171–176. 以上、ハルトマン価値秩序論につき、Morgenstern, a.a.O.（Anm.74）(„1997"), S. 130–137.

(94) Hartmann, a.a.O.（Anm.70）, S. 574–579; ders., a.a.O.（Anm.87）, S. 116, 118, 152, 160f.

(95) Hartmann, a.a.O.（Anm.70）, S. 176–189, 623f.; ders., a.a.O.（Anm.87）, S. 108, 116; ders., a.a.O.（Anm.73）, S. 160f.; ders., a.a.O.

(Anm. 85), S. 329.

(96) Hartmann, a.a.O. (Anm. 87), S. 120–135; ders., a.a.O. (Anm. 72), S. 173–183. 実在的世界につき、Morgenstern, a.a.O. (Anm. 74) (1992), S. 81–98; ders., a.a.O. (Anm. 74) (1997), S. 74–90, 91–106; Gottfried Martin, Aufbau der Ontologie. Zu Nicolai Hartmanns neuem Werk (1941/42), in; ders., Gesammelte Abhandlungen, Bd. 1 (1961), S. 167–185; Gerd Wolandt, Hartmanns Weg zur Ontologie, in: Kant-Studien, Bd. 54 (1963), S. 304–316: ders., Nicolai Hartmann. Ontologie als Grundlehre, in: J. Speck (Hrsg.), Grundprobleme der Großen Philosophen, Bd. VI, 1983, S. 113–156.

(97) Hartmann, a.a.O. (Anm. 70), S. 178–185; ders., a.a.O. (Anm. 87), S. 120f.; ders., a.a.O. (Anm. 73), S. 45–174; ders., a.a.O. (Anm. 85), S. 326f. 実在存在たる人格的精神につき、Morgenstern, a.a.O. (Anm. 74) (1992), S. 161–169; ders., a.a.O. (Anm. 74) (1997), S. 108–112; Gerhard Hennemann, Das Welt-und Menschenbild Nicolai Hartmanns, in: Zeitschrift für Religions- und Geistesgeschichte, Bd. 5 (1953), S. 38–53.

(98) Hartmann, a.a.O. (Anm. 70), S. 47–62, 116–118, 134–136; ders., a.a.O. (Anm. 87), S. 152f., 169f., 177f.; ders., a.a.O. (Anm. 82), S. 285f.; ders., a.a.O. (Anm. 75), S. 324–326.

(99) Hartmann, a.a.O. (Anm. 70), S. 116–118; ders., a.a.O. (Anm. 87), S. 153, 169; ders., a.a.O. (Anm. 75), S. 301–306; ders., a.a.O. (Anm. 71), S. 472–572. アプリオリな認識につき、Morgenstern, a.a.O. (Anm. 74) (1992), S. 20–44, 50–64; ders., a.a.O. (Anm. 74) (1997), S. 29–55, bes., 45–47; Hans-Georg Gadamer, Metaphysik der Erkenntnis, Zu dem gleichnamigen Buch von Nicolai Hartmann, in: Logos, Bd. 12 (1923), S. 340–359; Hinrich Knittermeyer, Zur Metaphysik der Erkenntnis. Zu Nicolai Hartmanns „Grundzüge einer Metphysik der Erkenntnis“, in: Kant-Studien, Bd. 30 (1925), S. 495–514.

(100) Hartmann, a.a.O. (Anm. 70), S. 138–148, 156–160; ders., a.a.O. (Anm. 87), S. 114, 165, 169.

(101) Hartmann, a.a.O. (Anm. 70), S. 156–160; ders., a.a.O. (Anm. 87), S. 152, 176–179. ハルトマンにおける価値感情、相対主義の問題につき、Cohn, a.a.O., (Anm. 89), S. 211–240; Bollnow, a.a.O., (Anm. 89), S. 321–339.

(102) Hartmann, a.a.O. (Anm. 70), S. 647–686, 686–712; ders., a.a.O. (Anm. 87), S. 55–60, 115–117, 165, 169, 179–181; ders., a.a.O. (Anm. 85), S. 326f.

(103) Hartmann, a.a.O. (Anm. 70), S. 712–765, 765–801; ders., a.a.O. (Anm. 87), S. 108f., 179–183. ハルトマンの自由問題につき、Hartmann, a.a.O. (Anm. 85), S. 326–330; Morgenstern, a.a.O. (Anm. 74) (1992), S. 189–210; ders., a.a.O. (Anm. 74) (1997), S. 137–147; Hans Georg

Gadamer, Wertethik und praktische Philosophie, in: Nicolai Harmann, 1882-1982, 1982, S. 113-122; Hedwig Below, Das Problem der Freiheit in Nocolai Harmanns Ethik, Diss, Köln, 1966, S. 161. Vgl., Jan Schapp, Über die Freiheit im Recht（1992）, in: ders., Über Freiheit und Recht. Rechtsphilosophische Aufsätze 1992-2007, 2008, S. 1-33; ders., Grundrechte als Wertordnung（1998）, in: ders., Über Freiheit und Recht, S. 149-164.

(104)　Hartmann, a.a.O.（Anm. 73）, S. 131, 149-163, 369-371; ders., a.a.O.（Anm. 87）, S. 111-115, 117f., 160-170; ders., a.a.O.（Anm. 85）, S. 326f. .

(105)　Hartmann, a.a.O.（Anm. 73）, S. 163-166, 168-170; ders., a.a.O.（Anm. 87）, S. 109-111. ハルトマンの人間学につき、Morgenstern, a.a.O.（Anm. 74）（1992）, S. 166-169; ders., a.a.O.（Anm. 74）（1997）, S. 85f., 107-112, 167f.; Helmut Plessner, Geisteiges Sein. Über ein Buch Nicolai Hartmanns（1933）, in: ders., Zwischen Philosophie und Gesellschaft, 1953, S. 60-78; Arnold Gehlen, Der Mensch, in: ders., Gesamtausgabe, Bd. 3. 1, 1993, S. 7, 71f., 213f.

(106)　Vgl., Heinrich Henkel, Einführung in die Rechtsphilosphie, 2. Aufl., 1977, S. 234-268, bes., 249-259, 262f.; ders., Der Mensch im Recht, in: Studium Generale, 13. Jg.（1960）, S. 229-246, 241-243.

(107)　Vgl., Karl Groos, Nicolai Hartmanns Lehre vom Objektivierten und objektiven Geist, in: Zeitschrift für Deutsche Kulturphilosophie, Bd. 3（1937）S. 266-285; Klaus Zimmermann, Nicolai Hartmann und das Problem des geistigen Seins, in: Symposium zum Gedenken an Nicolai Hartmann（1882-1950）, 1982, S. 54-69.

(108)　同様の現実的法統握はシェーラーにも可能である。彼にも精神科学的な現実観が存在することからすれば（Vgl., Erich Rothacker, Schelers Durchbruch in die Wirklichkeit, 1948, S. 14-17; Eduard Denninger, Rechtsperson und Solidarität, 1967, S. 20-29, 47-50, 71-74, 83-89, 92-94; Wolfhart Henckmann, Max Scheler, 1998, S. 100-114, 115-137; Angelika Sander, Max Scheler zur Einührung, 2001, S. 43-53, 119-143.）、価値の現実化としての法現実というコンセプトをここに発見するのは困難ではない。Vgl., Gerhard Sprenger, Legitimation des Grundgesetzes als Wertordnung, in: W. Brugger（Hrsg.）, Legitimation des Grundgesetzes aus Sicht von Rechtsphilosophie und Gesellschaftstheorie, 1995, S, 219-247; ders., Recht und Werte, in: Der Staat, Bd. 39, 2000, S. 1-22; Norbert Horn, Vom jüngeren und jüngsten Naturrecht, in: Festschrift für Martin Kriele, 1997, S. 889-901, 897-901; Wolfgang Waldstein, Das Naturrecht in der modernen Staatsphilosohie, in: Festschrift für Martin Kriele, S. 903-922.

(109)　Helmut Coing, Grundzüge der Rechtsphilosophie, 5. Aufl., 1992; Rudolf Smend, Vefassung und Verfassungsrecht（1928）, in: ders.,

Staatsrechtliche Abhandlungen und andere Aufsätze, 3. Aufl., 1994, S. 119–276; Ernst Forsthoff, Lehrbuch der Verwaltungsrechts, 10. Aufl., 1973.

(110) Coing, a.a.O.（Anm. 109）, S. 240–242, 216, 95–97; ders., Die obersten Grundsätze des Rechts, 1947, S. 129–133, 134–138.

(111) Coing, a.a.O.（Anm. 109）, S. 198–209, 138–142; ders., a.a.O.（Anm. 110）, S. 54–63. そもそも、自然法認識に関する「事物の本性論」に明らかな如く、実質的価値倫理学は硬直したアプリオリ主義とは無縁である。Coing, a.a.O.（Anm. 109）, S. 181–192; ders., Vom Sinngehalt des Rechts（1950）, in: A. Kaufmann（Hrsg.）, Die ontologische Begründung des Rechts, 1965, S. 33–51; Heinrich Hubmann, Naturrecht und Rechtsgefühl（1954）, in: ders., Wertung und Abwägung im Recht, 1977, S. 103–144.

(112) Coing, a.a.O.（Anm. 109）, S. 213–215; ders., a.a.O.（Anm. 110）, S. 54–63.

(113) Coing, a.a.O.（Anm. 109）, S. 222–224, 266–268, 280; ders., a.a.O.（Anm. 110）, S. 132.

(114) Coing, a.a.O.（Anm. 109）, S. 262f., 268–271, 275–281, 288–290; ders., a.a.O.（Anm. 110）, S. 142–150.

(115) Coing, a.a.O.（Anm. 109）, S. 204f. 尤も、この理解には、シュプランガー、即ち、ディルタイ精神科学哲学の嫡流によるコーイング自然法論批判が、障碍物となろう。Eduard Spranger, Zur Frage der Eeneuerung des Naturrechts（1948）, in: ders., Gesammelte Schriften, Bd. VIII, 1970, S. 290–308. けれども、両者の衝突は外見的なものに過ぎぬ。何故なら1つには、コーイング本人が宣言した方法こそ「精神科学的方法」であったし（Coing, a.a.O.（Anm. 109）, S. 95; ders., a.a.O.（Anm. 110）, S. 8）、続いて、その自然法概念はその印象に反して「正義原則」に付けた暫定的名称に過ぎないし（Coing, a.a.O.（Aum. 109）, S. 207f.）、更には、批判者シュプランガー自身が法の究極尺度、法理念の存在を否定していない（Spranger, a.a.O., S. 306–308.）。Vgl. Thomas Würtenberger, Wege zum Naturrecht in Deutschland, in: ARSP, Bd. 38（1949/50）, S. 98–138, 110–113; ders., Das Naturrecht und die Philosophie der Gegenwart, in: JZ, 1955, S. 1–5, 4–5; ders., Um das Rechtsdenken der Gegenwart, in: Erziehung zur Menschenlichkeit. Festschrift für Eduard Spranger zum 75. Geburtstag, 27. Jun. 1957, 1957, S. 461–467, 465–467.

(116) Vgl., Erich Fechner, Helmut Coings Grundzüge der Rechtsphilosophie, in: ARSP, Bd. 39（1950/51）, S. 403–422; ders., Naturrecht und Existenzphilosophie, in: ARSP, Bd. 41（1954/55）, S. 305–325. この結論は、価値哲学自体への評価は別として、別段奇抜ではない。例えば、本文で指摘した価値哲学流の法本質論と法生成論は、大家の法哲学の中にも存立する。ヘンケルでは、法は、自体存在者の直観的把握という構想には疑問符が付けられているとはいえ、共通精神としての価値を実在存在により客観化した歴史的形象体として現出し、同時に、生物・心理・精神の三階層から成る人間――階層理論！――により価値に方向づけられて法定立と法適用が行われるとされる。Vgl. Henkel, a.a.O. (Anm.106) („Rechtsphilosophie"), S.186–191, 203–216, 249–259, 259–268, 322–325, 336, 348–355; ders., a.a.O. (Anm.106) („Mensch"), S.231–233, 243–246; ders., Recht und Wert, in: G. Grünwald/O. Miehe/H.-J. Rudolphi/H.-L. Schreiber (Hrsg.), Festschrift für Friedrich Schaffstein zum 70. Geburtstag am 28. Juli 1975, 1975, S.13–30. Vgl. Hans Ryffel, Rechts- und Staatsphilosophie, 1969, S.203–366, 379–386; 阿南成一『法哲学』（青林書院、一九七五年）一四〇～一七〇頁。

（117）Smend, a.a.O. (Anm.7), S.156, 207, Fn.4; ders., Das Bundesverfassungsgericht, in: ders., Staatsrechtiche Abhandlungen und andere Aufsätze, 3. Aufl., 1994, S.581–593, 583. Vgl., Richard Bartlsperger, Die Integrationslehre Rudolf Smends als Grundlegung einer Staats- und Rechtstheorie, 1964.

（118）Smend, a.a.O. (Anm.7), S.207, Fn.4; ders., Walther Schönfeld, in: ZevKR, Bd.6 (1957/58), S.177. Vgl., Wilhelm Sauer: Die Wirklichkeit des Rechts, in: ARSP, 22, (1928/29), S.1–43, 9, Fn.11, 16, S.14; Karl Larenz, Staats- und Rechtsphilosophie der Gegenwart, 2. Aufl., 1937, S.115–124.

（119）Walther Schönfeld: Die Revolution als Rechtsproblem, in: AöR, N.F., Bd.12 (1927), S.161–186, 172–179. Vgl., ders., Die logische Struktur der Rechtsordnung, 1927, S.48; ders., Von der Rechtserkenntnis, 1931, S.63–72; ders., Vom Rechte, das mit uns geboren ist, 1940.

四　結　語

本章では、行政過程論と多元主義論の普及の下にある公法理論の可能性を問うべく、戦後ドイツの価値秩序対立の通念的了解像を批判し、続いて、公法理論一般における価値秩序の役割を概略的に検討した。まず、スメントとフォルストホフの対立は、自然法対法実証主義、価値絶対主義対相対主義、この慣例的図式では決して把握できないこと、これが判明し、次に、ハルトマン実質的価値倫理学では、法は価値理念と実在存在の弁証法的運動と把握されること、実は、フォルストホフ法統握論もこの精神哲学からの再構成が可能であること、従って、二人の大家の対決も、実は、精神的現実に定位した精神科学的方法という共通項で了解されること、これが判明する。詰まるところ、戦後ドイツ公法学は、価値秩序と実在過程の双方を取り込む精神哲学により定礎された訳である。

勿論、本章の結論に向けては、個別学説の解釈を除けば、次の如き批判が提起されるかもしれない。つまり、公法理論が精神哲学で編制可能としても、それが実際のところ、現行の確立した実定法秩序とどんな関係があるのか、精神科学的方法なるものは、異論があるとはいえ価値秩序の下わが国で一応の確立を見せている「二重の基準論」と一体どんな関係があるのか、また、理論と実務の不断の往復によって確立された行政裁量の諸問題と一体どんな関係があるのか。更には、ハルトマン価値倫理学は、復興自然法の退潮とともに一勢に十字砲火に遭ったのではないか、スメント基本権説の判例理論化も、その精神哲学とは無関係の偶然の事情に依ったのではないか、フォルストホフ価値理論に至っては、完全なる忘却の彼方に在ったのではないか。しかし、仮にそうだとしても、公法理論と価値秩序を精神哲学の見地から検討する態度は、非常に重要であり、実際に残存している。

まず、価値秩序と実在過程とを包括的に見る視点は、憲法理論からは喪失されてはいない。討議哲学も援用した比較衡量の分析理論は、解釈適用のプロセスから法原理の具体化を考察する点で、実在過程に法理念の現実化を見る精神科学的方法の精神を継承している。[120] また、憲法妥当の根拠を憲法現実やコンセンサスに見る近時の傾向も、価値秩序の核心を憲法過程から見失わない点で、実在過程に法理念の現実化を見る精神科学的方法の姿勢の継承者である。[121] また、価値秩序と実在過程とを包括的に見る視点は、行政法学にも僅かに残存している。例えば、要件裁量と効果裁量、又は、解釈と裁量の分離を徹底拒否する視点は、理念の具体化と経験的事実とを同時に見ようとする点で、やはり、実在過程に法理念の現実化を見る精神科学哲学の態度を受継いでいる。[122] また、単なる行政形式論の一種に見えて、法規命令や行政行為の中に国家的な残酷への倫理的歯止めを探求する見解も、やはり、実在過程に法理念の現実化を見る精神哲学的遺産の相続人である。[123] こうした公法学の貴重な遺産を無駄にしない為にも、精神科学の方法態度を取り戻すことが大事である。だが、そもそも価値秩序と実在過程を包括的に見る精神科学哲学の視座を放棄すれば、問題を問題として把握する能力、その問題を的確に解決する能力、これが喪失されてしまうだろう。精神科学的方法を欠いた研究が、理念であれ実在であれ単なる実定性を追求してゆくように、精神科学哲学を欠いた科学は、諸科学の連帯の場である総合大学を解体し、紐帯を失った諸科学は各個別の専門学校を建設した上で、国家と世間が求めたその都度の注文に合った結論を生産してゆくだろう。

もう一度確認しよう。実定公法解釈でのヨリ具体的な展開を今後の課題に留保できるならば、本章の結論は以下の如くである。価値秩序は公法理論の核心部分を成す。何故なら、公法の本質は価値＝実在の弁証法的運動、即ち精神的現実にあるからである。

(120) 全か無かの二者択一を拒む一応の「原理」を、制度的又は非制度的論証プロセスで「衡量」する法学的論証理論には、価値と原理の構造上の同一性が前提にある限り、実在による理念の現実化という精神科学哲学の基本構想が——原理の存在理論と認識理論を完全放棄し、法現実化過程の合理性を過剰要求する無視しがたい主張が残るとしても——ある。Robert Alexy, Theorie der Grundrechte, 1985 (2. Aufl., 1994), S. 125–158, 126f., 133f., 136f., 142f.; ders., Rechssystem und praktische Vernunft (1987), in: ders., Recht, Vernunft, Diskurs, 1995, S. 213–232, 216f., 218f., 228. また、松原光宏「私人間効力論再考（一）」法学新報一〇六巻三・四号（二〇〇〇年）一〜三八頁、同「(二・完)」同一一・一二号（同年）六三〜一一三頁。なお、いわゆる二重の基準論や保護義務理論が、衡量以前の確定的価値序列を承認する立場、衡量不要の教義学的諸義務を導出する立場なら、それは実質的価値倫理学とは親和的でない。鈴木隆「ドイツにおける保護義務の基礎」（早大院）法研論集七六号（一九九六年）、同「ドイツにおける国家任務としての保護（一）（二・完）」法研論集八一号、八二号（一九九七年）。

(121) 自由・秩序・正義の西欧伝来「基本価値」の具体化を、法律上の立法活動と裁判官の適用活動による諸「法制度」に見る通説的憲法理論にも、価値の人間学的基礎づけ、価値の歴史的経験的顕在化を跡づける点で、精神科学哲学の基本構想が——価値の非合理性と専制主義を実質的価値倫理学批判者と共有するとしても——ある。Christian Starck, Zur Notwendigkeit einer Wertbegründung des Rechts, in: R. Dreier (Hrsg.), Rechtspositivismus und Wertbezug des Rechts, 1989, S. 47–61, 48f., 49–51, 51–54, 54–56, 56f.; ders., Frieden als Staatsziel (1984), in: ders., Der demokratische Verfassungsstaat, 1995, S. 231–251, 232–244. Vgl. Gerhard Robbers, Zur Verteidigung einer Wertorientierung in der Rechtsdogmatik, in: Rechtspositivismus und Wertbezug des Rechts, 1989, S. 162–172, 164–168, 168f.

(122) Ulrich Scheuner, Zur Frage der Grenzen der Nachprüfung des Ermessens durch die Gerichte, in: Verwaltungsarchiv, Bd. 33 (1928), S. 68–98; ders., Das Gesetz als Auftrag der Verwaltung (1968), in: ders., Staatstheorie und Staatsrecht, 1978, S. 545–565; Horst

Ehmke, „Ermessen“ und „unbestimmter Rechtsbegriff“ im Verwaltungsrecht, 1960. 外見上の行政過程論の変種でも、規範概念の――「公共性」や「権利性」――具体化過程の追跡が遂行される。遠藤博也『行政計画法』（学陽書房、一九七六年）四七～五二、二〇二頁、同『実定行政法』（有斐閣、一九八九年）四一～六〇頁、亘理格「行政上の命令・強制・指導」岩波講座『現代の法4』（一九九八年）二四五～二七六頁、同「行政裁量概念の再構成」（一九九九年）同『公益と行政裁量』（弘文堂、二〇〇二年）四～三一頁。因みに、スメント説を戦後ドイツの行政裁量論議から遮断する見解（高橋滋『現代型訴訟と行政裁量』（一九八九年、弘文堂）二一四～二一五頁）、スメント学派の行政裁量学説に自由主義的傾向を読取る見解には（上原克之「ショイナーの自由裁量論」東京都立大学法学会雑誌三三巻二号（一九九三年）九八、一二六頁）、疑問がある。ここでは、ドイツ行政法学の法哲学的基盤――例えば、論拠となるブローム（Winfried Brohm, Die Dogmatik des Verwaltungsrechts vor den Gegenwartsaufgaben der Verwaltung, in: VVDtSRL, H. 30 (1972), S. 245-312, bes., 249-253）から師匠フォルストホフ経由の精神哲学の痕跡を消去可能か（Brohm, Rechtsschutz im Baurecht, 1959, S. 32-36, 43-52）は疑問――や、社会哲学思弁――例えば、ショイナーの市民的法治国家批判を見よ（Scheuner, Die nationale Revolution, in: AöR, N. F., Bd. 24 (1934), S. 166-220, 261-344, bes., 199-203）――が、遺憾なことに看過されている。

(123) Ernst Forsthoff, Recht und Sprache, 1940; ders., Die Verkündung des Kirchenrechts, in: Archiv für evangelisches Kirchenrecht, Bd. 4 (1941), S. 19-30; ders., Die Bindung an Gesetz und Recht, in: ders., Rechtsstaat im Wandel, 2. Aufl., 1976, S. 122-129, 123; Werner Weber, Die Verkündung der Rechtsvorschriften, 1942. Vgl. Manfred Friedrich, Geschichte der deutschen Staatsrechtswissenschaft, 1997, S. 404. これにつき、拙稿「公布の本質（一）」（埼玉大）社会科学論集一〇九号（二〇〇三年）九一～一〇四頁を参照。

第四章　欧州統合と統合理論

一　序　言

本章の目的は、欧州統合と統合理論の連関可能性を問うことにある。指摘するまでもなく、一九五二年の欧州石炭鉄鋼共同体の発足から、一九九二年の欧州連合の設立を経て、その後も、ヨーロッパ各国の経済的、政治的、文化的な統合プロセスの進展は着実なものである。確かに、二〇〇四年の欧州憲法条約での発効の失敗、二〇〇七年のリスボン条約での批准の難航など、障害がないとはいえぬとしても、欧州統合や欧州連合を国際政治の中で無視することは不可能である。(1) さて、この欧州《オイロペーイッシェ》統合《インテグラチオン》のために八〇年前の統合理論《インテグラチオンステオリー》が召喚されている。(2) しかし、この説を主張したルドルフ・スメントは、当時のドイツの代表的国法学者の一人であるが、今も昔もその「論敵」と目されるケルゼンに、ナチズムの支持者或いは容認者だと難詰されたように、謎めいた哲学用語で煙に巻いてドイツ法実証主義の伝統を葬り去り、わが国では特に、教会法研究への傾倒もナチ克服の証《あかし》でなくむしろ神掛かりの不合理主義の徴《しるし》であると、誤解され続けてきた人である。(3) それにも拘わらず、彼独自の精神科学的方法に依拠する統合理論は、再審の上無罪でなく有罪のまま恩赦されて、現代に動員されている。

そこで、統合理論による欧州統合の論証可能性を検証しようと思う。欧州連合の弁証にスメントを直接援用することが短絡であるように、この検証に彼の国家理論を直接援用することも同じく短絡であろう。スメント本人は、精神科学の方法で憲法理論や教会法学を論じたが、(4) 国際法学や、もちろん欧州統合を論じた事実は確認されないからだ。だがしかし、ヘルベルト・クリュガーやウルリヒ・ショイナーなど、スメント門下には、国際法学、国際機構につき語る国法学者がいた。その他にもスメント自身による連邦国家論の展開が利用できようが、本章では、スメント学派の国際法学という搦め手から攻めてみよう。まず、欧州統合が統合説を召喚するEUをめぐる状況を見る（二）[5]。これは、飽くまで欧州統合とスメントの関係を問う前提であるから、欧州統合や欧州連合について各論点で文献が膨大であることもあり、もはや統合学派とはいえぬがスメント系列ではある現在の国法学者、インゴルフ・ペルニスやマルティン・モルロクらの諸論稿をもって[6]、欧州統合下での憲法体制や価値秩序の諸問題を確認することとする。次に、スメント学派の国際法学から欧州統合の可能性を診る（三）。

（1）　欧州統合や欧州連合につき憲法学が論ずる文献だけでも膨大である。ごく一部のみを挙げると、阿部照哉「欧州連合と憲法」宮田豊先生古稀記念『国法学の諸問題』（嵯峨野書院、一九九六年）一二三～一三六頁、岡田俊幸「欧州統合とドイツ憲法」『国際化のなかの分権と統合』（敬文堂、一九九八年）一二五～一三八頁。

（2）　欧州統合と統合理論の関係については、後述のペルニスの指摘以来、少なくとも、表立ってこれを否定する見解は、ないように思われる。Vgl. Hans Vorländer, Integration durch Verfassung?, in: ders., Integration durch Verfassung, 2002, S. 9-40, 13-18. この他、この問いについては、後掲注(47)の箇所でも触れようと思う。Detlef Lehnert, Desintegration durch Verfassung?, in: H. Vorländer, Integration durch Verfassung, 2002, S. 237-265, 240-244. 尤も、召還されるのはスメント説のみならず、C・シュミット説やケルゼン説など、恰も往年の法理論が集う同窓会のような様である。石村修『憲法国家の実現』（尚学社、二〇〇六年）二六〇～二六四頁、拙稿「政治的体験の概念と精神科学的方法（一）」早稲田法学七二巻四号（一九九九年）二五四～二六〇頁。

なお、本章で扱う統合理論とは、「国際統合理論」とは関係がない。国際統合理論につき、例えば次を参照。最上敏樹『国際機構論［第二版］』（東京大学出版会、二〇〇六年）三〇九～三三七頁、久保広正「欧州統合理論の再統合」（二〇〇一年）同『欧州統合論』（勁草書房、二〇〇三年）三三～五八頁。

（3）　ケルゼンによる批判など、このあたりの事情は以下を参照されたい。拙稿（前掲注(2)）二六三～二六六頁。なお、ドイツ本国ではケルゼン的スメント批判が復活しつつあるが、反対に近年のわが国ではスメントの理論的意義が評価されつつある。例えば、林知更「立憲主義と憲法の保障」『憲法学の現代的論点』（有斐閣、二〇〇六年）六〇～六二、七四～七九頁。ただ、東アジア共同体の実現のためEUへの実践的関心はあっても、そこにスメントが結び付けられるほど了解は得られていないだろう。

（4）　スメントの大学理解や教会法学について、本書第一章三3(3)、拙稿（前掲注(2)）三〇三～三三九頁、清水望『国家と宗教』（早稲田大学出版部、一九九一年）二三六～二五九頁。

（5）　なお繰返せば、次節での言及、中でも欧州統合や欧州連合に関する指摘は、新規の主張ではなく、議論の前提の単なる確認に過ぎない。議論状況は、膨大な文献の中、以下の先行業績を挙げるにとどめる。齊藤正彰『国法体系における憲法と条約』（信山社、二〇〇二年）、とりわけその第一部第一章、第二章、伊藤洋一「EU法（一）」法学教室二六三号（二〇〇二年）一〇六～一一二頁、同「(二)」同二六四号（同年）一〇七～一一二頁、同「(三)」同二六五号（同年）一一三～一二〇頁、同「(四)」二六六号（同年）一二一～一二八頁（二〇〇二年）、中村民雄・須網隆夫編『EU法基本判例集［第二版］』（日本評論社、二〇一〇年）、とりわけ1～4の事件。

（6）　ペルニスもモルロクもともに、ペーター・ヘーベルレの門下である。このヘーベルレはコンラート・ヘッセの、このヘッセはスメントの弟子であるから、ペルニスとモルロクは、スメント第四世代となる。栗城・戸波・嶋崎編『ドイツの憲法判例Ⅲ』（信山社、二〇〇八年）五七六頁の「公法学者系譜図」も見よ。

二　欧州憲法と価値秩序

1　欧州連合秩序の構造

欧州連合は、現行ドイツ基本法が正式に想定する国家間組織である。つまり「連邦は、法律により高権を国家間諸組織に移譲できる」のであり（基本法二四条）、連邦は、「統一《アインフェアアンテス》欧州《オイローパ》の実現のために欧州連合の発展に参与し」、このため「連邦参議院の同意を得た法律により高権を移譲できる」のである（同二三条一項一文前段、二文）。しかもこれらは、「統一欧州の中《インアイネムフェアアインテンオイローパ》の同権の分肢として世界の平和に仕える」べく国民が定立した基本法の中の、仕組みである（前文）。ここには、高権移譲により他の欧州諸国とともに欧州連合を構成し、その延長に統一欧州を実現する、とのコンセプトが展開されている。これと共に周知だが、両独統一と共に旧二三条の加盟条項《バイトリッツクラウゼル》が不要となり、方や九二年のマーストリヒト条約で欧州連合が創設されるなど、従来の二四条が欧州統合過程に不十分となり、こうした事情の下で新設されたのが、欧州条項《オイローパクラウゼル》としての基本法の現行二三条なのである。先の統一欧州の概念が欧州連邦国家を意味するかは、不明であるが、新二三条のいう欧州連合の概念は、それが統一欧州の途中としても、現実にある欧州連合のことを指すのは、今更に指摘するまでもない(7)。

さて、ドイツが高権を移譲して欧州連合を創設する、ということは、ドイツがこの移譲承認の限りで欧州連合に服従することを意味する。EU法は、EUを基礎づける第一次法（EU条約、EC条約など）、EC条約を根拠に制定される第二次法、大きく二種類に大別されて、さらに後者は、全構成国を拘束し直接に適用される規則《フェアオルトヌンゲン》（命令）と、当該構成国のみ結果だけを拘束する指令《リヒトリーニエン》と、構成国であれ自然人であれ名宛人のみ拘束する決定《エントシャイドゥンゲン》など、各種の法形式に区別されている(8)。そしてこれらの法が「新たな法秩序」を成して、各国の国内法秩序の中に組み込まれ、そこで直接適用可能な法規範として各構成国を拘束し、しかも、憲法を含む全国内法に優位するものと取扱われる。ただそれは、EU法違反の国内法を無効と断ずる妥当の優位《ギュルティヒカイツフォアラング》或いは有効の優位《ゲルトゥンクスフォアラング》でなく、その国内法の適用《アンヴェンドゥング》を禁ずる適用の優位《スフォアラング》に過ぎぬ(9)。もちろんEUが各国の授権に基づく以上、EU法がこれを逸脱してはならず、それゆえ、EU法の優位性に「留保がないわけではない」。その事情はドイツ連邦憲法裁・判例理論の入組んだ発展が物語るが(10)、ともかく、欧州司法裁判所はEU法に反する国内法を排除するのだ(11)。

このEU法の優位の根源にあるのは、構成国の誠実協力義務である。欧州連合におけるこの協力義務を、EU競争秩序を事例に見てみる。ところで、EU条約によると、諸構成国と欧州連合の活動は「自由競争による開かれた市場経済の原則」に拘束され（EU機能条約一一九条）、競争を制限する行為などが原則的に禁止され（同一〇一条、一〇二条）、しかも、この競争秩序は公的企業にも適用される（同一〇六条一項）。もちろんこれには、公的企業の特別任務を阻害しない限りでである、という留保があるが（同二項）、この留保はEUが厳格に吟味する(12)。となると、従来の公的企業の独占的地位は見直さなければならない。つまりは、このEU法上の義務は、一般措置や特別措置など全てを投入し、全構成国が積極実現しなければならない（EU条約四条三項）(13)。当然、ドイツも連邦郵便、連邦鉄道などの見直しをすることになる。その際、義務実現のために投入された手段こそが憲法改正であった。つまり、従来連邦行政だった郵便と鉄道を（基本法旧八七条一項）、基本法の改正により、サービスの質の保障責任を連邦に留保しつつ、まずは民間企業の任務としたのである（同新八七e条、八七f条）(14)。

このEU法の優位が拡大すれば、一方で劣位する側の国家の権限が目減りし、他方で優位する側のEUの権限が水増しすることになる。単純には、主権国家は国家でなくなり、国際機構は国家へと近づく。まず、国際機構への高権移譲はその分ドイツの高権喪失となるから、高権独占の事態、公権力の絶対性や包括性が、破られることになる(15)。欧州連合下のドイツは、そのアイデンティティは保護されるものの、古典的な主権国家や国民国家ではなく、開かれた《オッフェナー》国家《シュタート》となるだろう(16)。国家高権を移譲されるEUの側は、今や単なる国家連合《シュターテンブント》ではなくて、かといって構成国とは別に主権を持つ連邦国家《ブンデスシュタート》、というのでもない。二つの概念の中間を狙う妥協案として、これを国家結合《シュターテンフェアブント》と呼ぶのは、連邦憲法裁マーストリヒト判決を端緒に、よく知られたことである(17)。ペルニスによれば、各国は条約を通じてEUを基礎づけるとはいえ、特定任務につきEUに移譲した高権を簡単に撤回できるわけでなく、またEU法が権利保障を定めることで、国家憲法さえも固定される。結局、主権は各構成国と欧州連合のどちらに帰属するわけでもなく、ただ、異なる行為のレベルに委ねた主権《ゲタイルテ》の分有《ズヴェレニテート》の状況が生まれてくる(18)。

2　価値による欧州統合

もっとも、欧州連合を国家結合と呼ぶかどうかが重要なのではなく、むしろ、欧州連合の民主制の欠損《デモクラティーデフィツィット》をどう補填するかが、肝要である(19)。つまり、基本法二三条一項一文後段は、ドイツが加わる欧州連合が「民主制原理、法治国原則、社会的原則、連邦制原則、補充性原則を義務づけられ」るとして、EU自体に枠を嵌めているのであるが、「全ての国家権力は国民に由来する」という同二〇条二項と併せて、欧州連合の体制の中でこの民主制の原理を実現しなければならない(20)。具体的に言えばそれは、立法と予算の権限を持つEU理事会とEU議会に対しその責任追及の制度をどう設計するか、との問いである。だが、この民主的正統化は極めて間接的なものにとどまる、という。第一に、ＥＵでの規範定立の中心はＥＵ理事会に据えられているが、この構成員は各構成国の政府代表者であり、であればその統制は、各構成国の議会による個々の政府代表者の統制に拠らざるを得ない(21)。第二に、他方で欧州議会では七九年以来直接選挙が行われ、その点直接的な正統性が付与されてはいる。しかし、元々この議会は欧州市民の議会であるのに、全欧州市民の統一選挙はいまだ存在しない(22)。

だが、この民主制の欠損は諸市民の動員により補填されうるだろう。即ち、国民主権が権力と国民との帰責連関の問題であるとするなら、欧州権力の民主的正統性にも欧州《オイロペーイッシェス》国民《フォルク》が存在するべきかもしれない。しかしペルニスによれば、ＥＵに対応するのは連合市民《ウニオンスビュルガー》なのである。正確にはそれは、前もって実存する国民でなく、支配の関与を受け人権の保障を持つ市民であり、しかも、同質性を備えた市民でなく、統合への意志と人権への根本コンセンサスを身に付けた市民である(23)。市民の自由な結社として欧州《オイロペーイッシェ》市民社会《シヴィルソサイエティ》が形成されなければならない。つまり、欧州的な公論が展開され、その上に全欧州的言説が波及し、そして、欧州議会に正統化された欧州諸機関が政治的責任を遂行し、もって、差し迫った政治的問題に着手しこれを解決する、のである。欧州民主制に必要なのは、共通言語でも全欧州的メディアでもなく、相互に諒解しあう能力であり自由であり（実在の）意志なのである。国民主権といえば、憲法制定権力が包括的社会契約で一挙に自らを創設すると連想するが、これは欧州連合にそのままに該当しない。段階的な権限移行により徐々に市民主権が実現することもありうる(24)。

では、欧州市民の統合への意志、諒解への意志を如何に喚起するか？　欧州共通の価値によるアイデンティティ形成がその礎となるだろう。先のペルニスは、価値による統合に積極支持とはいいがたいのだが(25)、カリースなどは、欧州アイデンティティがＥＵ存続に必要だという。例えば欧州には、古代以来の文化的価値や精神的遺産が共通にあり、文芸復興、宗教改革、市民革命、産業革命など文化的歴史的な経験、世界戦争の惨禍や全体主義の残酷など悲惨な集団的な記憶も、ある(26)。こうした経験基礎の上に人々は集団的アイデンティティを学習して、平和と安全、人間の尊厳、基本権保障、民主制と法治国、自由経済など、特定の価値、欧州的価値《オイロペーイッシェ ヴェルテ》、欧州的価値秩序《オイロペーイッシェ ヴェルトオルトヌンク》が形造られるのだ。(27)彼はこれを、統合結合たるＥＵに内在する嚮導価値《ライトヴェルテ》（平和や連帯）、統合進展にともないＥＵの構造要素となる基本価値《グルントヴェルテ》（自由や平等）、この両者の部分を特定領域で具体化した個別価値《アインツェルヴェルテ》に区別しているが、(28)カリースが言うには、この欧州的価値の内容を具体化するためには、この価値と各構成国の独自の価値とを比較することが肝要であって、この「価値の相互作用」を経由して欧州的「価値結合」が誕生する。(29)

そして、この欧州的価値による統合は、「憲法」の下で遂行される。そもそも「自由、民主主義、人権と基本自由の尊重、法治国家」は、旧欧州連合条約六条一項で、ＥＵの基本価値として規定されていたし、また欧州基本権憲章（二〇〇〇年）の前文は、「共通の諸価値を基礎に平和な将来を共有することを、欧州諸国民が決意した」、と宣言し、「人間の尊厳、自由、平等、連帯」がその価値だ、と特定していた。そして、現・欧州連合条約（リスボン条約、二〇〇七年）の二条も旧条約の前文を引継いで、「人間尊厳の尊重、自由、民主主義、法治国家、人格の権利を含む人権の確保」を「連合を創設するに拠って立つ諸価値」としている。(30)勿論、これら基本価値は、構成国が加盟時に遵守しておくべき条件であり（ＥＵ条約六条）、それに違反すれば制裁措置が発動される要件でもある（ＥＵ条約七条）。(31)だが、欧州的基本価値をこうした強制手段で維持するかはともかく、ＥＵ条約も憲法と位置づけることが可能であれば、欧州的諸価値を条約上明文化しようとする一連の流れは、欧州アイデンティティの自発的確立を、欧州憲法を通じ実現するものと把握できるのである。(32)

3　幻の欧州憲法の期待

ところが、憲法の発想が欧州連合にそもそも適合するのであろうか。伝統的な憲法概念が近代的な国家概念との関連を持つと考えるなら、連邦国家でない欧州連合には初めから憲法は語りえないことになる。(33)だが例えばモルロク曰く、憲法の国家関連性は必ずしも真理でない。確かに、社会全体を拘束する制御活動は、歴史的に国家なるものが実施してきたのだが、しかし、そのような制御装置が持つ脅威とは、国家構造にではなく、実効的な政治支配の制度それ自体の中にある[34]。そうであれば、特定内容につき構成国や市民を制御活動で拘束する欧州連合に関しても、その政治権力を手懐け正統化する必要がある。経済現象の急速な複雑化は、もはや一国の制御能力を超えてしまい、その制御失敗を超国家的な規律システムで埋合わせなければならぬ——このシナリオでは、欧州連合の撤退は最早認められないだろう。そして、全欧州的な尺度で決定する制度が望ましいものだとすれば、全欧レベルのこの制御を統制する憲法が必要だ、ということになる[35]。要は、制度化された支配の正統化と限定にこそ憲法は関連性を持つ。憲法思想の核心は、伝統的な国家形象とは無関係であるわけである[36]。

この延長線上にあるものが、ペルニスの欧州憲法結合の思考である。主権国家や憲法条約と無関係に、欧州《オイロペイッシェ》憲《フェアファッ》法《スング》はすでにあるのだと言う[37]。まず、国家の相対化を反映するポスト国民国家の憲法概念が必要だ。つまり憲法概念は、古典的な主権国家との結合から一旦切り離して、公権力を構成し組織し制限するという、その機能から理解するべき[38]。ここから先のロジックは必ずしも明確ではないが、推測するならば、この機能的憲法概念は、諸個人の活動を媒介として実現するもので、つまり、全ての市民が絶間なく互いに折り合い耐え忍び合うという公的プロセスが展開される中で、憲法諸機能が生きてくるのである。その意味ではむしろ、この、不断に更新される手続それ自体として、しかも人々の価値同意という手続成果として、憲法は出来してくる[39]。そこでペルニスはEUについて、それは欧州《オイロペイッシャー》憲法結《フェアファッスングスフェ》合《アバント》であると言う。つまり、外見上は各構成国が条約を通じて支配を委任してはいるが、本当は、欧州市民が各国と欧州の二つの次元で漸進的に秩序構成し、それゆえ、欧州市民自身が始原的にEU諸機関に授権しているのだ。結局、基本決定が蓄積されるこのプロセスこそ欧州憲法なのである[40]。

そうなると、この欧州憲法を検討する欧州《オイロペーイッシェ》憲法理論《フェアファッスングステオリー》も必要となろう。つまり憲法解釈を制御する憲法教義学、これを統制する学問分野を憲法理論《フェアファッスングステオリー》と呼ぶならば、それは欧州憲法を扱う憲法理論を意味する[41]。先のモルロクが語るところでは、EUの加盟国家や任務が増える中、欧州憲法理論は次の諸事項に取組むべきだと、強く要請されている。第一に、経済力など新旧構成国の相違を構成国資格の段階化に反映させるか等、将来ＥＵが採るべき形象について検討するべきである。(42) 第二に、欧州結合本来の目的を明確にしながら、各国国内法秩序の視点で欧州統合を反省し、欧州中心主義を克服しなければならない。(43) 第三に、欧州憲法とて人々への自身の説得力なく存立しえないから、そのために充足すべき合憲性の水準も、探求しておく必要があろう。(44) その際、欧州憲法理論は比較憲法と学際研究の手法を必然的に採る。なぜなら、比較憲法が扱う各国内憲法はＥＵ秩序の一部分であるし、合理性という秩序条件自体が各種学問分野の考察対象であるからだ。畢竟するに、欧州憲法理論とは、欧州《オイロペーイッシェ》統一《アイニグンク》化を様々な視座から眺め、欧州秩序が成立しうる条件を探求する学問領域といえるわけである。(45)

以上の欧州統合を弁証するために、統合理論が援用されるのである。先のカリース曰く、スメントの言う国家とは、静態的な所与でなく、個々人から成る動態的プロセス、統合のプロセスとして把握される。しかもこの国家の統合過程は、人格的、機能的、事物（実質）的の統合ファクター三つによりその都度新たに打ち出すべきものである。中でも事物的統合とは、諸基本権や前文など憲法による統合であり、これら憲法規定には人を統合に方向づける価値が規定されるのだが、それによると、国家という統合成果は、社会的基本コンセンサスが存続し価値共同体が成立して初めて、打ち出されるものなのである。(46) 即ち、欧州価値を欧州憲法へと投錨すれば、しばしば認識しにくい欧州価値が人々に可視的となり、欧州アイデンティティを体験した欧州市民がやがては欧州統合のプロセスへと参加するようになろう。欧州憲法条約は欧州連合確立のための重要な第一歩となるのであり、スメント統合理論こそ、こうした理解をまさに裏書するものである。つまり、統合理論は欧州統合を正統化する理論だとカリースは言う。(47) だがしかし、本当にスメント統合理論が欧州統合に応用可能なのか。

（7）Ingolf Pernice, Art. 23, in: H. Dreier (Hrsg.), Grundgesetz Kommentar, Bd. 2, 2. Aufl., 2007, S. 419-500, 419f. なお、以下の基本的な事実の確認については文献が膨大であるため、差し当たり、ドライアー注釈書（執筆者ペルニス）をもって代える。

なお、通例「統一された欧州」は「統合された欧州」と訳されるが、基本法正文には「統一《フェアアイネン》」概念はあっても「統合《インテグラチオン》」概念は登場しない（同一二七条、一三三条、一三七条にも「統一経済地区」の概念）。統一《アイニグング》は目標であり、この中に欧州連邦国家も必ずしも排除されない。そして二三条は、この目標の途上、実現過程を意味するわけである。Pernice, a.a.O., S. 448-451.

(8) Matthias Herdegen, Europarecht, 11. Aufl., 2009, S. 148-176; Ulrich Haltern, Europarecht, 2005, S. 284f.

(9) Pernice, a.a.O.（Anm. 7）, S. 443f.; Herdegen, a.a.O.（Anm. 8）, S. 209-214; Haltern, a.a.O.（Anm. 8）, S. 371.

(10) このあたりの事情は本論から外れるので、単なる補足にとどめよう。即ち、適用上優先されるEU法は常に妥当なものでなければならず、それには、EU法の定立が個別的授権の範囲内でなければならない。具体的には、EU法が、後述する基本法二三条一項の要件を充足し、憲法改正限界を定める同七九条三項の限界を遵守することを要する。但し、欧州司法裁判所自身は、EU法の一般的優位を求めてきたが、他方で連邦憲法裁は、ドイツ基本権への適合をEU法に求めてきた。つまり憲法裁は、まず一九七四年に、EU法が基本法的な基本権のカタログを持たない限りで《ソランゲ》、EU法の基本法的基本権への適合性は憲法裁に移送されるべきであると判断した（第一次ゾランゲ決定）（BVerfGE 37, 271, 285）。だがしかし、その後の欧州司法裁判所の基本権保障の展開を受けて、この基本権保障の水準が維持される限りで《ソランゲ》、EU法の適用可能性へ裁判権は行使されないと憲法裁は判断した（第二次ゾランゲ決定）（BVerfGE 73, 339, 378ff.）。その後も、EU基本権保障がドイツ基本権の水準を下回ることが主張されない限り、憲法異議や事件移送は許されぬと判断された（バナナ市場判決）（BVerfGE 102, 147）。EU法の適用の優位が徹底する方向で憲法裁判所も対応している（リスボン条約判決）（BVerfGE 123, 267）。Pernice, a.a.O.（Anm. 7）, S. 443-448; Herdegen, a.a.O.（Anm. 8）, S. 225-230; Haltern, a.a.O.（Anm. 8）, S. 390-406; Thomas Würtenberger, Deutsches Staatsrecht, 32. Aufl., 2007, S. 635f. 詳細につき参照、齊藤正彰「ドイツ連邦共和国」比較法研究七一号（二〇一〇年）五二～六七頁、中西優美子「ドイツ連邦憲法裁判所におけるEUリスボン条約判決」貿易と関税五八巻二号（二〇一〇年）七五～六七頁。

(11) むしろ、欧州裁判所と国内裁判所が協力することが想定されている。Pernice, a.a.O.（Anm. 7）, S. 464; Herdegen, a.a.O.（Anm. 8）, S. 230f.

(12) Herdegen, a.a.O.（Anm. 8）, S. 88f., 343-347.

(13) Herdegen, a.a.O.（Anm. 8）, S. 87f.

(14) 因みに、その背景をたどれば、一九八七年のEC電気通信緑書など、国家的規制が電気通信事業の国際競争力を阻害するとの判断がある。以上についてさらに以下もみよ。拙稿「保障国家と公法理論」（埼玉大）社会科学論集一二六号（二〇〇九年）三四～三六頁。

Vgl., Peter Badura, „Dienste von allgemeinem wirtschaftlichen Interesse" unter der Aufsicht der Europäischen Gemeinschaft, in: C.D.Classen/A.Dittmann/F.Fechner/U.M.Gassner/M.Kilian (Hrsg.), „In einem vereinten Europa dem Frieden der Welt zu dienen..." Lieber amicorum Thomas Oppermann, 2001, S. 571-582; Siegfried Magiera, Gefährdungen der öffentlichen Daseinsvorsorge durch EG-Beihilfenrecht, in: J.Ipsen/E.Schmidt-Jortzig (Hrsg), Recht — Staat — Gemeinwohl. Festschrift für Dietrich Rauschning, 2001, S.269-289.

（15） Pernice, a.a.O.（Anm.7）, S.434; ders., Art.24, Rn.14.

（16） Pernice, a.a.O.（Anm.7）, S.442f., 431f.「開かれた国家」については以下の文献も参照せよ。Klaus Vogel, Die Verfassungsentscheidung des Grundgesetzes für die internationale Zusammenarbeit, 1964, S.33ff.; Bengt Beutler, Offene Staatlichkeit und europäische Integration, in: R.Grawert/B./Schlink/R.Wahl/J.Wieland（Hrsg.）, Offene Staatlichkeit. Festschrift für Ernst-Wolfgang Böckenförde zum 65. Geburtstag, 1995, S.109-124.

（17） Pernice, a.a.O.（Anm.7）, S.451-455.「欧州連合は、欧州諸国民の連合というその自己理解によるなら、動態的発展を目指した民《フェア》主《ブント》的《デア》諸国家《デモクラティッシェン》の結合《シュターテン》である」と、言われる。BVerfGE 89, 155, 181, 184.

（18） Pernice, a.a.O.（Anm.7）, S.438f.; ders., Deutschland in der Europäischen Union, in: J.Isensee/P.Kirchhof（Hrsg.）, Handbuch des Staatsrechts, Bd.VIII, 1995, S.225-280, 259f.

（19） 欧州連合を創設するマーストリヒト条約については、周知のとおり、同条約の合憲性を問うた、連邦憲法裁のマーストリヒト判決がある。BVerfGE 89, 155. ここでは特に、統合の進展と民主制原理との適合性が論じられたが、国民による正統化はEUという国家結合の内部でも必要であるとし、それは、EU機関の行為を各構成国の議会へと結び繋ぐことにより、さらに、各国の国民を欧州議会が代表することにより、実施される。Pernice, a.a.O.（Anm.18）, S.262f.; ders., Kalsruhe locuta, Maastricht in Kraft, in: EuZW, 1993, S.649ff. 同判決につき例えば、岡田俊幸「ドイツ連邦憲法裁判所のマーストリヒト判決」石川・桜井編『EUの法的課題』（慶應義塾大学出版会、一九九九年）一九三〜二二六頁。

（20） Pernice, a.a.O.（Anm.7）, S.457f.; ders., a.a.O.（Anm.18）, S.255; ders., Maastricht, Staat und Demokratie, in: Die Verwaltung, Bd.26（1993）, S.449-488, 451.

（21） Pernice, a.a.O.（Anm.18）, S.255f. EU理事会の政府代表者を各国の議会が統制するというのであれば、欧州政治はこの各国議会の議員選挙で確定され統制されねばならぬ。けれども、欧州の決定手続は複雑で市民にとって非常に分かり難く、しかも、ＥＵ理事会では各国大臣への命令委任が条約で禁止されて、結局、欧州のテーマが各国選挙戦で重要となることは、事実上ない。Pernice, a.a.O.（Anm.18）, S.264f.

(22) Pernice, a.a.O.（Anm.7）, S.458f. 欧州議会に選挙を通じ直接的な民主的正統性を付与するというには、議会の多数派が重大な政治的影響力を保持するというのが筋である。つまり、決定プロセスで欧州議会の権限が強化されることがあって、議会の行為がメディアや市民の関心を引くようになり、欧州政治が全欧州的な公的議論や意見形成のテーマになる、とペルニスは言う。けれども、全構成国をまたがる選挙権や、欧州議会の欧州共同体の法定立への影響力強化につき、重要性の承認はあるが、留保される。Pernice, a.a.O.（Anm.18）, S.265f.; ders., a.a.O.（Anm.20）, S.456ff.

(23) Pernice, a.a.O.（Anm.7）, S.460; ders., a.a.O.（Anm.18）, S.263f.

(24) Pernice, a.a.O.（Anm.7）, S.460f. もっともペルニス曰く、ＥＵのこの段階的な憲法のプロセスの中で、同時に各国市民であり連合市民である、まさにこの市民が登場して、彼らは、各種条約への各国の同意法律や直接投票に参加することで、連合市民の共通意思を表明し、これにより欧州の公権力を始原的に構成しているのだ。その意味で市民が欧州憲法制定権力なのである。Pernice, Kompetenzabgrenzung im Europäischen Verfassungsverbund, in: JZ, 2000, S.866-876, 870, r.Sp.; ders., a.a.O.（Anm.7）, S.440. 関連して、須網隆夫「超国家機関における民主主義」法律時報七四巻二号（二〇〇二年）二九～三六頁、高橋洋「ヨーロッパ統合と民主的正当化の諸問題」浦田賢治編『立憲主義・民主主義・平和主義』（三省堂、二〇〇一年）三七五～四〇一頁。

(25) これは飽くまで推定だ。ペルニス曰く、民主主義の前提となるのは、諸市民の同質性でなく、諸基本権に関する基本コンセンサスである。しかしそれは、諒解する能力、自由、意志の共有を要求するのみで、これ以上に、文化的歴史的な欧州固有の価値が必要となるのでない。Pernice, a.a.O.（Anm.7）, S.460f.

(26) Christian Calliess, Europa als Wertegemeinschaft, JZ, 2004, S.1033-1045, 1039, 1041, r.Sp.-1042, l.Sp.

(27) Calliess, a.a.O.（Anm.26）, S.1042, l.Sp. Vgl., Jan Schapp, Die Menschenrechte als Grundlage der nationalen und europäischen Verfassungen (2003), in: ders., Über Freiheit und Recht. Rechtsphilosophische Aufsätze 1992-2007, 2008, S.219-235; Siegfrierd Broß, Grundrechte und Grundwerte in Europa, in: JZ, 2003, S.429-433; Thomas Ritter, Neue Werteordnung für die Gesetzesauslegung durch den Lissabon-Vertrag, in: NJW, 2010, S.1110-1114.

(28) Calliess, a.a.O.（Anm.26）, S.1038, r.Sp.-1039, l.Sp.

(29) Calliess, a.a.O.（Anm.26）, S.1042, l.Sp. それ故、今や国内法の解釈は、欧州連合の価値秩序に基づくべきとの主張も登場する。Rit-

ter, a.a.O.（Anm.27）, S. 1111-1114.

（30） Calliess, a.a.O.（Anm.26）, S.1037, l.Sp.-1038, l.Sp.; ders., Art. I-2, in: ders./M.Ruffert（Hrsg.）, Verfassung der Europäischen Union, 2006; ders., Die Europäische Grundrechtscharta, in: D.Ehlers（Hrsg.）, Europäische Grundrechte und Grundfreiheiten, 2. Aufl., 2005, S.531-552. なお、これら条約上の諸価値を見るに次の「共観表」が便利である。Rudolf Streinz/Christoph Ohler/Christoph Herrmann, Die neue Verfassung für Europa. Einführung mit Synopse, 2005, S.117-337, 120, 158. 関連して、高橋洋「欧州『憲法』条約をめぐる一考察」浦田賢治先生古稀記念『現代立憲主義の認識と実践』（日本評論社、二〇〇五年）四七二～四九五頁、中村民雄「ＥＵ〈憲法〉の意味と可能性」岩波講座『憲法５』（二〇〇七年）一二五～一五三頁、山本直「欧州憲法条約におけるＥＵの価値」同志社大学ワールドワイドビジネスレビュー六巻二号（二〇〇五年）三四～四六頁。当然に、欧州市民の理解を念頭においた、基本権憲章の場合も同様。Pernice, a.a.O.（Anm.7）, S.473; ders., Eine Grundrechte-Charta für die Europäische Union, in: DVBl, 2000, S.847-859; Calliess, a.a.O.（Anm.26）, S.1038f.; 伊藤洋一「ＥＵ基本権憲章の背景と意義」法律時報七四巻四号（二〇〇二年）二一～二八頁。

（31） Calliess, a.a.O.（Anm.26）, S.1036, r.Sp.-1037, l.Sp.

（32） Calliess, a.a.O.（Anm.26）, S.1037, l.Sp. Vgl. Thilo Rensmann, Wertordnung und Verfassung, 2007, S.329-359. なお、須網隆夫「『法の支配』の徹底」中村・須網編『ＥＵ法基本判例集［第二版］』（日本評論社、二〇一〇年）一四八～一五八頁。

（33） Martin Morlok, Grundfragen einer Verfassung auf europäischer Ebene, in: P.Häberle/M.Morlok/W.Skouris（Hrsg.）, Staat und Verfassung in Europa. Erträge des wissenschaftlichen Kolloquiums zu Ehren von Prof. Dr. Dimitris Th. Tsatsos aus Anlaß seines 65.Geburtstag, 2000, S.73-90, 74.

（34） Morlok, a.a.O.（Anm.33）, S.74f.; ders., Möglichkeiten und Grenzen einer europäischen Verfassungstheorie, in: R.Lhotta/J.Oebbecke/W.Reh（Hrsg.）, Deutsche und europäische Verfassungsgeschichte. Symposium zum 65.Geburtstag von Hans Boldt, 1997, S.113-131, 114f.

（35） Morlok, a.a.O.（Anm.33）, S.75.

（36） Morlok, a.a.O.（Anm.34）, S.116.

（37） Ingolf Pernice, Europäisches und nationales Verfassungsrecht, in: VVDStRL, Bd.60（2001）, S.148-193, 153; ders., Die Europäische Verfassung, in: H.-J.Cremer/Th.Giegerich/D.Richter/A.Zimmermann（Hrsg.）, Tradition und Weltoffenheit des Rechts. Festschrift für Helmut Steinberger, 2002, S.1319-1345, 1323-1327.

（38） Pernice, a.a.O.（Anm. 37）(„Verfassungsrecht"), S. 153, 158-160.

（39） Pernice, a.a.O.（Anm. 37）(„Verfassungsrecht"), S. 153, 160-162.

（40） Pernice, a.a.O.（Anm. 37）(„Verfassungsrecht"), S. 166; ders., a.a.O.（Anm. 7）, S. 434f., 436-441. 憲法結合としての欧州連合というこの構想はペルニスによるのだが、その趣旨は、一つに、欧州連合を法的統一体として位置づけること、一つに、ＥＵと各国の異なるレベル上で制度や手続などが交錯して、そこで市民が、各国市民や連合市民など多様なアイデンティティで登場する、このシステムの在り方を特徴づけること、この点にある。だがこれは同時に、ＥＵと各国の二つの憲法レベルを不可分にして、ＥＵと各国の双面的な、憲法安定化のシステムを作り出すのである。となると、欧州憲法と国内憲法は実質的な一体性を持つことになり、その結果、後者の改正が前者によって制限されるという事態も生む。Pernice, a.a.O.（Anm. 24）, S. 870, r. Sp.-871, l. Sp.; ders., a.a.O.（Anm. 37）, S. 172-176; ders., a.a.O.（Anm. 7）, S. 438-440. Vgl. Calliess, a.a.O.（Anm. 26）, S. 1042; Claudio Franzius, Europäisches Verfassungsrechtsdenken, 2010, S. 49-60.

　こうした国家結合や憲法結合の概念は、同じ主権国家から成り立つ連邦国家ではないが、そうかといってただの国際機構とも言えない欧州連合を特徴づけるには至極便利な概念であるのだが、そもそも、国家結合と連邦国家を区分ける図式自体が誤りである言う者もある。Christoph Schönberger, Die Europäische Union als Bund. Zugleich ein Beitrag zur Verabschiedung des Staatenbund-Bundesstaat-Schemas, in: AöR, Bd. 129 (2004), S. 81-120.

（41） Morlok, a.a.O.（Anm. 34）, S. 112f. ここでモルロクが想定する「憲法理論」の概念については以下も参照。拙稿「ドイツにおける憲法理論の概念」早稲田法学会誌四七巻（一九九七年）二六六～二八〇頁。Vgl. Martin Morlok, Was heißt und zu welchem Ende studiert man Verfassungstheorie?, 1988; Matthias Jestaedt, Die Verfassung hinter der Verfassung. Eine Standortbestimmung der Verfassungstheorie, 2009.

（42） Morlok, a.a.O.（Anm. 34）, S. 118f.

（43） Morlok, a.a.O.（Anm. 34）, S. 119-121. なお、モルロクの「欧州統合の反省」という考えにつき以下を参照。Vgl. Morlok, Reflexionsdefizite in der deutschen Staatsrechtslehre, in: H. Schulze-Fielitz (Hrsg.), Staatsrechtslehre als Wissenschaft, 2007, S. 49-77.

（44） Morlok, a.a.O.（Anm. 34）, S. 112f. ＥＵ成功の条件として、人権保障と権力限定、正統性確保が挙がる。一方で、この政治秩序が経済的・福祉的に見て実践的有用性を持ち、その権力行使が限定され市民的自由が保障されておくべきであるし、他方で、政治体制が市民の福祉需要を充たすとともに、政治決定に市民が影響を実際に与えるとの、この正統性も確保するべきである。Morlok, a.a.O.

(Anm. 34), S. 112.

(45) Morlok, a.a.O. (Anm. 34), S. 122f. 例えば、EU決定への服従への用意をEU正統性の条件と見るなら、この正統性の存立は、一方で実質的需要を、他方では規範的正義を充足することに依存しているといえるのである。もしそうであれば、域内市場や通過統合の利点と難点とに経済的考察を加えるべきだし、特定人に不当な利得が偏らないよう平等論的で規範的な検討も要る。さらに、政治体制の正統性の条件を知るには、経済学や社会学など多様な学問が必要で、ゆえに欧州憲法理論は、多様な学問領域から多面的に情報を取集めて、これを体系的に理論統合するべきなのだ。Morlok, a.a.O. (Anm. 34), S. 123-127. 因みにモルロクは、欧州の経済的・政治的統一化は国家諸科学の統一を改めて要求していると論ずるが、今やこれは現在の通説である。なおこの学際性の要求につき、保障国家論との関係で次も参照せよ。拙稿（前掲注(14)）三六～三九頁。

このほか、欧州憲法学の必要性は、モルロクの師ヘーベルレも説く。Peter Häberle, Europäische Verfassungslehre — ein Projekt, in: ders./M. Morlok/W. Skouris (Hrsg.), Staat und Verfassung in Europa. Erträge des wissenschaftlichen Kolloquiums zu Ehren von Prof. Dr. Dimitris Th. Tsatsos aus Anlaß seines 65. Geburtstag, 2000, S. 9. さらには、欧州化や国際化による国法学の変化に関する文献として、Ingolf Pernice, Europarechtswissenschaft oder Staatsrechtslehre? Eigenarten und Eigenständigkeit der Europarechtslehre, in: H. Schulze-Fielitz (Hrsg.), Staatsrechtslehre als Wissenschaft, 2007, S. 225-251; Juriane Kokott/Thomas Vesting, Die Staatsrechtslehre und die Veränderung ihres Gegenstandes, in: VVDStRL, Bd. 63 (2004), S. 7-40, 41-70.

(46) Calliess, a.a.O. (Anm. 26), S. 1043, r. Sp. -1044, l. Sp. しかし、スメントが、ワイマールの危機の時代を、事物的統合から機能的統合への移行で切抜けようとしたと考える解釈も、ありうる。つまり、ワイマールの危機時代がドイツ国家自体の危機だとすれば、スメント自身の価値への言及は、価値共同体での事物的統合でなく、実は、所与的でない課題的な価値が共同体の自己形象化を促すとの、飽くまで機能的統合の文脈に位置づけられるのだとする余地もある。Reinhard Mehring, Integration und Verfassung, in: Politisches Denken, 1994 (1995), S. 19-35, 32-34. そうであれば、統合理論のこの種の援用は誤導的ということになる。

(47) Calliess, a.a.O. (Anm. 26), S. 1044, r. Sp. この他に、欧州統合と統合理論の連関を強調する論者は少なくない。例えば、すでに本文で言及したペルニスがこの件につき触れており、さらに最近では、精神科学の領域を遥か超えるものだが、スメント統合概念を改鋳して欧州統合に適用するフレルマンの諸論稿がある。Ingolf Pernice, Carl Schmitt, Rudolf Smend und die europäische Integration, in: AöR, Bd. 120 (1995), S. 100-121, 113ff.; ders., a.a.O. (Anm. 37), S. 161, Fn. 62; Achim Hurrelmann, Verfassung und Integration in Europa. 2005; ders., Integration und Europäische Union, in: R. Lhotta (Hrsg.), Die Integration des modernen Staates, 2005, S. 163-189. Vgl. Mor-

lok, a.a.O. (Anm. 33), S. 76, Fn. 13. ペルニスとフレルマンにつき、拙稿（前掲注（2））二五七～二六〇頁、同「統合理論の現在」（埼玉大）社会科学論集一一九号（二〇〇六年）七三～七五頁。また、前掲注（2）も見よ。

三　統合理論と国際機構

1　国際的エトスの意味

本章の右の検討には何ら新規性はなく、単なる状況確認に過ぎない。第一に、欧州連合の秩序は既存の国法秩序に優越する形象で組立てられるが、それ自体は連邦国家には至らず国家結合に過ぎないこと、第二に、但し、この欧州連合の実体は民主的正統性の点では空虚で、価値、更にはその憲法化により欧州市民から新規に構築すべきこと、第三に、市民のこの欧州的価値を通じた統合過程こそが憲法であり、ここに、国家をして不断の統合と見たスメントの有用性があること。その細部の理解やスメント評価をめぐり相違は存在しうるとしても、ＥＵと憲法を繋ぐ殆ど唯一の障害は、国家と憲法の牽連性にあるが、国家が国家たる所以に拘泥せず、国家結合の意味内実にも固執せず、案外容易にＥＵ秩序の存在を承認し、その整合性の吟味へと向かうのが、近時の欧州憲法理論の流行であることを、確認できればよい。さて、国法学の語がほぼ憲法学と同義に了解される今日とは異なり、かつてドイツでは、国際法学も国法学者の取扱うべき領域であった。スメント本人がこの領域で業績を上げたわけで必ずしもないのだが[48]、統合学派の国際法学がないわけでない。以下それを検討してみよう。

まず第一に、ウルリヒ・ショイナーの国際法学を見ることにしよう[49]。彼によると、国際法全体の把握には国家の本質の洞察が必要である。国家がいかなる任務を持ち、共同生活が国家を超えどう発展するか、これを国家哲学から調べて初めて、国際法理論が得られるのである[50]。ならば、まずは国際生活の中の国家現実を検討しなければならない。その点で、法は当為である、だから法学は当為科学であると述べるケルゼン純粋法学は、認識理論で国家現実を歪曲してしまっている。規範領域を存在領域から切離すこの考え方は、到底受入れられない[51]。むしろ、法を精神的現実や生プロセスの全体の中に位置づけて見る「現象学志向の国法学潮流」に基づき、国際法学を構築すべきである。即ち、法実証主義に伝来の法的構成や形式概念の過剰を取り除いて、国家そのものという、生の現出をありのままに眺めなければならぬ。その上で、社会学や歴史学を模範としたこの国家現実の考察を、国内生活に限定するのでなくて、国際領域にも拡張するべきなのである。つまり、国家の内政と外交は統一的見地の下に置かれるべきである。要するに、国家本質をめぐり国際法学と国家学は結合する、と言う。(52)

では、そのショイナーの言う国家理論とはいかなるものであるのか。彼によると、人間生活とはその社会結合の中で初めて充足されるが、そうならば、個人の人格のみならず政治的行為の確立も必須である。人々の利益が多様で対立するとしても、人間の共同生活に平和的な秩序を、包括的目的のために共同作業を、実現しなければならない。この人間生活の合一化を実現することこそが政治に課せられている。つまり、必要な政治原理とは、闘争や対立でなく調整や結集である。(53)とすれば、政治のこの究極原理の下で、国家を内側から見るならば、それは超個人的な前所与的統一体ではなく、所与の条件の枠内だが、各人が責任をもち自由に行う決定に基づく、課題的な統一体である。(54)けれども、人間生活の結合関係を人間の目に見えるものである限り、この政治的課題は国家を超えて国際社会にまで到達することになる。つまり、国家の自己主張のみが外交政策の現象ではなく、実効的な国際共同作業は、それが超国家でなくとも、その端緒は珍しくない。外交関係は闘争関係であると思考するのでなく、平和的共存関係がヨリ高次の共同体の下で達成可能であると思考しなければならない。(55)

この共同生活に基づく国家理論から独自の国際法学が構築されるが、ショイナー理論は、必ずしも主権国家に根本的な変更を要求しない。(56)だが、国際法共同体と国際法の法源については、重大な帰結を導く。まず、国際法共同体は、諸個人から構成される共同体であると言う。そもそも、法共同体とは実在の生活／利益共同体の上に構築される。諸国家共同体が存立するためには、人間文明を軸として生活関係が接合され、倫理や法原理につき確信が共有されていなくてはならぬ。戦争や凶変により共通の価値観が失われれば法共同体も失われるが、このとき、国際法共同体に出現する結合とは、国家間の結合でなく、民族間、集団間、個人間の結合でも構わないと、ショイナーは言う[57]。倫理と法の共通確信を個人間に求めるこの結論は、法源でも現れる。実定法の妥当を理念と実在の弁証法に見るのは統合理論の伝統だが、この法源の問題でも、実定法が実在的に現実化することが問われる。即ち、法源が国法になるには、法に関わる人々がこの法を法として受入れ、この人々の全体がこの法を承認し遵守しなければならない。だがこの人々は個人であればよく、国家である必要はないのである[58]。

さてここでショイナーが出すものこそ、国際法上の価値秩序である。つまり、国際法に拘束力が備わるのは、その遵守を組織が強制するからでなく、内容が正義の倫理要求に適い、これを大多数人が実際遵守するからなのだが、その基礎となる倫理の価値は、人間の中でのみ生命を持ち、国際法上の個人の中でのみ基盤を持つわけである。逆から言えば、まず個々の人間が、外交責任者が第一に当然登場するとして、ともかく個人が、倫理的価値を己の内面に深く刻んで、この国際的《インターナチオナレス》エトス《エトス》が国際法の確信、やがて国際法の妥当を生み出す[59]。では、国際的エトスを生み出す基盤となる価値秩序とは一体何か？　確かに、国際法秩序の確立はヨーロッパ中世にまで遡及可能であり、であれば、国際法は宗教と世俗の統一、キリスト教で刻印されている。しかし、アジア／アフリカ諸国や共産主義諸国が国際社会に参加し、近代の技術と経済が国際政治の動向を決定する、この現代において、特定宗教の道徳理論から国際法の基礎を導出するのは、適切でない。ショイナーの結論は明確でないが、世界で承認された伝統的原理や単純な人間的原理が、国際秩序の倫理的基礎の手掛かりだとされる[60]。

「日々の国民投票」から国家を、さらに法までも説明しようとする――国家のみが統合理論の妥当範囲だと考えるのは謬見である――スメント学派の特徴を、ここに発見しても強ち誤りだとはいえまい。とりわけ、国際法秩序の基礎を個人の国際的エトスに見出す視座は、ＥＵを個人の価値同意から論証したペルニス説の先駆とも見なせる。とはいえ――これは同時に憲法結合説への批判にもなるのだが――、欧州共通の価値を個人が内面化する限りで国家間組織が成立つとの論理は、元々その各構成国内での国家を論証するものだったはずで、そうだとすれば、国家と国際組織とが、同一の個人の倫理的意志に立脚する権力として同時に並存するという事態が生ずることになる。[61] けれども、ならば、その並列する国家と国家間組織、両者の関係が、優先順位など、どんなものか問う必要があるが、明確とは言い難い。様々な国際問題を解決する際の主権国家の役割は低下していないとショイナーが繰返し強調するのは[62]、自身が国家主義者であるからか、はたまたその国家理論から、道徳的意識の結合が個別国の方が強いからだとでも言うのか。これでは、理論的定礎は未完のままである。[63]

2　万能国家と国際機構

それでは、ショイナー学説の難点はどのように克服可能であるのか。我々は次に、ヘルベルト・クリュガーの国際法学を検討してみよう[64]。まずクリュガーは言う、既存の学説では超国家組織は説明できない。「権力」を、一方的に意思を形成し、一方的にこれを市民に負わせ、必要があれば事実的暴力でこれを貫徹してよい法的能力だとすれば、国家や超国家組織のそのような権力は、一体どこから由来するのか。第一に、この国家の由来の問いは、国法学の外部に排除されてきた。法実証主義からすれば、国家の成立は単なる現事実性《ファクティツィテート》の問題であり、法的な規律や考察を実行する前の単なる前提条件の問題なのである[65]。第二に、この問いは、「全ての国家権力は国民に由来する」という国民主権の定式で応答されるだろう。だが、今度はこの国民がどこから由来するかという形で、権力構成の問いが回帰してくるだろう[66]。第三に、ただ、超国家組織の権力は国家からの権力移譲や委任でも説明されるとしても、元々この移譲《イーバートラーゲング》は譲《イーバート》渡《ラーゲング》のことだったのである。譲渡概念に付着する私法的色彩を抜取ることができないのであれば、権力移譲の概念で超国家組織の由来を論証しても必ず失敗に終わる[67]。

　そもそも、移譲の語に相応しいのは雑多な個別権限の束なのである。移譲が権利承継を意味するとするなら、「何人も自己の権利以上を他人に譲渡しえない」の法原則の如く、移譲前の国内憲法の拘束が移譲後も作用するという、超国家組織に適合しない結論に帰着する。クリュガー説によれば、元々国家権力とは、移譲可能の単なる個別権限の寄集めでなく、移譲不能の完全で完結の統一権力なのである。(68) そうであれば、その国家権力とは派生的でなく始原的であるはずだ。憲法など規範がなければ国家権力は元々存立しえないとか、憲法や条約で削減されれば国家権力はその分目減りするとかは、ありえぬ。クリュガーの時代から欧州統合の基礎だった基本法二四条でいえば、国家高権が移譲されずとも超国家組織の権力は創設されるのであり、反対に高権が移譲されても構成国権力に欠缺は発生しないのである。(69) つまり、国家権力とは、任務遂行に必要なあらゆることを一方的に実行する包括的な能力、いわば普遍《ゲネラル・ウント》／白地全権《ブランコットフォルマハト》であると、いうのだ。(70) それゆえこれは、立法や命令により自分で法を創造する、無尽蔵の能力なのであり、分割譲渡し削減することができぬ能力なのである。(71)

この万能の国家権力の秘密は、国家実存のあり方の中にあると言う。つまりクリュガーは、精神科学的方法の正統な継承者として、国家について、その創立者の思想が多くの人々により共通に取り出され、それはやがて「客観的《オブィエクティフィールター》精神《ガイスト》」へと自律し変遷して、ついに国家という新たな形成体が生まれ、先の思想はその一部分となる、と述べる。国家がこのような精神的実存であればこそ、諸国家が超国家機関を生み出しても、構成国はその前と同様の能力を持ち続けるのである。かの国家三要素説はここでも行詰るとクリュガーは主張するのだが、(72) ここで肝腎なことに、権力とは、人がそれを獲得し収集し増減させる歴史学的《ヒストーリッシュ》観念でなく、むしろ体系《ジュステマーティッシュ》的で論理学的《ローギッシュ》な観念なのである。つまり、全体と個体を実存させ繁栄させるための任務が必要となり、この任務の実現に不可欠な手段を投入してもよい能力が必要となる。(73) けれども、この主権国家から国際機構が無意味になるわけではない。政府が国民の同意が得られぬ計画を実行に移すとき、超国家性への賛同を利用し、措置のための権原をこの超国家組織を経由して得る。これは、主権の弱化ではなく、むしろ主権の強化の事例を意味する。(74)

実践的に見ても、頑迷な国家主義者という像はクリュガーにはない。二度の世界大戦を経験した彼がどうして主権国家を信頼できようか。クリュガーは言う。今やヨーロッパは小さく、弱くなってしまった。一つ。自身を欧州ではないと見るソビエトロシアが東欧を占拠した。これにより欧州は二〇〇キロも後退し、人口は三分の二に減少した。一つ。

今や残りの欧州を指導するのは非欧州国家のアメリカであり、嘗て世界を支配した欧州は他国の信用なくして経済的に成立たない。最早政治と戦争はアメリカとロシア、即ち二つの大陸を単位とする。いわば、欧州は小さく弱くなり、世界は大きく強くなったのである(75)。そこで、欧州を大陸的な次元にまで高めることが必要だ、と述べる。だがそれは、支配《ヘルシャフト》の形式でなく、団体《ゲノッセンシャフト》の形式でなされねばならない。一国が自国の利益を他国の犠牲の上で実現する、唯一の欧州国家は、世界政治／経済の勢力にならず、欧州統合の心理的前提も作らない。全ての欧州が参加し(76)、自由かつ平等に協力し、その成果を享受する、これまで互いに敵対し合った欧州諸国のコペルニクス的転換が要る。だが、この団体的な道は主権国家説とどのように接合するのだろう。

3　代表理論と職務思考

(1)　クリュガー代表理論

この難問を解くには、クリュガー独自の代表観念を見る必要がある。ところで、「近代国家」はその存在においても行動においても共に正しいものでなければならないとは、彼の国家理論の前提であるが(77)、だが、その肝腎の「正しさ《リヒティヒカイト》」とはいかなるものかには、困難がある。まず「正しいもの《ダス リヒティゲ》」とは、所与のもの、発見すべきもの、どちらか。前者だとすれば、その所与の真理を受入れ誤りから守るべきである。後者だとすれば、正しさは発見でなくて不断に探すべきものとなる。近代国家が、変化激しく予測不能な状況に対処すべき運命にあるならば、すでに、第二の選択肢の道を歩み出していることになるだろう(78)。けれども、正しいものを不断に探すべきとしても、いかに行うのか。ここにも二つの方途があるとクリュガーは言う。一つが競争《ヴェトベヴェルプ》である。即ち、名誉欲や利潤欲に働きかけると、自然的、あまりに自然的な人間同士の競争から、客観的な正しさが出来してくるのだ、という。もう一つが、自然的な人間が、己を高めてその自然的《ナトゥアリッヒェ》本性《ナトゥア》を克服し、その自発的で内面的な変遷を通じ、最高度の正しさに到達するとの要求であり期待である。これこそがクリュガーの代表の理念《イデー デア レプレゼンタチオン》である(79)。

であれば、代表とは、不可視のものを可視的なものに置換えることでも、何らかの啓示を聞いてから正しさへと到達することでもなく、国家的集団やその構成員が努力を怠ることなく、自分の本性つまり団体の法則や個人の動機を超えて自分自身を高めることなのである[80]。或いは、人格又は集団がその存在と当為を純粋思考として自らから捻り出して、これを自らに引き合わせ、元々の自分がこのヨリ良い自分と問答を交わす中で、自分自身を超え出て行こうとすることだ。つまり、代表とは、自然的自我《ナトゥアリッヒェス イッヒ》（正）→ヨリ良い自我《ベッセレス イッヒ》の分離（反）→この両者の対話からの自我の超克（合）の弁証法《ディアレクティク》の構造を持つが、それゆえ、集団のみならず個人にも代表の理念が成立つことになる[81]。個人の代表とは奇異に写るだろうが、人が何事かを成し遂げようとするとき、自身で目標を立て達成することを思えば、不思議ではない。ただ、個人の場合、自我の二分は化体されずゆえに見え難いだけで、他方社会の場合は、その自我が規範的《ノルマティファ》極《ポル》と現事実的《ファクティッシャ》極《ポル》とに二重化しその二極が相互作用するという事態が、比較的見え易いだけである。クリュガーは鉄鋼用語を用い、この事態を選鉱《アウフベライトゥング》或いは焼入れ《フェアギュートゥング》と呼ぶ[82]。

ここで留意すべきとクリュガーが言うのは、職務であれ法律であれ、この代表が自然的所与物ではなく、人工的創造物であることである。ここでは元々単一のものが、純自然の形象と超自然の形象に分たれ、これがさらに、ヨリ超自然の極とさらにその上超自然の極が対抗し、この分化が繰返されることで、職務《アムト》と法律《ゲゼッツ》による代表が現れてくる。そしてここでは、職務所掌者と法律執行者が持つ人格が度外視され、これらと職務や法律との間には、ただの依存の関係のみが存立する[83]。或いは、国家的集団は自然的自我として実存し行為するのではなく、代表の理念の下では、ヨリ良い自我としてそのようにあるのである。何か量でも質でも変化のないものを写真で写取るのが代表ではなく、社会的現実を増量させ良化させることこそ、代表の課題なのである[84]。だがこれは皆、自然的状態の上に構築された人工的虚構にすぎない。ならば、地の自然が掘起《ほりおこ》されれば、正しい国家は崩れ去ってしまう。国民の自然化とは、国家の脱代表化であり、正しさの放棄でもある[85]。そうだとすれば、自然的状態が回復されることをいかに阻止するか、これがクリュガーにとって深刻な正義確保の課題となるはずである。

では、国内法のみならず国際法でもこの代表理念を発見できるのか。ところで、国際法の特徴が、主たる法源を国際法や合意とする点にあることは、周知のとおりだが、これらはヨリ上位の国家の存在を必要としない点、つまり自身に依拠している点でユニークと言える。[86] 国内法秩序を見ると、ここでは国民を超えた国家が措定されている。この国家が立法すると、それは国民の代表としても登場するのだが、このとき、規範と現実に乖離が生じて前者が後者に要請を突付ける。これは、先に論及した自然的自我とヨリ良い自我の対抗を意味する。ところが、国際法秩序には各国を超えたヨリ上位の国家がないから、代表の媒介なくその法主体自らが慣習法や合意法を作ることになる。だがこれらは、立法者と名宛人が同一であり続ける自然的《ナトュアリッヘス》法《レヒト》であり、これでは、主体＝国家が自身の利益を相対的に見ることができない。[87] 自我が分化しない直接性《ウンミッテルバールカイト》の状態のままでは、国際法秩序が倫理化し人倫化することはない。その限りで、国家化は規範性《ノルマティフィテート》の条件である。だが、法秩序の国家化と言っても、国家的な制裁を追加しなければ規範の規範化が実現しないわけではない。[88] 問題は職務の中に存する。

(2)　クリュガー職務思考

では、代表の理念は職務においてどのように実現されるというのか。既述のとおり、国家にはいかなる時と場所でも処理するべき無数の任務が課せられているが、この国家任務は、管轄権により確定されこれにより区分される。この細分化した国家任務こそが職務である。[89] クリュガー曰く、この職務の仕組を最初に採用したのは教会だった。本来礼拝《ディーンスト》は、召命を受け責任のある人物のみに安心して任せられる。その人物に必要なのは、神の全権や使命であっても、職務ではない。しかし異教論駁の必要から、霊的《ガイストリッヒェス》職務《アムト》とその権力を立てねばならぬ。つまり、人の人格には、優れた特性のみでなく悪しき特性も備わる。人格に欠陥があるならば、その人格の行為は失敗するかもしれない。そこで、精神的《ガイストリッヒェ》本質《ヴェーゼンハイト》たる職務を自然的《ナトューアリッヘ》土台《ズブストラート》たる人格から切離した上、人格ではなく職務が、礼拝という精神的行為を遂行することにした。[90] この職務の観念は、今や近代国家を構成する重要要素となっている。自然の人間は職務所掌者《アムツトレーガー》となり、これにより代表の理念が完成する。このことは、自発性や独創性など人格の長所を捨てることになるが、平凡ながら安定性と確実性など職務のメリットを拾うことにもなる(91)。

この代表と職務との関係を、国民主権の思考の中で確認してみよう。つまり、国民は、その自然的特徴のままで国家に関与ができないが、ただ整序された手続中では国家的妥当を得ることが許容されている(92)。或いは、「あらゆる人《イェダーマン》」は、そのまま国家意思を形成ができないが、ただ或る一定の手続を履践した上であるなら意思形成に参加できる。つまり、国民自身が国民の中から代表的意思形成者を選抜すること、国民のこの代表者がそうして選鉱された国民の意思を形成すること、この二段階を経ることで全体意思が国民により自律的に形成される。この手続中では、市民は自然的自我からヨリ良い自我へと到達する(93)。第一に選挙者は、自らを規定する全ての自然的な条件から内面的に自分自身を解放し、自然的自我のためでなく選挙権を持たぬ者や投票を行わない者のために投票する代表者として、振舞わねばならぬ(94)。第二に議員も、選挙人団の委託や指示に縛られず自らの良心のみに従い、ヨリ良い新しい意思を形成するべきで、即ち、国民から無関係ではないが、現実の国民よりもヨリ良い国民でなければならない(95)。つまり、人は職務に座ることで代表理念の実現に奉仕するのである(96)。

代表理念と職務思考は国際社会でも通用するとクリュガーは述べる。さて、古典国際法から現代国際法への変遷は無差別戦争観の転換を意味するとは一般的な謂いであるが、クリュガーもこの問いを語る。その後の国家には、己のために戦争を遂行する権利はいまや存せず、だが、他者のため、世界のため、理念のために遂行しても許される。全国家は、「委託なしで諸国家共同体のために業務遂行」してよい。だが、これでは、古典国際法が自衛権に嵌めた諸限定が無効になる。他者のための戦争は自己のための戦争以上に無秩序を齎すであろう(97)。平和や自由や正義を口実とした危険を削減するには、どうすべきか。クリュガーが提示する一つの可能性は、彼の本質的代表理念にある。いわば内面動機を根本から変更し、自己決定でなく他律決定により行為を客観化する。ここで国家は、国際社会の機関《オルガン》として行為する(98)。勿論、国家自体を国家人格と呼べるのか、と問うこともできようが(99)、即ちこうである。ここで脱人格化され職務保持するのは国家であり、この国家が共同態理念や共通の目的の代表者として行動することで、国際社会が制度化され(100)、やがては共通目的が現実化されるであろう。

これ以上の踏み込んだ議論は、実は、クリュガーには乏しいのだが、国際社会全般の議論から国際機構固有の問題へと推論を試みるなら、それは、ショイナーの如く市民が共通価値に導かれて集うのでなく、国家がその利己心を殺し共通目的に仕える、という構成なのだろう。そうであれば、国家と超国家組織とのこれまで不明の関係も明瞭で、主権国家は職務を保持する限りでその権力が抑制されることになり、その結果、国内法も国際法に、後者が前者を無効にしないが、劣後して適用されることになる。国際組織も職務国家といえなくもない[101]。しかし、この制度的な国際社会に、結局クリュガーは批判的である。つまり、国際社会の国家化が個人でなく国家を基礎とするのならば、当然その国際組織の構成員＝国家は、主権国家の構成員と比較して、質において圧倒的に個性的で、数においても絶対的に僅少的である。そうだとすれば、個性が止揚し合い一般が出現するとの状況はなく、超国家的共同態に献身的に奉仕する者を発見することも困難だろう。一部の大国が世界を支配するという寡頭制法則、ヘゲモニー体制が発生することを、代表理念も職務思考も阻止できないかもしれない[102]。

〈補論〉　クリュガー法律概念

なおクリュガーは、代表理念を化体するものの一つとして、以上で述べた職務の他に、法律も挙げている。これについて付言しておく。つまり彼は言う。法律は代表の連関中に位置づけられるものである。すでに検討したとおり、国家実存をヨリ正しいものに呈示するのが代表の本質と意義であるから、法律もヨリ良い当為として出来する。法律とは、前以て与えられた所の事実や法則に合致するものでなく、この前所与的な事実にヨリ良い規範として対抗するものなのである[103]。この事態は、法律の支配、自由と法律、多数決原理に現出している。第一に、代表理念では人間の自然的意思は正しいものではないから、人間《ヘルシャフト》の《フォン》支配《メンシェン》でなく、非人格的意思を重んじる法律《ヘルシャフト》の《フォン》支配《ゲゼッツ》が不可欠だ[104]。第二に、自然法論によれば、自然状態とは完全な不自由の状態だが、これをリアルな自由へと導くのが、共同体関係性を持つ法律である[105]。第三に、多数派が決めた法律に少数派が服従しなければならぬのは、その法律がヨリ正しい決定という代表的性格を所持するからである[106]。いわば、立法者が国民代表だからでなく、国民をして自然状態からヨリ良い自我を創造するがゆえに、法律は代表的性格を有するのだ。

ただ、この代表的傾向のみでは法律以外の規範との違いは見当らず、であれば、法律の代表的性格を際立たせる要素を指摘すべきである。ここでクリュガーは、法律を法命題から定義する通説的理解を離れ、法規範の中で法律のみが持つ形象《ゲシュタルト》と内実《ゲハルト》に着目して議論を展開する[107]。さてまずは形象であるが、それは確認可能性《フェストシュテールバールカイト》と了解可能性《フェアシュテントリッヒカイト》だと言う。元来当為とは、名宛人に或る行為の選択を要求するものだとすれば、それにはまず、規範を文書《シュリフトリッヒカイト》で確定するか、名宛人加えこれを法典《コディフィカチオン》にするか、その当為が当該名宛人に認識可能でなくてはならない、と主張する[108]。さらには、名宛人がその精神を規範遵守に向けるには、法制担当の精密な考慮が生出す概念を当該規範に組込み、特定要件と当該効果を名宛人に伝える仮言構造を与えて、了解可能にするべきだと言う[109]。しかし、この形象が法律の代表性をそのまま実現するわけではない。つまり、以上の確認可能性と了解可能性は、慣習法の場合とは違い、規範が存在することの証明を、不要とするか容易にする意味を持ち、その分当該規範にヨリ良い内実を与える可能性を高めるのみである。上の法律の形象は、いわば、代表理念を実現する消極的条件である[110]。

そうなると、法律が正しくあるために必要なのは、その内実である。けれどもそれは内容そのものというよりも、不正な内容を法律へと持入れることを排除し妨害する、そのような形象で実はあるのだが、ともかくクリュガーは、その法律の特徴として一般性《アルゲマインハイト》を挙げている[111]。ところで、法律の一般性とはまさに一般的に次のように理解される。つまり、あらゆる人間と事件に妥当する一般《アルゲマイネス》法律《ゲゼッツ》と、特定の人間と事件に妥当する個別法律《アインツェルゲゼッツ》（個別事件法律《アインツェルファールゲゼッツ》）とを概念上区分した上で、立法機関は個々の人間や事件に目隠しして一般法律を取扱うべきで、実際上の具体的事件に個別法律で関わるのは法律適用機関の役目だ。一般性を、立法権の濫用を排除するためのものと理解するのである[112]。けれども、この法律理解はクリュガー自身が採用するものではない。これによれば、個別的な取扱いに潜む反妥当性《ウンザッハリッヒカイト》を回避するばかりに、個別的な事件を個別的に取扱うことでようやく確保される正しさ《リヒティヒカイト》が喪失されてしまう。しかも経済や社会が一回性や唯一性を持つようになり、個別性を法律が無視してかまわない近代国家の時代は、最早過ぎ去っている。個別事件に関する問題には統一的判断はできない[113]。

結局クリュガーは、法律に一般性を求めつつも、或る規範が正しい規範となるための或る特定の手続を経由することを、一般性と呼ぶ。さて法律が人の服従を求めるなら、それは正しい規律であるべきだ。ところが、仮にこの法律を国民の正しい全体意思であるとするなら、この正しい意思はその前にある元々の意思から、如何に現れるのか。つまり、自然的全体意思から正しい全体意思は如何に生まれるのか。前者から後者へと導くものこそ一般性なのだと、クリュガーは言う。一般性こそが、法律の正しさ、理性性を引起こし保障するのである[114]。では、その一般性の中身は何か。彼曰くそれは、特定の法律内容を求める要求が、一般化能力の尺度に耐えるかどうか吟味されること、即ち、唯の自然的要求を超出ててから、公共の中でその他の観点と対決し、その中で正しいものへと浄化されていくこと、これである。これは、国民がその自然性から本質性へと展開していく、即ち、先に述べた自然的自我からヨリ良い自我へと進行していく弁証法的統一体、このような意味での代表理念のイメージと完全に一致する訳だ。正しい性格を生出すこのプロセスゆえに、法律は代表的なのである[115]。

(3)　方法としての統合説

さて、かつて統合学派の一員としてナチ正統の学者から批判されたこともある[116]、クリュガー理論から欧州統合の姿を想像してみるなら、それは、個別の市民が欧州連合の価値を目指して結集する様でなく[117]、個別の国家が職務を通じ公共福祉の実現を目指し融合する様である。つまりこれは、現在の国法学者が欧州統合を弁証するべく呼出したスメント理論のイメージとかなり懸け離れたものになってしまった。第一に、代表と職務の思考は、個人であれ国家であれ自然的自我がそれとヨリ良い自我に分化し、両者が相互に対話することを求める。個別市民が欧州価値を反復することは、自然的自我が直接的に参加することであり、正しさを生むこの自我の弁証法を否定してしまう。他にも、職務の思考は、君主であれ国民であれ、その人格ではなく脱人格化を加えた職務を経由して、権力が行使されることを求める(118)。更には、主権国家の思考も、文字どおり国家権力を万能権力と見て、主権移譲の概念自体を認めず、だが反対に国際組織の主権を認める。では、スメントが語らない国際機構は、国際法学を展開した統合説からはこう映るとしても、これはスメント本人の説に適合するのか。

さて、スメントが、実証主義に抗して精神科学的《ガイステスヴィッセンシャフトリッヒェ》方法《メトーデ》なる方法を採用したことは周知のとおりだが、その内容は必ずしも周知でない。思うに、それは、現実《ヴィルクリッヒカイト》は実在《レアリテート》と理念《イデアリテート》から成立つ、ということである。スメントは次のように論ずる。「一つめの、一般的に精神科学的な問いは次の中に存立する。つまり、人間の全ての集団生活の構造は、別々の世界に由来する二つの要素を、要因として己自身の中に含む、ということである。このうち一方にあるのは、人格的な生の要素である。これは、社会的な関連を通じ構造上交錯した状態にあり、本来的に時間的・実在的《ダス アイゲントリッヒ ツァイトリッヒ・レアーレ》な要素である。他方にあるのは、この集団的生活が理念的・無時間的な意義の王国《ダス ライヒ デス イデール・ツァイトローゼン ジンネス》に関与している、という要素である。その共同秩序《ツザメンオルトヌング》はただ弁証法的に了解すべきで、切離してはならぬ(119)」。つまり、端的に国家理論とは、実在と意義（後者は、理念や価値と換言してもよい）の二要素が弁証法的に連関を編制する精神的現実《ガイスティゲ ヴィルクリッヒカイト》、そのようなものとしての国家に関する理論だと述べているのである。この事実と価値の弁証法こそスメントの統合過程の核心なのであり、このプロセスを破壊しないように了解するのが精神科学なのである(120)。

この実在と理念の弁証法こそクリュガーが継承したものなのである(121)。とりわけその代表理念では自然的自我からヨリ良い自我が分化して、この事実的極と理念的極との相互作用により自我の超克が生起する。このクリュガー弁証法は、事実と理念のスメント弁証法に一致する。ところでスメントが、惨めなブルジョワでなく誇り高い市民の方をその人間観の基礎に据え、国側の侵害禁止でなく国家の理性分業をその人権観の根本に置き、これらを人格的職業権《ベルーフスレヒト》と呼称したことは、国家の個人動員として評判が良くないが、それも周知のことである(122)。加えて彼は、国家諸機関による事物的統合の中で代表の問題に触れ、畢竟代表とは、国家を超越する事物的な価値内実に基づき、国家を基礎づけ正統化するもので、それゆえに代表とは議会や君主に限定されず、市長や官僚や裁判官でも代表制に論及しうると述べている[123]。結局は、価値を実在により具体化して国家＝精神的現実が誕生する、この精神科学の発想からすれば、職業や代表は不可欠の要素であり、その意味で、クリュガーの代表理念や職務思考は、既にスメントの代表制や職業権の中に、少なくともその萌芽を見て何も問題はない[124]。

ただ、スメントの言う職業を担うのも、代表の下で価値に集うのも、ともにクリュガーが国家から排除しようとした、人格＝人間である。もっとも、制度としての国家という大戦後スメントの発想は、その弟子との距離を埋めるかもしれないが[125]、人格＝人間の意味は大きい[126]。精神科学の真髄は、実在と理念の弁証法から現実を見ることにある。クリュガーからすれば、人間を人格から引離し制度に据えなければ自然的自我とヨリ良い自我は区分けされぬ。つまり、人格と職務を分離しなければ、事実と価値の相互作用が開始することはないのだ[127]。けれども、この国家の要諦を成す人格と職務の分離は、確実でなく、自然に任せずに人為的操作を加えずして、これを維持などできない。その点、人間を人種としてしか見ぬ人種主義、あらゆる支配を拒絶する民主化主義《デモクラティジールング》、同じく支配に好意的でない経済秩序が脅威である。この自然主義《ナトウアリスムス》を克服できれば、主権国家が国際社会の職務に就いて構成国を従え公共善を担う国家間組織の存立が確実なものとなろう。ただ、マーストリヒト前のクリュガーが、この「熱狂主義《シュヴェルマートゥーム》」の克服を信じたかは定かでない[128]。だが、現在の統合説は想像さえしていまい。

(48)　もっとも、スメントが連邦国家理論を持つのは周知のとおりである。Rudolf Smend, Verfassung und Verfassungsrecht (1928), in: ders., Staatsrechtliche Abhandlungen und andere Aufsätze, 3. Aufl., 1994, S. 119–276, 223–233, 268–273; ders., Ungeschriebenes Verfassungsrecht im monarchischen Bundesstaat (1916), in: ders., Staatsrechtliche Abhandlungen und andere Aufsätze, S. 39–59. 参照；古屋等「ルドルフ・スメントによる統合理論と連邦忠誠の原理」茨城大学政経学会雑誌七八号（二〇〇八年）七七～九〇頁。後掲注(61)も見よ。

因みに、ドイツ法アカデミー（ナチス）の経済学者J・イェッセン（後にヒトラー暗殺計画の廉で処刑）から、当時刊行された直後のシュミット『諸立場と諸概念』（一九三九年）書評を執筆するよう、スメントは依頼されたが、「国際法に不案内だから」と断っている。R. Mehring (Hrsg.), "Auf der gefahrenvollen Straße des öffentlichen Rechts". Briefwechsel Carl Schmitt-Rudolf Smend 1921-1961, 2010, S. 95.

(49) ショイナーはベルリンのスメント、トリーペル下で教授資格を得た。彼の国際法理論に関連して、Christian Tomuschat, Ulrich Scheuners völkerrechtliches Werk, in: U. Scheuner, Schriften zum Völkerrecht, 1982, S. XI-XXXI.

(50) Ulrich Scheuner, Staat und Staatengemeinschaft (1931), in: ders., Schriften zum Völkerrecht, 1984, S. 3-18, 5f.

(51) Scheuner, a.a.O. (Anm. 50), S. 6-8; ders., Naturrechtliche Strömungen im heutigen Völkerrecht (1950/51), in: ders., Schriften zum Völkerrecht, 1984, S. 99-158, 133f.

(52) Scheuner, a.a.O. (Anm. 50), S. 8f. Vgl. Scheuner, a.a.O. (Anm. 51), S. 137-141. この「現象学志向」とは、必ずしもショイナー自身が特定の方法を選択したというより、近代的な合理主義や実証主義を否定した上で、実質的諸価値の認識へと哲学的な検討を加えることを意味している。彼自身が、こうした潮流には統一的な体系は存在しないと断言して、ただ欧州各国の動向、とりわけドイツにつき現象学、ヘーゲル主義、キリスト教神学などを列挙するだけで、ただ、合理的・分析的な認識方法を拒絶して、直観的認識や精神科学的了解により意思や決断など、生の諸領域の非合理的構造を解明せよと主張するにすぎない。Scheuner, Die nationale Revolution. Eine staatsrechtliche Untersuchung, in: AöR, N.F., Bd. 24 (1934), S. 166-220, 261-344, 190-197. 公法学における現象学につき、ライプホルツの例であるが次も参照。拙稿「政治的体験の概念と精神科学的方法（二）」早稲田法学七四巻四号（一九九九年）六九三〜六九六頁。

(53) Scheuner, a.a.O. (Anm. 50), S. 12f.

(54) Scheuner, a.a.O. (Anm. 50), S. 12. Vgl. Scheuner, Das Wesen des Staates und der Begriff des Politischen in der neuern Staatslehre (1962), in: ders., Staatsrecht und Staatstheorie, 1978, S. 45-79. この意味で、ショイナー説の国家観は国家主義というべきではなく、その証拠に、国家自体を人倫と見るヘーゲル的国家観が放棄される。Scheuner, a.a.O. (Anm. 50), S. 12. なお、前所与性と課題性との意味については差し当たり以下を参照。拙稿「例外状態について（一）」（早大院）法研論集七九号（一九九六年）二一六〜二二四頁。

(55) Scheuner, a.a.O. (Anm. 50), S. 13.

(56) Scheuner, a.a.O. (Anm. 50), S. 14, 17f. つまり、ショイナーは伝統的国際法学の根本変革を求めるのでない。確かに、主権概念は、法を超える国家の絶対的支配の表現であると理解され、そうだとすれば、国際的協力関係が発展する現状からはこの主権概念を放棄してただ国家は独立であると述べるだけでよい。けれども、この主権概念は、現事実的概念を規範的概念にそのまま持込む法実証主義の仕業であり、元々ただ独立最高の権力を意味し、法的拘束の無化を意味しなかった主権概念自体には何も責任はない。Scheuner, a.a.O.（Anm.50）, S.14f.; ders., Der Staat im Felde der internationalen Ordnung,in: G.Ritter（Hrsg.）, Vom Wohlfahrtsausschuß zum Wohlfahrtsstaat, 1973, S.137–160, 153–155. Vgl. Scheuner, Völkerrecht（1961）, in: ders., Schriften zum Völkerrecht, 1984, S.159–168, 164; ders., Die internationalen Probleme der Gegenwart und die nationale Entscheidungsstruktur（1977）, in: ders., Schriften zum Völkerrecht, 1984, S.277–313, 307–313.

（57） Scheuner, a.a.O.（Anm.50）, S.15f.

（58） Scheuner, a.a.O.（Anm.50）, S.16f.; ders., a.a.O.（Anm.51）, S.141–143. なお、理念と実在の弁証法から精神的現実が現出するという発想は、ショイナーに限らず、当時の精神科学的方法に共通の思考法である。本書第三章を参照せよ。これについては、同門クリュガーの代表理論と関連させて後述する。Vgl. Stefan Korioth, Die geisteswissenschaftliche Methode: Günther Holstein, in: J.Lege（Hrsg.）, Greifswald — Spiegel der deutschen Rechtswissenschaft 1815 bis 1945, 2009, S.285–302.

（59） Scheuner, a.a.O.（Anm.56）(„Völkerrecht"), 162f.; ders., Grundfragen der internationalen Gemeinschaft in einer Zeit des Übergangs, in: Zeitschrift für evangelische Ethik, 2.Jg.（1958）, S.257–270, 260, 267f. Vgl., Scheuner, Grundfragen eines internationalen Ethos, in: Ökumenische Rundschau, Bd.6（1957）, S.117–123, 117–119; ders., Sozialethische Fragen zur internationalen Ordnung der Gegenwart. Referat, gehalten bei der Tagung „Die Rechtsprobleme der Zeit und die Botschaft der Kriche" vom 23. bis 26. Oktober 1963, in: ANSTÖSSE. Bericht aus der Arbeit der Evangelischen Akademie Hofgeismar, Nr.2/3（Mai）1964, S.101–107.

（60） Scheuner, a.a.O.（Anm.59）(„Grundfragen"), S.267, 269f. Vgl., Scheuner, Die Entwicklung des Völkerrechts im 20.Jahrhundert（1962）, in: ders., Schriften zum Völkerrecht, 1984, S.185–212, 210f.; ders., Fünfzig Jahre Völkerrecht（1965）, in: ders., Schriften zum Völkerrecht, 1984, S.213–246, 224f., 226–233. 国際的エトスの基礎と内実には、ショイナーは極簡単にこう述べる。まず、欧州諸国のみならずあらゆる国家が国際社会に参加する以上、キリスト教など特定宗教の中に国際的エトスの基礎を探求はできず、同じくキリスト教な傾きを持つ自然法もその基礎としてはならない。寧ろ、歴史的に形成され変化する伝承や経験の中に探求するべきで、即ち、このエトスが諸国家でなく諸個人の持つ観念に依拠する以上、各国の観念を深層から吟味しそこから共通の倫理を探求するべきだ。Vgl. Scheuner, a.a.O.（Anm.59）(„Ethos"), S.119–121, 122f. そこから得られる国際的エトスは、幾つかのグループから成り立つ。第一に、国際条約の遵守や各国独立の尊重など形式的な基本ルール、第二に、国家間交流の慣例や諸国家平等の原理など伝統的なルール、第三に、とりわけ国連による、戦争処理や紛争予防に関するルール、第四に、人間的現存在の根本的なアイデンティティに関するルール、例えば、奴隷禁止や良心自由の尊重などを、ショイナーは指摘する。Vgl. Scheuner, a.a.O.（Anm. 59）(„Ethos"), S. 122f.

(61) 実は、この段階で既に、ショイナーはスメントから離れてしまった。つまり、連邦国家理論での論及だが、スメント自身は、連邦国家は個々の市民でなく個別ラントから構成されると、考えているようで、曰く、国家の生の現実とは統合であり、連邦国家の場合の統合とは個別国家の生の全体への継続的な秩序入れであり、そしてこのとき、連邦国家の中に連邦制度と中央集権の対立があり、その妥協がある、と見るのでなく、むしろ、連邦国家の中で個別国家が全体のための積極的な力の源泉であり、同時に、連邦への組入れも組入れられた個別国家の積極的な生の充足となる。個人は前面に登場してこない。Smend, a.a.O.（Anm. 48）(„Verfassung"), S. 223-226. 尤も、そのショイナーが、国家任務が国際機構に移植され、それが国際機構により遂行される限りで、その当該国際機構が現実化する、そこには価値による事物的統合でなく、機能的統合が現出している、こう述べる限りで、結果的にスメント統合説との連続は回復される。Scheuner, a.a.O.（Anm. 56）(„im Felde"), S. 146. つまり、スメントは、同じく連邦国家の文脈で、事物的統合の優位を認めつつも、ビスマルク憲法を事例に、そのライヒが防衛や商業など政治的目的団体という技術的性格を持っており、ゆえに連邦レベルで価値的なエトスは敵視されてきた、と述べる。Smend, a.a.O.（Anm. 48）(„Verfassung"), S. 226-231. 連邦国家を機能的統合で論ずる意図がここにあるのは、明白である。

関連してコリオートは、国家理論では個人を起点としておきながら、連邦理論では国家でこれを構成するとは矛盾ではないかと指摘する。そのとき国家は主権的意志団体であるとして、退けたはずの通説の実証主義的見地が裏口から呼び込まれていると、スメントを難ずる。Stefan Korioth, Integration und Bundesstaat, 1990, S. 160-164. しかも、彼の考察は歴史的に過ぎ、ビスマルクの政治的天才による革命以前の連邦国家は礼賛しながら、ラントとの紛争により解体の危機にある新生ライヒには何も処方箋を出せないままであると語り、その原因を、スメントの政治的なるものへの考察の欠如に見いだす。Korioth, a.a.O., S. 167-171. Vgl. ders., Europäische und nationale Identität, in: VVDStRL, Bd. 62（2003）, S. 117-155, 122. だが私見では、コリオートが語る意思団体の問題は、元々は統合の中の一側面でしかなく、スメントはこれを最初から除いてはいない。この誤解が生じるのも、元来の統合理論が団体の社会学である、とか、規範的視点が最初から欠けている、との不当な仮定があるからだ。さらに以下も参照、拙稿（前掲注(47)）八〇頁。なお、スメントに近い人物にビルフィンガーがいるが、彼の連邦理論については、Karl Bilfinger, Der Einfluss der Einzelstaaten auf die Bildung des Reichswillens. Eine staatsrechtliche und politische Studie. 1923.

(62) 実際ショイナーは、主権国家中心の伝統思考から一歩も出ていない。例えば、国家間組織の法定立の権限を論じる際にもそれは顕現する。つまり彼は、超国家組織の存在を、①構成国内の個人を直接拘束し、②構成国から独立した機関を持ち、③構成国に共通する利害を扱い、④合意の枠内で裁判権を持ち、⑤多数決で構成国を拘束するという、合計五つの緩やかなメルクマールで特徴づけ、その存在を認めるが、しかし、この超国家組織の承認は主権国家体制の範囲内でしかない。Ulrich Scheuner, Die Rechtsetzungsbefugnis internationaler Gemeinschaften, in: F. A. Freiherr von der Heydte/I. Sceidl-Hofenveldern/S. Verosta/K. Zemanek (Hrsg), Völkerrecht und rechtliches Weltbild. Festschrift für Alfred Verdross, 1960, S. 229-242, 233. 即ち、超国家組織の制定法といえども国際法秩序の制約へと服従し、共同体と構成国の優劣関係、規範間のヒエラルヒー構造は成立せず、また、国家共同体の法はそれを創設する条約を基礎に依拠するので、その派生法は国家共同体に委ねられた目標を遵守すべきなのである。Scheuner, a.a.O., S. 235f. 結局、超国家組織ができたとしても、その主役は主権国家のままで、新しく条約を締結すれば、共同体もその法も変更可能なのだと言う。Scheuner, a.a.O., S. 237. 仮に共同体法と構成国法が衝突しても、連邦制度ではないのだから、連邦忠誠義務と類似の国際法上の義務が構成国に発生しはしないし、特段の規定がない限り、両法の矛盾を排除する仕組みも存在しない。Scheuner, a.a.O., S. 239-241. 但し、包括的管轄権を持つ超国家機構を構成する高権移譲について、それは本当は高権移譲ではなく、国家の管轄権を排除してなされる、国際組織の決定権限の新設を意味すると、ショイナーは論じるのだ。Scheuner, a.a.O., S. 232, Fn. 16, S. 238f. 結局、主権国家の前提を堅持するための理論的根拠はここにはない。

しかし、その後の欧州経済共同体の発展を前提にした議論に至ると、国際組織の位置づけは結局実定法次第と考えていると読めなくない。例えば、一九七一年時点で、欧州経済共同体などの下、自由貿易を超えて、共通の経済政策、景気政策、通貨政策が議論された状況で、その当時の条約を前提とした経済同盟と通貨同盟の可能性を問うた。Ulrich Scheuner, Verfassungsprobleme der Wirtschafts- und Währungsunion, in: Integration: Beiträge zur Europaforschung, Bd. 3/4 (1971), S. 145-161. ここでショイナーは、経済同盟と通貨同盟の実現にはＥＣにどんな権限が必要か、それを実行するためＥＣにどんな条約改正が必要か、その拡張はＥＣの諸機関の権限にどんな影響を与えるか、を論じる。Scheuner, a.a.O., S. 149. だが、第一の問いでは、中央銀行体制の樹立、拘束的予測値の提示、地域間財政調整などで経済、通貨上の協力関係を構築するためには、構成国の決定権限を放棄させ、これをＥＣに移譲することが必要で、ただ既存の国家体制を変更するには、明文の決定をするべきである。Scheuner, a.a.O., S. 149-152. 第二の問いでは、仮にＥＣの権限拡大が必要としても、既存条約の枠内では、その一般規定を援用しても実効的な経済政策等はできず、権限を基礎づけるべく、結局条約上の基礎を創出しなければならぬ。Scheuner, a.a.O., S. 152-156. 第三の問いでは、欧州共同体の任務や権限を強化することは、畢竟、その決定の民主的正統性を問う、欧州共同体の民主的構造の問題へ発展するが、これは結局、欧州議会の権限強化で切抜けるしかない。Scheuner, a.a.O., S.156-161. Vgl. Scheuner, Perspektiven einer Europäischen Union. Zum Bericht des Ministerpräsidenten Leo Tindemans, in: Europarecht, Bd.11（1976）, S.193-212.

（63） なお、以上のショイナーの学説が実践と無関係とはいえないだろう。例えば、ナチス期の彼は、当時のアメリカの外交政策を検討するが、一九三九年パナマ米州外相会議、四〇年ハバナ米州外相会議につき、欧州紛争からの、その南北アメリカ共通の中立政策を検討して曰く、その内実は、全関係国対等の汎アメリカ主義の確立のように見えて、既存のモンロー主義を、その適用領域と内容の両方で拡張しており、これは、汎アメリカ連合の安全保障圏域を大西洋沖の海域に拡張し、植民地の主権関係が変動したときこれを同盟共通の管理下におくが、その実態は、中南米でのアメリカ合衆国の基地建設を容認するなど、欧州を排除してアメリカ一国の経済的軍事的ヘゲモニーを確立する。もっとも、彼の分析はアメリカの覇権主義を批判するように見えて、当時独伊の指導体制が確立しつつあった欧州でも、モンロー主義を適用し、二つの対立の空間形成について対応的尊重を要求しており、それは結局、ナチスの覇権主義を弁証する論理であるように思える。Ulrich Scheuner, Der Gedanke der Sicherheit Amerikas auf den Konferenzen von Panama und Havana und die Monroedoktrin, in: Zeitschrift für Völkerrecht, Bd.24（1941）, S.273-292, bes., 275f., 290-292; ders., Amerika, in: Jahrbuch für auswärtige Politik, 7.Jg.（1941）, S.75-93; ders., Die Machtstellung der Vereinigten Staaten in Zentralamerika, in: Zeitschrift der Akademie für Deutsches Recht, 7.Jg.（1940）, S.309-331.

（64） クリュガーは、ベルリンのスメントの下で教授資格を得た人である。Thomas Oppermann, Herbert Krüger zum 70. Geburtstag, in: AöR, Bd.100（1975）, S.623-627; ders., Herbert Krüger 1905-1989, in: AöR, Bd.115（1990）, S.311-313. Vgl. Oppermann, Ein deutsche Staatsrechtslehrer im 20. Jahrhundert. Zum 100. Geburtstag von Herbert Krüger（1905 bis 1989）, in: AöR, Bd.130（2005）, S.494-499.

（65） Herbert Krüger, Über die Herkunft der Gewalt der Staaten und der sogenannten supernationalen Organisation（1959）, in: ders., Staat — Wirtschaft — Völkergemeinschaft, 1970, S.141-152, 141.

（66） Krüger, a.a.O.（Anm.65）, S.142. 超国家組織については、そもそも国民を想定しがたい事情もあるが、これを各国国民から論証する近時の学説については、すでに述べた。この問いを、法学外部の問題と見るか内部と見るかで、答え方が変化する。前者なら結局法実証主義に関わる第一の難点と同様となる。

（67） Krüger, a.a.O.（Anm.65）, S.143; ders., Allgemeine Staatslehre, 1964, S.823-827.

（68） Krüger, a.a.O.（Anm.65）, S.143f.; ders., a.a.O.（Anm.67）, S.870-879.

(69) Krüger, a.a.O.（Anm.65）, S.145–148, 149–151.

(70) Krüger, a.a.O.（Anm.67）, S.827–830. Vgl. S.196, 940–988.

(71) Krüger, a.a.O.（Anm.65）, S.149; ders., Souveränität, in: Handwörterbuch der Sozialwissenschaften, Bd.9（1956）, Sp.309–311, 310. 結局国家権力とは、立法や命令により自ら法を創造する、無尽蔵の能力なのであり、この事情は、国家でも国際機構でも変わりはない。だからこそ、これを分割譲渡して削減することも（唯一性）、当事者や裁判所の事前了承を課して制約することもできない（一方性）。Krüger, a.a.O.（Anm.67）, S.847–879, 879–918. であれば、この万能国家の国家目的を枚挙することも無意味である。拙稿「国家目的としての安全」法学教室三二九号（二〇〇八年）一八～二一頁。

(72) Krüger, a.a.O.（Anm.65）, S.148. 精神的現実又は被客観化精神としての国家については、本書第三章三1(1)(2)、第五章三1を参照されたい。この現実観があるからスメントと同様に国家三要素説を難ずるのだ。

(73) Krüger, a.a.O.（Anm.65）, S.148f.; ders., a.a.O.（Anm.67）, S.823f., 828f. クリュガーは語る。移譲概念では、単なる承継権利の寄集めでしかないラント高権を弁証できても、完全で完結した近代国家の権力は形容できぬ、この点で主権概念とは歴史的でなく体系的なのだ、と。Krüger, a.a.O.（Anm.65）, S.144f.; ders., a.a.O.（Anm.71）, S.310; ders., a.a.O.（Anm.67）, S.823–827.

(74) Herbert Krüger, Amtsgewalt und Amtsmacht, in: K. Vogel/K. Tipke（Hrsg.）, Verfassung, Verwaltung, Finanzen. Festschrift für Gerhard Wacke zum 70. Geburtstag, 1972, S.13–28, 17. 主権国家が国際機構を利用し権限を強化する例をクリュガーは示す。ガソリン、軽油、重油などの備蓄を、不測の原油輸入停止に備えて、企業に義務づける一九六五年原油製品備蓄法への憲法異議において、同法制定後の一九六八年に策定された、欧州経済共同体の構成国に原油および原油製品の備蓄を義務づける欧州共同体理事会の指針が、上記法律を裏付けるものとして語られるが、この事態のことだろう。Vgl., BVerfGE 30, 292, 295–299.

(75) Herbert Krüger, Europa — Ende oder Anfang?（1947）, in: ders., Staat — Wirtschaft — Völkergemeinschaft, 1970, S.44–50, 44–46, 46–48.

(76) Krüger, a.a.O.（Anm.75）, S.48–50.

(77) Krüger, a.a.O.（Anm.67）, S.236; ders., Verfassung（1961）, in: ders., Staat — Wirtschaft — Völkergemeinschaft, 1970, S.160–176, 161; ders., Die Modernität des modernen Staates, in: Verfassung und Recht in Übersee, 6.Jg.（1973）, S.5–19.

(78) Krüger, a.a.O.（Anm.67）, S.236f.

(79) Krüger, a.a.O.（Anm.67）, S.237f. なお、代表理論史については、変わらぬ権威を持つ次の古典を見よ。高見勝利「国民と議会

（一）」国家学会雑誌九二巻三・四号（一九七九年）一〜五八頁、同「（四）」国家学会雑誌九四巻一・二号（一九八一年）八三〜一二六頁、同「代表」樋口陽一編『講座憲法学』五巻（一九九四年）五三〜八二頁。

(80) Krüger, a.a.O. (Anm. 67), S. 238. Vgl., Ralf Dreier, Das kirchliche Amt, 1972, S. 218-220.

(81) Krüger, a.a.O. (Anm. 67), S. 240. 合理的動物たる人間像を、代表理念の例としてクリュガーは挙げる。民主的憲法理論や自由の市場経済の基礎となる「合理的動物」とは、現実の人間を指すものでなく、これを方向づける模範像として働く。現実的人間が理想的人間に向きこれを克服するのが代表なのである。Krüger, a.a.O. (Anm. 67), S. 241.

なお、この自然的自我とヨリ良い自我の二元的自我関係の間にある弁証法的統一体を以て、なぜ代表理念とクリュガーが名付けるのか、不可解なのだが、これについては、その門下のズーアが、ミードの社会心理学を援用してこの自我概念を敷衍しているのが参考になる。Dieter Suhr, Repräsentation in Staatslehre und Sozialpsychologie, in: Der Staat, Bd. 20 (1981), S. 517-538. ①まず、幼児期のアイデンティティ形成を具体例に呈示するが、ミード曰く、幼児は自分を初めから「ボク」とは呼んだりはしない。最初は、大人の真似をしながら、物体を指差し、物体の名前を呼ぶ。そして同様に、幼児ペーターは、自分を「ペーター」と呼ぶ大人の真似をして、自分を「ボク」と呼ばないで「ペーター」と呼ぶのだ。即ち、その幼児は、他者が自分に対して持つ関係を、直にそのまま自分が自分に対して持つ関係として引継ぐというのである。そして、他者の物理的外面的な距離が自分の心理的内面的な距離に転換して、この内面化された距離が、「ペーター」を「ボク」へと変えていく。Suhr, a.a.O., S. 525-528. ②だが、この他者の行為の内面化だけでは単純な決定論に陥る。自我は、他者の行為を内面化し社会の制度を社会化するだけでなく、その内面を、他者の行為や社会の有様へと外面化する存在でもある。即ち、自我とは、他者や社会を内面化する自我《ミー》であると同時に、他者や社会に応答する自我でもある、二重化された自我なのである。この自我《イッヒ》自体《アン ジッヒ》があるからこそ我々は自由で自発的な存在でありうる。ここに内面化と外面化で相互に繋がる個人と社会の関係が成立つが、個人に内面化された（普遍化された）他者は社会の代表となろうし、反対に、無数の個人の心理も社会的他者を共に代表することになる。Suhr, a.a.O., S. 528-530, 526f., 534f. ③この代表の関係は、二重の自我概念の中にも成立つのである。つまり、他者の行為が社会化されて個人は普遍化されるのであるが、この内面的な一般性が、種類の異なる社会的構造へと自己貫徹する。換言すると、自我の中にまず自我《ミー》が形成されて、今度はこの自我《ミー》が自我《アイ》を押し退けて、これにより改善された自我《アイ》が社会に外面化する。二重の自我の複合体の中で自我《ミー》が自我《アイ》を改善するというこの事態は、まさにヨリ良い自我が自然的自我を改善する過程に対応するだろう。ズーアは、一般性《アルゲマインハイト》という国家学固有の議論をここに見出してもいる。Suhr, a.a.O., S. 530-532. なお、この一般性と一般化可能性につき、後述する補論も参照せよ。

（82） Krüger, a.a.O.（Anm.67）, S.240-242, 233. クリュガー自身は、これらの概念が鉄鋼用語だと明確に指摘するが、なぜに鉄鋼用語かを明確に述べてはいないものの、語選択の真意を、代表が、量的、質的に変更がない何かが別の形式を取ることでなく（つまり代表は写真術《フォトグラフィー》ではない。ここには直接民主制批判もある）、社会的現実が自身により増量と改善を得ることに見出しているのだ。Krüger, Die Verfassung als Programm der Nationalen Repräsentation, in: E.Forsthoff/W.Weber/F.Wieacker（Hrsg.）, Festschrift für Ernst Rudolf Huber zum 70. Geburtstag am 8. Juni 1973, 1973, S.95-116, 96f.; ders., a.a.O.（Anm.67）, S.233. Vgl., Winfrid Brohm, Sachverständige und Politik, in: R.Schnur（Hrsg.）, Festschrift für Ernst Forshoff zum 70. Geburtstag, 1972, S.37-75, 50, Fn.31.

（83） Krüger, a.a.O.（Anm.67）, S.241f. 流行の議論でいえば、代表は同一人格に公私分裂を認めるのである。

（84） Krüger, a.a.O.（Anm.67）, S.233, 239f.

（85） Krüger, a.a.O.（Anm.67）, S.242f.

（86） Herbert Krüger, Das Prinzip der Effektivität, oder: Wirklichkeitsnähe des Völkerrechts（1957）, in: ders., Staat — Wirtschaft — Völkergemeinschaft, 1970, S.121-140, 121.

（87） Krüger, a.a.O.（Anm.86）, S.121f., 126; ders., a.a.O.（Anm.67）, S.295.

（88） Krüger, a.a.O.（Anm.86）, S.122f., Fn.3f. もっとも、この国際法の特徴づけの目的は効率性原理の論証にある。つまり、国家による代表が想定できる国内法では、結ばれる契約が脅迫や強制によらない正しい《リヒティヒカイト》内容を持つことが、要請されるのだが、国際法が代表を持たないときは、正しさではなく秩序《オルトヌング》が優先される。Krüger, a.a.O.（Anm.86）, S.123-125. 国内法も国際法もともに契約《フェアトラーク》の自由か条約《フェアトラーク》の自由かを認めるのだが、その契約又は条約の自由の構造は根本的に異なっている、とも言う。つまり、契約締結者らを超えて国家権力を想定する国内法の場合は、その契約締結権は国家に委任された権力であり、委任した国家には禁止の形式を用い契約締結を監視する権力が付与されるという構成、けれども、条約締結者＝国家の上に国家権力類似の権力を持たない国際法の場合は、したがって条約を監視する権力審級は存在しえず、この限りで、条約締結権は主権に内在する始原的権力と構成される。Krüger, a.a.O.（Anm.86）, S.125. そうなると、国内法上の契約は国家が定立した法律に違反できぬが、（法律のない）国際法上の条約はこれを拘束するものが事実上ない（条約を制約する「法律」として国際慣習法が候補に挙がるのだが、結局慣習法が合意法に優先するという構成には無理があると言う）。結局は、非国家的な国際法では正しさでなく実効性《エフェクティフィテート》が支配している。Krüger, a.a.O.（Anm.86）, S.125-127. その点、国内法と比べ国際法での規範と現実の距離は近いと言える。国家が履行を援助する前者の場合は、当事者の力関係が不均衡でも、この利益状況から乖離したとしても、契約が実行されることがある。だが、強者が自力救済することも国家執行することも許容されない国際法秩序では、両者の利益状況そのものが契約履行の動機となる。その点、規律と利益状況の距離が小さい点に、国際法の条約の中で正義が実現される可能性がある。正しさは実効性の関数《ファンクチオン》なのである。Krüger, a.a.O.（Anm. 86）, S. 127–129.

(89) Krüger, a.a.O.（Anm. 67）, S. 256. この職務の概念自体が一つの問題で、ケットゲンやヘンニスによる説と比較検討するべきだが、ここでは差し当たり措かざるを得ない。Arnold Köttgen, Das anvertraute öffentliche Amt, in: K. Hesse/S. Reicke/U. Scheuner (Hrsg.), Staatsverfassung und Kirchenordnung. Festschrift für Rudolf Smend zum 80. Geburtstag am 15. Januar 1962, 1962, S. 119–149; Wilhelm Hennis, Amtsgedanke und Demokratiebegriff (1962), in: ders., Politikwissenschaft und politisches Denken, 2000, S. 127–147; Otto Depenheuer, Das öffentliche Amt, in: J. Isensee/P. Kirchhof (Hrsg.), Handbuch des Staatsrechts der Bundesrepublik Deutschland, Bd. 3, 3. Aufl., 2005, S. 87–130. 関連して以下も参照せよ。拙稿「職業官僚制における制度と身分」（新潟大）法政理論三九巻四号（二〇〇七年）三四五〜三五五頁。なお、ここでいうクリュガーの管轄の概念につき、Krüger, a.a.O.（Anm. 67）, S. 103–112.

(90) Krüger, a.a.O.（Anm. 67）, S. 254. クリュガーが引くのは、教会法学者カンペンハウゼンの論稿である。Hans Freiherr von Campenhausen, Kirchliches Amt und geistliche Vollmacht in den ersten drei Jahrhunderten, 2. Aufl., 1963. カンペンハウゼン曰く、教会法において職務体制の端緒となるのは、長老体制＝憲法が確立する、いわゆる使徒教父時代の出来事であり、ローマ帝国の弾圧やグノーシスの異端などから教団を守護するため、責任ある指導層を構築し、形式的継続的な職務を設置したのである。即ち、監督、執事、助祭等々からなる職階秩序の確立がそれである。その職務は、キリストから使徒へ、使徒から長老への伝承の連鎖で定礎されるのだが、その職務権威は、使徒が教団の任務を移譲した先の人格《ペルソン》にではなく、それ自体維持される制度《インスティトゥチオン》なるものに依拠する。つまり、教会法秩序は、職務概念の形式化により確立する、という。von Campenhausen, a.a.O., S. 86, 99f., 127–129, 130–134. とはいえ、使徒の伝承か、職務の秩序か、どちらに力点を置くかは、使徒行伝（ルカ）、第一クレメンス書、イグナチウス書、牧会書簡（勿論このうち使徒行伝と牧会書簡のみが聖書正典である）、典拠により違いがあるのは、カンペンハウゼンが説くとおりである。荒井献編『使徒教父文書』（講談社文芸文庫、一九九八年）一一三〜一一四、一一七頁も参照。Vgl. von Campenhausen, Die Begründung kirchlicher Entscheidungen beim Apostel Paulus, 1957; Dreier, a.a.O.（Anm. 80）, S. 28–37, 147–152.

(91) Krüger, a.a.O.（Anm. 67）, S. 254f. 人格ではなく職務が国家を構成するというこのクリュガーの思考は、その彼の、近代国家は人格の連関ではなく制度であるとする思考に、つまり国家を制度として概念把握する思考に、接合することになる。Krüger, a.a.O.（Anm. 67）, S. 168f. 制度とは人格の否定であるとクリュガー国家学は強調するのである。Krüger, a.a.O.（Anm. 67）, S. 172–178. しかし、これを無視して、指導者と信奉者の、制度を介さぬ人格的な連関へ国家を絶対的に変更せしめた、即ち、アドルフ・ヒトラーなる人物として憲法を実存せしめたのが、国家社会主義《ナチズム》である、と。Krüger, Das deutsche Verfassungsrecht in der Mitte des 19. Jahrhunderts und seine Entwicklung bis heute, in: Centenario de la Constitucion de 5 de Febrero de 1857. El Constitucionalismo a Mediados del Siglo XIX, Tomo 1 1957, S.1-60, 26-31; ders., Versuch über Schwärmertum und Gegenwartsutopie als einen durchgehenden Zug unserer Zeit — ein Nachwort (1970) - in: ders., Staat — Wirtschaft — Völkergemeinschaft, 1970, S.255-260, 258; ders., Die deutsche Staatlichkeit im Jahre 1971, in: Der Staat, Bd.10（1971）, S.1-31, 27; ders., a.a.O.（Anm.74）, S.19. 因みに、人格を排除することと全人格を捧げることとが同義ならば、まさにこの全人格を捧げる地位を身分＝制度と見る見解と連続する。これにつき、拙稿（前掲注(89)）三四一～三四五頁。

ただ、人格を放棄し職務に就任することで代表が実現するのならば、まさに放棄される前の、人格の自由な発展の権利（基本法二条）は、その権利を行使するかは当然、どの使命に権利を投入するかにつき、公共善の拘束を受けず、その個人の恣意で決定されることになるが、国家が出来する社会の領域を基本権が構成することを念頭に置けば、市民は、その基本権を公共性のために行使しなければならないのだ。その意味で、国家外部でも社会領域であれば、公共善の拘束が働く。Krüger, a.a.O.（Anm.67）, S.542-544; ders., Neues zur Freiheit der Persönlichkeitsentfaltung und deren Schranken, in: NJW, 8.Jg.（1955）, S. 201-204.

(92) Krüger, a.a.O.（Anm.67）, S.247.

(93) Krüger, a.a.O.（Anm.67）, S.249. となると、この二段階手続を経ずに自然的人間が直接的参加を行う直接民主制は批判の対象となるが、クリュガーに特徴的な点として、直接民主制のチャンピオンであるルソーを自身の代表観の側に見る。つまり、ルソーの言う一般意思とは、直接的国民ではなくヨリ良い自我、即ち代表的意思として了解されていた、との指摘をしている。Krüger, a.a.O.（Anm.67）, S.239f., 248.

(94) Krüger, a.a.O.（Anm.67）, S.250-252.

(95) Krüger, a.a.O.（Anm.67）, S.252f. 一般的に言えば、第一に多数の人格の内面の中で、第二にこの人格相互の関係の中で、「代表の弁証法」は二段階で行われる、となる。Krüger, a.a.O.（Anm.67）, S.239.

(96) そうであれば、この職務の理念には、職務エトス《アムツェトス》が伴うことになる。ヨリ高次の義務づけに支配されること、これこそ職務エトスであり、さらに忠誠義務、恩給制度、争議禁止等により構成されるのだが、けれども、自由が利己的かつ経済的な動機に依拠するようになり、この民主化主義により、職務固有の意味が放棄されるようになる。Krüger, a.a.O.（Anm.91）(„Staatlichkeit"), S.27f. この職務の道徳が（官僚の）自由と権利の名の下に掘り崩されれば、人は良き《グーテ》こと《ザッヘ》に奉仕するもので、この奉仕には共通利益を完成するがゆえに意味がある、こうした確信も掘り崩されてしまうであろう。不愉快なことでも自ら進んで引受ける職務エトスが無くなるのなら、残るのは、せいぜい超過時間の支払いを期待するカネ《ゲルト》の思考である。Krüger, a.a.O. (Anm.74), S.18f. 即ち、市民が顧客である、官僚は労働者である、との考え方は職務の思想からすればナンセンスだ、これがクリュガーの論である訳だ。これにつき関連して、本書第六章三3、拙稿（前掲注(89)）三三一～三七二頁、同「企業倫理の憲法的基礎」戸波江二編『企業の憲法的基礎』（日本評論社、二〇一〇年）三九～五七頁。

ただ、有権者の地位や議員の地位が職務といえるか実は問題である。この点につき、クリュガーの君主主権の議論も参照する必要がある。つまり、代表理念がここでも適用され、君主は人格として支配する者ではなく、代表者或いは国家の下僕として奉仕する者なのである。ここでも、元々単一のものから職務的要素が人格から区分けされる。この独立化した職務こそが、国家元首に見合うように君主の自然的人格を高めるのだとされる。ここに職務に明確な役割が付与される。Krüger, a.a.O. (Anm.67), S.243-247. だが、この職務を創造する者は誰か、この職務を保持する者は誰か、本文との関連では、こうした問題を更に詰める必要は否定できない。職務でなく身分についてだが、君主のみが身分を創造する、元来は大臣や官僚のみが身分を保持するという、ケットゲンの指摘もある。これにつき、拙稿（前掲注(89)）三三七～三四五頁を参照。

(97) Herbert Krüger, Geschäftsführung ohne Auftrag für die Völkergemeinschaft, in: Völkerrechtliche und Staatsrechtliche Abhandlungen. Carl Bilfinger zum 75. Geburtstag am 21. Januar 1954 gewidmet von Mitgliedern und Freunden des Instituts, 1954, S. 169-204, 201f.

(98) Krüger, a.a.O. (Anm.97), S.203; ders., Souveränität und Staatengemeinschaft,in:ders./G. Erler, Zum Problem der Souveränität, 1957, S.1-28, 9-11. 念のため本文を再説すれば、共同態の形成には共同目的が必要だが、単なる目的実現が大事なのでなく、これが代表者や職務者によって実現されることが肝要なのである。であれば、超国家組織の場合も、元々自立的な諸国家の中から、脱人格化して共同目的へと奉仕する代表者としての主権国家が必要である、ということになるであろう。

(99) ところで、国内社会と同様に国際社会でも代表が成立つとするなら、国家が人格から職務を分離し、職務を通じ世界に貢献するのだから、その前に国家が人格を持ち国家法人でなければならないことになる。脱人格化により国家が制度化されるというクリュガー説からすれば、国家人格性の概念は、自我がやがて人格を抜取られ国家に変化する、というこの過程を想起するには便利な概念ではあるが、だがしかし、「国家が人格ではないこと」を全く明瞭にしない厄介な存在である。Krüger, a.a.O. (Anm.67), S.175. vgl. S.784. 更には、先の君主主権との関連でも、君主から抜取られた人格は（前掲注(96)）、これを国家に委譲し、それを国家人格性と構成することも可能だし、その上、国家を精神的人倫的有機体と了解するときも、これと同様、そこに国家人格性を生気論的に読取ることも可能なのだが、これは、国家が人格でなく、非人格的な制度と代表であることを忘れている。Krüger, a.a.O.（Anm.67）, S.244. だが、クリュガー理論で国家の人格性に親和的なものもなくはない。その傍証を挙げよう。その傍証は先の実効性の原理の論証中にある（前掲注(88)）。それは、法主体性に関する国内法と国外法の取扱いの違いに関わる。つまり、国内法では、自然人には出生完成により、団体や財団には要件を充たす人間行為により、法主体性は自動的手続で付与される。この付与は自然によるものでなく規範によるものだと強調されるが、他方国際法では、或る集団が主権を持つ完全な国家になるとしても、国家の定義に学説上定説がなく国家の基準に実務上争いがある以上、この集団が国際法上の法主体を獲得するには、真正の国家であると証明されるだけでなく、正式な国家として承認されなければならぬ。その限りで、承認のない国家は法なき空間で破落戸《ならずもの》として扱われる。そうなると、規範と現実の緊張関係の有無は契約の自由とは異なり（前掲注(88)）、自動的に法主体を付与する国内法の場合は規律と現実の緊張はなく、承認の留保を認める国際法の場合は両者間に乖離があることになる。Krüger, a.a.O.（Anm.86）, S.135-137. だが、結局国際法には、理論的一貫性を実践的融通性に一致させる知恵が備わるのであり、これにより、法的には実存しない形成体が同じく法的には事実上実存する形成体として扱われているのである。非承認国家の事実上の実存を考慮する点で実効性原理が働いている。Krüger, a.a.O.（Anm.86）, S.137f. そうだとすれば、現実世界の国家と法的世界の国家とが国際法では重畳するのであり、ならば、自然的自我とヨリ良い自我が未分化の直接的で自然的な状況に国際法の構成各国家が置かれることになる。この直接性と自然性の観点で国家に人格があるといえないだろうか。

(100) Krüger, a.a.O.（Anm.67）, S.10f. とはいえ、クリュガーは国際社会での代表理念実現に積極的でない。国家が国際組織の構成国としてその制度や理念の代表者となるには、まず国際組織が超国家を形成するに至らなければならないのであり、そうでなければ、国家行為の客観化はただの虚構に頼ることになる。Krüger, a.a.O.（Anm.97）, S.203f. だが裏を返せば、国際組織の超国家化が順調に進行するのであれば、国際組織の制度化、主権国家の職務化を肯定しても問題はなくなる。

なお、その結果、国内法と国際法は一元的に処理されることになる。その点、二元論自体が法実証主義の産物たる点に留意すべきである。Vgl. Scheuner, a.a.O.（Anm.56）(„Völkerrecht"), S.164; ders., a.a.O.（Anm.60）(„Entwicklung"), S.203-205.

(101) グレシュナーに拠り、保障国家論に即したものだが、関連して参照。拙稿（前掲注(14)）四八～四九頁。

(102) Krüger, a.a.O.（Anm.97）, S.204; ders. a.a.O.（Anm.98）, S.11f.

なお、権力本質が職務の中にあり国際機構がこれで編制されるなら、クリュガーと同様に、職務を、政治共同体の自己現実化の必然的な構成部分と見るショイナー理論も、ここに再度浮上することになる。Ulrich Scheuner, Amt und Demokratie, in: G. Lanzenstiel

(Hrsg.), Amt und Demokratie, 1971, S.7–42, 20–22; 本書第一章三2。但し、この職務理論が実際に国際機構に適用された形跡は存しない。

(103) Krüger, a.a.O. (Anm.67), S.275f., 286.

(104) Krüger, a.a.O. (Anm.67), S.279.

(105) Krüger, a.a.O. (Anm.67), S.280f. この点、ヘーゲルの「法律に従う意思のみが自由である」は正しい。しかし、この法律への服従が、世界観国家を前提とする場合と、非同一性国家を前提とする場合とでは、異なる。Krüger, a.a.O. (Anm.67), S.281f.
　なお、ここで論及した、非同一性原理《プリンツィプ デア ニヒト・インデンツィフィカチオン》とは下記のようなものである。つまり、近代国家はその本質上、宗教であれ国民であれ階級であれ、特定の実質的内実に自己を同一化してはならぬ、ということである。勿論、国家が、単なる生存の為の実存的結合体ではないとしたなら、この生存ファクターのみで国家の存在を保障するのは十分ではなく、ヨリ高次の価値で、具体的には、自然宗教や市民宗教の手を借りて、これで諸構成員を同質化し国家を安定化させよう、というのである。Krüger, a.a.O. (Anm.67), S.178f. 即ち、特定宗派への積極的な帰依は、嘗ての宗教戦争の経験の如く、合一の要素どころか崩壊の一因でしかないと、クリュガーは述べる。要するに国家は、宗教のみならず世界観も意見も持ってはならない。実際上、この非同一性原理は、二つの事実、或る者への高権支配を国家領域の滞在のみで認めること、或る者への国籍付与を血統又は出生地で決すること、この無色透明な事実に体現されているという。Krüger, a.a.O. (Anm.67), S.179. だが、この非同一性原理が放棄されれば、諸々の問題が生じてくる。第一に、ヨリ同質性を要求すれば、国家を成す範囲はヨリ狭隘化しヨリ閉鎖的に変質する（第一次大戦後の中欧＝バルカン化《バルカニジールング》を見よ）。多彩な人間が一つの国家で共生するには同一化を求めてはならない。Krüger, a.a.O. (Anm.67), S.180f. 第二に、国家が価値に同一化をすれば、その是非を選択する自由は市民に最早なく、同一性を除去して初めて市民の自由が定礎される。故に、民族や階級の敵を排除する国民国家や階級国家は正しくない。Krüger, a.a.O. (Anm.67), S.181f. 尤も、同一性の危機は国際情勢からも到来する。クリュガー当時の冷戦下、各国は東西両陣営の両イデオロギーのうち一方を選択する。ここでは西側の自由理念も、他者を排除する一種の世俗宗教である。Krüger, a.a.O. (Anm.67), S.182f. 尤もこの非同一性原理は、流行のリベラル・デモクラシーではない。確かにこれは、宗教や世界観との国家の同一化を禁止してはいるが、それは、それらを私事として国家から単に保護する為なのではない。一つに、国家の存在が人間の内面に規程されるとすれば、それには人間の自発性と責任性が必要であり、更には人間の精神的人倫的な人格性が国家の中で無傷のまま、秘匿されたままであるべきである。国家の同一化とは、人間を人格と見なさぬ国家の装置化なのである。もう一つに、国家類型が持つ実践的な活動能力の観点が重要だろう。即ち、生活が分化すればする程、単一で単種な主導権では不十分で、多数で多種の自発性が重要となろう。国家の同一化が断念されれば、複数で多様な意見の対立が、やがてはヨリ良い成果が得られるのだ。Krüger, a.a.O.（Anm. 67）, S. 183-185. なお、清水（前掲注（4））四五〇～四八一頁。

(106) Krüger, a.a.O.（Anm. 67）, S. 284f. ただ、多数派の決定が無条件で正しいとクリュガーは言うのでなく、それは、第一には、多数派が「選鉱プロセス」から選出されること、第二には、その決定が必要な手続により改善された決定であること、この二つを充たす限りで、多数派支配が承認されると言うのである。

(107) Krüger, a.a.O.（Anm. 67）, S. 286f.

(108) Krüger, a.a.O.（Anm. 67）, S. 289f.

(109) Krüger, a.a.O.（Anm. 67）, S. 290-292.

(110) Krüger, a.a.O.（Anm. 67）, S. 288.

(111) Krüger, a.a.O.（Anm. 67）, S. 293f. このほか、立法者としての一般性について触れている。これは、すでに述べた、国民の自然的自我とヨリ良い自我のうちの、後者が立法に参与する、という見解である。

(112) Krüger, a.a.O.（Anm. 67）, S. 298-300.

(113) Krüger, a.a.O.（Anm. 67）, S. 300, 302. もっとも、クリュガーが批判する一般性理解はこの見解のみでない。法律の一般性を、市民の特別の関心事を国家が取扱わないことだと理解する見解と、ヨリ価値の高い利益をヨリ低い利益に優先させることだと理解する見解と、これらもう二つの種類があると指摘する。前者は、現行の基本法五条二項の「一般的法律」に対応したもので、後者は、ヨハンネス・ヘッケルが、教会自治であっても国民全体の視座からはその自由には事物上必要な制約が課されなければならぬことを論証するために、提唱したものであるのだが、クリュガーは、前者については、国家は特定の世界観と同一化してはならぬという、近代国家を特徴づける非同一性原理をただ言替えたものでしかない、後者については、反対に、極端な反文化性のゆえに確信の自由への侵害を許し、その点で非同一性原理を否定してしまう、と批判する。Krüger, a.a.O.（Anm. 67）, S. 300-302. Vgl., Johannes Heckel, „Das für alle geltende Gesetz"（1932）, in: ders., Das blinde, undeutliche Wort〈Kirche〉, 1964, S. 590-593; Werner Weber, „Allgemeines Gesetz" und „Für alle geltendes Gesetz"（1973）, in: ders., Staat und Kirche in der Gegenwart, 1978, S. 340-360. 尤もヘッケルにつき、彼の主張が、宗教団体の結社の自由を定めるワイマル憲法一三七条三項一文中の、「万人に妥当する法律」への解釈であることに注意が必要である。同規定をそのまま引き継いだ基本法一四〇条の解釈として、クリュガーの師、スメントは述べる。この法律概念は、国家教会関係の激変前であれば、教会を国家から「引き離す諸制約」と自由主義的に了解できたが、一九四五年後は、教会が公共問題に国家と協力して積極的に担うことを意味している。Rudolf Smend, Der Niedersächsische Kirchenvertrag und das heutige deutsche Staatskirchenrecht, in: JZ. 1958, S. 50-53, 52, r. Sp. これは寧ろ、クリュガーの職務思考に合致するのではないだろうか。これにつき、第一章三3(3)も参照。なお、法律概念の一般性につき文献は多いが、否定的な下記に注意。玉井克哉「法律の『一般性』について」芦部信喜古稀記念『現代立憲主義の展開（下）』（有斐閣、一九九三年）三八三～四一二、四〇七、四〇八～四〇九頁、同「国家作用としての法律」法学教室二三九号（二〇〇〇年）七四～七七頁。また、フォルストホフの例だが、法律の正しさを消極的に論証する、拙稿「法律・措置法律・ノモス」（埼玉大）社会科学論集一一六号（二〇〇五年）二三一～二三三頁。

(114)　Krüger, a.a.O. (Anm. 67), S. 305f.

(115)　Krüger, a.a.O. (Anm.67), S. 306-308.

(116)　Vgl. Ernst Rudolf Huber, Wesen und Inhalt der politischen Verfassung, 1935, S. 25; Reinhard Höhn, Rechtsgemeinschaft und Volksgemeinschaft, 1935, S. 47f.

(117)　諸基本権による価値設定が国家形成において意味を持つことにつき、クリュガーは確かに言及するが、その価値には消極の意味しかない。即ち、全ての市民が或る一般的な決定に同意してしまう事態を生む、そうしたテーマがこの世にはあるが、こうしたテーマ選択を排除してくれる基本権についてのみ、国家形成の意味を与えるのだ、と。この基本権により、上記の決定から保護される確証が得られるなら、人々は相互に信頼すること、国家を形成することができるのである。クリュガーがこの例として呈示する基本権とは信教の自由なのだが、基本権は、この限定的な意味でのみ価値決定として位置づけられる。Vgl. Krüger, a.a.O. (Anm. 67), S. 540-542.

(118)　Vgl. Krüger, a.a.O. (Anm. 67), S. 971f. なお、以上は、スメントの統合三類型のうち二つを拒否するだろう。つまり、これまでのEU条約等が欧州価値を実定化したその趣旨が、個別の欧州市民を欧州統合に動員することにあると考えるのならば、それは、価値法則が自然的人格の直接的参与を要請するという点で、代表理念からは否定されることになろう。事物的統合の拒否である。また、かつての欧州憲法が、欧州大統領などEUを象徴する人物を、その人格ゆえに期待したのだ、と言えるのならば、同じく支配者の自然的人格の発動を許容すると言う点で、職務思考からそれは拒絶されるだろう。人格的統合の拒否である。残るは機能的統合のみだ。Vgl. Smend, a.a.O. (Anm. 48) („Verfassung"), S. 159f. なお、スメントの言う統合類型とは、事実と規範の相互作用のうち、この精神的現実を事実の側から検討したものだと理解すべきである。本書第三章二1(2)。

(119)　Smend, a.a.O. (Anm. 48) („Verfassung"), S. 138. 実在と理念の弁証法から精神的現実が現れるというこの思考につき、前掲注(58)も参照せよ。Vgl. Thomas Notthoff, Der Staat als „geistige Wirklichkeit", 2008.

（120）従って、実在の要素のみを強調し過ぎる、実在主義的な社会学主義、その反対に理念の要素ばかりに目を向ける、理念主義的な規範主義、これらは、本来、精神的現実の完全性を破壊してしまう。規範主義として批判されるのはケルゼン純粋法学だと予想がつくが、実在主義国家学として批判されるのは、ギールケ、M・ヴェーバー、イェリネク、そしてシュミットである。この問いについては措こう。Smend, a.a.O. (Anm. 48) („Verfassung"), S. 138. ただ、なお述べれば、精神科学的方法への一般の理解が十分でない。スメントという同一人が、国家論一般と連邦国家論とで国家概念を異にしているとの先のコリオートの批判は（前掲注(61)）、ここから間違っている。Stefan Korioth, "...soweit man nicht aus Wien ist" oder aus Berlin: Die Smend/Kelsen-Kontroverse, in: S. L. Paulsen/M. Stolleis (Hrsg.), Hans Kelsen, 2005, S. 318–332, 322f., 327. この点につき、拙稿（前掲注(47)）七九～八〇頁。

（121）クリュガーは言う。価値と現実は同一の連関中で結合している、と。価値は現実からのみ実存し、現実も価値を付着させて存立している。価値とは事実的価値であり、事実とは価値に満ちた事実なのである。価値を現実から遮断する、ケルゼンの規範主義は克服されるべきだ。Herbert Krüger, Verfassungsrecht und Verfassungswirklichkeit (1943), in: ders., Staat — Wirtschaft — Völkergemeinschaft, 1970, S. 23–43, 27f. 関連して、先の実効性原理も（前掲注(88)、(99)）、この価値と現実の関係で把握される。つまり、法の内容は法の対象と相互作用の連関を所持するのであり、そしてそれは、一つには、規範の内容と対象がその構造上、相互に作用を及ぼしあうことに、もう一つには、間接的な法創造に基づく国家の代表と、物理的な力の投入による規範の現実化と、法秩序に国家が関与すること、この二重の転換の中に、表現されるのである。そして、実効性原理とは、国際法という非国家的な法秩序の中では、法規範が、精神的要素を少なく、物体的要素を多く持っている事態、この現実近接性を分かり易く表現したものだ、とクリュガーは言う。Krüger, a.a.O. (Anm. 86), S. 138–140.

ズーアは、自我構造における他者の期待と事実的生起との区分から（前掲注(81)）、規範なる現象にはつき物の、当為と存在との乖離を発見するのだが、ここから、経験的現実の内部には、規範的要素とその他の要素との区別があり、規範の正体は、この現実の中の「特別の現実」であることにある、という結論を導出もしている。Suhr, a.a.O. (Anm. 81), 532f. この指摘は、既に言及したクリュガーの二重自我概念に重ね合わされたものなのであるが、だとすれば、この指摘は、スメントとの合致も裏書することになる。ドライアーも、クリュガー独自の動態的な代表概念を了解するには、スメントの統合理論を参照する必要があろうと、簡単だが指摘する。Dreier, a.a.O. (Anm. 80), S. 218, Fn. 186.

（122）Rudolf Smend, Bürger und Bourgeois im deutschen Staatsrecht (1932), in: ders., Staatsrechteliche Abhandlungen und andere Aufsätze, 3. Aufl., 1994, S. 309–325, 318, 323, 313f. Vgl. Smend, Zur Rechtsgültigkeit der Wetfälischen Ordnung für das Verfahren bei

Verletzung der Amtspflichten von Geistlichen vom 1.9.1945, in: ZevKR, Bd.1 (1951), S.302-306. 本書第一章三2も参照せよ。

(123) Smend, a.a.O. (Anm.48) („Verfassung"), S.146f., 203. なお、代表制としての官僚制については、ケットゲンの見解もある。拙稿（前掲注(96)）三八～四〇頁。Vgl. Maximilian Wallerath... Verwaltungsrecht besteht: Arnold Köttgen, in: J.Lege (Hrsg.), Greifswald — Spiegel der deutschen Rechtswissenschaft 1815 bis 1945, 2009, S.355-372, 367-369.

(124) Vgl. Notthoff, a.a.O. (Anm.119), S.29-31, 226-229. その点で、諸団体の多元主義的意味を頑なに拒否することをもってクリュガーを国家主義者と決めつけ、それゆえスメント学派でなくシュミット学派に彼を位置づけるべきだと先走る、この学説把握は、クリュガーの精神科学的方法論を無視している点で、賛同しかねる。Vgl. Frieder Günther, Denken vom Staat her, 2004, S.180-183, 267f.; Dian Schefold, Geisteswissenschaften und Staatsrechtslehre zwischen Weimar und Bonn, in: K. Acham (Hrsg.), Erkenntnisgewinne, Erkenntnisverluste, 1999, S.567-599, 591f.; Otto Heinrich von der Gablentz, Der Staat als Mythos und Wirklichkeit, in: PVS, Bd.7 (1966), S.138-163, 138-152.「自然に還れ」や人格の尊重を標榜することで、自然や人格に伴う専制の芽を呼び込んでしまう、というクリュガーの指摘は、まさに彼に内容不明の国家主義者のレッテルを貼り付ける者に当てはまる。また彼自身、国家を否定するべくそれを構成する職務等を否定する思考は、人間実存の脅威と福祉要求の実現という状況を理解しつつ、これを解決するのは十分な能力を持つ近代国家しかない点を忘却し、この誤りを指摘する者には、攻撃しようのない崇高な人間尊厳への攻撃であるとしてその議論を封じていると、不平不満を述べている。Krüger, a.a.O. (Anm.74), S.28. 因みに、門下のオッパーマンは、青年クリュガーが目撃した師匠の左遷人事と、その後の彼自身苦難の時代がシュミットと関連を持ち、それが「ナチ冠学者」への深い反感を植え付けたと、意味深に語る。Oppermann, a.a.O. (Anm.64) („1905-1989"), S.312; ders., a.a.O. (Anm.64) („Staatsrechtslehrer"), S.495f. 国家実存を盾に基本権の内在制約を語りその本質保障を相対化する見解（デューリヒなど）を、執拗に批判するのもクリュガーである。ここに、国家主義者の自己欺瞞を見るかは検討の余地があるだろう。Krüger, Der Wesengehalt der Grundrechte i.S. des Art.19 GG, in: DÖV, 1955, S.597-602, 597, r.Sp.

(125) Rudolf Smend, Das Problem der Institutionen und der Staat (1956), in: ders., Staatsrechtliche Abhandlungen und andere Aufsätze, 3.Aufl., 1994, S.500-516. 本書第一章三3も参照。

(126) Rudolf Smend, Deutsche Staatsrechtswissenschaft vor hundert Jahren und heute (1969), in: ders., Staatsrechtliche Abhandlungen und andere Aufsätze, 3.Aufl., 1994, S.609-619, 618. Fn.24.

(127) クリュガーは言う。現実《ヴィルクリッヒカイト》とは、単純で一律な、編成の無い単位ではなく、むしろ、個別領域に区分され、複数の極に別々となり、自己自身を生き生きと継続して展開しゆく、そのような存在である、と。そして憲法＝国家とは、まさにこのような現実であるのだと、語る。Krüger, a.a.O.（Anm.121）, S.24, 32. しかも、この現実それ自体から或る形成体が創造され、この形成体から現実のあるべき姿が提示され、これにより現実が発展していく。Krüger, a.a.O.（Anm.121）, S.34. 先に見たクリュガーの、代表の二極的な弁証法を再度想起されたい。

(128)　Krüger, a.a.O.（Anm.91）（„Schwärmertum“）, S.258f. この民主化主義と熱狂主義こそが、特定集団による一般利益の横奪により代表理念を否定し、支配そのものを廃棄するものなのである。Krüger, a.a.O.（Anm.91）（„Staatlichkeit“）, S.19-21. つまり、代表理念からすれば支配の正しさは人格の支配ではなくて、制度の媒介、即ち職務や法律によってのみ実現可能であるのに、この「民主化」は、集団生活を人格化し、もってこれを直接化して、職務や法律の歪曲や技巧を受けない、元々のピュアーな自然のみを高次の霊感や真正の熱狂のための無垢の容器とみなすのだ、と言う。そしてこの共同体からは、特別な恩寵を受けた人物がやがて登場し、その始原的な特性を体現して、預言者や指導者として君臨するのだ。Krüger, a.a.O.（Anm.91）（„Staatlichkeit“）, S.26f. ders., a.a.O.（Anm.91）（„Schwärmertum“）, S.258f. 前掲注(91)も参照せよ。Vgl. Krüger, Paritätische Mitbestimmung, Unternehmensverfassung, Mitbestimmung der Allgemeinheit, 1973, S.21-31.

けれども、民主化主義の脅威は、職務を温存した上でも進行しうる。職務には、国家諸任務を遂行する為の万能の職務権力《アムツゲヴァルト》が付随することになるのだが（前掲注(91)）、クリュガーはこの他に職務実力《アムツマハト》の概念も使用する。ともに職務上の任務の貫徹能力ではあるものの、前者は国家権力の一部たる法的な装備であり、後者は具体事例での事実上の力である。Krüger, a.a.O.（Anm.74）, S.13f., 19f. 職務権力が職務に備わることは、任務がその達成の手段を要求することからすると、職務概念から論理必然的に成立する事態であるが、反対に、職務実力が職務に備わることは、職務に実力手段を繋げることに成功する限りで職務実力を語りうることから、偶然的である。だが、職務がこの非本来的な職務実力を必要とする場合が存在する。それは例えば議員内閣制の下での首相の職務だとクリュガーは言う。つまり、議会の信任がある限りで首相の職務が成立するのであるが、これは、首相が実力をめぐる恒常的闘争に依拠することを意味する。だがこの闘争を支配するには、首相は政党を指導しなければならぬ。つまり、首相は、職務上の権力と社会での実力を持つべきだとなる。Krüger, a.a.O.（Anm.96）, S.20f. けれどもこれ以外にも、例えば、世論やマスコミに諮るなどにより職務外の実力を職務のために呼び込むようになると、社会的実力が職務権力を拡張し、同時に職務権力が社会的権力を強化するに至る。これは、職務実力を媒介とした国家の多元化と社会の多元化であり、国家と社会の部分的な合一化であり、つまり国家構造の変更である。つまり、ここでは、職務実力による職務権力の抑圧が、人格による事物の支配、民主化を意味するのである。Krüger, a.a.O.（Anm.74）, S.24-26. Vgl.

Wilhelm Hennis, Demokratisierung. *Zur Problematik eines Begriffs* (1970), in: ders., Politikwissenschaft und politisches Denken, 1999, S. 194–227.

四　結　語

統合理論と欧州統合の関係を問う本章の結論は、次のとおりである。第一に、とりわけマーストリヒト条約後の欧州連合形成の進展では、民主制の欠損を補填するべく、欧州共通価値を実定法にまず固定し、これに依拠して市民がＥＵに直接参加することが期待されているが、この価値による統合は、かつてのスメント統合理論の事物的統合を模範にできると、近年有力に主張されていることを、明らかにした。けれども第二に、国際法学を必ずしも持たないスメントの代わりに、とりわけクリュガー理論を参照するならば、国際法上の主権移譲はそもそも万能の主権国家の概念に馴染まぬのだが、そうは言っても、ここで国際組織の存在が抹殺されはしないこと、むしろ、彼独自の代表理念と職務思考を前提としても、規範と現実の分離を阻害する国際法固有の条件があるとはいえ、国際社会でも伝統的な主権国家が職務の地位に就くことで国際機構が弁証できることを、呈示した。以上は、クリュガーという補助線を引いた上でのスメント解釈だが、結局、多数が統一を形成する社会学的統合理解よりも、理念と実在が現実を形成する精神科学的な理解から、ＥＵを見るべきとなろう[129]。

もっとも、代表と職務の視座から欧州統合を見るべし、というのが本章の主張なのではない[130]。スメントやクリュガーの社会哲学への配慮なく統合理論を欧州統合に援用しようと試みたとしても、それは見当違いか人畜無害の結論を導くだけではないか、実はこれである。適切かはともかく、世間の人々は精神科学哲学に保守志向を見るが[131]、言説は、それを批判するとしても、政治的帰結や存在拘束性でなく、それに内在する根本的理念や論理一貫性から、了解するべきだろう。現代とはクリュガー曰く、権威を権威として扱わない時代、凡人《アインファッヒャーマン》が理念となり支配する時代であり、国家にこの時代の制約が課される。現代時流に抵抗するのが、自然を克服する彼の国家理論なのだった[132]。スメントも同様である。国際社会における国粋主義を批判して言う。自国こそが最高の文化を担うと信じる国粋主義《ツァウフィニスムス》は、他国民を侮蔑するばかりか、国家の現実性を冷静に見られない、大衆の気分《マッセンシュティムンク》である。[133] 時代錯誤の国家理論で欧州統合の最新動向を眺望してみるのもよい。ただEU市民という個人から欧州連合という団体を論ずるのならば、形式社会学やシステム論で十分で、統合説を持ち出さなくともよい。

（129）ここには、スメントが依拠したリットの理解、即ち、リットの哲学的立場は客体化的考察態度と視座的考察態度のどちらにあるか、リット自身の業績は社会学のそれと教育学のそれのどちらであるか、こうした問題も背後に存在するが、本章では暫定的に措かざるを得ない。本書第三章二1(1)。

（130）例えば、本章が見たEUの超国家性が今ほど顕著になる前の時代は、包括的国際機構と地域的国際機構の区別に神経質でなくとも足りた。そうなると、ショイナーとクリュガーの見解の分析は精確ではなく、これらを現在の欧州統合の弁証に援用するには工夫が必要なはずだ。前掲注(62)も参照。その意味で本章の試みは、EU法学に憲法理論・国家理論の反省の端緒を見出すことで満足する謙抑的な見解と、同方向にあると思う。林知更「日本憲法学はEU憲法論から何を学べるか」比較法研究七一号（二〇一〇年）九四～一〇七頁。

（131）例えば、ディルタイ哲学について、拙稿「政治的体験の概念と精神科学的方法（三）」早稲田法学七五巻二号（二〇〇〇年）四八三～四八四頁注9。

（132）Herbert Krüger, Herrschaft des „Einfachen Mannes"? (1948), in: ders., Staat — Wirtschaft — Völkergemeinschaft, 1970, S. 51-61. クリュガーは、社会秩序への人々の心的態度は矛盾していると言う。つまり、権威や制度に従うことには潔しとしない一方、それでいて、指導者や理念には自分を犠牲にして留保なしに献身する態度を取る。何より、人々は、権威あるものに闘いをしかけこれを引きずり降し、自然なもの、平凡なものこそが本当に良いものである、と主張する。Krüger, a.a.O., S. 51-53; ders., a.a.O.（Anm. 91）(„Schwärmertum"), S. 258f.; ders., a.a.O.（Anm. 67）, S. 53. 憲法理論に埋伏するこの種の社会哲学に無頓着でよいものだろうか。Vgl. Fritz Werner, Jurist und Techniker (1954), in: Recht und Gericht in unserer Zeit, 1971, S. 379-389; Hans Freyer, Die politische Insel, 2000. さらに、拙稿（前掲注(89)）三五五～三五九頁。

（133）Rudolf Smend, Krieg und Kultur, 1915, S. 18-20.

第三篇　行政法学と学問理念

第五章 精神科学と行政法学

一 序 言

この世紀の転換期は、わが国公法学にとって画期的な時代であった。一九九九年から二〇〇一年の間の数年の間に、政治主導の行政の復権を図る内閣強化や省庁再編など、橋本行政改革の一連の成果がスタートし、また、機関委任事務の全面廃止、政府の自治体関与の改善など、団体自治を充実する地方分権一括法も施行される。自民＝自由の連立協議を契機とした副大臣・大臣政務官導入や、党首討論制を含む国会審議活性化も実施され、規制緩和補充や行政統制拡充を目指した司法制度改革が開始されたのも、このころである。その濃淡と強弱はあるとしても、これら行政改革、地方自治改革、立法改革、司法改革の成果を打ち出すべく熟考と討議を重ね、今後その成果の反省と顧慮を行う学問分野に列せられるのが、憲法学と行政法学であるのは疑いない。

周知のとおり、司法改革を一応除けば、公法学でのこれら諸改革論議に決定的インパクトを及ぼしたのは、行政学の諸成果である。行政学による内閣と行政各部の関係分析は、憲法学の統治（執政）概念の潜在性から顕在性への転化を促進し、また、行政学による地方行政吟味との協力関係が、行政法学者の圧倒的な政策能力を維持拡大し、更に、行政学による立法過程の分析が、立法活動への近時の憲法学による視野拡大に、時には「国権の最高機関」や「国政調査権」解釈再検討に、貢献してきた、こういえよう。つまり、公法学は、行政学の知見を利用して、行政、地方自治、立法に関わる運用変更や解釈変更のみならず、法律改正、場合によっては憲法政策に、例えば、閣議多数決や首相公選制

問題にも、踏み込んで、諸改革を吟味している訳である。(1)

だがしかし、この公法学、とりわけ憲法学による行政学成果の積極援用は、この学問分野が六〇年前に採用した基本綱領では必ずしも基礎づけられない。純粋法学に連なる憲法学のオーソドキシィは、存在と当為の二元論を根本原理として、事実認識と規範認識とをその対象面から分離し、規範認識と規範解釈とをその作用面から分離する。勿論、この理念型の純粋貫徹は存在せねとしても、案件の公法学作業、即ち、行政学という存在科学の成果を価値判断の作用に応用する作業、これを正当化するには、事実認識と意思作用の結合を何らかの思弁的反省で基礎づけるか、両者の接合なら個別の科学固有の裁量事項と決め込むか、どちらかであろう。存在当為二元論の基盤破壊になりかねない第一の道が採られたとは寡聞にして筆者は知らないし、法の科学の看板撤回にもなりかねない第二の道が選ばれたとも浅識にして聞かない。(2)「実践」科学としての行政学の、実践「科学」としての公法学への応用、という第三の道がないものだろうか。

ところで、わが国公法学が範として仰いできたドイツ公法学には、行政学との協力関係の長い歴史がある。つまり、一九世紀中期、観念論哲学と社会問題解決の視座から、諸科学統一の為行政学なる学問分野がシュタインにより創造され、(3)一九世紀末期、法実証主義と総論体系化の完成体たるマイアー行政法学の登場と、新興の新カント派による諸科学個別化断片化による綜合科学構想の絶滅で、行政学は存亡の危機に瀕するが、(4)継いで、ワイマール期の行政現実の急変貌と、混乱期のナチス世界観の支配確立で、行政学に復活の機会が訪れる。(5)ドイツ行政学は、行政法学の要請に応じ、成立、衰退、復興、この順序を辿り展開する。そして、この歴史的展開の末端と、戦後行政学の端緒に位置するのが、(6)戦後ドイツの代表的行政法学者、エルンスト・フォルストホフである。(7)

行政学と公法学の関係の徹底解明、本稿が目指すのはそのような大それた企てではない。両学問分野の関係に、公法史的視点と法哲学的視点から、若干の覚書を記すに過ぎぬ。つまり、フォルストホフを事例に行政学の任務と成果を内容的に吟味し（二）、この古典的学者を素材に公法学と行政学の協働と展開の可能性を調査すること（三）、これが本稿の課題である。

（1） 行政学援用を明言又は暗示する憲法学者の論稿の極一部を挙げれば、高橋和之『国民内閣制の理念と運用』（有斐閣、一九九一年）、阪本昌成「議院内閣制における執政・行政・業務」佐藤幸治他編『憲法五十年の展望Ⅰ』（有斐閣、一九九八年）二〇三～二七二頁、岡田信弘「首相の権限強化」ジュリスト一一三三号（一九九八年）八八～九二頁、同「議院内閣制の運用」ジュリスト一一七七号（二〇〇〇年）七一～七六頁など。また、阿部泰隆「行政学と行政法学の対話」（一九九五年）同『政策法学の基本指針』（弘文堂、一九九六年）、大橋洋一「行政学と行政法の融合試論（序説）」（一九九五年）同『行政法学の構造的変革』（有斐閣、一九九六年）、正木宏長「行政法と官僚制（一）」立命館法学二九七号（二〇〇四年）七～二四頁。

（2） なお、宮澤俊義から樋口陽一に至る嫡流憲法学を克服する業績に、水波朗、栗城壽夫らの作品があるが、哲学的解釈学転用という別ルートを進む動きも近時見られる。藤井樹也『「権利」の発想転換』（成文堂、一九九七年）、猪股弘貴『憲法論の再構築』（信山社、二〇〇〇年）。この問題については、本書第二章も見よ。

（3） Michael Stolleis, Geschichte des öffentlichen Rechts, Bd. 2, 1992, S, 388–393, 419–422; ders., Verwaltungslehre und Verwaltungswissenschaft 1803–1866, in: K. G. A. Jeserich/H. Pohl/G.-Ch. v. Unruh（Hrsg.）, Detusche Verwaltungsgeschichte, Bd. II, 1983, S. 56–94. Vgl., Manfred Friedrich, Geschichte der deutschen Staatsrechtswissenschaft, 1997, S. 299–319.

（4） Stolleis, a.a.O.（Anm. 3）(„Geschichte, Bd. 2“), S. 330–348, 383; ders., Verwaltungswissenschaft und Verwaltungslehre 1866–1914, in: Deutsche Verwaltungsgeschichte, Bd. III, 1984, S. 85–108, 93–95.

（5） Michael Stolleis, Die „Wiederbelebung der Verwaltungslehre“ im Nationalsozialismus, in: ders., Recht im Umrecht, 1994, S. 171–189; ders., Geschichte des öffentlichen Rechts, Bd. 3, 1999, S. 242–245, 370–380; Friedrich, a.a.O.（Anm. 3）, S. 405–409.

（6） Vgl., Fritz Ossenbühl, Die Weiterentwicklung der Verwaltungswissenschaft, in: Deutsche Verwalgunsgeschichte, Bd. V, 1985, S. 1143–1161; フォルストホフに力点がある訳ではないが、行政学史全般につき、手島孝『総合管理学序説』（有斐閣、一九九九年）も見よ。

（7） Vgl., Wolfgang Meyer-Hesemann, Methodenwandel in der Verwaltungsrechtswissenschaft, 1981, S. 81–120; ders., Modernisierungstendenzen in der nationalsozialistischen Verwaltungsrechtswissenschaft, in: H. Rottleutner（Hrsg.）, Recht, Rechtsphilosophie und Nationalsozialismus, ARSP, Beiheft 18（1983）, S. 140–151, 145–151. フォルストホフの行政学史理解も、成立→衰退→復興というシュトルア

イスの理解と大差ない。Ernst Forsthoff, Lehrbuch des Verwaltungsrechts, Bd. I, 10. Aufl., 1973, S. 40-58.

二　行政学のルネサンス

フォルストホフによるドイツ行政学復興への寄与は、これまで繰り返し検討されてきた(8)。ここでは、幾つかキーワードを拾いながらその概略を、公法学が何故行政学を必要としたか（1）、行政学は行政現実をどう把握したか（2）、公法学はその成果をどう導入したか（3）、この三点からまとめておこう。

1　行政法学革新の要請

まず、フォルストホフ理論が目指すのは、伝統行政法学の閉塞状況を打破し、隣接領域横断の科学を考案することである。つまり、まず始めに、「憲法問題の最終解決」を経て、行政法学の根本変革が企図される。総統国家の確立で憲法解釈は政治的理論的重要性を喪失し、国家現実を規定し国家表情を刻印する行政法規にスポットライトが当たる。国法学者の主眼は国家理論から行政法学に移行する(9)。けれども、行政法学の前提事実では、旧形式と新形象の異質要素――「旧い法と新しい法」――が複合する。これら複合素因を約分可能な同質存在として並存させずに、本質と恣意に篩い分ける行政核心獲得の為の科学視座が、ここでは要る。伝統と革新の中に本質を見分ける眼力が要求される(10)。

そして、この問題意識は、憲法体制の簒奪の後に行政体制の詐取も推進するナチス政策を援助する。つまり、この背景に、国家憲法の刻印づけを終え、行政秩序に触手を伸ばすナチス革命の進行がある。ナチスの目標設定へ行政法秩序を同化する諸革新、ナチスの政策原則へ行政体制を同化する諸改革が段階的に実行される。行政秩序と行政法規の国家社会主義化が時代の要請となる(11)。この上に、時代の趨勢を援助幇助し、ナチス諸政策を促進後押しするフォルストホフ行政法学の構想がある。公法科学には、この多面的で広範囲のプロセスに追随し、未だ公衆が知らぬ意味ある諸過程を予言する任務を課される。フォルストホフの任務も、この発展の全体傾向の形式把握と傾向認識、ここにある(12)。

尤も、このフォルストホフのナチス的側面を余り強調すべきでない[13]。それは、第一に、彼自身、己れの理論に非ナチス的徴表を用心深く装着するからである。ここでは、現代行政法理論は単なる世界観問題に尽きぬイデオロギー疎遠の現代国家特有の問題領域とされ[14]、行政は指導から、国家は党から分離されて、行政活動へのナチス支配的関与が排除される[15]。ここには、ナチス政策を消極的に阻害する箇所がある。また第二に、彼の行政学成果自体、ナチス行政法理論の消極的評価に見舞われるからである。例えば、現代行政を記述する後述の「生存配慮」論は、戦後再開の国法学者大会で日の目を見るが、それ迄の正統ナチス理論での評判は芳しくない[16]。ここには、ナチス理論と積極的に馴染まない箇所がある。

従って、ナチス援助の疑念あれど、フォルストホフ理論の核心的視座は、現代行政現実の客観把握にある[17]。つまり、一つに、行政核心の獲得の為に、「行政法方法の基礎据え的変遷」を実行する。つまり、従来の問題視角と道具概念を一旦放棄し、行政の本質構造と社会機能を徹底認識する行政法学の構築が目標となる。行政現実に盲目な規範主義は、行政経験を尊重する行政法学に脱皮する[18]。そして次に、行政現実の認識の上に、新秩序の行政規範の解釈を遂行する。つまり、最新の社会学の諸成果を積極援用し、現代行政の不文法則を考察する行政法学の確立が目指される。隣接科学に門戸を閉ざすマイアー行政法学は、学際協力を目標に掲げる現実科学的行政法学に転換する[19]。

要するに、フォルストホフの行政学は、行政体制のナチス化の動きを援助しつつも、現代社会の技術化の下行政現実を把握すべく、行政法学の補助科学として要請されてくる[20]。

2　生存配慮論の行政学

フォルストホフの行政学、即ち「生存配慮《ダーザインスフォアゾルゲ》」論は、詳細に見れば[21]、社会現実を検討する社会学、行政現実を検討する行政史、行政現実を導入する行政構造論、この三段階に編成されよう。

まず、社会学的考察から判明するのは、一九世紀の如く単純な社会現実ではなく、二〇世紀の高度に複雑化した社会現実である。つまり、まず第一に、経済と技術の進展と共に、現実秩序に根本変化が到来する。(22) 人口増大と都市拡大、交通手段の急激発達により、個人各自が生活資源を独自調達し、個人夫々が自由自在に生活遂行する「自在空《ペヘルシュルター》間《ラウム》」は減少又は消滅し、個人各々が資源調達を独力遂行できず、個人其々では物的生活を自力実行できぬ「到達空《ツゲンクリッヒャー》間《ラウム》」又は「実効空《エフェクティファー》間《ラウム》」が増大又は完成する。個人実存の安定を所与前提にでき、取引次元での個人の保護救済で足りた一九世紀の社会秩序は、個人実存の想定を断念放棄して、生活全面で個人の物的生存を助ける二〇世紀の社会秩序に交代する。(23) 続き第二に、社会構造の変遷と共に、生存確保の責任主体も変化する。個人各自が自在空間から生活財を自力調達する「自給自足」状態は減少又は消滅し、個人各々が「領有割当《アプロプリアチオン》」から消費財を獲得する「社会欠乏《ソチアーレベドゥルフティヒカイト》」状態が出現又は増大する。この社会欠乏解消の責任を「生存責任《ダーザインスフェアアントヴォルトゥング》」と呼べば、この生存責任主体は、個人から集団を経て政治へと移行する。個別人間自らが己の生存を確保維持する責任を担う一九世紀の社会秩序は、個別人間の生存を集団や国家が担う二〇世紀の社会秩序に交代する。(24)

故に、行政史の考察では、一九世紀から二〇世紀へと急激変貌を遂げた国家任務が検討される。つまり、まず大要として、生活空間の変化、生存責任の転移と共に、国家任務に重要変化が生起する。社会欠乏の事態で生存責任を遂行できぬ個人の為に、国家権力が生存安定の本質手段を持たぬ個別人間の為に、生活空間を充填し、社会欠乏を解消する諸施策、即ち「生存配慮《ダーザインスフォアゾルゲ》」を遂行する。例えば、賃金・価格の適正比例の確保、需要と供給の均衡関係の維持、日常生活に必要な物資の供給といった三種類の生存配慮施策、(25) 或いは、都市住民の生活物資の供給、労働者層の生存確保の拡張といった二観点の生存配慮政策が実行される。(26) そして、中でも重要なのが、生活必需物資の供給である。自在空間にある個別人間は、近隣の川から水を汲み近隣の森から木を切り、生存可能の為の生活物資を所持するが、実効空間にある個別人間には、水を汲む川も木を切る森もなく、生存安定の為の本質手段を喪失する。生存責任は個人から国家に移り、水道・ガス・電気の供給、交通・通信手段の整備、健康衛生施設の管理、老齢・障害・疾病・失業の対策、住居の確保、更には教育施設や劇場の設置など、生活物資の供給は全て国家権力が行う。(27)

結果、行政学の考察では、国家任務の変遷で確立した行政構造が検討される。つまり、生存配慮任務の確立と、物資供給任務の普及と共に、行政構造に重大特徴が登場する。国家権力は、既存社会秩序の維持確保、財貨配分秩序の変更禁止という、従来の至上命題に打って変わり、不全社会秩序の完全支配、財貨配分体系への包括介入という、新たな根本原理の支配下に置かれる。「社会秩序の形成」又は「社会形成《ゾチアールゲシュタルトゥング》」が現代行政の特徴となる[28]。しかも、この社会秩序の形成は、具体的社会理念の実現と、正義の社会秩序の確立を目指す。国家権力は、既存社会関係と財貨配分体系に内在する所与正義という、今迄の想定事項を放り投げて、社会的諸状況の改良、正義秩序問題の解決という、新たな基本任務の指導下に置かれる。法諸原理——平等原則や比例原則——による「正義秩序」の現実化が現代行政の職務となる[29]。

要するに、フォルストホフの行政学は、技術化経済化による生活空間の変貌を考慮しつつ、生存配慮たる現代国家の任務と、社会形成たる現代行政の構造を把握する学問分野として登場してくる。

3　行政現実と行政法学

フォルストホフの行政学、即ち「生存配慮」論は、行政法教義学に、国家と個人の関係、給付行政の法形式、行政範疇の記述に、それぞれ反映される。

まず、行政法教義学は、行政学の成果で、国家と個人の関係確定を究明する。つまり、第一に、個人と国家の関係には「区画《アウスグレンツンゲン》」と「結合《フェアビンドゥンゲン》」が並存する。一方で、人間各自に社会形成を放任し、個人領域を国家権力から区画して、無制限の個人領域と制限付の国家領域の対立関係を基礎とする一九世紀的思考が残存し、他方で、個人各自の社会形成を援助すべく、個人領域を国家権力に結合して、他律的な個人領域と介入的な国家領域の融合関係を基礎とする二〇世紀的思考が到来する。ここには、個人と国家の対抗関係と、個人と国家の融合関係が両立する[30]。更に第二に、国家への個人の地位には「自由《フライハイト》」と「参与《タイルハーベ》」が共存する。一つには、区画領域への国家介入を停止させ、社会のスタトゥス・クオを保障して、国家権力を防禦する法的権限を個人各自に付与する一九世紀的思考が残留し、一つには、社会形成の計画・綱領を保障して、行政給付への個人接近を確保して、国家給付へ「参与《タイルハーベ》」する法的権限を個人各自に授与する二〇世紀的思考が確立する。ここには、権利の自由権的了解と、権利の参与権的了解が棲息する。(31)

続き、行政法教義学は、行政学の成果で、現代行政の法諸形式を究明する。つまり、まず第一に、行政の法形式では「侵害行政」と「給付行政」が競合する。一方で、自律社会を事前に想定し、法律留保を前提に個人領域を侵害する「法治国家」思考が存立し、他方で、対立社会を念頭に置き、侵害留保を超えて個人領域に給付する「社会国家」思考が成立する。前者では伝統的公法手段――行政行為――が選択され、後者では公法私法のどちらもが選択される。(32) 更に、給付行政の形式でも公法手段と私法手段が並存する。高権手段で経済権力濫用を排除する「形成的介入」の選択もあれば――形成的行政行為、契約強制、カルテル排除――、非権力手段で供給事業を実行する「営利的企業」の投入もある。この給付行政には、それ固有の体系的法領域は存在しない。(33)

以上で判明する行政像は、多様的でもあり統一的でもある。つまり一つに、個人の地位や行政の形式をめぐる対抗図式により、行政の概念把握は困難となる。この背景には行政変成の未完成があるが、区画と結合、自由と参与、侵害行政と給付行政、法治国家と社会国家、これら対概念を統一的に把握する視座は存在しない。行政概念は定義されず、行政範疇のみが記述される。(34) しかしながら、行政官庁と行政活動が分化し錯綜するとしても、統一の行政活動は健在である。行政を代表する内閣が、国家目標へと行政を「方向づけ《アウスリヒテン》」、政治理念へと行政を「嚮導し《ライテン》」て、行政の複雑性を緩和する役割を遂行する。この「統治《レギールング》」の方向づけと嚮導《きょうどう》により行政は統合される。(35)

要するに、フォルストホフの行政法学は、行政学の成果を用いて、個人と国家の関係を自由権と参与権の二元図式で把握し、行政の法形式を侵害行政と給付行政で別個分析し、統治作用に多様な行政機関と行政活動の統一性根拠を見出す学問分野として構想されている。

結局のところ、フォルストホフのいう行政学の内実は大略以下の通りとなる。つまり、ナチス期に復活したこの行政学は、一見ナチス世界観の普及拡大を装いつつ、人口増大と都市拡大に随伴する現代行政固有の問題解決の為、伝来的行政法学の補助科学たらんことを目指す。そして、生活空間の劇的変化を真剣に捉え、技術社会特有の人間疎外を解決すべく生活配慮を現代行政の核心問題に据えて、自律社会の想定を放棄して自ら社会秩序の形成に乗り出す任務を現代行政に課す。その結果、国家の生存配慮への参与で個人の地位を特徴づけ、公法私法二分論を超えた給付行政の多様な法形式を検討して、内閣の下統一性を維持しつつも体系的把握を拒否する行政範疇を記述分析する。

ところで、以上の行政学の成果に、給付行政に定位した戦後ドイツ行政法学の成功の秘訣があるとしても(36)、これだけでは事実科学を規範科学へと応用する肝心要の基礎据えが欠如したままである。実は、戦後ドイツの脱形而上学の嵐吹き荒れる中にも、このフォルストホフ理論を定礎したのは、彼の精神科学哲学に他ならない。

（8）　フォルストホフ理論全体に関する基本文献として、Ulrich Storost, Staat und Verfassung bei Ernst Forsthoff, 1979; ders., Die Verwaltungsrechtslehre Ernst Forsthoffs als Ausdruck eines politischen Verfassungsmodels, in: E. V. Heyen（Hrsg.）, Wissenschaft und Recht seit dem Ansien Régime, 1984, S. 173-188.

（9）　Ernst Forsthoff, Das neue Gesicht der Vewaltung und die Verwaltungsrechtswissenschaft, in: DR, Bd. 5（1935）, S. 331-333. 331

（10）　Forsthoff, a.a.O.（Anm. 9）, S. 331, 1. Sp. -r. Sp.; ders., Von den Aufgaben der Verwaltungsrechtswissenschaft, in: DR, Bd. 5（1935）, S. 398-400, 398, 1. Sp.

（11）　Forsthoff, a.a.O.（Anm. 9）, S. 331, 1. Sp.; ders., a.a.O.（Anm. 10）, S. 398, 1. Sp.

（12）　Forsthoff, a.a.O.（Anm. 9）, S. 331, 1. Sp.; ders., a.a.O.（Anm. 10）, S. 398, 1. Sp.; ders., Der totale Staat, 2. Aufl., 1934, S. 32-34. Vgl., Stolleis, a.a.O.（Anm. 5）（„Geschichte, Bd. 3"）, S. 372f., 374f.; ders., a.a.O.（Anm. 5）（„Wiederbelebung"）, S. 175-177, 180; Friedrich, a.a.O.（Anm. 3）, S. 406, 岡田正則「ナチス法治国家と社会的法治国家（四・完）」（早大院）法研論集四五号（一九八八年）八六～一〇五頁。

（13）　Vgl., Storost, a.a.O.（Anm. 8）（„Verwaltungsrechtslehre"）, S. 173f. 行政法学は国法学者のアジールでもあった。Lothar Becker, »Schritte auf einer abschüssigen Bahn«, 1999, S. 207-212.

（14）　Forsthoff, a.a.O.（Anm.9）, S.332, l.Sp.–r.Sp.; ders., a.a.O.（Anm.10）, S.339, r.Sp.–400, l.Sp.; ders., a.a.O.（Anm.12）, S.42–50. Vgl. Storost, a.a.O.（Anm.8）(„Verwaltungsrechtslehre"), S.188.

（15）　Forsthoff, a.a.O.（Anm.10）, S.399, r.Sp.–400, r.Sp.; ders. a.a.O.（Anm.12）, S.32–34; ders., Besprechung von Werner Weber, Die Körperschaften, Anstalten und Stiftungen des öffentlichen Rechts, in: AöR, N.F., Bd.34（1944）, S.204–208, 204f. この思考は、ナチス権力手段のドイツ国家のテーゼ――ドイツ版八月革命説――拒絶で再確認される。Forsthoff, Das Bundesverfassungsgericht und das Berufsbeamtentum, in: DVBl, 1954, S.69–72. Vgl. Stolleis, a.a.O.（Anm.5）(„Geschichte, Bd.3"), S.352–354; ders., a.a.O.（Anm.5）("Wiederbelebung"), S.180; Storost, a.a.O.（Anm.8）(„Verwaltungsrechtslehre"), S.173–188; 拙稿「職業官僚制における制度と身分」（新潟大）法政理論三九巻四号（二〇〇七年）三三三〜三三七頁。

（16）　フォルストホフ説は、巨大都市の行政需要を党でなく行政官僚の任務とする点、生存配慮を行政問題より寧ろ憲法問題と捉える点、また（ウィーン「左遷」後）生存配慮を人間尊厳の見地から再構築した点で、ナチの利害に反していたとの指摘がある。Jens Kersten, Die Entwicklung des Konzepts der Daseinsvorsorge im Werk von Ernst Forsthoff, in: Der Staat, Bd.44（2005）, S.543–569, 547–557. Vgl., Michael Stolleis, Verwaltungsrechtswissenschaft im Nationalsozialismus, in: Recht im Unrecht, 1994, S.161f., Fn.51; Erich Becker: Verwaltung und Verwaltungsrechtsprechung, in: VVDStRL, H.14（1956）, S.92–135. Vgl., Ernst Rudolf Huber, Besprechung von E. Forsthoff, Die Verwaltung als Leistungsträger, in: ZgStW, Bd.101（1941）, S.411f.; Arnord Köttgen, Deutsche Vewaltung, 3. Aufl., 1944, S.171–180; Karl Lohmann, Besprechung von E. Forsthoff, Die Verwaltung als Leistungsträger, in: ZAkDR, 5. Jg.（1938）, S.860. ナチ迎合的な『全体国家』（一九三三年）を理由に戦後追放されて、諸大学に復職を拒否され、マスコミにも攻撃されたフォルストホフ。だがヒトラーの恩寵を受けた確信的なナチス党員だった訳ではない。フォルストホフが終戦まで五つの大学を渡り歩いたのには訳がある。フランクフルトでは旧社会党員で半ユダヤ人でもある同僚を援助し、ハンブルクでは裁判官の法律拘束を重んじ司法省幹部の反感を買い、ケーニヒスベルクでは親衛隊の教会財産収用に反対する鑑定を書く。その結果、ナチス世界観に適合しない言動がナチ党幹部に睨まれて、ウィーンでは秘密警察に講義は禁止、仮宿泊所への居住が命令され、そしてウィーンからの追放が決まり、ライヒ・プロイセン文部省が打診した移籍先からも悉くフォルストホフ受入れが拒否されている。漸く彼を拾ったのがエンギッシュらのいるハイデルベルクであった。これは四四年一月のことだが、追放されるのは翌々年の二月である。Dorothee Mußbnug/Reinhard Mußgnug, Einleitung, in: dies.（Hrsg.）, Briefwechsel Ernst Forsthoff-Carl Schmitt, 2007, S.5–19; Klaus-Peter Schroeder, "Eine Universität für Juristen und von Juristen". Die Heidelberger Juristische Fakultät im 19. und 20. Jahrhundert, 2010, S.571–583. Vgl., Bettina Limperg,

Personelle Veränderungen in der Staatsrechtslehre und ihre neue Situation nach der Machtergreifung, in: E.-W. Böckenförde (Hrsg.), Staatsrecht und Staatsrechtslehre im Dritten Reich, 1985, S. 54f.; Stolleis, a.a.O. (Anm. 5) („Geschichte, Bd. 3“), S. 275, 285, 294.

(17) Storost, a.a.O. (Anm. 8) („Verwaltungsrechtslehre“), S. 173f.

(18) Forsthoff, a.a.O. (Anm. 9), S. 331, r. Sp. -332, 1. Sp.; ders., a.a.O. (Anm. 10), S. 398; ders., Die Daseinsvorsorge als Aufgabe der modernen Verwaltung (1938), in: ders., Rechtsfragen der leistenden Verwaltung, 1959, S. 22-34, 23f.

(19) Forsthoff, a.a.O. (Anm. 9), S. 331, r. Sp. -332, 1. Sp.; ders., a.a.O. (Anm. 10), S. 398; ders. a.a.O. (Anm. 18), S. 23f., Vgl., a.a.O. (Anm. 7), S. 368f.

(20) Ernst Forsthoff, Über Anrecht und Aufgabe der Verwaltungslehre (1958), in: ders., Rechtsfragen der leistenden Verwaltung, 1959, S. 47-63, 55-57, 63.

(21) Vgl., Dieter Scheidemann, Der Begriff der Daseinsvorsorge, 1991; Michael Ronellenfitsch, Daseinvorsorge als Rechtsbegriff, in: W. Blümel (Hrsg.), Ernst Forsthoff, 2003, S. 53-114; Martin Bullinger, Der Beitrag von Ernst Forsthoff zum Verwaltungs- und Verfassungsrecht; in: K. Gruppe/U. Hufeld (Hrsg.), Recht-Kultur-Finanzen, 2005, S. 399-407.; 塩野宏「エルンスト・フォルストホフ『給付行政の法律問題』」（一九六〇年）同『公法と私法』（有斐閣、一九八九年）二九一～三二七頁、須貝修一「フォルストホフにおける行政学」法学論叢九〇巻一・二・三号（一九七一年）一～三〇頁、中富公一「E・フォルストホッフの憲法論の形成」法政論集九五号（一九八三年）二四五～三一三頁など。なお、術語訳は必ずしも先例訳に従わない。

(22)「全体国家」論で既に見られる（Forsthoff, a.a.O. (Anm. 12), S. 15, 34, 45, 47f.）この技術化と機械化の時代というモチーフ、その背後にはフライアー社会学がある。当初控えめな論及は（Forsthoff, Führung und Planung, in: DR, Bd. 7 (1937), S. 47; ders., a.a.O. (Anm. 12), S. 16）、後に明示的な論及に変わる（Forsthoff, Die Daseinsvorsorge und die Kommunen (1958), in: ders., Rechtsstaat im Wandel, 1. Aufl., 1964, S. 111-128, 111, Fn.）。Hans Freyer, Herrschaft und Planung (1933), in: ders., Herrschaft, Planung und Technik, 1988, S. 17-43; Freyer, Revolution von rechts, 1931, S. 67; ders., Theorie der gegenwärtigen Zeitalters, 1957. なお、西川洋一「Volksgeschichte と Verfassungsgeschichte」国家学会雑誌一〇九巻九・一〇号（一九九六年）九〇二～九四三頁。

(23) Forsthoff, a.a.O. (Anm. 10), S. 398; ders. a.a.O. (Anm. 18), S. 24f.; ders., Grenzen des Rechts, 1941, S. 17f.; ders., a.a.O. (Anm. 22) („Kommunen“), S. 112f.

(24) Forsthoff, a.a.O. (Anm. 10), S. 398; ders. a.a.O. (Anm. 18), S. 25-27; ders., a.a.O. (Anm. 23), S. 17f.; ders., a.a.O. (Anm. 22) („Kommu-

nen"), S.113. この「生存責任」は「リスク配分」とも呼ばれる。

(25) Forsthoff, a.a.O. (Anm.18), S.27. 周知の如く、この生存配慮は点的な生存「扶助《フュアゾルゲ》」ではない。S.26, Fn.6, ders., a.a.O. (Anm.20), 43.

(26) Forsthoff, a.a.O. (Anm.23), S.17f.

(27) Forsthoff, a.a.O. (Anm.18), S.27f., 44-46; ders., a.a.O. (Anm.22) („Kommunen"), S.113f.; ders., a.a.O. (Anm.7), S.36f., 370, 411.

(28) Forsthoff, a.a.O. (Anm.7), S.62-64, 67. Vgl. S.6, 8. 国家と社会の二元図式という著名論点に繋がる。Forsthoff, Die öffentliche Körperschaft im Bundesstaat, 1931, S.7-10, 22ff.; ders., Deutsche Verfassungsgeschichte der Neuzeit, 4.Aufl., 1972, S.114-119.

(29) Forsthoff, a.a.O. (Anm.7), S.68-72; ders., a.a.O. (Anm.23), S.18f.; ders., Über Gerechtigkeit, in: Deutsches Volkstum, 1934, S.969-974, 969f., 973f.

(30) Ernst Forsthoff, Begriff und Wesen des sozialen Rechtsstaat, in: ders., Rechtsstaat im Wandel, 2.Aufl., 1976, S.65-89, 73-75.

(31) Ernst Forsthoff, Folgerungen (1938), in: ders., Rechtsfragen der leistenden Verwaltung, 1959, 35, 39f.; ders., a.a.O. (Anm.30), S.73-75; ders., a.a.O. (Anm.7), S.73. 187f.; ders., Subjektives öffentliches Recht, in: Handwörterbuch der Sozialwissenschaft, Bd.10, 1958, S.234-236. Vgl. ders., a.a.O. (Anm.7), S.185; ders. a.a.O. („Folgerungen"), S.41f. 同門フーバーの基本権論稿もその視野にあろう。Ernst Rudolf Huber, Bedeutungswandel der Grundrechte, in: AöR, N.F., Bd.23 (1933), S.1-98, 3-10, 79-83, 83-85, 92f.; 菟原明『変革期の基本権論』(尚学社、一九九一年)。Vgl., Walter Schmitt Glaeser, Partizipation an Verwaltungsentscheidung, in: VVDtSRL, H.31 (1973), S.171-265, 207-209, 252-257.

(32) Forsthoff, a.a.O. (Anm.7), S.371f.; ders., a.a.O. (Anm.30), S.70.

(33) Forsthoff, a.a.O. (Anm.7), S.64-67, 72-74, 124f., 372f.

(34) Forsthoff, a.a.O. (Anm.30), S.70; ders., a.a.O. (Anm.20), S.51-55; ders., a.a.O. (Anm.7), S.370f.

(35) Forsthoff, a.a.O. (Anm.7), S.16-18. この統治概念により、行政概念は定義できずとも、混乱はしていないという訳である。関連して、塩野宏「行政概念論議に関する一考察」(二〇〇〇年) 同『法治主義の諸相』(有斐閣、二〇〇一年) 三〜三一頁。

(36) フォルストホフ自身による行政学構想は「社会的実在化」に限定される。後期の「技術的実在化」に定位した「産業社会の国家」論、即ち、技術の自己増殖による国家の基礎浸蝕の問題は、草案のままに終わった。Ernst Forsthoff, Von der sozialen zur technischen Realisation, in: Der Staat, Bd.9 (1970), S.145-160; ders., Der Staat der Industrie-Gesellschaft, 1971. この問題視角の相続につき、後掲注(108)。

三　精神科学たる行政学

フォルストホフにとって、行政法と行政は精神的現実であり、故に、行政法学と行政学は精神科学である。そして、両者の協力関係を可能とするのが、「現実」と「制度」に託された精神科学哲学である。

1　法現実の制度的理解

そもそも、全ての精神科学の対象は、精神の言語化である。つまり、考察されるのは精神それ自体ではなく、精神が言語の中に獲得する精神形象、精神が言語を通じ結合する精神世界、即ち「歴史的精神」である。カント指摘の如く理性と感官の寸断でなく、ハーマン、ヘルダー、ヤコブ・グリム指摘の如く精神と感官の結合により始めて、精神的世界が成立してくる(37)。従って、精神科学たる法科学の対象も、精神の言語化となる。つまり、検討されるのは法それ自体ではなく、法が言語の中に獲得する精神形象、法が言語を通じ結合する精神世界、即ち「精神の現実」である。諸々の精神にはそれに適した諸々の言語の表現形式があるが、法という精神も言語なる媒体を通じて登場してくる(38)。

そして、この法を言語化し現実化するのが、法の「告知《フェアキュンドゥング》」又は「定立《ゼッツング》」である。つまり、「言渡《フェアキュンドゥング》」を経由して始めて、単なる裁判官の個人的認識は言葉になり現実となり「判決」が成立し、「公布《フェアキュンドゥング》」と「定立」を通過して始めて、単なる立法者の内部的意思は形象と拘束力を得て「法律」が成立する。「法の《シュプレッヒュング》語《フォン》り《レヒト》」のみが「司法《レヒトシュプレッヒュング》」であり、「定立されたもの《ゲゼッツ》」のみが「法律《ゲゼッツ》」である(39)。告知と定立を媒介とする現実という意味で、法は「現実的文化言語」と同様に「文化現象」であり「客観的文化財」である(40)。加えて、この法に倫理的実体と法的拘束力を付与するのも、法の「告知」又は「定立」である。つまり、告知と定立を経た法現実のみに、告知者の発言がもつ人格性と責任性が惹起する倫理的要素と、告知過程の背後にある始源的秩序性、この二つのモメントが付与され(41)、告知と定立を経た法現実のみに、――人間同士の単なる諒解を目指した伝達作用に留まらぬ――必ずしも名宛人を想定しない自律的且つ対自的実存、即ち、拘束作用と妥当作用を備えた「価値それ自体」、この法現実の核心要素が付与される(42)。この告知と定立という「構成的作用」又は「創造的行為」のみが、法思考という理念と法表現という実在を法現実にする(43)。

以上の、法を精神的現実として統握する思考、これを別様に表現したものが、制度的法統握に他ならない。

もともと、世界と世俗事物は一切が、神の「御言葉《みことば》の肉化」である(44)。つまり、前提されるのは神の意志を知る人間本性（自然、理性）ではなく、――神の似姿を付与され、キリストに救済されつつも――原罪による徹底堕落で神の御心に閉ざされた人間像（信仰）である。カトリック教義の如く神の創造と人間理性の調和でなく、ルター主義教理の如く神と人間、世界と人間の不調和により、万物は成立している(45)。従って、人間の共同体生活の外的組織も、「神の御業《みわざ》」である。つまり、外的組織に肉化されるのは人間本性それ自体ではなく、堕落した人間には神の律法の離反や法と人倫の峻拒なる対応が相応しい、恩寵の賜物である。自然神学や自然法学の如く「自然概念の発散《エマナツィオン》」ではなく、啓示神学や啓示法学の如く神の恩寵の反映により始めて、法など外的組織が判明してくる(46)。しかし、この神の言葉を肉化するのは、キリスト者としての人間である。つまり、実行されるのは人間本性からの演繹ではなく、「人間秩序の現実への人間像の刻印づけ」や「法の諸秩序への人間像の現実化」であり、「時間的諸秩序への人間像の現実化」と「世界へのキリスト教の貫徹」である。人間が政治家・官僚・農民・職人・商人として神の栄誉を実現し、神の肉化に貢献して始めて、神の御業である人間生活の外的組織が具体化されてくる(47)。

そうなれば、人間生活の外的組織、特に法は、客観性と尊厳性と二重の意味で、「制度」として了解されてくる。一つには、法と呼称されるのは、人間に直接結合する「人格主義的」又は「規範的」なるものでなく、客観的な人間的責任領域に結合する客観秩序的又は「制度的」なるものである。「団体的」制度――教会、ゲマインデ、国家――と「非人格的」制度――財産、契約、相続――の違いはあるが、この制度たる法が、外的組織としての統一的全体秩序の諸部分を編成する。[48] もう一つには、法と呼称されるのは、合理的目的に関与する「目的的」又は「規範的」なるものでなく、全ての人間の尊厳に直接参与する「実体的」又は「制度的」なるものである。単に利益的でない尊厳的な法的概念のみが「制度」の称号を獲得する。[49] こうなれば、法の現実化は、御言葉の現実化と同様の意味で、「職務《アムト》」として了解されてくる。つまり、世界へのキリスト教の浸透、時間的諸秩序への神の意志の肉化、即ち「諸秩序と諸制度の再確立」、これがルター的キリスト者の任務と責任であるように、制度又は秩序としての法現実の確立、これもルター的キリスト者の任務と責任である。故に、決定論的見地から法制度を自然法秩序に解消し厳格遵守の対象に崇めてはならないし、人間万能の見地から法制度を実定諸規範に還元し自由操作の対象に貶めてもならない。[50]「制度《インスティトゥティオン》」とは神が人間をそこへと「設置《インスティトゥティオー》し」た「地位《シュタトゥス》」なのである。[51]

現実としての法統握、制度としての法統握は、場面を解釈方法に移すと、精神科学的方法、制度的解釈方法となって登場する。[52]

元来、全ての精神科学の方法も、精神の現実化である。つまり、了解されるのは精神それ自体ではなく、言語媒体の上に化体された精神現出、言語触媒の上に実現された精神現象、即ち「歴史的精神」である。[53] 抽象精神それ自体の了解でなく、言語了解と理念把握の融合により始めて、精神的世界が了解される。従って、精神科学たる法科学の作業も、精神の現実化となる。つまり、了解されるのは法理念それ自体ではなく、法律公布の上に表明された法現実、判決言渡の上に表現された法現象、即ち、現実としての法である。抽象的法それ自体の了解でなく、歴史性と有効性の結合、伝承的遺産と新規獲得物の融合により始めて、歴史的法が了解される。[54]

そして、この法を現実化し顕在化するのが、法の「解釈《アウスレーグンク》」又は「釈義《インテルプレタチオン》」である。つまり、法告知という法の実在的側面を調査し、法思考という法の理念的側面を探求し、法制度という法の現実的側面を統握して始めて、法命題の意味が獲得される。この意味で、法解釈は、「法命題を言葉から釈義し」、「法制度の内在的意義連関から了解し」、「法命題を法秩序全体の中の法制度の場所から了解する」ことである。[55] 加えて、この法解釈を理念化し定式化したのが、サヴィニーの古典的方法である。つまり、①立法者思考の媒介物たる「言葉」を探求する「文法的要素」、②法思考自体の論理的編成を探求する「論理的要素」、③当該法律の法規則で確定された状況を探求する「歴史学的要素」、④法体系全体での法制度と法規則の内的連関を吟味する「体系的要素」、これら四要素全ての協働が法解釈を可能とする。(56)文法的要素からは言葉的な釈義が、論理的要素からは意義関連の了解が、歴史的・体系的要素からは法秩序全体の了解が、それぞれ要求される。従って、この法解釈を別様に表現したのが、いわゆる「制度的方法」に他ならない。つまり、神の言葉を目指し、人間の職務を捉え、秩序を全体から把握するが如く、法理念という法の超越的側面を志向し、法現出という法の実在的側面を確保し、法制度という形象的法形成体の現実的側面を捕捉して始めて、法命題の真理が獲得される。この意味で、法解釈の方法は──憲法律であれ単純法律であれ(57)──「制度的方法」でなければならない。(58)

従って、この法解釈が科学的に遂行されるには、解釈の四要素全てが吟味されねばならない。例えば、法的「価値諸概念」の解釈では、①価値概念を表現する文言自体の検討、②抽象的な純粋価値そのものへの志向、③価値概念と関連する経験事実の検討──正義的衡平的思考者の共通意見と、諸先例のカズィスティッシュな集積(59)──、④当該価値と別種価値の衝突と位階の調査、これらの総動員が必要である。(60)また、これ以外の法的概念の解釈に関しても、抽象理念の価値側面の度合が異なれど、解釈の四要素全部の必要性に変化はない。つまり、技術的な経験概念の解釈でも、①経験概念を表現する文言自体の検討、②理念次元の経験概念そのものへの遡行、③当該概念が指示する経験関係の検討、④普遍効力を得た法命題の具体的確定の吟味、これらの全要素が駆使されよう。(61)その際、裁量を複数決定からの選択余地、解釈を唯一行為への義務づけであるとすれば、(62)経験事実の吟味を概念確定の前提とする価値概念は裁量考慮の典型とい え、行為目的の前提で概念確定が完了する──決定余地の外観も目的で縮減される──経験概念は解釈作用の典型といえるが、(63)双方含めあらゆる法的概念は「裁量概念」であり且つ「解釈概念」である。つまり、法律解釈作業での論理的要素に着目すれば当該作用は裁量作用となり、解釈の歴史学的要素に着目すると当該作用は解釈作用となる。(64)

要するに、フォルストホフの法理論は、一方では法を告知と定立による法理念の現実化と把握し、他方では法を職業と任務による御言葉の肉化と把握しており、この視座から見れば、彼の解釈学方法を、法現実志向の精神科学的方法又は法制度志向の制度的解釈方法の代表格と判定する見解が、必然である。(65)

2　法実証主義と目的論

しかしながら、この現実的・制度的法統握は、歴史法学とドイツ観念論——サヴィニーとシュタール——の時代を最後に消滅してゆく。(66)哲学的関心を喪失し法形而上学を放棄した哲学的真空状態から代わりに登場するのは、(67)精神的現実を把握する制度的法学ではなく、単なる「規範の実定性」に執着する「法実証主義」と、単なる「社会空間の実定性」に固執する「目的論」、即ち、唯の法素材の内在論理で満足する「方法論上の二つの方向」でしかない。(68)法律の思考と告知、言葉と職務の有機的結合を分解し一方に還元し「法の倫理的実体」を解体する、「規範主義」と「決断主義」の時代が到来する。(69)

まず、法現実を単なる個別規範に還元する法実証主義、乃至は、事物的内容を無視し空虚な形式に拘泥する「形式主義」——ラーバント、ケルゼン——が批判される。(70)つまり、一つには、国家現実を抽象理念に解消し、法学任務を単なる概念定義に解消する国家理論が登場する。この実証主義により、国内法では、国家現実を国家権力の主体から分離し、内容空虚な抽象国家——「単なる概念」、「国家それ自体」——を基礎に据える立場が呈示され、(71)国際法でも、巨大国家と極小国家の相違を無視し、支配服従の国際関係の現実を見落とす立場が提出されるが、(72)これを受け、経済や文化など共同体現象から分離した国家像を創出し、事物内容や善悪友敵の区別・決定能力を欠如した国家像——即ち政治概念が脱落した国家像——を考案する、いわゆる実証主義の国家理論が構築される。(73)これにより国家は脱実体化され抽象化される。また、この国家理論と平行して、法現実を単なる実定規範に解消し、法学任務を概念操作に解消する法理論が出現する。この実証主義により、法的問題を実定法律の解釈に還元し、その他の正義問題を立法・行政の裁量に委任する見地が呈示され、(74)法源問題を実定規範の存在に限定し、その他の慣習法規を法源学説から排除する立場が提出されるが、(75)

これを受け、法を法律や規則など国家的法に同一視する法学説を創出し、法を定立され表現された法だけに限定する法理解を考案する、いわゆる実証主義の法理論が建設される(76)。これにより法は脱実体化され形式化される(77)。

次に、法現実を単なる「法生活の社会的実在性」に還元する目的論的方法として、イエーリング目的法学とヘック利益法学が批判されてくる(78)。つまり、まず第一に、法現実を単なる社会効用に解消し、法学任務を単なる利益衡量に解消するイエーリング理論が登場する。その未完の大著『法における目的』第一巻では、交換社会を正義秩序モデルと把握し、人間欲望確実化を交換本質と理解する立場が呈示され、第二巻では、この現実社会を人倫価値の源泉に指定し、社会的効用を倫理価値と同一視する見地が開陳されるが、これを受け、法学任務を現実社会に実践的貢献を成す事業に認識し、法解釈を社会効用をめぐる「目的評価と利益衡量」を行う作業に位置づける、いわゆる目的法学の理論が構築される(79)。これにより法は脱倫理化され合理化される(80)。続き第二に、この目的法学を継承して、法現実を経済利益に解消し、法学任務を唯の比較衡量に解消するヘック理論が出現する。その綱領論文「法律解釈と利益法学」と「概念形成と利益法学」では、交換社会の機能法則を探求し、その生適合性を内在理性に指名する立場が提示され、加え、この現実社会を経済的色彩一色で観察し、民俗的宗教的倫理的関連を単一化する見地が公表されるが、これを受け、法学任務を実践生活の切迫要請に対応処置を為す業務に定位し、法適用を市民的交換社会に役立つ「適切で正しい利益衡量」を行う活動に位置づける、いわゆる利益法学の理論が構築される(81)。世界観から隔離された無菌状態の技術法学の考案により、ここでも倫理的定礎は放棄され正義は無視される(82)。

実は、フォルストホフによる法実証主義批判と目的論的方法批判は、法を精神的現実と見る見地からすれば当然である(83)。国家を歴史的世界の断片と見るスメントが、国家を事実に解消する実在主義的国家理論と、国家を規範に解消する理念主義的国家理論の双方を、実在＝理念の弁証法としての現実観から徹底拒否した点を想起すればよい。フォルストホフとスメントは実は隣人である(84)。しかし、この現実観を全面的に打出せば、所与の民族国家流動化の廉で正統ナチスの異端審問を受けた統合学派と同じ憂目に遭遇しよう(85)。けれども、フォルストホフのこの躊躇で制度的方法と精神科学的方法の隣接性が見失われ、その結果、彼の諸言明はまさに四肢分裂してしまう。その具体例が、フォルストホフ法解釈方法に関する通説的理解、即ち、憲法解釈ではサヴィニー法実証主義が、行政法解釈ではヒッペル目的論的方法――行政法版ヘック――が、それぞれ採用されたとする支配的解釈、これである。ここでは、制度的法統握の挟撃に成功した法実証主義と目的法学・利益法学が、今度はフォルストホフ本土の分割統治を開始する。しかし、この二元的理解は、彼の憲法解釈方法を法実証主義とする誤り、彼の行政法解釈方法の中心を目的論的解釈とする誤り、そして、彼の憲法解釈と行政法解釈に分裂状況を見る誤り、以上三種の欠陥を持つ謬見である(86)。

まず一つには、フォルストホフの憲法解釈方法は制度的方法以外ではない。憲法解釈でのサヴィニー古典的方法の援用は飽くまで「法学的方法への帰還」であって「法実証主義への帰還」ではない(87)。勿論、法治国家変成を惹起する「精神科学的方法」への有名な攻撃もあるが、これは理念主義的に誤解されたスメント説への真正精神科学的対応の帰結であって、実証主義の帰結などではない(88)。そして二つめに、フォルストホフの行政法解釈方法も制度的方法に他ならない。違法行政行為の撤回の論点を典型例としたヒッペル目的論的方法の採用はヘックと共に葬った利益法学への全面改宗でなく、現代社会国家で進行する伝統的行政法構造の「変成《ウムビルドゥング》」を前提としたその部分承認に過ぎない(89)。勿論、目的論的解釈への論及集中は否定できぬが、古典的な民法方法が原則、目的論的方法が例外との図式は放棄されていない(90)。従って三つめに、フォルストホフの公法全般の解釈方法は制度的方法より他にない。法律と憲法律――定立されたもの《ゲゼッツ》――を取扱う科学は必然的に制度的方法の継承を選択する。当然、連邦憲法裁判所の支持を摂付けた価値体系志向の「精神科学的方法」の席捲と、行政の特殊事情を口実とする法律拘束回避の目的論的解釈の浸透が受忍されるが(91)、法が精神的現実である以上、制度的な古典的方法への信頼に動揺はない。

要するに、フォルストホフの制度的法統握は、一方では法現実を規範へ解消する実証主義を批判し、他方では法現実を実在に解消する目的法学と利益法学を批判しており、この観点から見れば、彼の学問的人格を、法実証主義的憲法解釈方法と目的論的行政法解釈方法の分裂症と診断する見解に、根拠はない(92)。

そうではなく、法規範や法事実への断片化に抗して、告知と定立で実体獲得する法現実を守り抜く、このフォルストホフ理論には、公法学を精神科学と了解する見地が前提され、この地盤の中に公法学と行政学の協力関係が埋伏していると考えなければならない。

3　精神科学たる行政学

そもそも、精神科学とは、精神的現実を対象とする学問分野の総称である。つまり、精神科学は、自然科学の如く実在的存在を帰納的方法により抽象化しこれを因果関係へと結集させる学問分野でなく、また、数学の如く理念的存在を本質直観しこれを厳密体系へと構築する学問分野でもなく、むしろ、実在と理念の孤立ではない両者の弁証法的関係により編制される歴史的世界を、体験と了解の二つの態度をもって、これを体験・表現・了解の連関の中で対象化するところの、学問分野である[93]。例えば、スメントの統合理論は、この作用連関の上に国家現実を捕捉する国家理論又は憲法理論である。単なる実在や理念ではなく、国家現象の下で経験観察される実在事象と、実定憲法の下で本質直観される価値理念とを、弁証法的に統合化させ、歴史的世界の中に国家現実を浮上させ捕獲すること、即ち、体験・表現・了解の連関の中に国家現実を顕現させ獲得すること、これこそが「精神科学的《ガイステスヴィッセンシャフトリッヒェ》方法《メトーデ》」である[94]。従って、フォルストホフの公法理論も、同じく精神世界の中に法現実を捕捉する法理論に他ならない。単なる事実や規範ではなく、告知定立の下で形象付与を行う経験事実と、内部意思の中で思念思考される抽象規範とを、言語哲学を媒介に融合させ、精神的世界の中に法現実を躍動させ捕捉すること、即ち、まさに歴史的社会的現実の作用連関の中に法現実を露呈させ鹵獲すること、この制度的法統握の真意は、「精神科学的方法」に対応すると見るべきである[95]。

そうなれば、フォルストホフの行政学も、同様に精神世界の中に現実を把握する政治理論と把握されよう。彼が行政学の任務を、「行政現実の概観」や行政の「現実報告」に据えるのも、行政実務の下で形象顕現を見る経験事実と、抽象理念の形で実行遂行される行政価値とを、弁証法的に結合させ[96]、歴史的現実の中に「現代行政の不文の生諸法則」を浮上させ獲得するという精神科学的方法を基礎に置くからである。行政学は、歴史的世界の中に行政現実を見出す精神科学である。その証拠に、彼が依拠するシュタインの行政学も、現実全体の中に行政を眺望する社会理論である(97)。つまり、国家と社会の二分論、即ち「純粋概念」たる国家と「事実的生」たる社会の二元論を前提に、人格意志から身体活動への本質現実化、いわば執行権力の理念現実化を行政活動と把握し、国家的平等と社会的不平等の弁証法的緊張緩和を行政本質と認識して、加え、この行政範疇を基礎に、行政の法的視点に拘泥する合理科学も、行政の事物的観点に執着する経験科学のどちらも退け、この理念と事物の背後に両者の有機的統一を、即ち、現実的生を支配する諸勢力と諸法則を了解する立場を選び取る(98)。歴史的現実の中に行政現実を見出す「全体的国家科学」又は「国家学のパンデクテン」が、この行政学の立場である(99)。だからこそ、シュタインの行政学は、啓蒙主義と歴史学派の仲介を図り精神科学哲学の構築を企てたディルタイにより評価され賞賛されたのである。ディルタイの着目点は、シュタイン行政学が、国家組織と並ぶ団体構成を承認し、固有体系を持つ社会全体と高権支配を行う国家権力との二元対立から出発しながらも、この「社会」を共同体全体内部での継続的一般的な側面、世界史全体内部の本質的精力的な要素と理解したこと(100)、更に、精神的世界を分解し圧縮する「法学的方法」を退け、歴史的世界を包括的に捕捉し把握する「国家学的方法」を採用したこと、ここにある(101)。彼の行政学こそ、社会的歴史的現実の中に現実断片を抽出する精神科学に他ならない。

この精神科学哲学の視座があってこそ、フォルストホフ行政学の中の諸々の帰結が説得力を持つ。まず、彼の行政学の結晶である行政範疇は、精神科学上の範疇として登場する。つまり、実在存在と理念存在を包括する体験・表現・了解の作用連関の海に浮遊する行政現実は、「概念的定義」ではなく「範疇的記述」しか受けつけない(102)。行政範疇の記述は、近代から現代への過渡期の中にある行政現象特有の事態ではなく、寧ろ、行政現実という歴史世界を把握する為の本来的な事態と見るべきである。また、この行政範疇の基礎となった生存配慮論は、行政法学上の正義認識を準備する。つまり、生存配慮とは、全法秩序を支える最重要部分を編成し、社会形成を担う国家行政を嚮導する、現代社会の全く新しい「正義の行為」である(103)。生存配慮の範疇は、公法学で始めて当為存在となるのでなく、行政法学を補充する行政学の中で既に正義要請の地位を獲得済みと見るべきである。更に、この生存配慮に結実した行政現実の概観が、公法学と行政学の協働を可能にする。つまり、行政現実の把握は、歴史的社会的現実の一部分として「社会の外的組織の諸科学」から「法諸科学」へ、即ち、精神科学としての行政学から精神科学としての公法学へとスムーズに移行する。[104] 行政科学の援用は、行政事実を検討する存在科学の行政規範を検討する規範科学への接合ではなく、寧ろ、行政現実を探求する現実科学の行政法現実を探求する現実科学への結合と見なくてはならない。

要するに、フォルストホフの理論は、一方では精神的現実の中で法を法現実と理解する精神科学的な公法学として登場し、他方では精神的世界の中で行政を行政現実と理解する精神科学的な行政学として出現しており、公法学と行政学の協力関係を要請する見解は、この歴史的現実という統一対象から、当然となる。

結局のところ、フォルストホフに内在する精神科学哲学は大略以下の通りとなる。つまり、法が精神の言語化、御言葉の肉化であり、いわば理念と実在の弁証法的現実であるとすれば、真の法学は理念主義（法実証主義）や実在主義（目的論的方法）ではなく、法を精神的現実と把握し解釈する精神科学でなければならない。公法学がこの意味で精神科学であれば、行政学も、歴史的世界としての行政現実に臨む精神科学であり、その結果、公法学への行政学の援用、或いはその逆は、現実科学たる両学問分野の本性から必然的となる。[105]

（37）　Ernst Forsthoff, Recht und Sprache, 1940（Neudruck, 1964）, S. 4f.

（38）　Forsthoff, a.a.O.（Anm. 37）, S. 2, 5, 17; ders., Zur Rechtsfindungslehre im 19. Jahrhunderts, in: ZgStW, Bd. 96（1935/36）, S. 49–70, 49f. 故に、法と言語の関係には、法本質と言語本質の並行性ではなく、法本質の言語本質への依存性としての把握が要請される。別言すれば、法学者の解釈学研究には、法学への文献学方法の転用ではなく、法本質把握の為の言語学参照として検討が要求される。Forsthoff, a.a.O.（Anm. 37）, S. 1f. Vgl. Rolf Gröschner, Das Hermeneutische der juristischen Hermeneutik, in: JZ, 1982, S. 622–626, 624, r. Sp. また、拙稿「政治的体験の概念と精神科学的方法（五）」早稲田法学七六巻一巻（二〇〇〇年）一〇八～一一七頁。

（39）　Forsthoff, a.a.O.（Anm. 37）, S. 2, 5, 17; ders., Die Verkündung und das Kirchenrecht, in: Archiv für evangelisches Kirchenrecht,

Bd. 4 (1941), S. 18-30; ders., Die Bindung an Gesetz und Recht, in: ders., Rechtsstaat im Wandel, 2. Aufl., 1976, S. 122-129, 123, 128. Vgl., Forsthoff, Der moderne Staat und die Tugend, in: ders., Rechtsstaat im Wandel, 1. Aulf., 1964, S, 15f., auch, ders., a.a.O.（Anm. 7）, S. 137f. なお、大石眞「公布再考」國學院法学一七巻三号（一九七九年）一〜四三頁。

（40）Forsthoff, a.a.O.（Anm. 37）, S. 17; ders., a.a.O.（Anm. 7）, S. 164, 165. 神学は聖書を「告知」し、法学は法律を「告知」する点で、両科学の類似性がある。Forsthoff, a.a.O.（Anm. 37）, S. 4. 法学と神学の間にあるのはよく言う概念の平行関係ではない。Vgl., Albert Janssen, Historisch-Kritische Theologie und evangelisches Kirchenrecht, in: ZevKR, Bd. 26（1981）, S. 1-50, 11f., 12-20, 31-34. 結果、「法神学」は法科学への蔑称（ケルゼン）でなく、尊称となる。

（41）Forsthoff, a.a.O.（Anm. 37）, S. 5-7; ders., a.a.O.（Anm. 30）, S. 22.

（42）Forsthoff, a.a.O.（Anm. 37）, S. 8f.; ders., Über Maßnahmegesetze（1955）, in: ders., Rechtsstaat im Wandel, 2. Aufl., 1976, S. 106-121, 109f. 法律の倫理的定礎の背後にあるのは、実質的起草者たる「大臣官僚機構」、その担い手たる「ドイツ法曹身分」——更に遡及すれば、法曹身分の教養と歴史法学的な民族代表任務——である。Forsthoff, a.a.O.（Anm. 39）(„Tugend“), S. 15-19; ders., a.a.O.（Anm. 15）(„Berufsbeamtentum“), S. 69-72; ders., Verfassungsrechtliche Prolegomena zu Art. 33 Abs. 5. GG, in: DÖV, 1951, S. 460-462, 461, r. Sp.-1. Sp.; ders., Der Jurist in der industiellen Gesellschaft（1960）, in: ders., Rechtsstaat im Wandel, 2. Aufl., S. 232-242, 239-241. なお、西村稔『文士と官僚』（木鐸社、一九九八年）、石川健治『自由と特権の距離［増補］』（日本評論社、二〇〇七年）一四〜一八頁、一〇四〜一一三頁。Vgl., Forsthoff, a.a.O.（Anm. 38）, S. 53-60; ders., a.a.O. („Jurist“), S. 239f.

（43）Forsthoff, a.a.O.（Anm. 37）, S. 2f., 9-11; ders., a.a.O.（Anm. 42）(„Maßnahmegesetz“), S. 105, 110. 慣習法も長期慣行による法確信の現実化である。Forsthoff, a.a.O.（Anm. 7）, S. 144-146.

（44）Ernst Forsthoff, Zur Rechtsgültigkeit der Westfälischen Ordnung für das Verfahren bei Verletzung der Amtpflichten von Geistlichen vom 1. 9. 1945, in: ZevKR, Bd. 1（1951/52）, S. 287-301, 291. なお、嘗てシュミットが論及したフォルストホフ制度論草稿もあるが（Carl Schmitt, Verfassungsrechtliche Aufsätze, 1958, S. 172.）、これは、近年公刊のシュミット＝フォルストホフ往復書簡でも確認された。Briefwechsel Ernst Forsthoff — Carl Schmitt, 2007, S. 48f., 363f. しかし、その「法概念としての制度——制度的法学の基礎づけへの寄与（Institution als Rechtsbegiff. Ein Beitrag zur Begründung der institutionellen Rechtslehre）」（一九四七年、未公刊）は、残念ながら筆者には未見のまま。以下差し当たり、東京神学大学神学会編『キリスト教組織神学辞典［第六版］』（教文館、一九九五年）の各項目を参照。

(45) Ernst Forsthoff, Zur Problematik der Rechtserneuerung (1947/48), in: W. Maihofer (Hrsg.), Naturrecht oder Rechtspositivismus?, 1962, S. 73-86, 80-83.

(46) Forsthoff, a.a.O. (Anm. 45), S. 80f.; ders., a.a.O. (Anm. 37), S. 12-14. 例えば、ブルンナー正義論 (Emil Brunner, Die Gerechtigkeit, 1943.) が自然法学・自然神学として批判される。S. 79f. Vgl., Hans Ryffel, E. Brunners Buch über die Gerechtigkeit, in: ARSP, Bd. 39 (1949/50), S. 259-269; Ulrich Scheuner, Zum Problem des Naturrechts nach evangelischer Auffassung (1950), in: ders., Schriften zum Staatskirchenrechts, 1973, S. 375-398.

(47) Forsthoff, a.a.O. (Anm. 44), S. 291; ders., a.a.O. (Anm. 45), S. 82f.「神の御業」と「人間参加」なる外的組織の二重性は、「神と自然の連言」とも表現できよう。Hans Dombois, Das Problem des Naturrechts (1955), in: W. Maihofer (Hrsg.), Naturrecht oder Rechtspositivismus?, 1962, S. 444-462, 451-456.

(48) Forsthoff, a.a.O. (Anm. 45), S. 83f.; ders., a.a.O. (Anm. 7), S. 165. この箇所に連なる「制度体」としての公法団体研究の存在に注意。Forsthoff, a.a.O. (Anm. 28) („Körperschaft"). Vgl. Friedrich Giese, Besprechung von E. Forsthoff, Die öffentlichen Körperschaft im Bundesstaat, in: ZgStW, Bd. 93 (1932), S. 345-347; 石川・前掲注(42)。

(49) Forsthoff, a.a.O. (Anm. 45), S. 84. 旧教と新教の制度理解の相違につき、Forsthoff, Die Verträge zwischen Staat und evangelischer Kirche, in: DRW, Bd. 4 (1939), S. 141-155, 145f.; Johannes Heckel, Cura religionis, Jus in sacra, Jus cira Sacra, in: Festgabe für Ulrich Stutz, 1938, S. 224-298.

(50) Forsthoff, a.a.O. (Anm. 45), S. 84f.; ders. a.a.O. (Anm. 7), S. 165. Vgl., Dombois, a.a.O. (Anm. 47), S. 461f.

(51)「神と自然の連言」、超越と此岸の融合が、制度の前所与性と操作不能性に反映される。Dombois, a.a.O. (Anm. 47), S. 459-461; ders., Das Problem der Institutionen und die Ehe, in: ders./F. K. Schumann (Hrsg.), Familienrechtsreform, 1955, S. 132-142, 134-136. 本書第一章三3(1)も見よ。

(52) フォルストホフの法統握論と法解釈論とを切断する通説的理解を本稿は取らない。後掲注(86)、(87)参照。

(53) Forsthoff, a.a.O. (Anm. 37), S. 15f.

(54) Forsthoff, a.a.O. (Anm. 37), S. 11f., 15f.

(55) Forsthoff, a.a.O. (Anm. 7), S. 165.

(56) Forsthoff, a.a.O. (Anm. 37), S. 21f.; ders., Zur Problematik der Verfassungsauslegung (1961). in: ders., Rechtsstaat im Wandel,

2. Aufl., 1976, S.153-174, 173; Carl Friedrich von Savigny, System des heutigen römischen Rechts, Bd.1, 1840, S.206-208. サヴィニー＝フォルストホフの解釈対象四要素は、今日通例論及される、文法的、論理的・体系的、成立史的、目的論的の解釈方法四分類とは切断して見るべきだろう。Vgl., Karl Engisch, Einführung in das juristische Denken, 8. Aufl., 1997, S.90f. 理念と現実を一応区分すれば「論理的・体系的」の範疇形成は形容矛盾であり、法の論理的基礎を前提すれば「目的論的」の範疇導入は自己矛盾である。なお、耳野健二『サヴィニーの法思考』（未來社、一九九八年）二一六〜二二五頁。

（57）Forsthoff, a.a.O.（Anm.7）, S.125f.

（58）Forsthoff, a.a.O.（Anm.7）, S.165-167.

（59）Forsthoff, a.a.O.（Anm.7）, S.88, 93, 101. ここに、正義的衡平的思考者なるエームケ的因子が混入することに留意されたい。Horst Ehmke, Prinzipien der Verfassungsinterpretation（1963）, in: ders., Beiträge zur Verfassungstheorie und Verfassungspolitik, 1981, S.329-371, 345.

（60）Forsthoff, a.a.O.（Anm.7）, S.87-89, vgl. S.17f. 第二要素の純粋価値と第四要素の具体価値の相違に注意。純粋価値と経験概念との「恒常的な弁証法的関連」で具体価値が生ずる。Forsthoff, a.a.O.（Anm.7）, S.87, Fn.1, vgl. S.71f. ここに、いわゆる価値秩序説とフォルストホフの和解可能性がある。実質的価値倫理学（シェーラー、ハルトマン）への彼の賛同（Forsthoff, a.a.O.（Anm.23）, S.6, 15; ders., Von der Staatsrechtswissenschaft zur Rechtsstaatswissenschaft（1968）, in: ders., Rechtsstaat im Wandel, 2. Aufl., 1976, S.188-201, 195. また後掲注(88)、彼の新カント派哲学の拒否——通説理解の期待に反して、継承すべきはカント精神であり新カント派ではないと宣言した——（Forsthoff, a.a.O.（Anm.23）, S.5-7, 23.）、更に、デューリヒ——価値秩序に基づく間接効力説論者——のフォルストホフ制度的方法援用（Günter Dürig, Art. 2 des Grundgesetzes und Generalermächtung zu Allgemeinpolizeirecht, in: ders., Gesammelte Schriften, 1984, S.74-102, 84, Fn.32.）がその傍証。なお付言すれば、ここでフォルストホフは、己の主眼は具体価値で、憲法解釈方法論の批判対象は抽象価値にあるのだと（Vgl., Forsthoff, Die Umbildung des Verfassungsgesetzes（1959）, in: ders., Rechtsstaat im Wandel, 2. Aufl., S.130-152）、自分に向けられた憲法学方法と行政法学方法の矛盾疑惑を弁明する。弁明に理由があるが、スメント批判にはその価値論を純粋価値論と誤解した欠陥がある。後掲注(84)参照。関連して、私法規範を例に比較衡量による抽象価値の具体化を分析する、松原光宏「私人間効力論再考（一）」法学新報一〇六巻三・四号（二〇〇〇年）一〜三八頁、同「（二・完）」同一一・一二号（同年）六三〜一一三頁も見よ。

（61）Forsthoff, a.a.O.（Anm.7）, S.85f., 87f. このサヴィニー方法は憲法解釈でも実行される。例えば、「直接的ライヒ監督制度」の是非問題では（Ernst Forsthoff, Die unmittelbare Reichsaufsicht, in: AöR, N.F., Bd.19（1930）, S.61-82.）、（1）ワイマール憲法一四条と一五条の文言確保（S.66f.）、（2）ライヒ監督概念の理念的確定（S.67-71, 71-73）、（3）憲法制定会議での一五条関連資料の検討（S.73-80）、（4）政治秩序の基盤たる憲法体系の吟味（S.67, 80-82）、これら四要素の全投入がある。なお、渡辺康行「『憲法』と『憲法理論』の対話（二）」国家学会雑誌一〇三巻一・二号（一九九〇年）三四～三八頁。

（62）Forsthoff, a.a.O.（Anm.7）, S.84, 86.

（63）Forsthoff, a.a.O.（Anm.7）, S.86, 88.

（64）Forsthoff, a.a.O.（Anm.7）, S.92f. Vgl. Jan Schapp, Hauptprobleme der juristischen Methodenlehre, 1983, S.60-97.

（65）悟性的思考者には法現実と法制度は見えない。Vgl. Bernd Rüthers, „Institutionelles Rechtsdenken" im Wandel der Verfassungsepochen, 1970; Oliver Lepsius, Die gegensatzaufhebende Begriffsbildung, 1994, S.219-253.

（66）Forsthoff, a.a.O.（Anm.7）, S.164; ders., a.a.O.（Anm.37）, S.3; ders., a.a.O.（Anm.38）, S.53f., 61.

（67）Ernst Forsthoff, Vom Zweck im Recht, in: ZAkDR, 4.Jg.（1937）, S.174-177, 175, 1.Sp.; ders., a.a.O.（Anm.37）, S.3f.; ders., a.a.O.（Anm.12）, S.12; ders., a.a.O.（Anm.29）, S.970f. フォルストホフが法哲学と法形而上学の不足を嘆くのも、当時の哲学最新状況への精通に由来しよう。なお、角松生史「『現存在』への『事前の配慮』」金子宏古稀記念『公法学の法と政策（下）』（有斐閣、二〇〇〇年）二六五～二八八頁、同「E・フォルストホフ „Daseinvorsorge" 論における『行政』と『指導』」塩野宏古稀記念『行政法の発展と変革（上）』（有斐閣、二〇〇一年）一九三～二一九頁。

（68）Forsthoff, a.a.O.（Anm.67）, S.175, 1.Sp.

（69）Forsthoff, a.a.O.（Anm.37）, S.9f.; ders., a.a.O.（Anm.39）（„Bindung"）, S.124.

（70）Ernst Forsthoff, Der Formalismus im öffentlichen Recht, in: DR, 4.Jg.（1934）, S.347-349. 尤も、ワイマール期の代表的法実証主義者アンシュッツは、法現実の歴史的探求者である。Forsthoff, Gerhard Anschütz, in: Der Staat, Bd.6（1967）, S.139-150, bes., 143-145. Vgl. Friedrich, a.a.O.（Anm.3）, S.337-339. アンシュッツは戦後のフォルストホフ追放に反対してくれた人。彼は恩人に報いる献辞を『行政法教科書』（一九五〇年）に用意したが、反フォルストホフの風潮による誤解を恐れ、結局献辞抜きとした。D.Mußgnug/R.Mußgnug, a.a.O.（Anm.16）, S.19, 25f.

（71）Forsthoff, a.a.O.（Anm.12）, S.12-16.

（72）Forsthoff, a.a.O.（Anm.70）, S.348, 1.Sp.

(73) Forsthoff, a.a.O.（Anm.12）, S.13, 21, 42f., vgl., ders., a.a.O.（Anm.23）, S.7–9; ders., a.a.O.（Anm.29）, S.974; ders., Besprechung von C.Schmitt, Der Leviathan, in: Zeitschrift für Deutsche Kulturphilosophie, Bd.7（1941）, S.206–214.

(74) Forsthoff, a.a.O.（Anm.7）, S.69.

(75) Forsthoff, a.a.O.（Anm.7）, S.144.

(76) Forsthoff, a.a.O.（Anm.7）, S.164; ders. a.a.O.（Anm.70）, S.348, 1.Sp.

(77) なお、由来は異なれど、自然法理論も法実証主義の如く理念の概念化として非難される。Forsthoff, a.a.O.（Anm.45）, S.77–80.

(78) Forsthoff, a.a.O.（Anm.67）, S.175, r.Sp. 目的論的方法は「理論的利益を充足できぬ」。Forsthoff, a.a.O.（Anm.61）, S.65. Vgl., Karl Larenz, Rechts- und Staatsphilosophie der Gegenwart, 2.Aufl., 1935, S.20–25; ders., Methodenlehre der Rechtswissenschaft, 6.Aufl., 1991, S.43–58.

(79) Forsthoff, a.a.O.（Anm.67）, S.176, 1.Sp.–r.Sp.; ders., a.a.O.（Anm.29）, S.973f. Vgl., Rudolph von Jhering, Der Zweck im Recht, Bd.1, 1877, Bd.2, 1884（8.Aufl., 1923）.

(80) Forsthoff, a.a.O.（Anm.67）, S.176, r.Sp. 尤も、一九世紀の社会現実内部に滞留する限りこの法の脱倫理化と合理化には何ら問題はない。Forsthoff, a.a.O.（Anm.67）, S.176, r.Sp.–177.

(81) Forsthoff, a.a.O.（Anm.38）, S.62f., 65–70; ders., Besprechung von Phillip Heck, Rechtserneuerung und juristische Methodenlehre, 1937, in: ZgStW, Bd.97（1936/37）, S.371f. Vgl., ders., a.a.O.（Anm.30）, S.12f. Vgl., Philipp Heck, Gesetzesauslegung und Interessenjurisprudenz, in: AcP, Bd.112（1914）; ders., Begriffsbildung und Interessenjurisprudenz, 1932. フォルストホフによるこのヘック評価の正誤は本章の関心事でない。ヘック再評価につき、青井秀夫『法理学概説』（有斐閣、二〇〇七年）特に三二九〜三四一頁。

(82) Forsthoff, a.a.O.（Anm.38）, S.66–68.

(83) ここに――カトリックと福音主義の相違あれど――「規範主義」でも「決断主義」でもない「具体的法秩序」という著名なモチーフが（Carl Schmitt, Über die drei Arten des rechtswissenschaftlichen Denkens, 1934（Neudruck, 1993）.）ある。Forsthoff, a.a.O.（Anm.70）, S.349; ders., a.a.O.（Anm.37）, S.29; ders., a.a.O.（Anm.7）, S.165, Fn.1; ders., Besprechung von C.Schmitt, Politische Theologie, 2.Aufl., in: DJZ, 1934, S.1037. また、周知の如くこの行く手に、実証主義と目的論的方法を定礎する一九世紀市民社会批判がある。Forsthoff, a.a.O.（Anm.12）, S.17–22; ders., a.a.O.（Anm.70）, S.347, 1.Sp.; ders., a.a.O.（Anm.38）, S.69f.; ders., a.a.O.（Anm.67）, S.176, 1.Sp.

（84）　Alexander Hollerbach, Auflösung der rechtsstaatlichen Verfassung?, in: AöR, Bd. 85（1960）, S. 241-270, 256f. この解釈は、ディルタイ系統の文化哲学者フライアーにフォルストホフが依拠した点を想起すれば（前掲注（22））、決して不自然でない。Vgl., Hans Freyer, Theorie des objektiven Geistes, 3. Aufl., 1932. だが、ドイツキリスト者の立場に拘らずに教会とナチスの和解を旨としていたフォルストホフと、告白教会のスメントとの間には無限の距離がある。D. Mußgnug/R. Mußgnug, a.a.O.（Anm. 16）, S. 13, 17; Forsthoff, a.a.O.（Anm. 44）, S. 291-299; 拙稿「政治的体験の概念と精神科学的方法（一）」早稲田法学七四巻二号（一九九九年）三三〇～三三九頁。

（85）　Ernst Rudolf Huber, Wesen und Inhalt der politischen Verfassung, 1935, S. 27; Reinhard Höhn, Rechtsgemeinschaft und Volksgemeinschaft, 1935, S. 47f. 尤も、血と地の民族共同体のみはこれを「自然事実」とする正統派に倣う。Forsthoff, a.a.O.（Anm. 12）, S. 44.

（86）　Hollerbach, a.a.O.（Anm. 84）, 256f.; Themistokles Tsatsos, Zur Problematik des Rechtspositivismus, 1964, S. 25-27; Ernst-Wolfgang Böckenförde, Methoden der Verfassunginterpretation（1976）, in: ders., Staat, Verfassung, Demokratie, 2. Aufl., 1992, S. 56-61; Strost, a.a.O.（Anm. 8）（„Verwaltungsrechtslehre"）, S. 182f. なお、阿部照哉「憲法解釈についての一考察」（一九六四年）同『基本的人権の法理』（有斐閣、一九七五年）二〇八頁、渡辺・前掲注（61）二八～三四頁。Vgl., Ernst von Hippel, Untersuchungen zum Problem des fehlerhaften Staatsakts, 2. Aufl., 1960, bes., S. 55-68. 尤も、フォルストホフのいうヒッペル方法論が本当に合理主義的実在主義かは疑問の余地あり。von Hippel, Zur Überwindung des Naturalismus in Recht und Politik, in: J. Esser/H. Thieme（Hrsg.）, Festschrift für Fritz von Hippel zum 70. Geburtstag, 1967, S. 245-262.

（87）　Forsthoff, a.a.O.（Anm. 56）, S. 174, 170f. この通説は、彼の方法を政治的要素完全排除の方法とも非難するも（Z.B., Fritz Ossenbühl, Probleme und Wege der Verfassungauslegung. in: DÖV. 1965, S. 649-661, 654, 1. Sp.; Dieter Grimm, Recht und Politik, in: JuS, 1969, 501-510, 508, 1. Sp.）、法制度自体が内容豊かな精神現実である旨忘却する。Forsthoff, a.a.O.（Anm. 7）, S. 167. わが国でもフォルストホフ門下高田敏・室井力両教授の証言に定礎され一見磐石なこの通説も（「エルンスト・フォルストホフ教授の逝去を悼む」公法研究三七号（一九七五年）二〇八～二一三頁；Storost, a.a.O.（Anm. 8）（„Verwaltungsrechtslehre"）, S. 81, Fn. 90.）、実は支持者少ないサヴィニー＝法実証主義者説を頼みとする。なお、笹倉秀夫『近代ドイツの国家と法』（東大出版会、一九七八年）二五二～二八二頁。Vgl., Carl Schmitt, Die Lage der europäischen Rechtswissenschaft（1943/44）, in: ders., Verfassungsrechtliche Aufsätze, 1958, S. 386-429, 408-420.

（88）　Forsthoff, a.a.O.（Anm. 60）（„Umbildung"）, 132-143; ders., a.a.O.（Anm. 56）, S. 172f. フォルストホフのスメント批判は、その価値体系を現実価値でなく抽象価値と誤解したことから現出する。だが、法実証主義への帰還は「ここ数十年の精神科学的諸研究の諸洞察を否定することと同じである」。Forsthoff, a.a.O.（Anm.7）, S.164f.

（89）Forsthoff, a.a.O.（Anm.7）, S.160f.; ders., a.a.O.（Anm.60）（„Umbildung“）, S.144; ders., a.a.O.（Anm.30）, S.70f. 憲法構造の変成は否定されるが、行政法構造の変成は受忍される点に留意されたい。Forsthoff, a.a.O.（Anm.60）（„Umbildung“）, S.145f.; Storost, a.a.O.（Anm.8）（„Verwaltungsrechtslehre“）, S.177f. 後掲注(92)参照。

（90）Forsthoff, a.a.O.（Anm.7）, S.158f., 161, 165f.

（91）Forsthoff, a.a.O.（Anm.60）（„Umbildung“）, S.144, 151; ders., a.a.O.（Anm.36）（„Industrie-Gesellschaft“）, S.147–157.

（92）因みに、法治国家原理、法治行政原理へのフォルストホフの帰依は動揺したことはあっても、消滅したことはない。Ernst Forsthoff, res sacrae, in: AöR, N.F., Bd.31（1940）, S.209–265, 228–230, 253.「精神科学的方法」の流行、「目的論的解釈」の隆盛、「措置法律」の普及は、法律の合理化過程――倫理実体の解消、法曹身分の解体――という世界の宿命に付随する現象である。Vgl., Forsthoff, a.a.O.（Anm.42）（„Maßnahmegesetz“）, S.106f., 110–113. フォルストホフの背後にヴェーバーを見るホラーバッハの指摘（新カント派フォルストホフ―（前掲注(60)））は全く違う意味で正しい。Hollerbach, a.a.O.（Anm.84）, S.268–270. Vgl., Reinhard Mehring, Carl Schmitt zur Einführung, 1992, S.13–30.

（93）Wilhelm Dilthey, Der Aufbau der geschichtlichen Welt in den Geisteswissenschaften, in: ders., Gesammelte Schriften, Bd.VII, 1926, 8.Aufl., 1992, S.77–188, 117–119, 141–145, 153–160; 拙稿（前掲注(38)）一二七～一三五頁。

（94）Rudolf Smend, Verfassung und Verfassungsrecht（1928）, in: ders., Staatsrechtliche Abhandlungen und andere Aufsätze, 3.Aufl., 1994, S.119–276, 126, 136–139, 155, 160, 171, 188f.

（95）Hollerbach, a.a.O.（Anm.84）, S.261f. Vgl., Erich Rothacker, Die dogmatische Denkform in der Geisteswissenschaften und das Problem der Historismus, 1954, S.5–10; Otto Friedrich Bollnow, Die Methode der Geisteswissenschaften（1950）, in: ders., Studien zur Hermeneutik, Bd.1, 1982, S.114–138, 129–138.

（96）Forsthoff, a.a.O.（Anm.9）, S.332, 1.Sp.; ders., a.a.O.（Anm.10）, 398, S.1.Sp.; ders. , a.a.O.（Anm.20）, S.55.

（97）Forsthoff, a.a.O.（Anm.18）, S.23, 33; ders., Verfassungsprobleme des Sozialstaats, 1954, S.18f.; ders., Einführung, in: L. von Stein, Gesellschaft, Staat, Recht, 1972, S.7–20.

（98）Franz Mayer, Die Verwaltungslehre des Lorenz von Stein. Verwaltungslehre heute, in: R.Schnur（Hrsg.）, Staat und Gesellschaft. Studien über Lorenz von Stein, 1978, S.435–450, 435–437, 439f., 442f., 444f., 449f.; Klaus Hartmann, Reiner Begriff und tätiges Leben, in:

R.Schnur (Hrsg.), a.a.O., S.65-95, 67-69, 72-74; 瀧井一博『ドイツ国家学と明治国制』（ミネルヴァ書房、一九九九年）四六～五三頁。Vgl. Ernst Rudolf Huber, Lolenz von Stein und die Grundlegung der Sozialwissenschaften, in: ders., Nationalstaat und Verfassungsstaat, 1965, S.127-143; Ernst Wolfgang Böckenförde, Gesetz und Gesetzgebende Gewalt, 2.Aufl., 1981, S.148-158.; Lorenz von Stein, Verwaltungslehre und Verwaltungsrecht (1865), 2.Aufl., 1958.

(99) Stolleis, a.a.O. (Anm.3) („Verwaltungslehre“), S.91f.; ders., a.a.O. (Anm.3) („Geschichte, Bd.2“) S.390-393.

(100) Wilhelm Dilthey, Einleitung in die Geisteswissenschaften, in: ders., Gesammelte Schriften, Bd.I, 1921, 9.Aufl., 1990, S.82-86, bes., 85f.; 拙稿「政治的体験の概念と精神科学的方法（三）」早稲田法学七五巻二号（二〇〇〇年）四八八～四八九頁注25、四九二頁注35。Vgl., Hans Freyer, Soziologie als Wirklichkeitswissenschaft, 1930 (Neudruck, 1964); ders., Einleitung in die Soziologie, 1932, S.69-74. なお、ハルトマン哲学による行政学の定礎の試みにも注意。Vgl. Walter Taeuber, Verwaltungswissenschaft, Verwaltungsrecht, Heeresverwaltung, in: ZgStW, Bd.102 (1942), S.338-377, 365-368.

(101) Mayer, a.a.O. (Anm.98), S.442. Vgl., Dilthey, a.a.O. (Anm.100), S.21, 54, 59f.; 拙稿（前掲注(100)）四七三～四七五頁。

(102) Forsthoff, a.a.O. (Anm.7), S.1. この意味で、行政概念積極説は修正実証主義である。なお、拙稿（前掲注(100)）四七五～四七六頁、同「政治的体験の概念と精神科学的方法（四）」早稲田法学七五巻四号（二〇〇〇年）二六四～二六六頁。

(103) Forsthoff, a.a.O. (Anm.23), S.18f.; ders., a.a.O. (Anm.39) („Tugend“), S.25f.

(104) Dilthey, a.a.O. (Anm.100), S.38f., 87; 拙稿（前掲注(100)）四六三～四八〇頁。

(105) 公法学は憲法理論と行政科学で補強される。拙稿「ドイツにおける憲法理論の概念」早稲田法学会誌四七巻（一九九七年）二九八頁注42。

四　結　語

本稿では、行政学の積極援用という一九九〇年代わが国公法学の基本動向に触発され、公法学と行政学の協力可能性を問うべく、まずは、戦後ドイツ行政学の古典的全体像を概観し、続いて公法学、行政学両学問分野の協働可能性に若干の省察を試みた。まず、戦後行政法学の開祖フォルストホフの行政学は、伝統的行政法学の改革を目指し、現代生活の疎外状況改善を図る現代行政の現実を考究し、これを生存配慮として行政法学の再編成を企図すること、これが判明し、この行政法学と行政学の結合の前提に、法現実と行政現実に考察対象は異なれど、両学問分野が精神的現実又は歴史的世界の一端を範疇により把握する精神活動を行うこと、これが判明する。詰まるところ、精神科学哲学により初めて、公法学と行政学の協力関係は定礎可能となる訳である。

けれども、本稿の結論に対しては、二つの批判が、即ち、考察対象に関する批判と、結論それ自体に対する批判とが提出されるかもしれない。第一に想定可能であるのは、本稿の如きフォルストホフの精神科学的再解釈は、フォルストホフという克服済みの理論を、精神科学的哲学というこれまた克服済みの思弁で再構成するに過ぎず、アナクロニズムに過ぎないという主張である。第二に想定可能であるのは、本稿が示した精神科学としての公法学と行政学の協力関係は、最新の憲法学と行政法学の成果と、最新の行政学の成果とは何の関係もない、トリビアリズムに過ぎないという主張である。しかし、それにも拘わらず、公法学と行政学を精神科学的な視点で見る態度は大事である。

まず、フォルストホフも精神科学哲学も旧くて駄目だとする主張には、これらの核心目的が見えていない。フォルストホフを否定することは、行政現実の見地に眼を瞑り行政法学の体系のみに眼を配る、虚しい実証主義を信奉することに他ならない。精神科学哲学を拒否することは、諸科学の結論のみに眼を配り全科学の体系には眼を瞑る、悪しき実用主義を信仰することに他ならない。改革を自ら唱えておきながら改革を阻止し、諸学部を従え諸科学を束ねる大学を解体する元凶が、ここにある(106)。また、公法学行政学の協力関係は現代ドイツ理論と無関係だとする主張では、政治学と公法学の最新動向が見えなくなる。一方で、一九六〇年代の政治哲学復権運動(107)や、八〇年代の国家学行政学復興動向(108)は、規範定立志向の政治学の一貫した潮流を成し、他方で、五〇年以後の現実定位の憲法倫理学傾向(109)や、八〇年代以後の欧州統合も見据えた行政法総論改革(110)も、現実把握志向の公法学の一連の潮流を成す。現実的法統握の視座を忘却すれば、最新鋭装備を出動させる包括的な視点は、喪失される。

もう一度確認しよう。哲学による詳細な検討を今後に留保できるならば、本稿の結論はこうである。公法学への行政学の援用は、積極的に支持される。なぜなら、公法学も行政学も共に歴史的世界を探求する精神科学であるからである(111)。

(106) フォルストホフも伝統的大学観の信奉者である。「我々の諸大学は精神的普遍性から形成される」。Ernst Forsthoff, Besprechung von Otto Naß, Verwaltungsreform durch Erneuerung der Verwaltungswissenschaft, in: AöR, Bd.77 (1951/52), S.507-510, 509. 諸科学の綜合、精神科学と自然科学の綜合は、大学存立の上にある。

(107) Wilhelm Hennis, Politik und praktische Philosophie (1963), in: ders., Politikwissenschaft und politisches Denken, 2000, S.1-126; Kurt Sontheimer, Politische Wissenschaft und Staatsrechtslehre, 1963; Dieter Oberndörfer, Politik als Praktische Wissenschaft, in: ders.（Hrsg.）, Wissenschaftliche Politik, 1962, S.9-58. また、高橋広次「プラクシスへの問いの閉塞」南山法学一六巻三・四号（一九九三年）三三二～七二頁、同「プラクシスへの問いの回復」法政研究五九巻三・四号（同年）四一一～四七三頁。

(108) Joachim Jens Hesse, Aufgaben einer Staatslehre heute, in: Jahrbuch zur Staats- und Verwaltungswissenschaft, Bd.1（1987）, S.55-87; Thomas Ellwein/Joachim Jens Hesse, Einführung, in: dies.（Hrsg.）, Staatswissenschaften, 1990, S.5-10; Gunnar Falke Schuppert, Verwaltungswissenschaft, 2000. 後期フォルストホフの問題視角――「産業社会の国家」――は（前掲注(36)）ここへ継受される。Vgl. Thomas Vesting, Politische Einheitsbildung und technische Realisation, 1990, S.9-21; Michael Henkel, Der Staat der Industriegesellschaft, ders./O.W.Lembcke（Hrsg.）, Moderne Staatswissenschaft, 2010, S.140-161.

(109) Konrad Hesse, Die normative Kraft der Verfassung（1959）, in: ders., Ausgewählte Schriften, 1984, S.3-18; Peter Häberle, Erziehungsziele und Orientierungswerte im Verfassungsstaat, 1981; Walter Schmitt Glaeser, Ethik und Wirklichkeitsbezug des freiheitlichen Verfassungsstaates, 1999; 日比野勤「国家の『中立化』と自由な国家」『法学協会百周年記念論文集』一巻（有斐閣、一九八三年）一～六三頁、同「国家における自己正当化と市民宗教」芦部信喜古稀記念『現代立憲主義の展開（下）』（有斐閣、一九九三年）七九七～八三六頁。

(110) Eberhard Schmidt-Aßmann, Das Allgemeine Verwaltungsrecht als Ordnungsidee und System, 1982; ders., Zur Europäisierung des allgemeinen Verwaltungsrechts, in: P.Badura/R.Scholz（Hrsg.）, Wege und Verfahren des Verfassungslebens. Festschrift für Peter Lerche zum 65.Geburtstag, 1993, S.513-527, ders., Das Allgemeine Verwaltungsrecht als Ordnungsidee, 2.Aufl., 2006. Vgl., ders., Der Verfassungsbegriff in der deutschen Staatslehre der Aufklärung und Historismus, 1967, S.13-31, 199-204, bes., 20-27; ders., Zur Situation der rechtswissenschaftlichen Forschung, in: JZ, 1995, S.2-10. しかし、その後のドイツ行政法学の展開は、残念ながら倫理的

本質としての法律概念を破壊する方向に進んだと、判断せざるを得ない。この問題に関する筆者の見解の断片については以下を参照されたい。拙稿「保障国家と公法理論」(埼玉大)社会科学論集一二六号(二〇〇九年)三一～六五頁。

(三) Rudolf Smend, Das Recht der freien Meinungsäußerung (1928), in: ders., Staatsrechtliche Abhandlungen und andere Aufsätze, 3. Aufl., 1994, S. 89-118, 108; ders., Das Problem der Presse in der heutigen geistigen Lage (1946), in: ders., Staatsrechtliche Abhandlungen, S. 380-390, 384; Wilhelm Henke, Sozialtechnologie und Rechtswissenschaft, in: Der Staat, Bd. 8 (1969), S. 1-17; ders., Recht und Staat, 1988, bes., S. 51-63; Rolf Gröschner, Dialogik und Jurisprudenz, 1982.

四 結語

第六章　行政学教科書の誕生

一　序言

研究主体と研究対象の重複可能性に社会科学及び人文科学の特徴があるとすれば、まさに法学こそその典型であろう。法欠缺を含まぬ法体系の完結性が今や過去のものとなり、事実考察による法創造が例外事象では最早ありえない故、規範と事実の不断の往復こそ法解釈の核心と見なされる。いわば、理念と実在の弁証法たる法現実こそ、全ての法学者が探究すべきものとなる(1)。従って、憲法規定や行政法規の意味を解釈し把握する為には、裁判官や行政官の解釈実態の認識も要ることになるが、実際に法規範を解釈し適用しているこの法現実の中に、その規定の意味探求を狙う研究者の姿も必ずやあろう。公法学者は研究主体であり自ら研究対象でもあるのだ。ならば、法学研究者たる者、解釈すべき憲法典や各種行政法のみならず、これを解釈する裁判官や行政官の行動、彼ら自身を生み出す法曹養成の在り方、その教育現場たる大学や法学部の理念、ここまで射程に入れなくてはならない。行政法と行政学の融合の試みは、法科大学院実施や大学改革の是非を探らずして、それを徹底したことにならず、行政改革や公務員改革の検討も、伝統的な行政法学方法論の刷新に向かわずして、それを貫徹したことにならない。この意味で、研究客体の考究が研究主体のそれへ、研究主体の吟味が研究客体のそれへ、こう向かうのは必然である(2)。

ところで、戦間期ドイツでも行政構造の変動に伴い、行政法学と行政学との融合が要請された(3)。けれども、それはナチス政権樹立以降のことである。全国の大学で「行政学」講義が開始され、法学者による行政学教科書の登場もある。

当時の潮流の代表的作品の一つが、ケットゲン『ドイツ行政』である。[4] 勿論、彼は初期から水道法など生存配慮に関するテーマを扱っており、硬直した行政法学を行政学の観点から改革せんと意図していた。だが、それだけで彼が二つの学問分野の融合を唱えたのではない。官僚制度研究や大学制度研究も、第二次大戦後も活躍した彼のライフワークである。方法革新のみならず行政法の担い手やその養成制度までもが、ケットゲンの射程範囲の中にあった。尤も、ナチス期公法学を検討する危険性を強調する向きもあるかもしれない。その反証は本章全体が行うだろうが、この疑念の前段階にあるのは、同じ行政法学と行政学の融合であっても現在のものは安全だとの仮定だ。だが、ここから離脱して、彼の戦前の著作を敢えて取上げようと思う。そこで、本章の課題とは、公法学者アルノルト・ケットゲンを主題とし、[5] 公法の研究主体と研究客体の連関を探ること、ここにある。まず、彼の法学方法論の視点から行政学教科書の企図を検討し（二）、次に、この書物と職業官僚制及び大学制度との関連を検証する（三）、この手順を踏もう。

（1）存在は、規範や論理という単なる理念でも、法文や活字又は裁判官決定という単なる実在でもなく、抽象的一般的な諸規範を法曹を始め無数の人間が反復して読み解いて初めて立ち現われる、このような意味での法現実である。詳細については本書第三章で既に検討した。

（2）この問題の一端につき、拙稿「行政法学・学際研究・大学政策」新井光吉ほか『社会環境設計論への招待』（八千代出版、二〇〇五年）一〇七～一二三頁。

（3）それまでの行政学をめぐる状況につき、本書第五章二1⑴。

（4）Arnold Köttgen, Deutsche Verwaltung, 1936; 2. Aufl., 1937; 3. Aufl., 1944.

（5）アルノルト・ケットゲン（1902-1967）は、ドイツ第二次大戦前後の代表的公法学者の一人。Vgl. Werner Weber, Gedenkenrede auf Arnold Köttgen, in: In memoriam Arnold Köttgen, 1968, S. 9-23; Peter Badura, Arnold Köttgen†, in: JZ, 1967, S. 419f.; Fritz Werner, Arnold Köttgen, in: AöR, Bd. 92（1967）, S. 414-416; Michael Stolleis, Geschichte des öffentlichen Rechts, Bd. 3, 1999, S. 271, 356-360.; Maximilian Wallerath, „...Verwaltungsrecht besteht“: Arnold Köttgen, in: J. Lege（Hrsg.）, Greifswald-Spiegel der deutschen Rechtswissenschaft 1815 bis 1945, 2009, S. 355-372, 356-358.

二　行政法から行政学へ

1　行政法学の任務刷新

そもそも、ケットゲンの方法論的態度とは如何なるものか。科学たるもの、そのありとあらゆる領域において、研究の任務はその対象が確定する、と彼は述べる。その上、その基盤に革命的変動が生じる時代では、大本の研究対象を根本的に再確認する必要がある。そこでこの法学者は第一次大戦後の大変動を根拠に、国家と法をめぐる法学全般の任務も転換したから、行政法学も新たな法律群の既存体系への組入れに、この科学特有の対象を成すものの一義的な確定が、新たな喫緊の任務として追加されたと診断を下す。つまり、行政法の対象そのものの本質と水準に検討を加えて、「行政法研究の諸任務と諸方法」を再吟味する訳だ[6]。まず任務についてケットゲンは言う。これからの行政法科学は、規範という今在る素材の解釈だけでなく、この教養学的作業と同時に、行政現実自体も探究しなければならぬ。この行政の現実は、法律家の法解釈以外の吟味を拒むものではなく、むしろ我々の行政法諸体系から駆除できぬものと見るべきであろう。彼曰く法律とは、日々破られる「生きていない《ウンレベンディヒ》」規範ではなく、この行政現実に直接に組込まれ、法律研究の基盤となるものだ。行政法は現実自体の中で考察しなければならない。このように関心領域が現実へ移動し始めれば、必然的に、休眠中の行政学も復活するだろう[7]。

　この行政法学の任務の刷新は、その方法の刷新へも波及する。ケットゲンによれば、行政学が行政現実を把握する為には、各行政部門の内在法則と行政全体のそれを探り出す必要がある。尤も「内在法則」とはいえ意義を欠く事実実証主義ではなく、一見無関係の個別者から現実的統一体を調査することを指す。勿論、事実に内在する以上の法則を引出すのは厳禁であるが、死した資料の堆積でなく、そこから内在的法則を引出すこと、内在的秩序を形造ること、非合理的な諸礎石を設営すること、行政法学の課題はここにある。その意味でケットゲン学説は、一九世紀半ばに繁栄した「国家科学的方法」の再来ではない[8]。それでは、こうした行政の実存的諸基礎を知るにはどうすればよいのか。それにはまず、行政諸事実を取り集め知っておかねばならぬ。行政領域に在る膨大な諸事実を入念に取扱うことは、行政学から省くことが禁じられた重大な作業である。この作業の次にこれら事実の精神的連関を調べ上げ、そこから行政の内在法則へと到着しなければならぬ。つまり、「具体的な行政の生きた身体に」直《じか》に触れて、諸事実の懐の奥底に隠された行政の内在法則を、「直接的な直観」を通じ把握しなければならぬ。要するにケットゲン曰く、個々の事実を取集める前科学的作業、行政の法則を直観する科学的作業、この二つにより行政それ自体が統握される(9)。

ここから、二重の意味において、行政法学が行政学に依存することが判明する。つまり、具体的な行政事実の取集めとその全体像の直観的把握が、それである。勿論、法律家は第三者を介さずに直接的に行政自体に携わらなくてはならない。行政法学が必要とする諸洞察を、他の学問分野から完成品として引き受けること、隣接諸科学へと無批判に依存すること、如何なる場合にもこれは危険といえる。けれども、行政学の適切な発展があれば、その成果の必要な部分を採り入れても、法解釈以外の非本来的作業からの行政法学の負担軽減という点、有益であろう(10)。とはいえ、この行政法学から行政学への協力要請は、単なる思考経済の観点から導き出されるのではない。むしろ、行政概念と行政法概念のアンチノミーが存在すれば、この矛盾をより高次の統一性に止揚するべきであり、従って、行政学と行政法学との明確な遮断関係からその意味を剥奪し、両学問分野を合一するべきである。つまり、行政学と行政法学は「統一的行政科学」へ、包括的行政科学へと「融合」しなければならない。ならば、行政法学の独自性は行政科学に解消される、かといえば、そう考えるのは早計であり軽率である。この点は後述するとして、ここでは唯ケットゲンが、その独自性を維持する点で単なるナチと一線を画す、この一点のみを確認するだけで十分である。兎も角、行政本質を直観せずして行政法に対応できないのだ(11)。

しかしながら、この行政と行政法の綜合、或いは、行政学と行政法学の融合は、これまでないものだ。両者の止揚は、一九世紀政治的自由主義の世界像が一八世紀からの統一的行政科学を分解することで、その実現が二〇世紀の初頭に至るまで阻まれてきた。つまり立憲君主主義は議会と政府の対立軸を作り、更にここから法律と行政行為の対立軸も作り出す。法律概念は行政概念に関連を持ちそれを客体ともするが、両概念は決して単一者へと融合するものではなく、一方の諸力は他方の発展とは無関係のものとなる。いわば、議会外の諸力が支える政治的な行政と議会法律へと概念を分離し、行政法学は後者を選び取った訳だ。[12] ところで、法律概念と行政概念を切り離す理由には、後発の行政法学誕生時には法学実証主義が席捲し、己れの存続には実証主義の選択が有利に働くとの、計算もあろうし、膨大な実定法素材を法科学研究で処理しておけば、立法技術が進展し議会の立法術向上に役立つとの、期待もあろう。そして、この行政法と行政、行政法学と行政学の分裂化の終着地となるのは、O・マイアー『ドイツ行政法』及びフライナー『ドイツ行政法提要』に他ならない。[13] けれども、この公法実証主義の代表的な二作品に、ケットゲンは容赦のない根本的批判を浴びせ掛ける。

まず、行政法学の完成者マイアーへの批判から。ケットゲンは言う。勿論マイアーは、ラーバントが憲法生活につき実行した如く、いわゆる法学的方法を援用して行政空間に新機軸を打ち出し、私法学を模範に行政法を純法学的体系へと仕上げた人だ。だが、『ドイツ行政法』全二巻での近代行政法理論完成が意味するものは、素材自体を取扱う行政学と規範自体を操作する行政法学との分離である。初版で彼は、既存の行政学に科学的価値があるのかと批判していたが、版を重ねる毎その傾向は強まり、自己の作業領域を概観したいという、行政官僚の実践的欲求を満たしはしても科学的体系の点で無価値だと、遂に宣言するに至る。[14] だがケットゲンのみならず人は指摘するだろうが、マイアーの法学的方法の基盤には、法規概念により個人的自由の領域を確保せんとする自由主義がある。換言すれば、この行政法学は、君主による行政現実を所与のものと措定し、この歴史的権力に個別市民の為に制約を課すことのみを、その任務とする。それ故行政と市民の間の、行政行為や行政訴訟や国家賠償のみが検討され、行政組織法への関心は低下し、組織規範の法規性までも否定されるに至る。要するに、以前の行政法学は、行政それ自体やその中の生活事態について興味を示さず、行政の現実的理解を最初から断念していたという訳である。[15]

ケットゲンのフライナー評はもっと手厳しい。ケットゲンは以下の如く述べる。フライナーが伝統学説が取扱わない戦争経済を論じたり、多くの鑑定書を書き実務に精通していたのは確かである。だが、彼にとっての現実とは実定法律という素材であり、行う作業も法律の教義学的解釈に限られていた。法律とは本来、具体的な国民／国家生活の諸現実も包含する筈だが、この趣旨を彼の作品は貫徹しなかったのだ。自己の科学的研究領域を「法学的」諸問題に意識的に絞り、政治的社会学的考察を排除した点でマイアーと同類である。[16] この行政現実への盲目は、フライナーが「ドイツ行政法」を論じた点に現出する。ところで、彼の活躍する第二帝政時代は、公務員法、地方自治法、警察法等主要な法領域に、全ドイツ共通の「普通ドイツ行政法」は存在せず、ただあるのは、プロイセン、バイエルン、ザクセン等各ラント行政法だけだった。ならば、法現実たる行政法を吟味するには本来はこれらラント行政を取上げるべきで、「全ドイツ行政法」という認識対象は、議論を規範問題に限った抽象的虚構に過ぎない。彼が実行すべきは、行政法規を悟性で把握することだけなく、自らこの現実に合一化しこれを体験することだったのだ。ケットゲン曰く、この偉大な行政法学者はドイツ法の中立的観察者であっても、故郷の諸伝統の拘束から生涯離脱できなかった。スイス人にはドイツ行政は理解できない、煎じ詰めればこれが彼のフライナーへの診断である。[17]

2　法治国家原理の改鋳

ところで、この法実証主義批判が法律概念自体への攻撃に突進すれば、一方で「法律による行政の原理」でなく「法による行政の原理」が、他方で大学の「行政法学」教育から「行政学」教育への完全移行が、それぞれ要求されよう。例えば、「法律による行政の原理」につき、フーバーはその意義を削減する。この原理は、国家権力から個人の領域を保護し、議会に執行権への優越的地位を承認し、そして行政活動を単なる法律執行と特徴づける。だがフーバー曰く、この市民的自由主義は最早無効で、「法」は、自由な活動を押さえ込む「制約」ではなく、国民の共同体生活を形象化する「秩序」と見るべきだ。従って、行政の活動を単なる法律執行或いは法律内での裁量行為と見るべきでなく、生きた秩序の現実化行為、こう把握しなくてはならない。[18] マウンツの同様の発言もある。彼によると、行政とは、もはや中立的な法律執行部門ではなく、国民共同体の目的に仕えその指導者の計画に服する部門である。そもそも国民とは下部共同体から編成された具体的共同体であり、この共同体がその存立及び共同生活の為の完結した法を持つ。この法は秩序を生む命令でなく秩序を予め含む「状態《ツシュタント》」であり、指導者が計画を作り行政が措置を行う為の源泉となるのだ。実現される対象が指導者の計画であれ、秩序それ自体であれ、国民共同体の「具体的秩序」としての法が拘束を行う点で、「法による行政の原理」こそ行政の至上命題となるのだ(19)。

更にはこの動きに付随して、行政法学から行政学への法学部教育の重心の変更がある。一九三四年にはライヒ司法省の法曹養成法において、続けて三五年にはライヒ文部省の学習要綱の中でも、「行政法」に代わって「行政学」科目が新設される。その効能は即座には現われないが、平等と法的安定を狙う規範秩序としての法を、秘密裏に葬り去ろうというナチスの企図がその背後にあったのだ、とも言われる(20)。とはいえ学者の関心はやはり、行政現実を行政法学に取り込もうとする点にある。例えば、ノルデンは次のように述べる。行政学という学問分野は、ロレンツ・フォン・シュタインの創設の後、行政法学と経済学という二つの隣接科学により圧倒・凌駕されてきた。だが行政現象の分析は、前者では法的内実に、後者では経済生活に限定されており、その結果、軍事・衛生・教育など各種行政には未だ科学的検討が加えられていない。そこで行政学復活が必要なのだ。尤も行政現象は複雑化し、故に行政研究も多様化・深化しており、従って規範か事実かに関わらず、行政全般の全面解決ではなく、膨大な素材を濃縮し縮減し簡潔化することが、喫緊の課題となる。つまり、単なる客観的な記述科学でも評価を行う政策科学でもない、多様で無数の行政任務の連関を発見する、体系科学が必要である(21)。要するに、行政法学から抜け落ちる行政現実の概観を目指して、行政学という学問分野の再興が目標とされる訳である(22)。

けれども、法治国家原理の改鋳や行政学への依拠という共通点はあるとしても、市民的法律概念や「行政法」諸講義の放逐までもがケットゲンの意志ではない。確かに彼も他の学者と同様、市民的法治国家でなくナチス総統国家から出発する。例えば、合法革命以降の憲法上の基本原理として、第一に最高指導者の下での国家権力全体の統一と、第二に指導者を通じた国家国民の生《レーベン》による拘束が、真っ先に挙げられている(23)。しかしそうはいっても、指導者原理や民族の範疇から法治国家原理が一挙に糾弾される手続はここにはない。つまり、ケットゲンは法律による行政の原理を法律による単なる拘束と把握せずに、これを正統性の問題として認識する。即ち、支配秩序と行政体制の正統性の問題と見る訳だ。行政活動を単なる純私的な恣意でなく、公的権威を備えたものと見なす要請は、如何なる時代にも登場する問題である。合法性をもって行政に内的秩序を付与し行政を包括的秩序に組込むことで、正統性の問いに応えようとしたのが法治国家なのだ。しかも、法治国家にこの方針を選択させるのは、反形而上学・反実体主義の実証主義思考である。自然法を含め、一見万能の絶対国家をも制限した実体的諸拘束が、法実証主義で徹底的に解体される。しかし、この事態の放置は官僚に自由裁量を認め、やがて行政活動を正統性なく私事的なものにする。それに困惑した行政官僚が判断基準を法律に求め、ひいては行政を単なる道具的な法律執行に転換し、行政行為に司法の形式性を強引に結びつけていく、のだという(24)。

同じ法治国へのケットゲンの対応は、法律に頼らずとも行政特有の法則がある、というものだ。そもそも我々人間の本性は、人間の行為を単なる恣意や偶然ではなく、内的な必然性を持つ行為、統一連関の中にある行為としてこれを見る。つまり、カオス的な生の現実に理念的な生の秩序があるとしてもそれは、外から持込まれた諸秩序でなく、「生の現実に内在する諸秩序」である。立法機関が純人格的決定を行い制定する「法律的諸秩序」ではなく、我々の生の不可分な構成部分を編成する「生の諸秩序」が大事である。この秩序との衝突があってもそれは、それへの服従を拒否するからでなく、「我々の実存」を誤認したに過ぎぬ。生の諸秩序は人間の実存に含まれるのだ(25)。そして、この生の秩序の知識さえあれば、日々の生に必要な確実性が獲得されよう。歴史的現実の中に生の秩序が既に在るのだから、人間が意志により諸秩序を創造するまでもない。従って、行政自身も国民性の生きた諸事実に根を持つ筈で、歴史的現実の中から始めから「基本秩序」を得る。我々を囲繞する現実から生の秩序が獲られる訳で、生の秩序の為に改めて法律制定の必要はないのだ。「行政秩序」は行政現実から経験することができる。それ故、全ての法は、最初から歴史的現実の一部分であり、その限りで「法による行政の原理」に根拠がある。先に述べた指導者を拘束する国家国民の生の中には、この行政秩序も含まれている。要するに、法律なくとも行政は私的なものに頽落しない、これは法治国家原理の杞憂に過ぎぬ、ケットゲンはこう指摘する。(26)

だが、この行政秩序の認識で行政問題が終了なのではない。行政には生の秩序の他に法律が不可欠とケットゲンは言う。二つの理由を彼は挙げる。第一に、生の現実から得られる基本秩序は不確定なもので、その内実を明確にする為に実定法としての法律が必要だ。成る程、行政秩序は生の現実に内在する根本秩序であるが、この秩序を絶対的明証で認識できるのは絶対的理性のみで、我々人間にはこの絶対的理性はなく、討議する存在として、現実の全体性に向けただ近似値的に経験できるのみである。ならば、生の秩序は単に一般的枠組秩序に過ぎぬのであり、我々が手に取ることのできるガッチリとした尺度が必要だ。その尺度こそが指導者の制定する実定的法律に他ならない。いわば、合理的な法律が不合理な秩序を充塡する訳である。(27)第二に、国家指導には実定的な法律は不要かもしれないが、国家指導と本質を異にし法律なしでは済まない。つまり、国家指導による支配要求はカリスマに依拠するが、行政遂行は国家指導には合理的秩序という合法性を必要とする。勿論、カリスマによる執政は行政国家現象により希釈され、反対に官僚的基本構造も総統直属の国家委員《コミッサール》制度で浸食される。しかし、行政と国家の区別は緩和されるが廃棄はされない。指導者国家においても、国家指導は依然カリスマ的であり、行政活動は依然、法律という合理的秩序を必須としている。その意味で、現代行政はその本質上必然的に「法律による行政」である。(28)ナチ的用語を駆使して全体国家に抵抗したとケットゲンが評されるのは、認識方法と支配形態により法律を存続させたこの功績による。(29)

だからこそ、行政学が再興した後も行政法学廃止の禁止が帰結されてくる。確かに、ケットゲンの言う法律の任務は法実証主義の言うそれとは異なる。法律と行政との関連は、後者では消極的だが前者では積極的なものである。つまり、自由主義的法治国家にとってはやはり法律は行政の制約であるが、ケットゲンのいう国家では——たといそれが指導者国家であれ——法律は行政秩序づけをその役割とする。伝統的公法理論にいう法律・法規命令と行政規則の区別を使えば、今や法律は行政規則の如く、外在的な正義で行政を縛るのでなく行政固有に内在する実体自体から「基本秩序」を行政に付与する。ケットゲンにとって「法律による行政」とは、「阻害され《ゲヘームテ》、疎外され《エントフレムテ》た行政《フェアヴァルトゥング》」ではなくて、「展開され《エントファルテッテ》、構成され《フェアファステ》た行政《フェアヴァルトゥング》」なのである。(30)だが強調すべきは、法律の独自性は意味変遷があっても堅持されていることだ。フーバーやヘーンの如く、総統意思の表明だから法律概念が重要なのではない。(31)生の諸秩序に合理的要素を付与し合理的支配を承認するが故に、大事とされる。結局、この法律の独自性が行政法学の独自性を要求する。即ち、立法全ての行政への関連を強調しても、それは法律概念の廃棄にも、行政法学の廃止にも帰結しない。勿論、法実証主義から反転した行政志向の行政法学がその任務を完遂しているかは、その個別諸研究が全く不足した現状からすれば、否定的に答えざるをえない、こうケットゲンは述べる。けれども、嘗ての精緻な法学的方法が完成するまでに何十年もかかったのだから、ヨリ複雑な任務を抱える新しい行政法研究にも少なくとも同じ猶予期間が要る、こうも述べて、彼は行政科学に期待を寄せているのだ。(32)

3　『ドイツ行政』出版

そして、以上の問題意識を体系化すべく公刊されたのが、ケットゲンの行政学教科書、即ち一九三六年の『ドイツ行政』である。彼の問題意識の凝縮がその初版「前書き」に見て取れる。例えば、行政法規のみならず行政現実も見よとの、対象への要請には、行政と行政法は矛盾関係になく、むしろ両者は一つの全体を成すから、行政法は「積極行政の作用連関の中で」考察せねばならない、と言う。従って、伝統的行政法教科書が詳細に扱う教義学的問題は簡略に論じ、伝統的理論が無視した行政本質の問題は詳細に論じよう、と宣言する。(33)或いは、生きた行政事実を直接的に直観せよとの、方法への要請には、行政の如き事物の本質は概念では把握できず、常にその体験が必要で、自ら行政内部にある者のみが行政の生動性《レベンディヒカイト》を把握できるのだ、と言う。従来の行政法講義が持つ直観性欠如という病いを、全治できはせぬが、法秩序の現実を認識し諸規定を正しく把握する眼を養おう、と述べる。(34)この行政学教科書は「新《ノイエ》法学教科書《レヒツブューヒャー》」シリーズの企画から著されたが、そのコンセプトが、これまで我々が概観してきたケットゲンの観点を凝縮した成果であるのは、以上から判断してほぼ間違いはないだろう。

本書の詳細を紹介する余裕はここではないが、目次を見ればその特徴の一端は瞥見できよう。全体は、第一部「基本諸概念」、第二部「人的及び物的手段を含む行政の組織」、第三部「行政の諸任務」、第四部「行政と国民共同体」、第五部「行政行動の法的諸形式」、第六部「行政活動の諸統制」の、全六部構成である。最後の二部は、表題では伝統的教科書も扱う問題を検討するものの、前書き通り、本文二二七頁のうち三二頁しか割り当てられていない。総論である第一部（六八頁）は除外しても、第二部には六〇頁、第三部には三八頁が費やされ、従って量的な中心はここにある。これも前書き通り。両者は、伝統的行政法理論が弱いとされる、行政組織法と行政法各論とを補充する、ケットゲン説の中心だ。第二部は、行政組織と官僚機構、地方自治、行政官僚、公物と営造物を、第三部は、警察、計画行政、扶助行政、税制と財政を、それぞれ論じる。残った第四部は、ナチ党と行政の関係、ドイツ国民の公義務と公権など、ナチス国家原理と行政現実に論及する、ある意味で重要な項目であるが、これに当てられた紙幅は必ずしも多くはない（二四頁）。

そして、本書の構想と構造はそのまま改訂版に継承されていく。次に一九四四年刊の『ドイツ行政』第三版「前書き」を見てみよう。敗戦間近に出版のこの版は、同じナチス期とはいえ初版とは異なる状況下にある。ケットゲン曰く、ナチ戦時体制は国民生活にラディカルな変更を加えるともに、行政活動さえ「民間帝国防衛の本質的手段」として完全に変質せしめるに至る。これにより、行政概念と連結する諸々の表象にも変遷の運命が訪れて、ドイツ行政の現実に見合った新規の理論構築への待望が高まってくる(35)。だが状況変化があるとはいえ、行政現実志向という点には変更はない。実定法の個別知識の伝達を止め、純法教義学の考察方法を突破しよう、素材上の限界が許す限りで、行政現実の直観成果を読者に伝達しよう、一貫して彼はこう述べるのだ。中でも、直観が現実を支配するとの言明自体が彼自身の直観に基づく。一九三九年以降四年間の実務経験からこう述べる。行政全体の把握を狙う理論は、まず行政全体の中心部分から出立せよ、しからば後にそこから、行政部門の全ての理解へ向けて前進せよ、と[36]。構成も、第四部が「行政と国民《フォルクスゲノッセ》」、第五部が「行政指導《フューリング》の法的諸形式」となるだけで、各部の内容に看過できない変更が一部あるものの、ほぼ同一のままである。

尤も、この行政学教科書の誕生は、当時のカリキュラム改革を遠因とするから、タイトルは異なれど、これを受けコンセプトを共通とする書物は他にも存在する。例えば、ケットゲンの師ケルロイターの他、ラフォーレ、フランクの編著書がそれ[37]。特にここでは、ケットゲン作品と同様の表題を持つマウンツ『行政』を取上げよう[38]。彼は実証主義者ナヴィアスキー門下から、シュミット具体的秩序論に改宗した人だ[39]。曰く、この具体的秩序思考からは、行政にとり最も根源的なものは「秩序《オルトヌンク》」である。秩序は規則の総体ではなく、規則が秩序の部分である。規則は秩序を産み出さないが、秩序は規則を創造する。行政とは、この意味での具体的秩序と特徴づけられる。故に、規則があれば行政はこれを秩序に照らして扱い、なければ行政は秩序そのものに従い行動すれば足りる。この思考からは法律の解釈や補充は第一の任務でなく、具体的共同体から秩序内容を発掘しなければならない[40]。けれども、マウンツとケットゲンとを同視すべきでない。ケットゲンは言う。確かに立法者は基本的秩序に拘束されるが、だがこれは、立法者の政治的形象化任務を解除しない。立法者は、ナツィオン的秩序の下にもあれば上にもいる訳だ。法律概念にはこの意味で一種の弁証法が内在している。詰まるところ、法律を過大評価する実証主義も、法律を過小評価する具体的法秩序思考も、ケットゲンはどちらも批判する[41]。要するに、彼の理論は当時の行政学ブームには解消されない。

（6） Arnold Köttgen, Aufgaben und Methoden der verwaltungsrechtlichen Forschung, in: Jahrbuch für Kommunalwissenschaft, 5. Jg. (1938), S. 210–226, 210; ders., Wissenschaft und Verwaltung, in: DV, 15. Jg. (1938), S. 37–42, 41, r. Sp.

（7） Köttgen, a.a.O.（Anm. 6）(„Aufgaben“), S. 218f.; ders., a.a.O.（Anm. 6）(„Wissenschaft“), S. 38, r. Sp. このケットゲンの方法が精神科学的方法の亜種であることは明らかである。Vgl. Wallerath, a.a.O.（Anm. 5）, S. 361f., 369.

（8） Köttgen, a.a.O.（Anm. 6）(„Aufgaben“), S. 221f.

(9) Köttgen, a.a.O. (Anm.6) („Aufgaben"), S. 222–224; ders., a.a.O. (Anm.6) („Wissenschaft"), S. 39, r.Sp.–40, 1.Sp. 行政本質の直観は純思弁的傾向を持つから、実定的素材を入念に取扱いこれを統制せよ、との同義だが真逆の説明もケットゲンには存在する。Köttgen, Verwaltung und Verwaltungsrecht im Umbruch der Zeit, in: Reich und Länder, 8.Jg. (1934), S. 293–295, 294, 1.Sp.–r.Sp. 更に彼の理解も、哲学的深みでは少々劣るものの行政概念の定義と記述に関するフォルストホフの命題に連なるだろう。本書第五章三3(3)。

(10) Köttgen, a.a.O. (Anm.6) („Aufgaben"), S. 223f.

(11) Köttgen, a.a.O. (Anm. 6) („Aufgaben"), S. 224f.; ders., a.a.O. (Anm.9), S. 293, r.Sp.–294, r.Sp. Vgl. Volkmar Götz, Verwaltungsrechtswissenschaft in Göttingen, in: F. Loos (Hrsg.), Rechtswissenschaft in Göttingen, 1987, S. 336–364, 347–350; Werner, a.a.O. (Anm.5), S. 415f. 更に、存在と当為の関係につき、Arnold Köttgen, Die erwerbswirtschaftliche Betätigung der öffentlichen Hand und das öffentliche Recht, 1928, S. 7–9.

(12) Köttgen, a.a.O. (Anm.6) („Aufgaben"), S. 210f.

(13) Köttgen, a.a.O. (Anm. 6) („Aufgaben"), S. 211–213, 210; ders., a.a.O. (Anm.6) („Wissenschaft"), S. 41, r.Sp. Vgl. Otto Mayer, Deutsches Verwaltungsrecht, 2 Bde., 3. Aufl., 1924 (Neudruck, 1969); Fritz Fleiner, Institutionen des Deutschen Verwaltungsrechts, 8. Aufl., 1928 (Neudruck, 1960).

(14) Arnold Köttgen, Verfassungsfragen im Bereich der ländischen Gemeindeverwaltung (1935), in: ders., Kommunale Selbstverwaltung zwischen Krise und Reform, 1968, S. 37–88, 38f.; ders., a.a.O. (Anm.6) („Wissenschaft"), S. 39, 1.Sp.

(15) Köttgen, a.a.O. (Anm.14), S. 39–41; ders., a.a.O. (Anm.6) („Wissenschaft"), S. 39, 1.Sp.

(16) Arnold Köttgen, Fritz Fleiner und die deutsche Verwaltungsrechtswissenschaft, in: ZAkDR, 4.Jg. (1938), S. 47–49, 47, r.Sp.–48, 1.Sp. フライナーを肯定する立場からだが、諸坂佐利『フリッツ・フライナー――その法治主義観』(水声社、二〇〇三年)。

(17) Köttgen, a.a.O. (Anm.16), S. 48, 1.Sp.–49, 1.Sp. ケットゲンの法実証主義批判は、その派生形態たる小イェリネクと、その究極形態たる純粋法学とメルクルにも及ぶ。Köttgen, a.a.O. (Anm.6) („Aufgaben"), S. 213, Fn. 5, S. 214, Fn.7; ders., a.a.O. (Anm.6) („Wissenschaft"), S. 39, 1.Sp.; ders., Büchersprechungen, in: Verwaltungsarchiv, Bd. 38 (1933), S. 143–160, 144f. これまたW・イェリネクに肯定的な立場だが、人見剛『近代法治国家の行政法学』(成文堂、一九九三年)。尤も、解釈論上の問題を解明する際に、マイアーとフライナーの成果が当てにされもする。Vgl. Wallerath, a.a.O. (Anm.5) S. 368f.

(18) Ernst Rudolf Huber, Neue Grundbegriffe des hoheitlichen Rechts, in: Grundfragen der Neuen Rechtswissenschaft, 1935, S.

143-188, 175-180; ders., Verfassungsrecht des Großdeutschen Reiches, 1939, S. 242-245.

（19） Theodor Maunz, Die Rechtsmäßigkeit der Verwaltung, in: H. Frank (Hrsg.), Deutsches Verwaltungsrecht, 1934, S. 51-66, 61-63; ders., Neue Grundlagen des Verwaltungsrechts, 1934, S. 53. Vgl. Heinrich Lange, Vom Gesetzesstaat zum Rechtsstaat, 1934; Christian Hilger, Rechtsstaatsbegriffe im Dritten Reich, 2003.

（20） RGBl. 1934, I, S. 727; 1937, I, S. 666; Karl August Eckhardt, Das Studium der Rechtswissenschaft, 1935. Vgl. Michael Stolleis, Die „Widerbelebung der Verwaltungslehre" im Nationalsozialismus, in: ders., Recht im Unrecht, 1994, S. 171-189; ders., a.a.O. (Anm. 5), S. 355f.; 栗城壽夫「ドイツの大学における法律学科目の講義の歴史（三・完）」（大阪市大）法学雑誌二二巻一号（一九七五年）九〇～一〇二頁。後述の通り、このナチス大学政策は、官僚への法治国家的な法学教育の緩和（後掲注(54)）、ラント所轄事項からの大学政策の剥奪（後掲注(73)）、これらと同時進行である。

（21） Walter Norden, Staats- und Verwaltungslehre als Grundwissenschaften der Staatsbürgerkunde, 1919, S. 20-34.

（22） この他、同じく行政学主義者だがナスの視角は別方向であって、以前の行政活動は単純で実践経験なしで認識可能だが、行政現実の複雑化がこの牧歌的状況を破壊した後には、行政法と行政法学がその法則を秩序づけ記録してゆく。しかし、この実定化の捕捉任務の遂行が不徹底だから、行政科学による行政経験の立て直しが必要だと述べる。Otto Nass, Verwaltungserfahrung und Verwaltungsrecht, in: RVerwBl, Bd. 57 (1936), S. 760-763; ders., Die Philosophie der Verwaltung als Grundlage der Verwaltungswissenschaft, in: RVerwBl, Bd. 63 (1942), S. 345-349.

（23） Arnold Köttgen, Die Gesetzmäßigkeit der Verwaltung im Führerstaat, in: RVerwBl, Bd. 57 (1936), S. 457-462, 458, l. Sp. 参照、拙稿「公布の本質（一）」（埼玉大）社会科学論集一〇九号（二〇〇三年）九三頁。

（24） Köttgen, a.a.O. (Anm. 23), S. 458, l. Sp. -r. Sp.

（25） Köttgen, a.a.O. (Anm. 23), S. 459, l. Sp.

（26） Köttgen, a.a.O. (Anm. 23), S. 459, r. Sp.; ders., a.a.O. (Anm. 6) („Wissenschaft"), S. 40, l. Sp. -r. Sp.; ders., Berufsbeamtentum im modernen Staat, in: Jahrbuch für politische Forschung, Bd. 1 (1932), S. 101-128, 106f.

（27） Köttgen, a.a.O. (Anm. 23), S. 460, l. Sp.; ders., a.a.O. (Anm. 6) („Wissenschaft"), S. 41, l. Sp.

（28） Köttgen, a.a.O. (Anm. 23), S. 460, l. Sp. -r. Sp.; ders., Gesetz und Polizei, in: RVerwBl, Bd. 59 (1938), S. 173-179, 177, l. Sp. -r. Sp. 関連して、ゲマインデを歴史的共同体秩序に組込むナチ正統派ヘーンに反対して、合理的行政秩序と非合理的国民秩序の総合が大事だとも

彼は示唆する。Köttgen, Das Wesen der Gesetzgebung und öffentlichen Verwaltung I, in: Reich und Länder, 10. Jg.（1936）, S. 158–162, 160, 1. Sp. -r. Sp. 参照、拙稿（前掲注(23)）九四頁。

(29) Stolleis, a.a.O.（Anm. 5）, S. 359f.; Manfred Friedrich, Geschichte der deutschen Staatsrechtswissenschaft, 1997, S. 406f. 以上のケットゲンの法治国家論につき以下も見よ。Wallerath, a.a.O.,（Anm. 5）, S. 364-366.

(30) Köttgen, a.a.O.（Anm. 23）, S. 460, r. Sp.

(31) Vgl. Reinhard Höhn, Das Gesetz als Akt der Führung, in: DR, Bd. 4（1934）, S. 433-435; Ernst Rudolf Huber, Der Führer als Gesetzgeber, in: DR, Bd. 9（1939）, S. 275-278, 276, 277f.

(32) Köttgen, a.a.O.（Anm. 6）(„Aufgaben"), S. 225f. それ故、行政科学の構築を行政法学を犠牲に一挙に実現しようとするノルデンやナスには、ケットゲンやフォルストホフが警戒の眼を向ける。Arnold Köttgen, Besprechung von W. Norden, Was bedeutet und wozu studiert man Verwaltungswissenschaft?, in: AöR, Bd. 54（1935）, S. 368-371; Ersnt Forsthoff, Besprechng von O. Naß, Verwatlungsreform durch Erneuerung der Verwaltungswissenschaft, in: AöR, Bd. 77（1951/52）, S. 507-510, 509. なお、現在ある同様の思考にフォスクーレの「新行政法科学」の構想があるが、これは、フォルストホフらとは逆に、合理的な法律を徹底して合理化する試みである。差し当たり、その概略と批判については、拙稿「保障国家と公法理論」（埼玉大）社会科学論集一二六号（二〇〇九年）三六～三九頁を見よ。

(33) Arnold Köttgen, Deutsche Verwaltung, 1936, S. vii.

(34) Köttgen, a.a.O.（Anm. 33）, S. viif.

(35) Arnold Köttgen, Deutsche Verwaltung, 3. Aufl., 1944, S. vii.

(36) Köttgen, a.a.O.（Anm. 35）, S. viif. Vgl., Weber, a.a.O.（Anm. 5）, S. 12f.

(37) Stolleis, a.a.O.（Anm. 5）, S. 357-359. Vgl., Otto Koellreutter, Deutsches Verwaltungsrecht, 1937; Wilhelm Laforet, Deutsches Verwaltungsrecht, 1937; Hans Frank（Hrsg.）, Deutsches Verwaltungsrecht, 1937. なお、ケットゲンによる師匠評価は、憲法と行政の一体的把握、行政の政治的機能承認など一定の同意はあるが、ヴェーバー行政観の採用、警察・党・軍の同列視などで距離をとったもの。Köttgen, a.a.O.（Anm. 28）(„Wesen"), S. 161, r. Sp. -162. ケットゲン同様に行政学復興を唱えたフォルストホフだが、ケーニヒスベルク時代の一九四〇年、既にベック社と教科書の契約があり、これは当初四四年初頭に公刊予定だったが、その後四五年に同社が米軍より出版禁止命令（四九年に解除）を受けた経緯もあり、一九五〇年に漸く『行政法教科書』として公刊される。Dorothee Mußbnug/

Reinhard Mußgnug, Einleitung, in: dies. (Hrsg.), Briefwechsel Ernst Forsthoff-Carl Schmitt, 2007, S. 24f, 363. 戦後でなければ「行政法」のタイトルではなかっただろう。

(38) Theodor Maunz, Verwaltung, 1937. Vgl., Carl Hermann Ule, Besprechung von W. Laforet, Deutsches Verwaltungsrecht und Th. Maunz, Verwaltung, in: AöR, N.F., Bd. 30 (1938/39), S. 111-115.

(39) Michael Stolleis, Theodor Maunz. Ein Staatsrechtslehrerleben, in: ders., Recht im Unrecht, 1994, S. 306-317, 308; Gerd Roellecke, Theodor Maunz und die Verantwortung des Öffentlichrechtlers, in: KJ, Jg. 27 (1994), S. 344-354.

(40) Theodor Maunz, Das Verwaltungsrecht des nationalsozialistischen Staates: in: H. Frank (Hrsg.), Deutsches Verwaltungsrecht, 1937, S. 27-47, 44-47; ders., a.a.O. (Anm. 19) („Grundlagen"), S. 33-35; ders., a.a.O. (Anm. 38), S. 36-41. だが、シュミットは法が秩序かを問うた筈が、マウンツでは法は最初から規則であり、その意味で二人には重大な差異がある。前者につき、拙稿「法律・措置法律・ノモス」（埼玉大）社会科学論集一一六号（二〇〇五年）二四～二五頁。

(41) Kötgen, a.a.O. (Anm. 6) („Aufgaben"), S. 219-221; ders., a.a.O. (Anm. 6) („Wissenschaft"), S. 40, r. Sp.; ders., a.a.O. (Anm. 35), S. 9-12, 14-16. Vgl. Kurt Münch, Neues Verwaltungsrecht, in: ZgStW, Bd. 99 (1939), S. 359-374, 368f.

三　官僚養成と大学改革

1　科学的官僚養成とは

尤も、見誤ってはならないのは、このケットゲン『ドイツ行政』なる書物が、彼自身の学術的関心に裏打ちされながらも、実践的関心も所持した点である。行政法学及び行政学という、両科学による行政官僚の養成という関心である。ところで彼曰く、行政活動の変容は行政官僚養成の要請に直接的に連結する。つまり、現代福祉国家は膨大な任務を試行錯誤的に処理することを要求する。実践の中で経験を積んでのみ対処できる諸任務が、無数に登場する訳である。行政がこの種の純実践的な職種を求めるなら、科学による官僚養成は不要で、経験を積ませるだけの純実務志向の教育があればよい、との見解さえ現れる。従来の官僚養成制度は過去のもので、学者にはもはや出番はないという訳だ(42)。だが、ケットゲンはこれには与しない。経験だけでは行政任務遂行に足りぬ。実務経験のみ、実践教育のみで対応できる行政活動は、量的に多いとはいえ、日々反復する問いに対処するだけの、ルーティーンワークに限定されている。現代行政はむしろ、単なる実務経験では処理できぬ全く新種の問いを提示し、実践養成のみでは伝承されぬ知識による、独自の決断を迫っているのである。従って、実務経験だけを伝える教育を求める人々は、行政現実に実は無知で、反対に、単なる熟達の伝達ではない、科学による官僚養成こそが求められる。(43) 換言すればドイツ行政学教科書は、行政官僚養成の為に執筆されたのである。

では、その科学は如何なる能力を官僚に伝授すると、ケットゲンは言うのか。それは端的には、綜合能力である。新種の行政任務はこれにより決断される。つまり、行政官僚は、個々の問題群を国民生活という基本問題まで遡及させ、個別問題を包括する諸連関を概観する能力を持たなければ、一人前ではない。諸現象の多様性を取り纏める全体的視野を具備して個別問題に当たる為には、この精神的綜合能力が必要であり、科学による養成制度が不可欠なのである。そして、いわゆる行政の統一性の要請もこの綜合能力の存立故に現れる訳で、単なる行政組織上の問いを指すと考えるのは不当な単純化だと、指摘する。しかも、中央官庁のみが綜合能力を持ち、理論による指令を通達すればよい、というのも誤りで、各行政官僚が相対的に自律して決断を行え、と彼は言う。(44) では、この能力が既存の科学や大学で供給可能かといえば、彼は否と答える。伝統的に実施されてきた科学による官僚養成は、純粋な専門教育と比較して、ただ深く多い知識を提供するだけで、専門家養成である点で何ら変わりない。純実務教育は、特定の作業領域に限定した視座から専門家を育てるのだから、その意味では従来の大学の養成制度も、質的に見てこれとは違いを持たない。要するにケットゲンは、養成目標の点でも養成方法の点でも、科学的養成に、純実務教育との違いを曖昧にさせず、厳密に区分けせよ、と求めている訳だ。(45)

ならば、彼のいう行政官僚の科学的な養成には、如何なる内実が備わるのか。伝統的な官僚養成の素材は、主として法学的で司法的なものであったのだが、その前提には自由主義的法治国家原理が、行政活動の核心を創造性を欠いた単なる法律執行にあると、断定してきた事情がある。この養成体制の下では、行政官僚が官僚独自の教育を受けるとしても、それは二回の国家試験を経て裁判所試補《ゲリヒツレフェレンダール》となった後である。その意味で司法官のみが行政官の資格を持つ[46]。だが法実証主義が克服された今、二重の意味で誤りである。一つめ。行政活動における法学の比重は必ずしも高くない。おそらく生存配慮などの給付行政を念頭に置くのだろうが、現代行政では法律概念の重要性は明らかに減退しているし、法学部出でない官吏でも難なく法的能力を発揮するように、法的知識が必要だとしても、法学教育が必要とは限らない[47]。二つめ。行政官養成は裁判官養成をもって代替ができない。司法官の後に行政官となれという現行制度は、機械でなく、生きた有機体という行政固有の本質を見えなくしてしまい、一連の法学教育の後に全く異質の行政経験を強いるのでは、精神的可塑性に富んだ若者の貴重な時間を奪うことになる[48]。即ちケットゲンによれば、法学教育を志向する官僚養成は、法治国家的法律概念に拘泥する余り行政本来の法則を忘れ、行政と司法の連続性に執着する余り官僚制の本質を忘れる。そういう訳で、旧来の法学教育は行政官僚養成に適さない。

　であるなら、科学的養成は法学的養成と同義でなくてよい。例えばケットゲン曰く、行政が国家という包括的全体秩序内部で運動するのならば、むしろ、「国家科学《シュターツヴィッセンシャフト》」や「憲法科学《フェアファッスングスヴィッセンシャフト》」による教育が必要である。先述の通り、国家法則の合理化である法律が依然重要なら、パンデクテンを中心とする近代法学を排去できないのだが、国家生活の中心問題そのものの了解が強く催促される訳だ[49]。行政学復興の提唱はこの官僚養成の文脈でも登場してくる。つまり、官僚の綜合力実現には行政全体を押さえておくべきと。これまでは、公的行政につき科学理論が欠如していたのだから、科学的養成をしても、官僚に行政全体の概観ができる訳がない。この科学研究の新生なくして、学術的養成の前提は存在しない。この実務から待望されるものこそ、行政学又は行政科学なのだ。いわば養成体制の欠陥は、学術研究の改善で対応しなければならない[50]。法律規範の教義学的解釈に専念する特殊科学、国法学に代わり、法律と現実を一つの全体として科学的に考察する一学問分野が、即ち、科学的学問分野としての自律した行政科学が賞賛される。例えば、ベルリン大学イェゼリッヒの「自治体科学《コムナールヴィッセンシャフト》」の試みは、行政法学と経済学の垣根を打ち破る、新たな領域の形成である。だがこれは、行政を考察する新科学の既存諸科学への追加ではない。行政科学はむしろ、行政の全体性を統一的に包括

するという意味で、国法学や経済学など伝統的諸科学を綜合する学術研究の呼称である。(51)

2　行政官養成と大学論

こうした官僚養成における科学の期待は、科学と大学へ具体的な任務を与える。まずは養成に関与する諸学問分野は、その方法論的基礎を根底から変更すべし。法学者は、正式機関が公布する実定法律のみを科学的探究の素材に限定し、経済学者は、現実でなく図書室蔵書が示す理論上の国民経済のみを調べる。対象を概念化済みの事物に絞るこの態度では、行政実務の直観は獲得できない。純理論を捨て事実関係を知って初めて、学者は現実疎外から救済されよう。(52)そして社会的現実を見渡す為には、静かな研究図書室では十分ではない。自然科学の如く、多くの実践的経験を収集する為研究所を設置すべきだ。尤も、収集資料の山で研究所が埋まり、資料収集で研究労力が尽きることもある。それ故、行政官の科学的教育に向けた方法論の改善は、制度面のみならず、大学構成員、即ち教師と学生が如何に実務と継続的関係を保つか、にある。(53)既にケットゲン自身が、学生としても教師としても実務経験を持つ人物だ。元々プロイセンは、裁判所試補《ゲリヒツアセソール》の他に修習生《レフェレンダール》にも行政官僚登用を措置する例外的制度を持つが、(54)彼はポツダムでこの政府修習生《レギールングスレフェレンダール》の教育を受けている。しかもこの頃はまだ知る筈もないが、第二次大戦勃発後、ポーランドからプロイセンに編入されたカトヴィッツにて、民政に一行政官として参加し、敗戦後は、連邦内務省憲法調査官として、ボン基本法を育む任務を背負う。(55)それでは、己の生涯自体が科学と実践の結合を象徴するこのケットゲンは、行政官養成の中の科学と実践との接触を、如何にして実行するというのか。

まず、教師について彼は言う。従来の行政法教師の経歴から判断するに、彼らが行政現実を自分自身の体験で直観するという状況は、存在しない。殆どの教師は、学生時代に法曹の養成課程を大学で修了した者であるし、行政実務経験がある者もこの課程を経るから、実務との接触を喪失する。大学が研究でも教育でも現代行政の問いに精通している為には、実務との継続的に接する機会を教師たちに継続的に与える他ない。実効性はさして期待できぬが、教員と判事の兼任制も参考になる。(56)だが、大学教師が積極行政を直に直観しそれを行政研究に援用できても、問題は、行政現実への眺望を学生にどう伝達するかにあるだろう。行政法なら既に教科書で定式化された行政観を教授すればよいが、経験事実に関わる授業では、聴講者の側に一定程度の経験が要る。実務から直接得られる経験の伝達技術を、理論が準備するのではない。教授の側では、現実を学生に理論的に理解させる以上のことは、たとい学生の現実経験が必要だとしても、唯の越権行為である。聴講者が実務経験を持つ行政アカデミーでは、成果があるというが、大学では授業を活性化すべく、精々、具体例を豊富にする位だろう。(57)そこでケットゲンは、実務と科学の調和を教育内容の配列に求める。

そもそも、大学教育に実務教育をいかに組込むべきなのか。教義学に特化した伝統的法学は、実定法素材のみで満足し、法的事実を全く無視してよいと誤解しているから、それ故、学生に実務経験を求めず、学内でも実務教育を実施しない。法実証主義を支える前提がない以上、この道は選び得ない。では、実践と理論が大学内部で如何に結合するかというと、例えば、工科大では入学前に一年の実務経験を学生に求め、医学部では附属病院と研究所を大学内部に設置するのだが、同様の措置を国家科学について採用することは困難だろう。(58)まず想定できるのは、科学を学びその後実務に就くという従来の順を逆にし、実務から始めて科学を学ぶというもの。だが、実務とは特定の実務であって実務一般ではないから、これでは、職業教育を最初から分化させ、大学に入る前に職業選択を学生に強要してしまう。専門主義の推進となる。その上、今日では単なる専門学校の束と退落した大学から、中世以来のウニヴェルジタスの伝統を剥奪するかもしれぬ。実務を経て科学へという図式は、大学理念に脅威となろう。(59)そこで問うべきは、従来の統一的理論教育の内部で、実務教育と科学教育をどう組み合わせるかにある。

そこでケットゲンが示す提案とは、科学から実務を経て再び科学へ、だ。まず彼は、教育素材を、その性質上実務知識なくとも理解可能なものと、実務知識を必要とするものとに分割し、この中間に実務教育を挟み込む。(60)このうち第一段階の教育は、後の実務研修に備える一般知識を与えるが、それは飽くまで一般知識であり、実務経験の負担を軽減する内容はない。その点で、大学教員と実務指導者の教育素材の選択基準は、別々である。他方、修習生に継続的教育を付与する第二段階の教育の、役割は異なる。ここでは、この前に獲得した理論的知識と実践的知識を、純科学知識でより深化させることが期待される。この構想は単なる専門教育にはない[61]。つまり、理論的な授業素材で各部門に共通な授業は、修習前に講義され、残りの授業は修習後に講義される。この後者に配置されるのが行政学だ。この結果、行政実務の知識を既に持った修習生のみが、行政学を聴ける。一般理論を知り実践体験を得て、最後に行政現実全体の理論を知る訳だ[62]。いわば、理論基礎を学んで行政現実に参加し、そして実務体験を綜合化するのだ。この過程の中でのみ、理論教育と実務教育とが一つの全体に結合される[63]。

しかし、この科学による官僚養成が成功とするとしても、果たしてそれは、実務への大学の屈服を意味しないのか。ケットゲンの構想は未だ具体的なものではないとはいえ、行政官僚養成と大学の自治の矛盾関係の存否が問われる。けれども残念なことに、これへの彼の回答は留保される。つまり、確かに伝統的大学観はその科学的任務を重んじ、それ故これに研究と教授の自由という特権を付与するが、職業教育の必要は、職業の知的・道徳的諸前提を求めて、教育学的又は政治学的任務を、大学に追加して装備する。この科学と教育の二律背反には、どんな解が適切なのか。フンボルトに還るのか、専門職業の教育を優先するのか[64]。だが、当時の大学改革はこの究極の問いには応答しない。彼の診断によると、この改革は国民教育学に問題を絞り、科学研究という大学の核心問題の手前で、一旦停止した。だが、この棚上げは正解である。「科学の本質と社会的機能」につきまず明らかにした後、それから、大学の科学的任務と教育的任務の整合可能性、両任務に適った大学の組織形態、これらを決すればよい。時代精神に十分根ざした科学理論の構築をまず実施せよ、ドイツ大学の包括的な再構築はその後から開始せよ、と。要するに、科学的大学観と政治的大学観の衝突関係には、弁証法的調和という解決策を、彼は課題に残したのだ[65]。

3　官僚制論と国家理念

ところで、ケットゲンが理想とするこの養成制度は、勿論、行政官僚を養成するのだが、では、その彼らが編制する職業官僚制それ自体、憲法全体の中で如何なる地位を持つのか。そもそも彼がこの問いを提示した当時は、君主制から共和制への変革期であり、前者から後者へと移植された職業官僚制の位置づけが、議論の的となっていた。彼自身も、ケルロイターの下で執筆した教授資格論文で、この課題に取り組む(66)。彼の診断では、官僚制は、君主制下と共和制下とでその構造を完全に異にする。まず第一に家産国家を起源とする前者は、頂点の君主から底辺の下級官吏まで、その執行権力は統一性又は単一性を持つ。君主又は内閣と行政官僚との間には、その意味で「上下関係《ヒンターアインアンダー》」又は「服従関係《ズブオルディナチオン》」が存在するといえる。だが共和制は異なる。勿論、議院内閣制を導入すれば、内閣を通じて議会又は政党が行政に参加する。もしこれを徹底すれば、君主制とは別の意味で統一・単一の執行権が現れるが、制度的保障として著名なワイマール憲法一三〇条は、この動向に制約を加えた。つまり官僚と政党は「並列関係《ネーベンアインアンダー》」に置かれ、これにより、行政の徹底的政治化に待ったがかかり、執行権は親政党的内閣と政党中立的官僚と、二要素に分割される。即ち、個々の官僚は上司たる大臣の指示に従うが、官僚制全体は制度として内閣から隔離される訳だ(67)。

では、ワイマール新体制の下でこの職業官僚制に、なぜ中立性が要求されたとケットゲンは見るのか。或いは、行政活動の専門性又は技術性からなのか、或いは、官僚制がもつ伝統的な身分性からなのか。直截に言うならば、官僚制が「代表制《レプレゼンタツィオン》」だからである。元々、代表制の本質とは、実在せぬ理念的価値を実在する代表者により可視的にすること、にある。つまり、代表する人間が代表される価値に対して内面的心理的に結合することが、代表なのである。従って、ケットゲンは述べる。大統領や国会議員のみが国民代表ではなく、己の人格を尽く国家理念に献身する職業官僚制までもが、国民代表である。故に、官僚制の本質をその経営的技術性に見る見解（M・ヴェーバー）や、経済的領域をその核心とする労働関係と同質と見る見解は、過ちを犯した、と(68)。尤も、国会は法的に独立するが官僚は内閣に従属する、だからこれを受け、代表制を、独立者と従属者の共通項には指定できない、との反論もあろう。しかしこれは、内面的自律性と形式的独立性を混同している。これでは官僚制の危機どころか、議会制の危機も正体不明となる。現代の諸議員が法的独立を所持しながら、国家理念への内面的従属を喪失して、これを政党への精神的隷属に変換するから、議会制の危機が叫ばれるのだ。他方で、本来の行政官も官僚も内閣へ法的に従属するとはいえ、精神的には内閣から独立を確保し、その内面的帰依は国家理念に向ける(69)。要するに、他の代表機関とは別個に価値への忠誠を誓うことから、憲法構造上、官僚は内閣及び政党から一定の自律を保持するのだ。

結局のところ、議会議員の国民代表性を定めるワイマール憲法二一条と、官僚を国民全体の奉仕者とする同一三〇条とをケットゲンは繋げて見て、これにより議会制の危機と官僚制の危機を、一挙に解決しようと企てる。その際のキーワードこそが、国家理念、価値表象、価値理念に他ならない。つまり、市民の私的諸利益でなく「客観的政治的な価値づけ基礎」の上に、国家は存立するのであり、この客観性の欠如から国家の危機が生じるのだ。市民的自由主義は、個人の創造性を権威的諸拘束から解放せんとする余り、国家を、諸個人の私的領域から成る単なる利益団体へと見誤ってしまった。この国家破壊的任務を反省し、国家構築的任務を実施する国家学が必要だ(70)。そこで彼が着目するのが、「客観的《オブイェクティーフェ》国家理念《シュターツイデー》」、「客観的《オブイェクティーフェ》価値秩序《ヴェルトオルトヌング》」である。例えば、今日の国家秩序や議会制に欠如するのは「討議の基礎」である。これは、社会生活に不可欠な「自明なもの」としか表現しようがないが、この「討議されぬ客観的基礎」により、討議参加者が討議接合点により相互に繋がりを得て、討議が不毛なすれ違いには帰着しないようになる。その意味でこの基礎は、君主制でも議会制でも、国家全ての基盤となる。討議に実質的基礎を与える「政治イデオロギー」が下部構造に要る訳だ(71)。この価値秩序が官僚らを動機づけ、政党化から守る、こう言うのである。

詳論すれば、官僚制と国家理念とには、形而上学的結合関係があるのだ。この理念が国民に心的紐帯を創り、次にこれが国家への内的結合を生む。これは一般国民にも該当するが、官僚制についてはより一層当て嵌まる。官僚制と国家理念との連関は、君主制でも立憲制でも、ほぼ同様である。ワイマール憲法では、全体性という無色概念が選択されたのは不幸だが、官僚を国民の奉仕者とし、国民的国家理念を形而上学的紐帯と捉えている。即ち、官僚には「国民への責任感情」又は「国家への心的態度」が要る(72)。尤も合法革命以降は、官僚＝代表説は反時代的で且つ危険な説であろう(73)。独裁政党と行政を分断する点、自由主義的中立国家論と見極めがつかない。以来ケットゲンは、代表を表立って論じようとせず、持論と矛盾せぬよう、ナチスイデオロギー特有の「国民共同体」概念で、切抜けを図ろうとする。つまり、ナツィオン国家の憲法とは「国民秩序《フォルクスオルトヌング》」全体からのみ理解可能なのだが、故に、憲法上の全制度はこの基本秩序を踏まえて規定される。官僚制も然り。官僚とは、彼を取囲むナツィオン環境の外にはなく、その内にいる「国民」である。即ち、官僚とは「国家公務員」よりむしろ「官僚となった《ベアムテッター》国民《フォルクスゲノッセ》」、「全《フォアビルト》国《デア》民《アレン》の模範《フォルクスゲノッセ》」なのである。いわば、官僚は国民と一体化するべく、国家理念へ人格的結合を追い求める。(74)

だが、行政官僚と国家理念との合一化は、如何にして実現されるというのか。この一致はまだ内面的・心理的なもの故、外面化・現実化の必要があるという。それは「官僚宣誓《ベアムテンアイト》」による。つまり、国家理念への行政官僚の心理的結合は、この価値秩序の精神的担い手への宣誓を媒介として、現実の中へと顕現する。但しこの理念の媒介者とは、抽象的規範でなく実在的人格でなければならぬ。君主制なら君主、ナチスなら総統、共和制では「国家国民《ナツィオン》」がその適任者である。官僚は宣誓を通じ、死した憲法でなく生きたナツィオンに対して人格的に奉仕する。いわば、「国家国民《ナツィオン》」への外面的宣誓は「国民《フォルク》」への内面的拘束へと繋がる訳だ。(75) だが、官僚と国家理念との間には、人格的結合と並び事物的結合も存在する。単なる技術的な「管轄《ツシュテンディヒカイテン》」でなく、実体的な「職務《エムター》」を行政官は所持するのだ。行政官僚は前者では個別義務の処理を、後者では人格全ての投入を遂行する。つまり、ただ技術的な職業遂行と並んで、道徳的にも職業遂行が必要となる。又は、人民への人格的忠誠と並び職務への事物的忠誠が成立つ、とも言える。(76) そうなると行政官とは、人格的結合及び忠誠を通じ行政全体への志向を得て、同時にこの事物的忠誠を通じ、この行政現実へと己れ自身を合一化させるのだ。従ってケットゲンの行政学とは、国民に奉仕し職務に献身する能力を、将来の行政官僚に科学的に授与する学問分野である、こう言わなければならない。官僚制への関心は法学方法論への関心と、ここでようやく再び手を結ぶのだ。

(42) Arnold Köttgen, Die wissenschaftliche Ausbildung der Verwaltungsbeamten, in: RVerwBl, Bd. 61 (1940), S. 725–728, 726, 1.Sp.

Vgl., Rudolf Smend, Wissenschaft in Gefahr, in: Deutsche Juristen-Zeitung, 37. Jg.（1932）, Sp. 121–125, 122f.; 拙稿「政治的体験の概念と精神科学的方法（一）」早稲田法学七四巻二号（一九九九年）三一七〜三二一頁。

（43）Köttgen, a.a.O.（Anm. 42）, S. 726, l. Sp.

（44）Köttgen, a.a.O.（Anm. 42）, S. 726, l. Sp-r. Sp.

（45）Köttgen, a.a.O.（Anm. 42）, S. 726, l. Sp.

（46）Köttgen, a.a.O.（Anm. 42）, S. 726, l. Sp.; ders., Die Bedeutung der Universität für die Ausbildung der Verwaltungsbeamten, in: Reich und Länder, 10. Jg.（1936）, S. 176–184, 179, l. Sp. -r. Sp. なお、ドイツ官僚養成制度の基本的特徴、ケットゲン学説の時代的前提条件につき、補足しておこう。まず第一の点。司法官と行政官に法学教育の統一的養成体制を適用し、国家試験の第一次と第二次の間に司法修習を挟み込む、現行制度の骨格は、ドイツ統一の頃に完成したという。尤も、この体制は民法刑法中心の司法官向きのもので、公法学からが行政官僚向けのプラスアルファであった。Michael Stolleis, Geschichte des öffentlichen Rechts, Bd. 2（1992）, S. 230–237; ders., a.a.O.（Anm. 5）, S. 341f. なお法治国家と官僚養成の連関につき、ラーバント実証主義とプロイセン国家試験の相関分析も見よ。上山安敏『憲法社会史』（日本評論社、一九七七年）一五七〜一七七頁。次に第二の点。だがこの制度は統一的でなく、ラント毎時代毎で違う。ライヒと密接なプロイセンが全独のモデル的存在だが、北部は統一教育志向、南部は官僚向け専門教育志向で、しかも、プロイセンには政府修習生の制度が存在する（後述）。その上、統一時から革命後まで制度統一化が進行の後、ナチス政権後は、専門教育化と修習期間短縮が始まる。Wilhelm Bleek, Von der Kammeralausbildung zum Juristenprivileg, 1973, S. 163–193; Elmar Breuckmann, Die Vorbereitung auf den höhren Verwaltungsdienst, 1965, S. 46–86.

（47）Köttgen, a.a.O.（Anm. 42）, S. 726, r. Sp. Vgl., ders., Grundprobleme des Wasserrechts, in: Beiträge zur Wasserwirtschaft, 1925, S. 1–101; ders., Gemeindliche Daseinsvorsorge und gewerbliche Unternehmerinitiative im Bereich der Wasserversorgung und Abwässerbeseitigung, 1961.

（48）Arnold Köttgen, Die Ausbildung der höheren Verwaltungsbeamten, in: RVerwBl, Bd. 56（1935）, S. 465–469, 467, l. Sp. -468, r. Sp.

（49）Köttgen, a.a.O.（Anm. 42）, S. 726, r. Sp. -727. l. Sp.

（50）Köttgen, a.a.O.（Anm. 46）, S. 180, r. Sp.

（51）Köttgen, a.a.O.（Anm. 46）, S. 181, l. Sp. -r. Sp.; ders., a.a.O.（Anm. 6）（„Aufgaben"）, S. 223; ders., a.a.O.（Anm. 6）（„Wissenschaft"）, S. 38, l. Sp. Vgl., Kurt Jeserich, Das kommunalwissenschaftliche Institut an der Universität, 1936, S. 1–67. なお、イェゼリッヒは、戦前

では「自治体学年報」を主宰し、戦後では「ドイツ行政学史」全八巻を編集した、著名な行政学者。Vgl., Stolleis, a.a.O.（Anm. 46）, S. 356. また、彼のこの年報にはケットゲン自身何度も投稿している。Vgl., Köttgen, a.a.O.（Anm. 9）, S. 295, 1. Sp.

(52) Köttgen, a.a.O.（Anm. 46）, S. 182, 1. Sp.

(53) Köttgen, a.a.O.（Anm. 46）, S. 182, 1. Sp. -r. Sp.; ders., a.a.O.（Anm. 35）, S. 46.

(54) 即ち行政官僚は、裁判所試補の他に政府修習生からも登用される。この体制は一八四六年条令以降、種々の動揺もあるが明文となる。その試補になるには、国家一次試験に合格し裁判所修習生になり、続けて実務修習をした後に、国家二次試験に合格する必要がある。しかしこの他に、一次試験合格後そのまま政府修習生に採用され、「最終《グローセ》行政試験《フェアヴァルトゥングスプリュフング》」に堪えれば官僚になれるケースも存在したのだ。他方で、この政府修習生制は、ローマ法に代わる官房学をもって、官僚養成の独自性を構築したプロイセン固有の制度であるのだが、この官僚国家プロイセンの残滓たる性格故に、攻撃対象にもなる。この官僚主義の影を嫌い同時にライヒでの養成制度統一を狙って、政府修習生制度を廃止する一九二七年プロイセン内相令があった。これを振り戻したのが実は、一九三三年のナチス発令なのだった。Vgl. Reinhard Höhn, Der Kampf um die juristische Ausbildung des Verwaltungsnachwuchses in Preußen, in: Reich-Volksordnung-Lebensraum, Bd. 4（1943）, S. 9–104, 55–64, 83–85, 87; Breuckmann, a.a.O.（Anm. 46）, S. 34–38, 58f.; Bleek, a.a.O.（Anm. 46）, S. 123–139, 170–185.

(55) Weber, a.a.O.（Anm. 5）, S. 11–14; Werner, a.a.O.（Anm. 5）, S. 415f. Vgl., Köttgen, a.a.O.（Anm. 46）, S. 179, 1. Sp. -r. Sp.; ders., a.a.O.（Anm. 48）, S. 468, r. Sp.

(56) Köttgen, a.a.O.（Anm. 46）, S. 182, r. Sp. -183, r. Sp. Vgl., ders., a.a.O.（Anm. 9）, S. 294, r. Sp. -295, 1. Sp. この成功の鍵は勿論、獲得された直観が適確に言語化概念化されることにあろう。

(57) Köttgen, a.a.O.（Anm. 46）, S. 181, 1. Sp.

(58) Köttgen, a.a.O.（Anm. 46）, S. 183, 1. Sp-r. Sp.

(59) Köttgen, a.a.O.（Anm. 46）, S. 181, r. Sp.; ders., Deutsches Universitätsrecht, 1933, S. 60.

(60) Köttgen, a.a.O.（Anm. 46）, S. 184, 1. Sp.

(61) Köttgen, a.a.O.（Anm. 42）, S. 727, r. Sp. -728, 1. Sp.

(62) Köttgen, a.a.O.（Anm. 46）, S. 184, 1. Sp.

(63) 実務教育の価値自体は既にモールやシュタインの国家科学が主張したし、己れの新興科学の隆盛を願う経済学者からも同様の提案が存在していた。だが公法学史にとり、実証主義時代を経たかどうかは決定的意味を持つ。官僚養成における理論と実務の単なる配合問題でなく、科学観の反省に根ざし方法論的考究に定礎された考察、これこそケットゲンの功績だろう。Vgl., Höhn, a.a.O.（Anm. 54）, S. 65–71; Bleek, a.a.O.（Anm. 46）, S. 230–261.

（64） Arnold Köttgen, Hochschulrechtliche Reformen, in: Deutsche Juristen-Zeitung, 38. Jg.（1933）, Sp. 1523–1528, 1524f. 尤も問題は、大学の伝統をどう官僚養成の味方につけるかであり、その戦略も様々だ。ヘーン曰く、官僚志望者に不要な法学学習を強いるなら、別の意味での悪しき専門教育が現れるが、行政科学の包括的教育を実施するなら、学部編成は兎も角、大学に期待するべき、と。Höhn, a.a.O.（Anm. 54）, S. 90, 104. だが、法学教育と中世大学の連関の如く、ケットゲンの問題設定の方が自然であろう。

（65） Köttgen, a.a.O.（Anm. 64）, Sp. 1525–1528; ders., a.a.O.（Anm. 6）（„Wissenschaft"）, S. 38, 1. Sp.; ders., a.a.O.（Anm. 59）, S. 99f. Vgl., ders., Freiheit der Wissenschaft und Selbstverwaltung der Universität, in: F. L. Neumann/H. C. Nipperdey/U. Scheuner（Hrsg.）, Die Grundrechte, Bd. 2, 1954, S. 291–329, 320f.; ders., Leitideen einer Hochschulreform, in: Deusche Universitäts-Zeitung, 20. Jg.（1965）, S. 44–53.

（66） Arnold Köttgen, Das deutsche Berufsbeamtentum und die parlamentarische Demokratie, 1928（Nachdruck, 1978）.

（67） Arnold Köttgen, Beamtenrecht, 1929, S. 24 f.; ders., Die Entwicklung des deutschen Beamtenrechts und die Bedeutung des Berufsbeamtentums im Staat der Gegenwart, in: G. Anschütz/R. Thoma（Hrsg.）, Handbuch des Deutschen Staatsrechts, Bd. 2,（1932）, S. 1–19, 9f. Vgl., Carl Schmitt, Verfassungslehre, 1928（Neudruck, 1958）, S. 172, 212 f.; Gerhard Leibholz, Das Wesen der Repräsentation und der Gestaltwandel der Demokratie im 20. Jahrhundert, 3. Aufl., 1966, S. 138f.; 高見勝利「国民と代表（一）」国家学会雑誌九二巻三・四号（一九七九年）一六三〜二二〇頁。

（68） Köttgen, a.a.O.（Anm. 67）（„Beamtenrecht"）, S. 20–22; ders., a.a.O.（Anm. 67）（„Entwicklung"）, S. 5–7, 18f.; ders., a.a.O.（Anm. 26）, S. 104f. Vgl., Max Weber, Wirtschaft und Gesellschaft, 5. Aufl., 1972（Nachdruck, 2002）, S. 126–130, 551–579. 尤も、公法的官僚関係と私法的労働関係の根本的相違は、ナチス労働法による後者の人格法的要素の回復によって、解消されたとの指摘をケットゲンがしていたことに注意。Köttgen, Das neue Arbeitsrecht in seinem Verhältnis zum Beamtenrecht, in RVerwBl, Bd. 55（1934）, S. 453–458, 456, 1. Sp. –457, 1. Sp.

（69） Köttgen, a.a.O.（Anm. 66）, S. 57–78, 115–120; ders., a.a.O.（Anm. 67）（„Entwicklung"）, S. 6, Fn. 17, S. 7–9; ders., Besprechung von G. Leibholz, Das Wesen der Repräsentation unter besonderer Berücksichtigung des Repräsentativsystem, 1929, in: AöR, N. F., Bd. 19

(1930), S. 290–312, 297–299. つまり、官僚制と代表制の連関につき、これを否定するシュミットとライプホルツと、肯定するスメントのうち、偶然にも後に自ら後任となる人をケットゲンは支持した訳だ。Rudolf Smend, Verfassung und Verfassungsrecht (1928), in: ders., Staatsrechtliche Abhandlungen und andere Aufsätze, 3. Aufl., 1994, S. 119–273, 146f. 戦後ケットゲンの同僚となるライプホルツ本人は、代表制本質の憲法理論上の誤解があるとだけ反論する。Gerhard Leibholz, Reichsregierung und Reichsministergesetz (1930), in: ders., Strukturprobleme der modernen Demokratie, 3. Aufl., 1967, S. 156–159, 158, Fn. 7. Vgl. Ulrich Scheuner, Das repräsentative Prinzip in der modernen Demokratie (1961), ders., Staatstheorie und Staatsrecht, 1978, S. 245–269; Ernst Forsthoff, Grundsätzliche Erwägungen zum Bemtenrecht, in: ders. (Hrsg.), Verfassungsrechtliche Grenzen einer Reform des öffentlichen Dienstrechts, 1973, S. 21–70.

(70) Köttgen, a.a.O. (Anm. 26), S. 115–120; ders., Nation und Staat, in: Blätter für Deutsche Philosophie, Bd. 5 (1931), S. 190–220, 191–193; ders., Kelsen und die Demokratie, in: ZgStW, Bd. 90 (1931), S. 97–107, 99f.; ders., Besprechung von E. Schwinge, Die Methodenstreit in der heutigen Rechtswissenschaft, in: AöR, N.F., Bd. 21 (1932), S. 441–447, 444.

(71) Köttgen, a.a.O. (Anm. 26), S. 119f.; ders., a.a.O. (Anm. 70) („Nation“), S. 195f. 関連して、本書第二章三3も参照。

(72) Köttgen, a.a.O. (Anm. 66), S. 57–78, bes., 70–78.

(73) 例えば、政党依存による官僚制解体に対処するには、「国民理念自体」なる単なる擬制ではなく、「国民的ライヒ」という具体的形象が要る、正統派ナチスのフーバーはこう述べている。ライヒ官僚とラント官僚の結合（一九三四年ライヒ新編制法）、ドイツ官僚全てのヒトラーへの忠誠（一九三四年国家元首法）、ナチ公務員政策は今や完成したのだ（一九三七年ドイツ官吏法）。Huber, a.a.O. (Anm. 18) („Verfassungsrecht“), S. 442–444, 447.

(74) Arnold Köttgen, Die Stellung des Beamtentums im völkischen Führerstaat, in: JöR, Bd. 25 (1938), S. 1–65, 10–12, 24f.; ders., a.a.O. (Anm. 35), S. 41f., 107f. 尤もこの本文の指摘は、官僚制度と国家理念の連関を問う自説の連続性に拘る余り、指導と行政のナチス的合一に向けた客観的認識を彼が犠牲にしたことを意味しない。但し、ナチスが破壊した官僚の政治的指導任務は、公的職務の概念で穴埋めされたという。Götz, a.a.O. (Anm. 11), S. 350f. Vgl. Köttgen, Struktur und politische Funktiton öffentlicher Verwaltung, in: Festschrift für Gerhard Leibholz, Bd. 2, 1966, S. 771–798, 786; ders., Das anvertraute öffentliche Amt, in: K. Hesse/S. Reicke/U. Scheuner (Hrsg.), Staatsverfassung und Kirchenordnung. Festschrift für Rudolf Smend zum 80. Geburtstag am 15. Januar 1962, 1962, S. 119–149, 119, 131; 拙稿「職業官僚制における制度と身分」（新潟大）法政理論三九巻四号（二〇〇七年）三四五～三五一頁。

（75） Köttgen, a.a.O.（Anm.66）, S.115–120; ders., a.a.O.（Anm.74）, S.7f., 27–32; ders., a.a.O.（Anm.35）, S.106–118. なお、彼の見解を図式化すれば、君主忠誠から国民忠誠への変更とともに官僚の特別権力関係性は解消し、他方でこの変遷プロセスと憲法忠誠の問題とは一応別物である、となろう。だがこれは、憲法忠誠と憲法尊重擁護義務とが別次元の問題であることも示唆する。Vgl. Ernst Friesenhahn, Der Politische Eid, 1928（Neudruck, 1979）, S.3–34, 83–97; Werner Weber, Der politische Eid, in: Deutsche Juristen-Zeitung, 1936, Sp.280–286, 281, 283f.

（76） Köttgen, a.a.O.（Anm.66）, S.85–90; ders., a.a.O.（Anm.74）, S.30–32.

四　結　語

本章の課題は、ケットゲン行政学理論を素材として、公法学の主体と客体の連関を探究することにあった。我々の結論は以下の通りである。第一に、現代の行政活動はその現実固有の法則で動き、それ故、この行政事実を取集めて行政法則を直観する、包括的で統一的な行政科学の登場が、今や待望される。ならば従来の法治国家原理が放棄されるのかといえば、それは違って、行政法則を実定化し合理化する意味で、伝統的法律概念や行政法学を引続き維持せねばならぬ。ケットゲン『ドイツ行政』はかくの如き状況下で現れ、行政本質の把握を行政実務体験の直観で試みるという、彼の行政科学の全貌が、学界及び実務の前に姿を現す。第二に、行政活動の変貌は官僚の責任ある決断を求め、その綜合能力の開発の為には、単なる実務教育の他に、科学による官僚養成が、心機一転した上で必要となる。だが、問題は直観的体験を如何に課程に盛り込むかで、それには裁判官養成の為の司法一辺倒の教育を止めて、理論と実務の調和の為に教育内容の適切な配分が要る。以上の官僚養成制改革案は彼の官僚制研究を基礎とし、代表としての官僚制が再現を目指す価値秩序を踏まえ、この国家理念の把握能力を官僚養成で育むという訳だ。結局のところ、ケットゲン理論では、行政法学の刷新、官僚養成の改革、官僚危機の打開が、同時に進行する。

勿論、このような学説から我々にとっての教訓を直接に引出す意図は毛頭ない。第一に、ケットゲンの見解はまさしくナチス時代に提起されたものである以上、有益な部位を危険な部位から注意深く腑分けする作業を、忘れることはできぬ。[77] 第二に、彼の各種提案は認識論や憲法論を基礎に持ち、更に、本章で未検討の生存配慮論や地方自治論にも波及するから、より体系的な吟味が必要であろう。故にケットゲン説から、能力志向の公務員改革案は政治主導の統治構造改革とパラレルに進行するとか、或いは、いわゆる新自由主義的行政改革の病理には、国家理念の強調という劇薬を処方すればよいとか、この類いの即断は禁物である。しかし、彼の学説から普遍的教訓をただ一つ引出せるなら、それは以下である。つまり、立ち上げ間もない法科大学院に限らず、更にこれと並存する既存法学部の位置、法学部以外での法学科目の任務を含め、今日の法学教育に混乱があるとすれば、法学方法論の過少、原因はここにある。本章の結論を再度確認してみよう。行政法学方法論の行政学志向の刷新は、行政官僚養成の制度再考に必ず波及し、更に再び憲法理論の鍛錬を促すだろう。

(77)　同じ行政科学を唱えるナチス公法学者へーンの眼からは、ケットゲンは従来通りの法曹独占支持者に映るようだし、教授資格論文に基づく彼の官僚人事制へのコンセプトは、反ナチ保守政治家カール・ゲルデラーに影響したともいう。Vgl. Höhn, a.a.O. (Anm. 54), S. 102; Werner, a.a.O. (Anm. 5), S. 415.

結　論

1　ゲッティンゲン大学

戦後のゲッティンゲン大学法学部では、六九歳となったスメントが一九五一年に退官していたが、翌年にその後任として当時五〇歳のケットゲンがシュパイエル＝ドイツ行政科学大学から移籍してきた。また、一九四九年の話だが、C・シュミットの弟子にしてナチス期から名門ライプツィヒにいたヴェルナー・ヴェーバー（四五歳）が、当時の共産勢力に半ば追放される形でゲッティンゲンにやってくる[1]。更に本書では脇役だが、法現象学の権威ライプホルツ（四六歳）も、四七年に亡命先の英国からゲッティンゲンへと、最初は客員として、後には新設の政治学教授として帰還したことも、有名な逸話だろう[2]。その間ショイナー、クリュガー、フォルストホフは、戦後パージされた後、ボン、ハンブルク、ハイデルベルクへと復職を果している。他方、そのスメントは停年後も演習を主宰するが[3]、この彼の伝説のゼミナールからヘッセ、エームケたちが旅立ち、そして青年時代の栗城壽夫も参加した、後に連邦憲法裁判官になるヘッセのフライブルクの演習からは、ホラーバッハ、F・ミュラー、ヘーベルレを始めとする戦後ドイツ国法学を牽引する俊英たちが巣立っていった[4]。

スメントの盟友ホルシュタインがキールで急死して二〇年が経過し、以前統合説で学派を形成した門人らもナチス支援の廉で非難される。人的にはまずはライプホルツが、後にはヘッセが連邦憲法裁入りし、物的にも同裁判所リュート判決が基本権価値体系に論及することで、スメント学派がオーソドキシィを獲得する様に見えはするけれども、嘗て栄華を極めた精神科学的方法の時代は、今や過去のものである[5]。だが、スメント門下ではないものの、ケットゲン、W・

ヴェーバー、ライプホルツ、更に最盛期の彼らを擁する当時のゲッティンゲンに精神科学の強い磁場が残留していたと推測しても不当ではなかろう(6)。さて、既に物故者だが、後のエアランゲン大学で国法学を講じた学者に、この強い磁力線を浴びた人物、ヴィルヘルム・ヘンケがいる。彼こそ、この五〇年代のゲッティンゲンでW・ヴェーバーの指導を受け、ケットゲンやクリュガーの職務思考を元に政党理論を構築し(7)、更に、フッサールの第一の門人ヴィルヘルム・シャップの子にして民法学者／法哲学者のヤン・シャップ(8)と深い学問的交流を持つなど、現象学や解釈学、そして精神科学思考に造詣が深い人物なのである。

そのヘンケは言う、国法学は生きた《レベンディゲ》現実《ヴィルクリッヒカイト》を探究しなければならない。国法学は、存在と当為、現事実《ファクト》と規範《ノルム》のアンチノミーに規定される。しかし、この二律背反を、どちらか一方のみに還元してはならない。ここでヘンケが念頭に置くのは国家と社会の間にある政党であるが、一方で、ケルゼンが国家を規範秩序へ蒸発させ矛盾を規範に解消し、他方で、社会学が社会に重心を置き事実の絶対化で問題解決を図る(9)。本当は、ヘンケのいう「社会学《ソツィオロギー》」に特別な意味合いがあるけれども、国法学は、経験的認識が法則や実験を通じて捉える「事物《ザッヘ》」でなく、演繹操作によりただ現事実に適用するべき「規範複合体《ノルメンゲフレヒト》」でもなく、生きた現実、生きた歴史をその対象としなければならないのである。つまり、人が国家と呼ぶ人間的現存在の領域に積重なる経験《エアファールング》こそが、即ち、手元にある経験を現事実から湧き出る新たな諸課題に基づき不断に解釈して新たに経験を獲得する、こうした意味の経験こそが、端的に言えば、単なる規範でも単なる現事実でもない、課題とその克服の一体という生き生きと《ゲシヒトリッヒェ》した歴史性《レベンディヒカイト》こそが国法学の対象である。国家は歴史的であり、それ故に国法学も歴史的でなくてはならない(10)。

この歴史的現実としての国家を解明するキーは、職務と身分にある。ヘンケ曰く、職務《アムト》とは、或る者が国家制度の内部で行動するときに入り込む勢力圏のことであり、身分《シュタトゥス》とは、或る者が身分を得て職務を遂行する地位に据え置かれるときに働く特別の性質のことである。この職務と身分を保持する者は、これを保持せぬ者＝私人《プリヴァートマン》とは違い、国家への忠誠や公共善への配慮など、特別の義務＝職務義務《アムツプフリヒテン》を負い、それ自身正当で、己への抵抗を力ずくで取除く、特別の行為を行う。職務保持者又は身分保持者が措置を執り決定を下すことで、私人と異なる公的な身分と職務が実現される、とヘンケは論ずる訳である。(11) この職務と身分こそが国家権力を秩序づける基本概念に他ならない。成る程、あらゆる国家が職務と身分により構成される訳ではないが、絶対君主制は官憲権力＝職務の思考で君主を拘束することで成立し、一九世紀には公的身分の養成により家臣団は官僚制へと発展する等、欧州憲法史はこのローマ共和制に由来する二概念で規定されてきた。つまり、君主制から共和制への民主主義革命は、支配者を君主から国民に替えることでなく、国家権力を職務で制度化することにある。(12)

こうした道具立ての中で、ヘンケは政党を論じようというのである。つまり、右の如く国家が職務で制度化されるとすれば、職務を保持する者は国家の内側、保持しない者は外側にある訳だが、この内側＝国家と外側＝社会の両者を媒介とするものとして政党が出来する。具体的には、議員や大臣は公的職務を担うが故に国家領域に属すが、政党指導者は職務を持たぬから社会領域に在る、ということになる。けれども、政党国家現象は、領域二つを分断したままに放置せずに、職務のない政党指導者が職務を負う議員や大臣を兼務するのを通じ、結果的に、政党が国家機関に影響力を行使することを容認している。(13) これが、国家権力の動態性と意思形成の柔軟性を担保する、と言う。即ち一つには、国家は本質的に職務による制度化から逃れることができず、それ故常に結晶化、硬直化の危険に晒されるかもしれない。もう一つには、国家の意思形成は法の厳格な拘束と形式の下にあり、国家の外＝社会＝国民の意思形成のような自由さと自発性に欠ける。堅い職務を持たず、それでいて権力に直接アクセスする政党こそが、国家と社会の媒介項として、現代の民主国家を支えているのである。(14)

2　憲法倫理学の諸成果

そもそも学説の正しさは賛成する学者の人数で決まるものではない。けれども本書の立場からすればこの理論自体も精神的現実の一種であり、賛成の反応でなくとも良いものの、或る程度の間主観性が要る。詳述の暇はないが、ヘンケはこの間主観性の供給源の一つであろう。(15) 本書の諄々《くどくど》しい議論にお付き合い頂いた読者には既に明白だろうが、このヘンケ説の装備は、精神科学の思考が製造したものなのである。一つ、国家を事実或いは規範に還元するのでなく、そうではなくて、事実と規範の往復運動の中に国家を精神的現実として把握する思考、つまり、国家を事実にも規範にも還元せず、寧ろ事実と規範の間の中で、即ち、人々の多種多様な行動の一つのコアを成すだろう規範、その規範を中心に不断に反復される人間の個別行動、一見矛盾するこの理念と実在の弁証法の中で、国家を検討する思考がそれである。もう一つは、この精神哲学を受けて、公共善の実現を目指す人間が据え置かれる地位としての職務から、国家を構成する考え方である。スメントの名は控えめだが、クリュガーとケットゲンの公的職務を挙げて、精神科学の磁場を強く引き込んだのは、ヘンケ本人である。(16)

ヘンケの政党理論は、国家と社会の二元論についても論及していた。そうであれば、いわゆるシュミットとスメントの対立、正確に言えば、シュミット学派とスメント学派の対立を一体どう理解するか。即ち一つには、一人ひとりの市民にとり国家権力は危険であるから、自由を確保する為に国家を社会から分離しておくべきという分離論、或いは、産業社会が進展し且つ民主主義が完成した現在では、寧ろ自由を拡充する為に国家と社会を融合するべきという融合論。もう一つに、社会から隔絶された国家を安定的で静態的なもの、同時に、これを拘束する憲法も固定的に見る静態説、それとは反対の動態説、この中から分離論＝静態説をシュミット学派が、融合論＝動態説をスメント学派が採用した、とのドイツ理論史の図式が普及している。(17) だが、これが重要だとしても、スメント本人を捉えるには派生的な論点でしかない。本書の論議からは、実在か（実在主義）、規範か（理念主義）、或いは現実か（精神哲学）、立場は三つに分類され、シュミットは第一、スメントは第三の範疇へと整理されるのである。(18) W・ヴェーバーの弟子ヘンケがどの学派に在るかなど重要ではない。

そこで、本書が重要なものと位置づけてきたことを再度確認しよう。第一に、憲法倫理学の必要を説いたスメント、その彼とヒルシュを比べると、国家を中心に据える国家学は、神を中心に据える神学を、国家の前提条件を成す同質性形成の為に利用しているかに思われる。けれども、ローマ又はカトリック由来の職務説で補強してはいるが、神の召命に人が応答する様に、国家の呼掛けに人が呼応するという、或いは、公共性の問掛けに人々が心情倫理をもって対応するという、実定秩序以前の倫理学こそが、神学と国法学を結びつける（第一章）。他方、ガダマーを援用して安定した解釈技術を求める動きがあるが、存在者でなく存在自体、真理自体を問うてきたハイデガーの弟子に、客体に到達する為の理性発動の方法を尋ねても、本当は無駄である。そもそも、本質を問う哲学に法解釈の技術を求めるのが誤りであり、寧ろ、客観性の探究が主観的な独我論に陥る危険性を回避するべく、人の内面の表現を人が外部から解釈するということから間主観性を切り開くのが解釈学《ヘルメノイティク》の主旨とすれば、法の解釈者は、その定立者やその名宛人たちに配慮すべきことを、学ぶべきであろう（第二章）。

では、その憲法倫理学は一体如何なる形態で現れることになるのか。スメント憲法理論への誤解の一つに、ドイツ連邦憲法裁も採用した、アプリオリな価値秩序の体系が人権規定に内在するとの議論がある。世間の人は、この思考は実質的価値倫理学に由来すると推定するが、その肝腎な価値倫理学の中身の理解を除外して、この推定は正しい。詳細な価値の体系がそれ自体で予め確定する訳がなく、人間の行為という実在の支援があって初めて、価値秩序は存在を獲得するのだ。この価値を現実化することこそ、人間倫理の課題である（第三章）。従って、価値秩序なるものは、人々を公共性へと繋ぎとめるものであるとしても、人々の同質性を強制的に担保するものなどではない。その意味で、スメント統合理論は、国家権力であれ国際機構であれ、人々に価値体系を押し付け、特定組織の構成に駆立てたりはしない。彼の門人クリュガーは、公共善の実現へと人々の意志を方向づける公的職務の国家学を構築したが、これは国際法学も射程内に収める。彼の統合理論が欧州統合で狙うのは、構成国間で共通の価値体系の確立でなく、公共善に向けた協力関係の構築なのである（第四章）。

そうであれば、この歴史的現実としての国家及び法の中にあるのは、理念的な価値が人間の実在的な行為を通じて自己を現実化する過程、又は、人間の具体的な行為が抽象的な理念を具体化する過程である。換言すれば、法を定立し、法を解釈し、法を執行する行為が、即ち、法に関わる裁判官、行政官、我々一般市民の行為が、そこにはある。となれば、国家や法を精神的現実として把握する者は、その目前の精神現実の中でその国家なり法なりを把握している自分自身の姿も必ず検討していることになる。自分が自分に背中から見られている、或いは、自分が自分の姿を後ろから観察する、自己省察の必要性を説いた人こそ、フォルストホフでありケットゲンであったのである。都市生活における生存配慮の法則を見出すフォルストホフ行政学は、価値法則に嚮導され展開される行政現実をやはり精神的現実と見る、公法学又は行政法学と同一の構造を持つ学問領域であり（第五章）、伝統的大学の中での行政官養成の実践を目指すケットゲン行政学も、政治家の道具でなく公共善の実現に只管《ひたすら》努力する官僚の姿を念頭に、法治国家の行政現実による充実を図ろうとする論である（第六章）。

3　精神科学的方法の道

先に挙げた精神哲学の可能性は、ヘンケの政党論に限定されている。けれども第一に、ヘンケ自身は後に、基本権理論について、そして、憲法裁判権について、更には、共和制理論について、検討している[19]。第二に、歴史的現実の発想はヘンケのみならず、現在でも根を張り、筆者の気のつく限りでは、矢張りゲッティンゲンでクレーシェルの指導の下ギールケを学び、ブルトマン門下の神学者エーベリングの解釈学を受けて、独自の教会法学を展開するアルベルト・ヤンセン[20]、更には、ハイデガーを援用する『法《レヒト》と《ウント》存在《ザイン》』で名を成した法哲学者マイホーファーその人の弟子にして、精神哲学的な価値の法哲学を構築するゲルハルト・シュプレンガー[21]、彼らの名前も挙げられよう。尤も、ヤンセンもシュプレンガーも残念ながら目立つ論者ではなく、寧ろ、法の現実を徹底して実定化し合理化して捉える潮流が有力だ。だからこそ、歴史的現実の見地からして当然に退けられるべきケルゼンへの関心が、公法理論史研究の中心へと殺到しているのである[22]。スメントを無視してきたわが国の状況が、ようやく純粋法学を範と仰ぐようになるドイツ学説と、周回遅れで併走するようになるとは。

しかし、精神科学の思考が嘗てドイツで多数派を形成していたこと、そしてこの思考が今や衰退の一途を辿っていること、こんなことはどうでもよいことである。残念ながらこれまでの公法理論史研究は、今現在の我々に関わる筈の実定法解釈を、余りに軽視し過ぎてきた。詳細な理論史を記述した後に、それと現在との接点を発見できぬと、理論史研究はそれ自体で価値があるものだからと強引に開き直るか、無理に今に結びつけ、研究対象とした論者の精神を学べと居直るか、理論史の大家は青年時に志した教義学の野心を忘れてしまっている。ここで想起すべきも、自身の精神哲学を築き上げたスメントである。彼の精神哲学は、国法学者たるスメントから遊離したものではない。即ち国法学の存立には憲法学と国家学の確立が、憲法学と国家学の確立には精神科学哲学の樹立が、それぞれ必要だと彼は強調したが[23]、これは畢竟、精神哲学が国法理論の具体的な法解釈も究極には目指すことを意味している。彼は国法学者になる為に国家学者となった。憲法学の倫理的側面に着目する我々の関心も、理論史での倫理学のプレゼンスを知ることにはない。日本国憲法の解釈の為なのである。

しかしながら、その解釈論の具体的な展開は本書の射程の外にある。尤も、その結論の延長線上にある若干の論点に簡単に触れておこう。例えば、歴史的現実の観点は法律概念の把握に反省を迫るであろう。法律と言えば、国民の自由と財産を保護する為（自由主義的契機）、そして法律を執行する行政に民意を接合する為（民主主義的契機）、国民代表が要件効果図式の形で決定した一連の命題のことであるが、その法律形式に盛込まれる内容が問われるとしても、国民が意思し国会が議決したという事実さえあれば、どんなものでも問題はない。だがそうであれば、形而上学的なものは法律から抹殺されてしまう。それとも、昨今の国家／行政改革ブームは、経済なり社会保障なり事前に計算された法則が計算された通りに現実化することを求める、だがこのとき法律は、立法者が措定する特定目標の達成手段としてのみ位置づけられることになる。即ち、法律とは合理的手段なのだ。しかしそうなると、法律の出来不出来を図る尺度は人権保障でなく、寧ろ、当該目的を実現する効率性又は実効性が躍進することになる。だがこれでは倫理的人間が住まう歴史的現実は窒息しはしないのか。

或いは、精神的現実の視座は違憲審査の状況に改善を求めるだろう。憲法訴訟の発想が定着した現在は、審査基準の厳緩に対立はあるが、国家行為、中でも法律が前提とする規制目的と規制手段に留意した違憲審査の図式が、最早これを覆すことができぬ程に普及している。恐らくこれは、戦後の憲法学が希求した自身の社会科学化が完了し、法を合理的な社会統制手段と見る経験科学化が完遂したからだろう。だが、この目的手段の思考ほど人間尊厳の原理に反するものはない。ここでは社会科学が人間現実に発見する法則の正しさが措定されて、この社会法則が望ましい特定目標を達成する為に押当てられている。しかし、規制という刺激を与えれば一定方向に反応する筈だという、法則でその行動が計算／予測され尽された人間に尊厳などあるのか。何と、人工的な法則に適うかで我々は合憲違憲を判断しているのだ。流行の三段階審査や比例性原則もこの傾向を加速させるだけだろう。けれども本当は、人間の倫理的行為で漸進的に蓄積的に構築される精神的現実としての憲法秩序を、倫理的な精神的現実であるままに保存し保障することが、憲法学に委ねられたことなのではないのか。

　憲法学の倫理的転回という本書の試みは、古い伝統を持つとはいえ、未だ展開され尽されてはいない唯のプログラムの地位しか持たない。本書でも批判した筈だが、我々法学者の中には、科学論や解釈学《ヘルメノイティク》が恣意的で真剣味を欠いた法解釈を許容してくれたと都合よく解釈し、法学に付きまとう客観性欠如の不安を見事に忘却する人たちがいる。その根拠のない確実性は異端審問のエネルギーへと昇華するのだが、憲法学一般に向けられる世間の人々の冷たい視線は、学を学として構築するという当然の精神を以って、本来は打ち返すべきであろう。企業倫理なり環境倫理なり、法の中の倫理が問われて久しいけれど、その倫理なるものを正面から検討してみるのが学の誠実さだろうし、その試みに着手する学説も、思想史やら制度史やらに謙虚に取組み、説得力ある理論の構築へとヨリ接近できるよう努力するべきだろう。課題がないと心配する必要はない。精神科学の思考を発掘するには、ゲッティンゲンで最近利用可能となったスメント本人の遺稿や書簡[24]、更にはクリュガーがギーセンに残した近代国家学／国法学の膨大なコレクション[25]も役立つ。憲法倫理学の道程は遥か彼方に続いている。

（1）Martin Otto, Werner Weber — ein Opfer der politischen Säuberung nach 1945, in: Sächsische Verwaltungsblätter, Bd.9 (2004), S.201-205.

（2）彼は元々ゲッティンゲン大学教授だが一九三五年に追放されていた。Manfred H. Wiegandt, Nortm und Wirklichkeit. Gerhard Leibholz (1901-1982), 1995, S.59-78; 竹内重年「ゲルハルト・ライプホルツ――その歴程（四）」自治研究七八巻六号（二〇〇二年）七三～八〇頁、「（五・完）」八号（同年）五七～七三頁。

因みに、以上のスメント、ケットゲン、ライプホルツの三名の他に、ホルシュタイン、シュミット、更にはシェーンフェルトを加えれば、彼らが嘗て所属していたグライフスヴァルト大学の重要性も際立つ。Vgl., J. Lege (Hrsg.), Greifswald — Spiegel der deutschen Rechtswissenschaftr 1815-1945, 2009.

（3）一九六九／七〇年冬学期まで国家理論の演習が開かれていたという。Vgl., Nachlass Rudolf Smend, 15.01.1882-05.07.1975, Göttingen Uni., 2009, S.320-323; Gerhald Leibholz, Rudolf Smend, in: In memoriam Rudolf Smend, 1976, S.15-43, 38-41; Frieder Günther, Denken vom Staat her, 2004, S.159f.

（4）Vgl., Michael Stolleis, Die Staatsrechtslehre der fünfziger Jahre, in: Th.Henne/A.Riedlinger (Hrsg.), Das Lüth-Urteil aus (rechts-) historische Sicht, 2005, S.293-300, 294f.; Peter Häberle, Zum Tod von Konrad Hesse, in: AöR, 130 (2005), S.289-293; Ernst Benda, Nachruf. Konrad Hesse†15. März 2005, in: JZ, 2005, S.254f.; 栗城・戸波・嶋崎編『ドイツの憲法判例Ⅲ』「現代ドイツ公法学者系譜図Ⅲ」五七六～五七七頁。

（5）Vgl., Dian Schefold, Geisteswissenschaften und Staatsrechtslehre zwischen Weimar und Bonn, in: S.K. Acham/K.W.Nörr/B.Schefold, Erkenntnisgewinne, Erkenntnisverluste, 1998, S.567-599, 591-594.

（6）関連して以下も参照; 拙稿「公布の本質（一）」（埼玉大）社会科学論集一〇九号（二〇〇三年）九一～九五頁。尤も、この整理は必ずしも一致したものではない。Vgl., Günther, a.a.O. (Anm.3), S.138-140, 181f.

（7）Wilhelm Henke, Die politischen Parteien, 2.Aufl., 1972.

（8）Vgl., Jan Schapp, Über Freiheit und Recht, 2008; ders., Methodenlehre und System des Rechts, 2009.

（9）Henke, a.a.O. (Anm.7), S.6f.

（10）Henke, a.a.O. (Anm.7), S.8; ders., Recht und Staat, 1988, S.278-293. ヘンケが批判する社会学又は社会科学について次の文献も参照せよ。Henke, Sozialtechnologie und Rechtswissenschaft, in: Der Staat, Bd.8 (1969), S.1-17; ders., Jurisprudenz und Soziologie, in: JZ,

1974, S.729-735; 拙稿「国家目的としての安全」法学教室三二九号（二〇〇八年）二〇頁。

（11） Henke, a.a.O.（Anm.7）, S.11, 14f.; ders., a.a.O.（Anm.10）, S.387-403.

（12） Henke, a.a.O.（Anm.7）, S.12, Fn.17; ders., a.a.O.（Anm.10）, S.364-386.

（13） Henke, a.a.O.（Anm.7）, S.15f., 116-120, 161-165.

（14） Henke, a.a.O.（Anm.7）, S.16-21; ders., a.a.O.（Anm.10）, S.374-377. ヘンケの政党論につき次を参照。林知更「政治過程の統合と自由（二）」国家学会雑誌一一六巻三・四号（二〇〇三年）七七〜八九、特に八四〜八九頁。

（15） Vgl. Rolf Gröschner, Dialogik und Jurisprudenz, 1982; Katarhina Sobota, Das Prinzip Rechtsstaat, 1997.

（16） Henke, a.a.O.（Anm.7）, S.4f., 13f., 161. Vgl. Ernst Forsthoff, Lehrbuch des Verwaltungsrechts, Bd.1, 10. Aufl., 1973, S.442-450.

（17） 例えば、栗城壽夫「西ドイツ公法理論の変遷」公法研究三八号（一九七六年）七六〜一一一頁、同「ドイツにおける『国家と社会の分離』をめぐる議論について」社会科学の方法一三巻一二号（一九八〇年）一〇〜一五頁、渡辺康行「『憲法』と『憲法理論』の対話（一）〜（六・完）」国家学会雑誌一〇三巻一・二号（一九九〇年）〜一一三巻五・六号（二〇〇〇年）。Vgl. Frieder Günther, Denken vom Staat her, 2004; ders., Ein Jahrzehnt der Rückbesinnung, in: Th.Henne/A.Riedlinger（Hrsg.）, Das Lüth-Urteil aus（rechts-）historische Sicht, 2005, S.301-314; 林知更「国家論の時代の終焉？（一）（二・完）」法律時報七七巻一〇号、一一号（二〇〇五年）。

（18） Rudolf Smend, Verfassung und Verfassungsrecht, in: ders., Staatsrechtliche Abhandlungen und andere Aufsätze, 3. Aufl., 1994, S.180f., 212f.; ders., Integrationslehre（1956）, in: ders., Staatsrechtliche Abhandlungen, S.475-482, 478f.

（19） Vgl., Wilhelm Henke, Verfassung, Gesetz und Richter, in: Der Staat, Bd.3（1964）, S.433-456; ders., Das subjektive öffentliche Recht, 1968; ders., Die Republik, in: J.Isensee/P.Kirchhof（Hrsg.）, Handbuch des Staatsrechts der Bundesrepublik Deutschland, Bd.1, 1. Aufl., 1987, S.863-886.

（20） Vgl. Albert Janssen, Hirstorisch-Kritische Theologie und evangelisches Kirchenrecht, in: ZevKR, Bd.26（1981）, S.1-50; ders., Rechtsgeschichte und Rechtsdogmatik, in: G.Köbler/H.Nehlsen（Hrsg.）, Wirkungen europäischer Rechtskultur. Festschrift für Karl Kroeschell zum 70.Geburtstag, 1997, S.467-495; ders., Die Unabhängigkeit des evangelischen Kirchenrechts von der（theologischen）Ethik, in: ZevKR, Bd.51（2006）, S.277-308.

（21） Vgl. Gerhard Sprenger, Von der Wahrheit zum Wert, 2010.

（22） 例えば、イェシュテトとレプジウスのケルゼン本がその象徴である。Hans Kelsen（M.Jestaedt/O.Lepsius（Hrsg.））, Verteidigung der Demokratie:, 2006; ders. (M. Jestaedt (Hrsg.)), Reine Rechtslehre, 2008; Hans Kelsen, Werke (Hrsg. M. Jestaedt), 2007ff. Vgl., Oliver Lepsius, Gab es ein Staatsrecht des Nationalsozialismus?, in: Zeitschrift für Neuere Rechtsgeschichte, Jg. 26 (2004), S. 102–116, 110–114.

(23) Smend, a.a.O. (Anm. 18) („Verfassung“), S. 119f., 180, 233.

(24) Thomas Notthoff, Smend, (Carl Friedrich) Rudolf, in: R. Voigt/U. Weiß (Hrsg.), Handbuch Staatsdenker, 2010, S. 376–369, 378, r. Sp.; Dominik Richers, Die Verfassung der Verfassung: Rudolf Smend (1882–1975), in: J. Lege (Hrsg.), Greifswald-Spiegel der deutschen Rechtswissenschaftr 1815–1945, 2009, S. 271–283, 283. Vgl., R. Mehring (Hrsg.), “Auf der gefahrenvollen Straße des öffentlichen Rechts”. Briefwechsel Carl Schmitt-Rudolf Smend 1921–1961, 2010.

(25) Bernd Bader, Mäzene, Künstler, Büchersammler, 2007, S. 210–215; Klaus Kröger, Kostbare juristische Bücher aus der Bibliothek Krüger, in: I. Hort/P. Reuter (Hrsg.), Aus Mageren und aus ertragreichen Jahren, 2007, S. 102–119; Thomas Oppermann, Ein deutsche Staatsrechtslehrer im 20. Jahrhundert. Zum 100. Geburtstag von Herbert Krüger (1905 bis 1989), in: AöR, Bd. 130 (2005), S. 494–499. Vgl., Herbert Krüger, Die Staatswissenschaft und das 19. Jahrhundert, in: Deutsche Rechtswissenschaft, Bd. 2 (1937), S. 264–270.

あとがき

これまで、数え切れないほど多くの人々に私はお世話になってきた。大学院以来、憲法学の作法と厳しさを教えて下さった浦田賢治先生。気がつけば自分の勉強の仕方とは、先生に叩き込まれたものだった。栗城壽夫先生は、ドイツ公法学の面白さと奥深さを教えて下さった。独文献講読の前に毎回頂いた先生のドイツ理論史の講義が懐かしい。無謀にも分析哲学で憲法を勉強しようとした或る学生が、両先生に出会わずして、スメントを真剣に勉強しようとは思わなかったろう。また、栗城先生、戸波江二先生が代表をされるドイツ憲法判例研究会では、ドイツ憲法裁の判例研究を通じ憲法現実への意識を保つことができ、山下威士先生、そして先生ご主宰のＤＡＳ研究会の諸先生方からは、ドイツ憲法学史を研究する楽しさを知ることができた。縁あって勤務する機会を得た埼玉大学経済学部の諸先生方、とりわけ、松本正生先生、川又伸彦先生、更に嶋崎健太郎先生に、大変にお世話になってきた。埼玉大学経済学会には出版助成まで頂戴した。常日頃のご指導に感謝すべき方のお名前を書尽くすことはできないし、こうした多くの方々への御礼の言葉もまた書尽くすことができない。

本書の主張は、至極常識的で至極簡単なものに過ぎない、と考える。果たして憲法が、物理法則に従う物体や算術規則に従う数式の如く、自然科学や数学で取り扱われるのか、独自の方法が必要でないのか。むしろそれは、この物体や実在と理念や価値とを人間が紡いで組成され編制され出来上がる、意味に満ち満ちた世界の一部ではないか。そうだとすれば、この客観的精神の世界は、我々人間が倫理的自発的に憲法を支える意志と行為なくして、存立しえないのではないか。その証拠に、国家の組織原理であれ作用原理であれ、憲法に関わる様々な仕組みは、この倫理を前提に編制されているのではないのか。けれども、国家活動を合理性で測定し吟味する現在の公法理論は、この因果法則性の尺度で尊厳を持ち自律的な筈の人間存在を切り刻み、その結果、その倫理的行為、延いては客観的憲法を打ち壊している。国家と憲法の為に倫理的態度を取るべし、などアナクロでしかない。だがこの時代錯誤こそが、現在の人権保障やその為の統治機構を初めて成り立たせているかも知れない。憲法尊重が憲法尊重を掘り崩す、このパラドックスを炙り出すとこそ、本書の目指す所なのである。

二〇世紀前半そしてその前後は、ドイツ国法学の偉大な時代である。私にとって、因果的発想に枠付けられた思考の限界を飛越える為の、そして、幾ら汲めども汲みつくすことのできない精神の宝庫である。学界や社会に発信するとか、政治や世界を動かそうとか、そんなことに関心はない。この宝庫から好きな書物を思う存分読んで、調べたことをただ自分の為に書留めること、そして今の小さく幸せな家庭を守ること、ただそれで満足である。風変わりで異端な本書はこうして生まれた。それでもなお孤立感と不安感が悩ませる。だが、サイテーションなる理科系由来の悪習で仲間うちの迎合を言い繕う、目線でその論理を追いもせず権威づけ＝アリバイ作りのみで満足する、読めない漢字を調べず読み飛ばし既存のフレームから一歩も出ない、そういう世界であるならば、このまま埋もれ続けて一向に構わない。それ故に書散らかした文章を一冊に仕上げるなど、叶わぬ夢と思っていたのだが、その夢を実現する機会を与えて下さった、信山社の袖山貴さん、稲葉文子さん、今井守さんに心より御礼申し上げたい。そして、今の道に進むことを勧め、許してくれた両親にも感謝する。

本書を、父　孝雄、母　夫嵯子　に捧げる。

二〇一〇年七月二九日

三宅雄彦

〔事項索引〕

【あ行】

【か行】

【さ行】

【た行】

【な行】

【は行】

【ま行】

【や行】

【ら行】

【わ行】

〔人名索引・解説（太字部分）〕

【あ行】

アーペル（APEL, Karl-Otto 1922-）……85

アルトハウス（ALTHAUS, Paul 1888-1966）……21, 26, 35

組織神学。ロシュトック（1919-25）、エアランゲン（1925-47, 48-）の教授を歴任。ルター協会会長（1932-64）。反ユダヤ的言動で初期のナチス政権に貢献。

アンシュッツ（ANSCHÜTZ, Gerhard 1867-1948）……54, 228

実証主義の国法学者。テュービンゲン（1899-1900）、ハイデルベルク（1900-08）、ベルリン（1908-16）、ハイデルベルク（1916-33）の教授を歴任。ワイマール憲法注釈書で著名。

イェゼリッヒ（JESERICH, Kurt 1904-1995）……261

ベルリン自治体学研究所のノルデンの助手。彼の追放後は同所長（1933-45）。戦後にナチス協力者として追放。コールハンマー社など出版経営に参加、『ドイツ行政史』全6巻を編集。

イエリネク、ヴァルター（JELLINEK, Walter 1885-1955）……249

国法学、行政法学。ラーバント、O・マイアーを師に持つ代表的な法実証主義の公法学者。キール（1919-29）、ハイデルベルク（1929-35, 45-55）の教授。

イエリネク、ゲオルク（JELLINEK, Georg 1851-1911）……56, 195

ドイツの代表的国家学者。ハイデルベルク大学教授（1891-1911）。ヴァルターは子。

イエーリング（JHERING, Rudolf von 1818-1892）……120, 220

ヴィアッカー（WIEACKER, Franz 1908-1994）……75

民法、ローマ法、法史学。法を歴史的展開の中で見る解釈学の立場をとる。ライプツィヒ（1939-45）、フライブルク（1948-53）、ゲッティンゲン（1953-73）の教授を歴任。

ヴェーバー、ヴェルナー（WEBER, Werner 1904-1976）……267, 270

国法学、地方自治、教会法。C・シュミット門下。ベルリン経済大（1935-42）、ライプツィヒ（1942-45, 47-49）、ゲッティンゲン（1949-72）の教授、同学長（1956-58）を歴任。

ヴェーバー、マックス（WEBER, Max 1864-1920）……7, 27, 49, 56, 61, 109, 111, 112, 114, 119, 195, 231, 251, 258

ヴェルハウゼン（WELLHAUSEN, Julius 1844-1918）……37

旧約聖書学、東洋言語学。グライフスヴァルト（1872-82）、マールブルク（1885-92）、ゲッティンゲン（1892-1912）の教授を歴任。スメントの父とも交流が深い。

エッサー（ESSER, Josef 1910-1999）……75

民法、法哲学。グライフスヴァルト（1941-43）、インスブルック（1943-49）、マインツ（1949-61）、テュービンゲン（1961-77）の教授を歴任。

エームケ（EHMKE, Horst 1927-）……267

【か行】

ガイスマー（GEISMAR, Eduard 1871-1939）……25

カウフマン、エーリヒ（KAUFMANN, Erich 1880-1972）……33, 54

国法学、国際法学。反新カント派法哲学で著名。自身は自然法、観念論の立場。

ケーニヒスベルク（1913-17）、ベルリン（1917-21）、ボン（1921-27）、ベルリン（1927-34）、ミュンヘン（1947-50）の教授を歴任。ナチス期に罷免、一時オランダに亡命。戦前・戦後と外務省の顧問。

ガダマー（GADAMER, Hans-Georg 1900-2002）……65, 67, 70-72, 75, 76, 78-81, 83, 85, 86, 89, 93, 271

哲学的解釈学で世界的に著名。ナトルプ（新カント派）とハイデガーの弟子。ライプツィヒ（1939-47）、フランクフルト（1947-49）、ハイデルベルク（1949-68）の教授を歴任。

カリース（CALLIES, Christian 1964-）……157, 159

カント（KANT, Immanuel 1724-1804）……79, 131

カンペンハウゼン（CAMPENHAUSEN, Hans Freiherr von 1903-1989）……188

キッテル（KITTEL, Gerhard 1888-1948）……34

新約聖書学。グライフスヴァルト（1921-26）、テュービンゲン（1926-45）の教授を歴任。ナチスのユダヤ人政策に積極的に関与した廉で戦後公職追放される。

ギールケ（GIERKE, Otto von 1841-1921）……114, 195

キルケゴール（KIERKEGAARD, Søren Aabye 1813-1855）……26

クリュガー、ヘルベルト（KRÜGER, Herbert 1905-1989）……45, 59, 152, 175, 177, 179, 181, 186-188, 190, 191, 193-196, 198, 199, 267, 268, 270, 271, 274

国法学、国際法。刑法を修めた後、スメントの下で教授資格を取得。ハイデルベルク（1940-41）、シュトラスブルク（1941-45　軍務の為教壇に立たず）、ハンブルク（1955-70）の教授を歴任。大著『一般国家学』（1964）が著名。雑誌『海外の憲法と法』を創刊（1968）。

グレシュナー（GRÖSCHNER, Rolf 1947-）……191

ケットゲン（KÖTTGEN, Arnold 1902-1967）……45, 56, 58, 61, 188, 190, 196, 240-242, 246, 248, 249, 251, 257, 258, 261-268, 270, 272, 275

地方自治、官僚制論、給付行政。イエナのケルロイター門下。グライフスヴァルト（1931-43）、ベルリン商科（1943-45）、ソビエト抑留（1945-48）、ケルン（1948-50）、連邦内務省（1950-51）シュパイエル（1951-52）、ゲッティンゲン（1952-67）の教授を歴任。ゲッティゲンではスメントの後任。

ケルゼン（KELSEN, Hans 1881-1973）…43, 54, 109, 114, 151, 152, 166, 195, 219, 268

法実証主義の国法学者（純粋法学）。ウィーン大教授など。

ゲルデラー（GOERDELER, Carl Friedrich 1884-1945）……266

保守の地方政治家。ケーニヒスベルク副市長（1920-30）、ライプツィヒ市長（1930-37）を歴任。ナチスにはその政権当初から反対。ヒトラー暗殺計画に関与した廉で処刑。

ゲルバー、ハンス（GERBER, Hans 1889-1981）……21, 35

国法学、教会法、大学法。テュービンゲン（1929-34）、ライプツィヒ（1934-41）、フライブルク（1941-57）の教授を歴任。アルトハウスやブルンシュテートら神学者と親交あり。

ケルロイター（KOELLREUTTER, Otto 1883-1972）……28, 248, 258

国法学、教会法。イエナ大学教授（1921-52）。ナチス期の代表的公法学者、C・シュミットのライバルとして知られ、代表的な公法雑誌の編者を多く務める。1948年に公職追放。

コーイング（COING, Helmut 1912-2000）……109, 132, 133, 135, 145

民法、ローマ法。フランクフルト大学教授（1948-80）、学長（1955-57）。マックス・プランク欧州法史研究所を創設し（1968）、長く所長として君臨（-80）。

ゴーガルテン（GOGARTEN, Friedrich 1887–1967）……21, 64

組織神学。ブレスラウ（1931-35）、ゲッティンゲン（1935-55）の教授を歴任。当初は反歴史主義の弁証法神学の立場でバルトと共闘、後に保守革命に接近してバルトと袂を分かつ。

コリオート（KORIOTH, Stefan 1960–）……14, 15, 26, 43, 182

【さ行】

サヴィニー（SAVIGNY, Friedrich Carl von 1789–1861）……111, 121, 122, 217, 219, 221, 227

シェーラー（SCHELER, Max 1874–1928）……109, 112, 122, 132, 138, 139, 141, 144, 227

哲学、社会学。フッサール現象学に強く影響。価値倫理学、知識社会学、哲学的人間学で功績。ドイツの第一次大戦参戦を支持。ケルン大学教授（1921-28）。同名の写真家の父。

シェーン（SCHOEN, Paul 1867–1941）……17, 28

実証主義教会法学の代表的人物。同じく実証主義のP・ツォルン（ケーニヒスベルク）の弟子。イエナ（1900）、ゲッティンゲン（1900-35）の教授を歴任。スメントは彼の後任。

シェーンフェルト（SCHÖNFELD, Günther 1888–1958）……116, 134, 275

法史学、教会法。グライフスヴァルト（1925-29）、テュービンゲン（1929-45, 49-54）の教授を歴任（ヘックの後任）。新ヘーゲル派法哲学者。戦後は神学を学び牧師としても活動。

シュタイン（STEIN, Lorenz von 1815–1890）……204, 223, 243, 262

ウィーン大教授（1855-1885）。行政学の創始者。明治憲法制定の助言者。

シュタール（STAHL, Friedrich Julius von 1802–1861）……219

国法学、法哲学。法治国家論の確立で著名。ベルリン大学教授（1840-61）。

シュプランガー（SPRANGER, Eduard 1882–1963）……145

哲学、教育学。ディルタイ、パウルゼンの指導を受ける。精神科学的教育学の始祖の一人。ライプツィヒ（1912-19）、ベルリン（1919-46）、テュービンゲン（1946-50）の教授を歴任。

シュプレンガー（SPRENGER, Gerhard 1933–）……272

シュミット、カール（SCHMITT, Carl 1888–1985）……28, 33, 41, 54, 57, 110, 114, 123, 152, 195, 196, 225, 248, 252, 264, 270, 275

20世紀の代表的国法学者。ナチへの協力でも知られる。

シュライエルマッハー（SCHLEIERMACHER, Friedrich Daniel Ernst 1768–1834）…65, 71, 72, 77–79, 81–84, 87, 89, 91, 92

神学、哲学。牧師。ハレ（1806-07）の後、ベルリン大学創立に参加、同教授（1810-34）を務める。自由主義神学の祖。ロマン主義の一翼も担い、プラトンの独訳でも著名。

ショイナー（SCHEUNER, Ulrich 1903–1981）……44, 45, 64, 149, 152, 166, 168, 169, 175, 180, 182, 184, 191, 199, 267

国法学、教会法、国際法。スメントとトリーペルの弟子。ミュンスターで学位、ベルリンで教授資格を取得。イエナ（1933-40）、ゲッティンゲン（1940-41）、シュトラスブルク（1941-44）、ボン（1950

-72）の教授を歴任。国法学、教会法学、国際法学それぞれに論文集がある。

ズーア（SUHR, Dieter 1939-1990）………186

スメント（SMEND, Rudolf 1882-1975）……………………14-17, 20, 24-30, 33-35, 37, 40-46, 48, 51, 53-61, 63, 98, 100, 105, 108-114, 116, 118, 119, 122, 132, 134-136, 146, 147, 149, 151, 152, 159, 166, 168, 178-180, 182, 193-196, 199, 220-222, 230, 264, 267, 270-272, 274, 275

国法学、教会法、法制史。国法学における精神科学的方法、統合理論で著名。反実証主義者A・ヘーネルに師事。ゲッティンゲンで学位、キールで教授資格を取得。テュービンゲン（1911-15）、ボン（1915-22）、ベルリン（1922-35）、ゲッティンゲン（1935-50）の教授、同学長（1945-47）を歴任。

ゼーベルク（SEEBERG, Reinhold 1959-1935）……………………………………………21

自由主義神学の代表的人物の一人。ベルリン大学教授（1898-1927）。

ゾントハイマー（SONTHEIMER, Kurt 1928-2005）……………………………………26

【た行】

ディベリウス（DIBELIUS, Otto 1880-1967）……………………………………………30

教会闘争を闘った神学者。戦後に福音主義教会を復興。

ディルタイ（DILTHEY, Wilhelm 1833-1911）………………………65, 72, 79-86, 88, 89, 92, 100, 145, 199, 223

精神史、哲学。バーゼル（1966-68）、キール（1968-71）、ブレスラウ（1871-82）、ベルリン（1882-95）の教授を歴任。シュライエルマッハー研究でデビュー。解釈学でも著名。

ドゥオーキン（DWORKIN, Ronald 1931-）……………………………………………66

トーマ（THOMA, Richard 1874-1954）…54

国法学、国際法。実証主義国法学の代表的学者。ハイデルベルク（1911-28）、ボン（1928-45）の教授を歴任。アンシュッツとの共編『ドイツ国法ハンドブック』全2巻が有名。

ドムボワ（DOMBOIS, Hans Adolf 1907-1997）……………………………46, 47, 59, 60, 64

教会法、法神学。検事（1936-52）（41-47は軍務と抑留）を経て、学位取得（1950）後は、クリストフォルス財団福音主義研究所員（1952-58）、ハイデルベルク福音主義研究所員（1958-）。家族法改正や刑法改正などドイツ福音主義教会の法政策立案に貢献。『恩寵の法』全三巻が主著。

トリーペル（TRIEPEL, Heinrich 1868-1946）………………28, 35, 54, 55, 114, 180

国法学、国際法。ライプツィヒで学位と教授資格を取得。テュービンゲン（1900-09）、キール（1909-13）、ベルリン（1913-35）の教授を歴任。ドイツ国法学者大会の創立者・初代会長（1921）。その国内法国際法二元論や政党論が有名。

トレルチュ（TROELTSCH, Ernst 1865-1923）…………………………21, 26, 34, 37

神学、宗教哲学。ボン（1892-94）、ハイデルベルク（1894-1914）、ベルリン（1914-23）の教授を歴任。M・ヴェーバーとも親交が深い。

【な行】

ナヴィアスキー（NAWIASKI, Hans 1880-1961）……………………………………248

法実証主義国法学。ミュンヘン大教授。戦後バイエルン憲法を起草。

ナス（NASS, Otto 1890-1962）…………251

ニーメラー（NIEMÖLLER, Martin 1892-1984）…………………………………17, 30

福音主義教会牧師。当初はナチスに共鳴。

告白教会の指導的人物、ナチ抵抗運動で収容所に（1937-45）。戦後は平和運動家として活躍。ドイツ平和教会会長（1957）など。

ノルデン（NORDEN, Walter 1876-1937）……243, 251

行政学、自治体学。財政学や政治学と区別される行政学確立に努力。自治体官僚養成の為のベルリン大学自治体科学研究所を設立（1928）。ナチスに追放されスイスに亡命（1933）。

【は行】

ハイデガー（HEIDEGGER, Martin 1889-1976）……33, 67, 70, 72, 76, 78, 79, 83, 90, 271
バルト（BARTH, Karl 1886-1968）……00

スイスの神学者。弁証法神学で著名。バルメン宣言（1934）の起草者。ゲッティンゲン（1921-25）、ミュンスター（1925-30）、ボン（1930-35）、バーゼル（1935-62）の教授を歴任。

ハルトマン（HARTMANN, Nicolai 1882-1950）……98, 109, 112, 119, 122, 124, 132-134, 136, 137, 139, 141, 144, 147, 227, 232

哲学。新カント派を克服する存在論、倫理学、人間論の体系を確立。マールブルク（1922-25）、ケルン（1925-31）、ベルリン（1931-45）、ゲッティンゲン（1945-50）の教授を歴任。

ハルナック（HARNACK, Adolf von 1851-1930）……21, 34, 37

教会史。伝統的教理に拘泥せず聖書の理性的解釈を認める自由主義神学の代表的人物。ギーセン（1879-86）、マールブルク（1886-88）、ベルリン（1888-1924）の教授を歴任。

ヒッペル（HIPPEL, Ernst von 1895-1984）……221, 230

国法学、法哲学。ロシュトック（1929）、ケーニヒスベルク（1929-40）、ケルン（1940-67）の教授を歴任。目的論的方法で著名だが、ベーコン流科学主義国家学に強固に反対。

ヒトラー（HITTLER, Adolf 1889-1945）……180, 188, 212, 264
ヒルシュ（HIRSCH, Emanuel 1888-1972）……15-17, 20, 21, 24, 26, 28, 31, 33, 34, 37, 43, 51, 53, 57, 63

教会史、組織神学。ゲッティンゲン大学教授（1921-45）。ライヒ教会などナチスに協力した神学者の一人。ドイツ観念論研究、キルケゴール全集の翻訳でも著名。

ビルフィンガー（BILFINGER, Karl 1879-1958）……182

国法学、国際法。ハレ（1924-35）、ハイデルベルク（1935-43）、ベルリン（1943-45）、ハイデルベルク（1949-54）の教授を歴任。プロイセン対ライヒ事件ではライヒ政府の代理人。

ビンダー（BINDER, Julius 1870-1939）…21, 23-26, 36, 49

ローマ法、民法、法哲学。新ヘーゲル主義の代表的論者。ロシュトック（1900-03）、エアランゲン（1903-13）、ヴュルツブルク（1913-19）、ゲッティンゲン（1919-38）教授を歴任。

フィヒテ（FICHTE, Johann Gottlieb 1762-1814）……32, 131
フォルストホフ（FORSTHOFF, Ernst 1902-1974）……98, 100, 107, 109-113, 117, 118, 120-122, 132, 134-137, 139, 146, 147, 149, 207, 211, 212, 214, 218, 220-222, 224, 225, 227-231, 234, 249, 251, 267, 272

法治国家、給付行政、地方自治。C・シュミット門下。フライブルクで教授資格を取得。フランクフルト（1933-35）、ハンブルク（1935-36）、ケーニヒスベルク（1936-42）、ウィーン（1942-43）、ハイデルベルク（1943-45, 52-70）の教授、キプロス憲法裁判所長官（1960-63）を歴任。

フーバー（HUBER, Ernst-Rudolf 1903-1990）……242, 246, 264

国法学、教会法。ナチス期の代表的国法学者。C・シュミットの弟子。キール（1933-37）、ライプツィヒ（1937-41）、シュトラスブルク（1941-45）の教授を歴任。戦後公職追放された後、ヴィルヘルムスハーフェン社会科学大（1957-62）、ゲッティンゲン（1962-68）（大学編入による）の教授。

フライアー（FREYER, Hans 1887-1969）……112, 213, 230

社会学。キール（1922-25）、ライプツィヒ（1925-48）（ドイツ初の社会学講座）の教授を歴任。ナチスに批判的も同時期の社会学会長を務め、戦後はミュンスターで退職教授としてのみ活動（1953-63）。

フライナー（FLEINER, Fritz 1867-1937）……241, 242, 249

国法学、教会法。バーゼル（1897-1908）、テュービンゲン（1906-08）、ハイデルベルク（1908-15）、チューリヒ（1915-36）の教授を歴任。『ドイツ行政法提要』で有名。

フランク（FRANK, Hans 1900-1946）…248

ナチスの政治家。バイエルン司法大臣、ライヒ無任所大臣、ポーランド総督。戦後はニュルンベルク裁判で死刑判決を受け処刑。

ブリューニング（BRÜNING, Heinrich 1885-1970）……37

ワイマール末期のライヒ首相（1930-32）。

ブルンシュテート（BRUNSTÄDT, Friedrich 1883-1944）……21, 35

宗教哲学。エアランゲン（1918-25）、ロシュトック（1925-44）の教授、同学長（1930-32）を歴任。ルタールネサンスの代表的論者。ナチス期は告白教会に参加。

フンボルト（HUMBOLDT, Wilhelm von 1767-1835）……257
ヘーゲル（HEGEL, Georg Wilhelm Friedrich 1770-1831）……32
ヘック（HECK, Philipp 1858-1943）……120, 220, 221, 229

評価法学の主唱者。グライフスヴァルト（1891-92）、ハレ（1892-1901）、テュービンゲン（1901-28）の教授を歴任。ナチス政権に接近を図るが学説は合理主義的として非難を浴びる。

ヘッケル（HECKEL, Johannes 1889-1963）……193

国法学、教会法。ボン（1928-34）、ミュンヘン（1934-57）の教授を歴任。ライヒ教会の法律顧問としてナチス教会政策に賛同。戦後は教会法学の研究に専念。

ベッケンフェルデ（BÖCKENFÖRDE, Ernst-Wolfgang 1930-）……116, 140
ヘッセ（HESSE, Konrad 1919-2005）……267

国法学、行政法、教会法。スメント門下。フライブルク大教授（1956-87）、連邦憲法裁判事（1975-87）。スメントに献呈された教科書『ドイツ連邦共和国憲法綱要』が著名。

ベッティ（BETTI, Emilio 1890-1968）……85

ローマ法、法学、神学。解釈学の復興に貢献。マチェラータ（1918-22）、メッシーナ（1922-25）、フィレンツェ（1925-27）、ミラノ（1928-47）、ローマ（1947-60）の教授を歴任。

ヘーベルレ（HÄBERLE, Peter 1934-）…267
ペルニス（PERNICE, Ingolf 1950-）……152, 153, 156, 158, 162
ヘーン（HÖHN, Reinhard 1904-2000）……28, 246, 250, 263, 266

国法学、社会学。青年ドイツ騎士団（1932-32）、ナチス親衛隊に加入（1933-45）、親衛隊諜報本部、国家保安本部の幹部。ハイデルベルク（1934-35）、ベルリン（1935-45）の教授。戦後潜伏後、公職追放（1955）。経済指導者層アカデミーを創設（1956）、ハルツブルク（経営管理）モデルを発案。

ヘンケ（HENKE, Wilhelm 1926-1992）……268-270, 272, 276

ヘンニス（HENNIS, Wilhelm 1923-）……45, 58, 188

政治学、社会学。スメント指導の主権概念研究で学位取得。実践哲学復興でも著名。ハノーファー教育大（1960-62）、ハンブルク（1962-67）、フライブルク（1967-88）の教授を歴任。

ホラーバッハ（HOLLERBACH, Alexander 1931-）……231, 267

ホル（HOLL, Karl 1866-1926）……21, 34

教会史。ルター復興の中心人物。ルター協会の初代会長（1918）。ハルナックに見出され、テュービンゲン（1900-06）、ベルリン（1906-26）の教授、同学長（1924-26）を歴任。

ホルシュタイン（HOLSTEIN, Günther 1892-1931）……21, 23, 24, 34-36, 41, 54, 55, 267, 275

国法学、教会法。E・カウフマン門下。ベルリンで学位（法学と神学）、ボンで教授資格を取得。グライフスヴァルト（1922-30）、キール（1930-31）の教授を歴任。スメントらと精神科学的方法の確立に努力するが、38歳で急死。主著に『福音主義教会法の基礎』がある。

ボンヘッファー（BONHOEFFER, Dietrich 1906-1945）……29

福音主義神学。ベルリンで教授資格を取得後、告白教会牧師としてナチス抵抗運動に参加（1933-45）。ヒトラー暗殺計画の廉で処刑。ライプホルツは彼の双子の妹の夫。

【ま行】

マイアー、オットー（MAYER, Otto 1846-1924）……204, 207, 241, 249

行政法、教会法。シュトラスブルク（1880-1903）、ライプツィヒ（1903-18）の教授を歴任。コンセイユ・デタ判決分析を通じ近代ドイツ行政法学を確立。

マウンツ（MAUNZ, Theodor 1901-1993）……242, 248, 252

国法学、行政学。バイエルン州で行政官僚の後、フライブルクで学位を取得。フライブルク（1935-45）、ミュンヘン（1952-69）、バイエルン州文化大臣（1957-64）も務める。

ミード（MEAD, George Herbert 1863-1931）……180

アメリカの社会心理学者。シカゴ大学教授（1894-31）。

ミュラー、フリードリヒ（MÜLLER, Friedrich 1938-）……267

ミュラー、ルドヴィヒ（MÜLLER, Ludwig 1883-1945）……16

ナチス期のドイツキリスト者運動の中心的人物の一人で、ライヒ教会の初代司教。

モール（MOHL, Robert von 1799-1875）……262

モルロク（MORLOK, Martin 1949-）……152, 153, 157, 165

モンテスキュー（MONTESQUIEU, Charles-Louis de 1689-1755）……136

【や行】

ヤンセン（JANSSEN, Albert 1939-）……272

【ら行】

ライプホルツ（LEIBHOLZ, Gerhard 1891-1973）……17, 29, 116, 264, 267, 268, 275

国法学、政党論。トリーペル門下。グライフスヴァルト（1929-31）、ゲッティンゲン（1929-35, 47-56）、オックスフォード（1935-46）の教授、連邦憲法裁判事（1951-71）を歴任。

ラートブルフ（RADBRUCH, Gustav 1878-1949）……109, 117

新カント派の刑法学者。ハイデルベルク

大学教授、司法相。

ラーバント（LABAND, Paul 1838-1918）……114, 219, 241, 261

商法学、国法学。ビスマルク内政を弁護する「予算法論」でデビュー。法実証主義の代名詞的存在。ケーニヒスベルク（1866-72）、シュトラスブルク（1872-1918）の教授を歴任。

ラフォーレ（LAFORET, Wilhelm 1877-1959）……248

国法学、行政法。バイエルン内務省で勤務の後、ヴュルツブルク大学教授（1927-51）。戦後はバイエルン憲法やボン基本法の起草、CSU の結党にも参加。

ラーレンツ（LARENZ, Karl 1903-1993）…75

民法学、法哲学。キール（1935-45, 49-60）、ミュンヘン（1960-71）の教授。ビンダーの弟子で、E・R・フーバーらと親ナチ的なキール学派を構成。ヘーゲル研究でも著名。

リット（LITT, Theodor 1880-1962）……100, 101, 113, 199

教育学。現象学による精神科学的教育哲学を構築。ギムナジウム教師を経て、ライプツィヒ（1919-37, 45-47）（シュプランガーの後任）、ボン（1947-52）の教授を歴任。

ルソー（ROUSSEAU, Jean-Jacques 1712-1778）……31, 189

ルター（LUTHER, Martin 1483-1546）……21-24, 34, 36, 217

〈初出一覧・原題〉

◆**第一章**　書き下ろし

◆**第二章**　「哲学的解釈学と公法学方法論」
……浦田賢治先生古稀記念『現代立憲主義の理論と実践』二九～六〇頁（日本評論社、二〇〇五年）

◆**第三章**　「公法理論と価値秩序（一）（二・完）――価値哲学と精神科学における法の現実化」
……早稲田法学七七巻二号二一九～二五九頁（二〇〇一年）、同三号九九～一二四頁（二〇〇一年）

◆**第四章**　「欧州統合と統合理論――職務と代表による欧州憲法理論の可能性」
……（埼玉大）社会科学論集一二九号一～二九頁（二〇〇九年）

◆**第五章**　「公法学・行政学・精神科学――フォルストホフ理論における行政法学と行政学の関係」
……早稲田法学七七巻一号二八五～三一八頁（二〇〇一年）

◆**第六章**　「ドイツ行政学教科書の誕生――ケットゲン公法学における科学・大学・官僚」
……（埼玉大）社会科学論集一一七号二九～四六頁（二〇〇六年）

MIYAKE Yuuhiko : Die ethische Wende der Verfassungslehre

Inhaltsübersicht

〈著者紹介〉

三宅雄彦（みやけ　ゆうひこ）

1969年　福岡県北九州市で出生
1992年　早稲田大学法学部卒業
2002年　埼玉大学経済学部講師
2005年　博士（法学・早稲田大学大学院）
2009年　埼玉大学経済学部教授（現在に至る）

〈主要著作〉

『都市復興の法と財政』（共著，勁草書房，1997年）
『社会環境設計論への招待』（共著，八千代出版，2005年）
『憲法のレシピ』（共著，尚学社，2007年）

学術選書
49
憲　法

憲法学の倫理的転回

2011（平成23）年２月10日　第１版第１刷発行
5449-5：P312　¥8800E-012：050-015

著　者　三　宅　雄　彦
発行者　今井　貴　渡辺左近
発行所　株式会社　信山社
〒113-0033　東京都文京区本郷6-2-9-102
Tel 03-3818-1019　Fax 03-3818-0344
info@shinzansha.co.jp
笠間来栖支店　〒309-1625　茨城県笠間市来栖2345-1
Tel 0296-71-0215　Fax 0296-72-5410
出版契約 2011-5449-5-01010 Printed in Japan

印刷・製本／松澤印刷・大三製本
ISBN978-4-7972-5449-5 C3332　分類320.340-a030 憲法
5449-01011：012-050-015